中国农垦农场志丛

北 京
南郊农场志

中国农垦农场志丛编纂委员会 组编
北京南郊农场志编纂委员会 主编

中国农业出版社
北 京

图书在版编目（CIP）数据

北京南郊农场志/中国农垦农场志丛编纂委员会组
编；北京南郊农场志编纂委员会主编.—北京：中国
农业出版社,2021.12
　（中国农垦农场志丛）
　ISBN 978-7-109-29169-0

　Ⅰ.①北… Ⅱ.①中…②北… Ⅲ.①国营农场－概
况－北京　Ⅳ.①F324.1

中国版本图书馆CIP数据核字(2022)第036209号

出　版　人：陈邦勋
出版策划：刘爱芳
丛书统筹：王庆宁
审　稿　组：干锦春　薛　波
编　辑　组：闫保荣　王庆宁　黄　曦　李　梅　吕　睿　刘昊阳　赵世元
设　计　组：姜　欣　杜　然　关晓迪
工　艺　组：王　凯　王　宏　吴丽婷
发行宣传：毛志强　郑　静　曹建丽
技术支持：王芳芳　赵晓红　潘　樾　张　瑶

北京南郊农场志
Beijing Nanjiao Nongchangzhi

中国农业出版社出版
地址：北京市朝阳区麦子店街18号楼
邮编：100125
责任编辑：刘昊阳
责任校对：刘丽香　责任印制：王　宏
印刷：北京通州皇家印刷厂
版次：2021年12月第1版
印次：2021年12月北京第1次印刷
发行：新华书店北京发行所
开本：889mm×1194mm　1/16
印张：27　插页：4
字数：660千字
定价：168.00元

EVERYTHING GROWING ®

ISBN 978-7-109-29169-0

9 787109 291690 >

原国营五里店农场及合并成国营南郊农场后场部所在地

原国营五里店农场的部分农机具

红星人民公社天恩大队正在收割小麦（摄于 1959 年 6 月）

1960 年 8 月 11 日，红星公社被正式命名为红星中朝友好人民公社。朝中友好协会代表团团长金钟恒、中朝协会会长李德全、北京市副市长吴晗出席大会

1960 年 7 月，北京人艺演员于是之（左二）一行参观农场广播站

1974 年，农场宣传队慰问奶牛场职工

金星奶牛场

兴京汽车制造厂装配线

1990 年 10 月 13 日，北京市副市长张百发（右一）等领导听取区长汇报亦庄开发区申报材料

2002 年 10 月 12—13 日，中共北京市南郊农场第七次党员代表大会会场

2006 年 10 月 8 日，南郊农场从旧宫西路 93 号的旧址迁入北京经济技术开发区国际企业大道 39 号的办公新址

南郊农场疏解腾退小公寓聚集区转型升级建成旧宫镇养老照料中心

红星集体农庄中心文化广场矗立的毛主席雕像

南郊农场所属卢沟桥农场疏解腾退后，建成以都市农业和绿色产业为核心的现代农业庄园——首农·紫谷伊甸园

中国农垦农场志丛编纂委员会

主 任

张桃林

副主任

左常升　邓庆海　李尚兰　陈邦勋　彭剑良　程景民　王润雷

成 员（按垦区排序）

马　辉　张庆东　张保强　薛志省　赵永华　李德海　麦　朝

王守聪　许如庆　胡兆辉　孙飞翔　王良贵　李岱一　赖金生

于永德　陈金剑　李胜强　唐道明　支光南　张安明　张志坚

陈孟坤　田李文　步　涛　余　繁　林　木　王　韬　魏国斌

巩爱岐　段志强　聂　新　高　宁　周云江　朱云生　常　芳

中国农垦农场志丛编纂委员会办公室

主 任

王润雷

副主任

陈忠毅　刘爱芳　武新宇　明　星

成 员

胡从九　李红梅　刘琢琬　闫保荣　王庆宁

中国农垦农场志

北京南郊农场志编纂委员会

主　　　任　程　藏

副 主 任　刘建波　杜秀莲（执行）

成　　　员（顺序不分先后）

茅为立　丁守林　李　明　安长林　庞　燕　孔庆云

杨德良　陈学忠　孙崇伟　薛　艳　董　辉　石玉华

王金波　井江华　郭建波　刘德成　崔大伟　辛阅军

陈　忠　王　洋　刘贤明　周卫平　刘浩远　王　林

熊　兰

总 撰 稿 人　杜文振

第一执笔人　邱国文

北京南郊农场志编纂办公室

主　　　任　杜秀莲（兼）

副 主 任　邱国文　陈学忠

成　　　员（顺序不分先后）

李　楷　王再鹏　邢　莹　刘国强　马月红　刘影丰

韩　璐　马立萍　王啸天　姜　楠　王　蕊　杨　岳

单　静　胡捷帆　王晓晨　卓军梅　张惠勇　王续鹏

白守平　王春晓　苏　菲　周昭平　刘莹莹　梁全运

孙雪维　于　红　史秀玲　陈　畅　黄　迪　郝文雅

杨　瑛　刘　颖　张　利　贾　锋　张友才　陈长兴

李卓平

校　　　对　邱国文　陈学忠　王春晓　周昭平　刘莹莹　卓军梅

马月红　史秀玲　梁全运　孙雪维　沈　丹　王　蕊

王啸天　王晓晨　张议文　高　雅　王再鹏　邢　莹

钮璐瑶　张梓阳　姚梦迪

总序

中国农垦农场志丛自 2017 年开始酝酿，历经几度春秋寒暑，终于在建党 100 周年之际，陆续面世。在此，谨向所有为修此志作出贡献、付出心血的同志表示诚挚的敬意和由衷的感谢！

中国共产党领导开创的农垦事业，为中华人民共和国的诞生和发展立下汗马功劳。八十余年来，农垦事业的发展与共和国的命运紧密相连，在使命履行中，农场成长为国有农业经济的骨干和代表，成为国家在关键时刻抓得住、用得上的重要力量。

如果将农垦比作大厦，那么农场就是砖瓦，是基本单位。在全国 31 个省（自治区、直辖市，港澳台除外），分布着 1800 多个农垦农场。这些星罗棋布的农场如一颗颗玉珠，明暗随农垦的历史进程而起伏；当其融汇在一起，则又映射出农垦事业波澜壮阔的历史画卷，绽放着"艰苦奋斗、勇于开拓"的精神光芒。

（一）

"农垦"概念源于历史悠久的"屯田"。早在秦汉时期就有了移民垦荒，至汉武帝时创立军屯，用于保障军粮供应。之后，历代沿袭屯田这一做法，充实国库，供养军队。

中国共产党借鉴历代屯田经验，发动群众垦荒造田。1933年2月，中华苏维埃共和国临时中央政府颁布《开垦荒地荒田办法》，规定"县区土地部、乡政府要马上调查统计本地所有荒田荒地，切实计划、发动群众去开荒"。到抗日战争时期，中国共产党大规模地发动军人进行农垦实践，肩负起支援抗战的特殊使命，农垦事业正式登上了历史舞台。

20世纪30年代末至40年代初，抗日战争进入相持阶段，在日军扫荡和国民党军事包围、经济封锁等多重压力下，陕甘宁边区生活日益困难。"我们曾经弄到几乎没有衣穿，没有油吃，没有纸、没有菜，战士没有鞋袜，工作人员在冬天没有被盖。"毛泽东同志曾这样讲道。

面对艰难处境，中共中央决定开展"自己动手，丰衣足食"的生产自救。1939年2月2日，毛泽东同志在延安生产动员大会上发出"自己动手"的号召。1940年2月10日，中共中央、中央军委发出《关于开展生产运动的指示》，要求各部队"一面战斗、一面生产、一面学习"。于是，陕甘宁边区掀起了一场轰轰烈烈的大生产运动。

这个时期，抗日根据地的第一个农场——光华农场诞生了。1939年冬，根据中共中央的决定，光华农场在延安筹办，生产牛奶、蔬菜等食物。同时，进行农业科学实验、技术推广，示范带动周边群众。这不同于古代屯田，开创了农垦示范带动的历史先河。

在大生产运动中，还有一面"旗帜"高高飘扬，让人肃然起敬，它就是举世闻名的南泥湾大生产运动。

1940年6—7月，为了解陕甘宁边区自然状况、促进边区建设事业发展，在中共中央财政经济部的支持下，边区政府建设厅的农林科学家乐天宇等一行6人，历时47天，全面考察了边区的森林自然状况，并完成了《陕甘宁边区森林考察团报告书》，报告建议垦殖南泥洼（即南泥湾）。之后，朱德总司令亲自前往南泥洼考察，谋划南泥洼的开发建设。

1941年春天，受中共中央的委托，王震将军率领三五九旅进驻南泥湾。那时，南泥湾俗称"烂泥湾","方圆百里山连山",战士们"只见梢林不见天",身边做伴的是满山窜的狼豹黄羊。在这种艰苦处境中,战士们攻坚克难,一手拿枪,一手拿镐,练兵开荒两不误,把"烂泥湾"变成了陕北的"好江南"。从1941年到1944年,仅仅几年时间,三五九旅的粮食产量由0.12万石猛增到3.7万石,上缴公粮1万石,达到了耕一余一。与此同时,工业、商业、运输业、畜牧业和建筑业也得到了迅速发展。

南泥湾大生产运动,作为中国共产党第一次大规模的军垦,被视为农垦事业的开端,南泥湾也成为农垦事业和农垦精神的发祥地。

进入解放战争时期,建立巩固的东北根据地成为中共中央全方位战略的重要组成部分。毛泽东同志在1945年12月28日为中共中央起草的《建立巩固的东北根据地》中,明确指出"我党现时在东北的任务,是建立根据地,是在东满、北满、西满建立巩固的军事政治的根据地",要求"除集中行动负有重大作战任务的野战兵团外,一切部队和机关,必须在战斗和工作之暇从事生产"。

紧接着,1947年,公营农场兴起的大幕拉开了。

这一年春天,中共中央东北局财经委员会召开会议,主持财经工作的陈云、李富春同志在分析时势后指出:东北行政委员会和各省都要"试办公营农场,进行机械化农业实验,以迎接解放后的农村建设"。

这一年夏天,在松江省政府的指导下,松江省省营第一农场(今宁安农场)创建。省政府主任秘书李在人为场长,他带领着一支18人的队伍,在今尚志市一面坡太平沟开犁生产,一身泥、一身汗地拉开了"北大荒第一犁"。

这一年冬天,原辽北军区司令部作训科科长周亚光带领人马,冒着严寒风雪,到通北县赵光区实地踏查,以日伪开拓团训练学校旧址为基础,建成了我国第一个公营机械化农场——通北机械农场。

之后,花园、永安、平阳等一批公营农场纷纷在战火的硝烟中诞生。与此同时,一部分身残志坚的荣誉军人和被解放的国民党军人,向东北荒原宣战,艰苦拓荒、艰辛创业,创建了一批荣军农场和解放团农场。

再将视线转向华北。这一时期，在河北省衡水湖的前身"千顷洼"所在地，华北人民政府农业部利用一批来自联合国善后救济总署的农业机械，建成了华北解放区第一个机械化公营农场——冀衡农场。

除了机械化农场，在那个主要靠人力耕种的年代，一些拖拉机站和机务人员培训班诞生在东北、华北大地上，推广农业机械化技术，成为新中国农机事业人才培养的"摇篮"。新中国的第一位女拖拉机手梁军正是优秀代表之一。

（二）

中华人民共和国成立后农垦事业步入了发展的"快车道"。

1949年10月1日，新中国成立了，百废待兴。新的历史阶段提出了新课题、新任务：恢复和发展生产，医治战争创伤，安置转业官兵，巩固国防，稳定新生的人民政权。

这没有硝烟的"新战场"，更需要垦荒生产的支持。

1949年12月5日，中央人民政府人民革命军事委员会发布《关于1950年军队参加生产建设工作的指示》，号召全军"除继续作战和服勤务者而外，应当负担一部分生产任务，使我人民解放军不仅是一支国防军，而且是一支生产军"。

1952年2月1日，毛泽东主席发布《人民革命军事委员会命令》："你们现在可以把战斗的武器保存起来，拿起生产建设的武器。"批准中国人民解放军31个师转为建设师，其中有15个师参加农业生产建设。

垦荒战鼓已擂响，刚跨进和平年代的解放军官兵们，又背起行囊，扑向荒原，将"作战地图变成生产地图"，把"炮兵的瞄准仪变成建设者的水平仪"，让"战马变成耕马"，在戈壁荒漠、三江平原、南国边疆安营扎寨，攻坚克难，辛苦耕耘，创造了农垦事业的一个又一个奇迹。

1. 将戈壁荒漠变成绿洲

1950年1月，王震将军向驻疆部队发布开展大生产运动的命令，动员11万余名官兵就地屯垦，创建军垦农场。

垦荒之战有多难，这些有着南泥湾精神的农垦战士就有多拼。

没有房子住，就搭草棚子、住地窝子；粮食不够吃，就用盐水煮麦粒；没有拖拉机和畜力，就多人拉犁开荒种地……

然而，戈壁滩缺水，缺"农业的命根子"，这是痛中之痛！

没有水，战士们就自己修渠，自伐木料，自制筐担，自搓绳索，自开块石。修渠中涌现了很多动人故事，据原新疆兵团农二师师长王德昌回忆，1951 年冬天，一名来自湖南的女战士，面对磨断的绳子，情急之下，割下心爱的辫子，接上绳子背起了石头。

在战士们全力以赴的努力下，十八团渠、红星渠、和平渠、八一胜利渠等一条条大地的"新动脉"，奔涌在戈壁滩上。

1954 年 10 月，经中共中央批准，新疆生产建设兵团成立，陶峙岳被任命为司令员，新疆维吾尔自治区党委书记王恩茂兼任第一政委，张仲瀚任第二政委。努力开荒生产的驻疆屯垦官兵终于有了正式的新身份，工作中心由武装斗争转为经济建设，新疆地区的屯垦进入了新的阶段。

之后，新疆生产建设兵团重点开发了北疆的准噶尔盆地、南疆的塔里木河流域及伊犁、博乐、塔城等边远地区。战士们鼓足干劲、兴修水利、垦荒造田、种粮种棉、修路架桥，一座座城市拔地而起，荒漠变绿洲。

2. 将荒原沼泽变成粮仓

在新疆屯垦热火朝天之时，北大荒也进入了波澜壮阔的开发阶段，三江平原成为"主战场"。

1954 年 8 月，中共中央农村工作部同意并批转了农业部党组《关于开发东北荒地的农建二师移垦东北问题的报告》，同时上报中央军委批准。9 月，第一批集体转业的"移民大军"——农建二师由山东开赴北大荒。这支 8000 多人的齐鲁官兵队伍以荒原为家，创建了二九〇、二九一和十一农场。

同年，王震将军视察黑龙江汤原后，萌发了开发北大荒的设想。领命的是第五师副师长余友清，他打头阵，率一支先遣队到密山、虎林一带踏查荒原，于 1955 年元旦，在虎林县（今虎林市）西岗创建了铁道兵第一个农场，以部队番号命名为

"八五〇部农场"。

1955年，经中共中央同意，铁道兵9个师近两万人挺进北大荒，在密山、虎林、饶河一带开荒建场，拉开了向三江平原发起总攻的序幕，在八五〇部农场周围建起了一批八字头的农场。

1958年1月，中央军委发出《关于动员十万干部转业复员参加生产建设的指示》，要求全军复员转业官兵去开发北大荒。命令一下，十万转业官兵及家属，浩浩荡荡进军三江平原，支边青年、知识青年也前赴后继地进攻这片古老的荒原。

垦荒大军不惧苦、不畏难，鏖战多年，荒原变良田。1964年盛夏，国家副主席董必武来到北大荒视察，面对麦香千里即兴赋诗："斩棘披荆忆老兵，大荒已变大粮屯。"

3. 将荒郊野岭变成胶园

如果说农垦大军在戈壁滩、北大荒打赢了漂亮的要粮要棉战役，那么，在南国边疆，则打赢了一场在世界看来不可能胜利的翻身仗。

1950年，朝鲜战争爆发后，帝国主义对我国实行经济封锁，重要战略物资天然橡胶被禁运，我国国防和经济建设面临严重威胁。

当时世界公认天然橡胶的种植地域不能超过北纬17°，我国被国际上许多专家划为"植胶禁区"。

但命运应该掌握在自己手中，中共中央作出"一定要建立自己的橡胶基地"的战略决策。1951年8月，政务院通过《关于扩大培植橡胶树的决定》，由副总理兼财政经济委员会主任陈云亲自主持这项工作。同年11月，华南垦殖局成立，中共中央华南分局第一书记叶剑英兼任局长，开始探索橡胶种植。

1952年3月，两万名中国人民解放军临危受命，组建成林业工程第一师、第二师和一个独立团，开赴海南、湛江、合浦等地，住茅棚、战台风、斗猛兽，白手起家垦殖橡胶。

大规模垦殖橡胶，急需胶籽。"一粒胶籽，一两黄金"成为战斗口号，战士们不惜一切代价收集胶籽。有一位叫陈金照的小战士，运送胶籽时遇到山洪，被战友们找到时已没有了呼吸，而背上箩筐里的胶籽却一粒没丢……

正是有了千千万万个把橡胶看得重于生命的陈金照们，1957 年春天，华南垦殖局种植的第一批橡胶树，流出了第一滴胶乳。

1960 年以后，大批转业官兵加入海南岛植胶队伍，建成第一个橡胶生产基地，还大面积种植了剑麻、香茅、咖啡等多种热带作物。同时，又有数万名转业官兵和湖南移民汇聚云南边疆，用血汗浇灌出了我国第二个橡胶生产基地。

在新疆、东北和华南三大军垦战役打响之时，其他省份也开始试办农场。1952 年，在政务院关于"各县在可能范围内尽量地办起和办好一两个国营农场"的要求下，全国各地农场如雨后春笋般发展起来。1956 年，农垦部成立，王震将军被任命为部长，统一管理全国的军垦农场和地方农场。

随着农垦管理走向规范化，农垦事业也蓬勃发展起来。江西建成多个综合垦殖场，发展茶、果、桑、林等多种生产；北京市郊、天津市郊、上海崇明岛等地建起了主要为城市提供副食品的国营农场；陕西、安徽、河南、西藏等省区建立发展了农牧场群……

到 1966 年，全国建成国营农场 1958 个，拥有职工 292.77 万人，拥有耕地面积 345457 公顷，农垦成为我国农业战线一支引人瞩目的生力军。

（三）

前进的道路并不总是平坦的。"文化大革命"持续十年，使党、国家和各族人民遭到新中国成立以来时间最长、范围最广、损失最大的挫折，农垦系统也不能幸免。农场平均主义盛行，从 1967 年至 1978 年，农垦系统连续亏损 12 年。

"没有一个冬天不可逾越，没有一个春天不会来临。"1978 年，党的十一届三中全会召开，如同一声春雷，唤醒了沉睡的中华大地。手握改革开放这一法宝，全党全社会朝着社会主义现代化建设方向大步前进。

在这种大形势下，农垦人深知，国营农场作为社会主义全民所有制企业，应当而且有条件走在农业现代化的前列，继续发挥带头和示范作用。

于是，农垦人自觉承担起推进实现农业现代化的重大使命，乘着改革开放的春风，开始进行一系列的上下求索。

1978 年 9 月，国务院召开了人民公社、国营农场试办农工商联合企业座谈会，决定在我国试办农工商联合企业，农垦系统积极响应。作为现代化大农业的尝试，机械化水平较高且具有一定工商业经验的农垦企业，在农工商综合经营改革中如鱼得水，打破了单一种粮的局面，开启了农垦一二三产业全面发展的大门。

农工商综合经营只是农垦改革的一部分，农垦改革的关键在于打破平均主义，调动生产积极性。

为调动企业积极性，1979 年 2 月，国务院批转了财政部、国家农垦总局《关于农垦企业实行财务包干的暂行规定》。自此，农垦开始实行财务大包干，突破了"千家花钱，一家（中央）平衡"的统收统支方式，解决了农垦企业吃国家"大锅饭"的问题。

为调动企业职工的积极性，从 1979 年根据财务包干的要求恢复"包、定、奖"生产责任制，到 1980 年后一些农场实行以"大包干"到户为主要形式的家庭联产承包责任制，再到 1983 年借鉴农村改革经验，全面兴办家庭农场，逐渐建立大农场套小农场的双层经营体制，形成"家家有场长，户户搞核算"的蓬勃发展气象。

为调动企业经营者的积极性，1984 年下半年，农垦系统在全国选择 100 多个企业试点推行场（厂）长、经理负责制，1988 年全国农垦有 60% 以上的企业实行了这项改革，继而又借鉴城市国有企业改革经验，全面推行多种形式承包经营责任制，进一步明确主管部门与企业的权责利关系。

以上这些改革主要是在企业层面，以单项改革为主，虽然触及了国家、企业和职工的最直接、最根本的利益关系，但还没有完全解决传统体制下影响农垦经济发展的深层次矛盾和困难。

"历史总是在不断解决问题中前进的。"1992 年，继邓小平南方谈话之后，党的十四大明确提出，要建立社会主义市场经济体制。市场经济为农垦改革进一步指明了方向，但农垦如何改革才能步入这个轨道，真正成为现代化农业的引领者？

关于国营大中型企业如何走向市场,早在 1991 年 9 月中共中央就召开工作会议,强调要转换企业经营机制。1992 年 7 月,国务院发布《全民所有制工业企业转换经营机制条例》,明确提出企业转换经营机制的目标是:"使企业适应市场的要求,成为依法自主经营、自负盈亏、自我发展、自我约束的商品生产和经营单位,成为独立享有民事权利和承担民事义务的企业法人。"

为转换农垦企业的经营机制,针对在干部制度上的"铁交椅"、用工制度上的"铁饭碗"和分配制度上的"大锅饭"问题,农垦实施了干部聘任制、全员劳动合同制以及劳动报酬与工效挂钩的三项制度改革,为农垦企业建立在用人、用工和收入分配上的竞争机制起到了重要促进作用。

1993 年,十四届三中全会再次擂响战鼓,指出要进一步转换国有企业经营机制,建立适应市场经济要求,产权清晰、权责明确、政企分开、管理科学的现代企业制度。

农业部积极响应,1994 年决定实施"三百工程",即在全国农垦选择百家国有农场进行现代企业制度试点、组建发展百家企业集团、建设和做强百家良种企业,标志着农垦企业的改革开始深入到企业制度本身。

同年,针对有些农场仍为职工家庭农场,承包户垫付生产、生活费用这一问题,根据当年 1 月召开的全国农业工作会议要求,全国农垦系统开始实行"四到户"和"两自理",即土地、核算、盈亏、风险到户,生产费、生活费由职工自理。这一举措彻底打破了"大锅饭",开启了国有农场农业双层经营体制改革的新发展阶段。

然而,在推进市场经济进程中,以行政管理手段为主的垦区传统管理体制,逐渐成为束缚企业改革的桎梏。

垦区管理体制改革迫在眉睫。1995 年,农业部在湖北省武汉市召开全国农垦经济体制改革工作会议,在总结各垦区实践的基础上,确立了农垦管理体制的改革思路:逐步弱化行政职能,加快实体化进程,积极向集团化、公司化过渡。以此会议为标志,垦区管理体制改革全面启动。北京、天津、黑龙江等 17 个垦区按照集团化方向推进。此时,出于实际需要,大部分垦区在推进集团化改革中仍保留了农垦管理部门牌子和部分行政管理职能。

"前途是光明的，道路是曲折的。"由于农垦自身存在的政企不分、产权不清、社会负担过重等深层次矛盾逐渐暴露，加之农产品价格低迷、激烈的市场竞争等外部因素叠加，从1997年开始，农垦企业开始步入长达5年的亏损徘徊期。

然而，农垦人不放弃、不妥协，终于在2002年"守得云开见月明"。这一年，中共十六大召开，农垦也在不断调整和改革中，告别"五连亏"，盈利13亿。

2002年后，集团化垦区按照"产业化、集团化、股份化"的要求，加快了对集团母公司、产业化专业公司的公司制改造和资源整合，逐步将国有优质资产集中到主导产业，进一步建立健全现代企业制度，形成了一批大公司、大集团，提升了农垦企业的核心竞争力。

与此同时，国有农场也在企业化、公司化改造方面进行了积极探索，综合考虑是否具备企业经营条件、能否剥离办社会职能等因素，因地制宜、分类指导。一是办社会职能可以移交的农场，按公司制等企业组织形式进行改革；办社会职能剥离需要过渡期的农场，逐步向公司制企业过渡。如广东、云南、上海、宁夏等集团化垦区，结合农场体制改革，打破传统农场界限，组建产业化专业公司，并以此为纽带，进一步将垦区内产业关联农场由子公司改为产业公司的生产基地（或基地分公司），建立了集团与加工企业、农场生产基地间新的运行体制。二是不具备企业经营条件的农场，改为乡、镇或行政区，向政权组织过渡。如2003年前后，一些垦区的部分农场连年严重亏损，有的甚至濒临破产。湖南、湖北、河北等垦区经省委、省政府批准，对农场管理体制进行革新，把农场管理权下放到市县，实行属地管理，一些农场建立农场管理区，赋予必要的政府职能，给予财税优惠政策。

这些改革离不开农垦职工的默默支持，农垦的改革也不会忽视职工的生活保障。1986年，根据《中共中央、国务院批转农牧渔业部〈关于农垦经济体制改革问题的报告〉的通知》要求，农垦系统突破职工住房由国家分配的制度，实行住房商品化，调动职工自己动手、改善住房的积极性。1992年，农垦系统根据国务院关于企业职工养老保险制度改革的精神，开始改变职工养老保险金由企业独自承担的局面，此后逐步建立并完善国家、企业、职工三方共同承担的社会保障制度，减轻农场养老负担的同时，也减少了农场职工的后顾之忧，保障了农场改革的顺利推进。

从 1986 年至十八大前夕，从努力打破传统高度集中封闭管理的计划经济体制，到坚定社会主义市场经济体制方向；从在企业层面改革，以单项改革和放权让利为主，到深入管理体制，以制度建设为核心、多项改革综合配套协调推进为主：农垦企业一步一个脚印，走上符合自身实际的改革道路，管理体制更加适应市场经济，企业经营机制更加灵活高效。

这一阶段，农垦系统一手抓改革，一手抓开放，积极跳出"封闭"死胡同，走向开放的康庄大道。从利用外资在经营等领域涉足并深入合作，大力发展"三资"企业和"三来一补"项目；到注重"引进来"，引进资金、技术设备和管理理念等；再到积极实施"走出去"战略，与中东、东盟、日本等地区和国家进行经贸合作出口商品，甚至扎根境外建基地、办企业、搞加工、拓市场：农垦改革开放风生水起逐浪高，逐步形成"两个市场、两种资源"的对外开放格局。

（四）

党的十八大以来，以习近平同志为核心的党中央迎难而上，作出全面深化改革的决定，农垦改革也进入全面深化和进一步完善阶段。

2015 年 11 月，中共中央、国务院印发《关于进一步推进农垦改革发展的意见》（简称《意见》），吹响了新一轮农垦改革发展的号角。《意见》明确要求，新时期农垦改革发展要以推进垦区集团化、农场企业化改革为主线，努力把农垦建设成为保障国家粮食安全和重要农产品有效供给的国家队、中国特色新型农业现代化的示范区、农业对外合作的排头兵、安边固疆的稳定器。

2016 年 5 月 25 日，习近平总书记在黑龙江省考察时指出，要深化国有农垦体制改革，以垦区集团化、农场企业化为主线，推动资源资产整合、产业优化升级，建设现代农业大基地、大企业、大产业，努力形成农业领域的航母。

2018 年 9 月 25 日，习近平总书记再次来到黑龙江省进行考察，他强调，要深化农垦体制改革，全面增强农垦内生动力、发展活力、整体实力，更好发挥农垦在现代农业建设中的骨干作用。

农垦从来没有像今天这样更接近中华民族伟大复兴的梦想！农垦人更加振奋了，以壮士断腕的勇气、背水一战的决心继续农垦改革发展攻坚战。

1. 取得了累累硕果

——坚持集团化改革主导方向，形成和壮大了一批具有较强竞争力的现代农业企业集团。黑龙江北大荒去行政化改革、江苏农垦农业板块上市、北京首农食品资源整合……农垦深化体制机制改革多点开花、逐步深入。以资本为纽带的母子公司管理体制不断完善，现代公司治理体系进一步健全。市县管理农场的省份区域集团化改革稳步推进，已组建区域集团和产业公司超过 300 家，一大批农场注册成为公司制企业，成为真正的市场主体。

——创新和完善农垦农业双层经营体制，强化大农场的统一经营服务能力，提高适度规模经营水平。截至 2020 年，据不完全统计，全国农垦规模化经营土地面积 5500 多万亩，约占农垦耕地面积的 70.5%，现代农业之路越走越宽。

——改革国有农场办社会职能，让农垦企业政企分开、社企分开，彻底甩掉历史包袱。截至 2020 年，全国农垦有改革任务的 1500 多个农场完成办社会职能改革，松绑后的步伐更加矫健有力。

——推动农垦国有土地使用权确权登记发证，唤醒沉睡已久的农垦土地资源。截至 2020 年，土地确权登记发证率达到 96.3%，使土地也能变成金子注入农垦企业，为推进农垦土地资源资产化、资本化打下坚实基础。

——积极推进对外开放，农垦农业对外合作先行者和排头兵的地位更加突出。合作领域从粮食、天然橡胶行业扩展到油料、糖业、果菜等多种产业，从单个环节向全产业链延伸，对外合作范围不断拓展。截至 2020 年，全国共有 15 个垦区在 45 个国家和地区投资设立了 84 家农业企业，累计投资超过 370 亿元。

2. 在发展中改革，在改革中发展

农垦企业不仅有改革的硕果，更以改革创新为动力，在扶贫开发、产业发展、打造农业领域航母方面交出了漂亮的成绩单。

——聚力农垦扶贫开发，打赢农垦脱贫攻坚战。从20世纪90年代起，农垦系统开始扶贫开发。"十三五"时期，农垦系统针对304个重点贫困农场，绘制扶贫作战图，逐个建立扶贫档案，坚持"一场一卡一评价"。坚持产业扶贫，组织开展技术培训、现场观摩、产销对接，增强贫困农场自我"造血"能力。甘肃农垦永昌农场建成高原夏菜示范园区，江西宜丰黄冈山垦殖场大力发展旅游产业，广东农垦新华农场打造绿色生态茶园……贫困农场产业发展蒸蒸日上，全部如期脱贫摘帽，相对落后农场、边境农场和生态脆弱区农场等农垦"三场"踏上全面振兴之路。

——推动产业高质量发展，现代农业产业体系、生产体系、经营体系不断完善。初步建成一批稳定可靠的大型生产基地，保障粮食、天然橡胶、牛奶、肉类等重要农产品的供给；推广一批环境友好型种养新技术、种养循环新模式，提升产品质量的同时促进节本增效；制定发布一系列生鲜乳、稻米等农产品的团体标准，守护"舌尖上的安全"；相继成立种业、乳业、节水农业等产业技术联盟，形成共商共建共享的合力；逐渐形成"以中国农垦公共品牌为核心、农垦系统品牌联合舰队为依托"的品牌矩阵，品牌美誉度、影响力进一步扩大。

——打造形成农业领域航母，向培育具有国际竞争力的现代农业企业集团迈出坚实步伐。黑龙江北大荒、北京首农、上海光明三个集团资产和营收双超千亿元，在发展中乘风破浪：黑龙江北大荒农垦集团实现机械化全覆盖，连续多年粮食产量稳定在400亿斤以上，推动产业高端化、智能化、绿色化，全力打造"北大荒绿色智慧厨房"；北京首农集团坚持科技和品牌双轮驱动，不断提升完善"从田间到餐桌"的全产业链条；上海光明食品集团坚持品牌化经营、国际化发展道路，加快农业"走出去"步伐，进行国际化供应链、产业链建设，海外营收占集团总营收20%左右，极大地增强了对全世界优质资源的获取能力和配置能力。

千淘万漉虽辛苦，吹尽狂沙始到金。迈入"十四五"，农垦改革目标基本完成，正式开启了高质量发展的新篇章，正在加快建设现代农业的大基地、大企业、大产业，全力打造农业领域航母。

（五）

八十多年来，从人畜拉犁到无人机械作业，从一产独大到三产融合，从单项经营到全产业链，从垦区"小社会"到农业"集团军"，农垦发生了翻天覆地的变化。然而，无论农垦怎样变，变中都有不变。

——不变的是一路始终听党话、跟党走的绝对忠诚。从抗战和解放战争时期垦荒供应军粮，到新中国成立初期发展生产、巩固国防，再到改革开放后逐步成为现代农业建设的"排头兵"，农垦始终坚持全面贯彻党的领导。而农垦从孕育诞生到发展壮大，更离不开党的坚强领导。毫不动摇地坚持贯彻党对农垦的领导，是农垦人奋力前行的坚强保障。

——不变的是服务国家核心利益的初心和使命。肩负历史赋予的保障供给、屯垦戍边、示范引领的使命，农垦系统始终站在讲政治的高度，把完成国家战略任务放在首位。在三年困难时期、"非典"肆虐、汶川大地震、新冠肺炎疫情突发等关键时刻，农垦系统都能"调得动、顶得上、应得急"，为国家大局稳定作出突出贡献。

——不变的是"艰苦奋斗、勇于开拓"的农垦精神。从抗日战争时一手拿枪、一手拿镐的南泥湾大生产，到新中国成立后新疆、东北和华南的三大军垦战役，再到改革开放后艰难但从未退缩的改革创新、坚定且铿锵有力的发展步伐，"艰苦奋斗、勇于开拓"始终是农垦人不变的本色，始终是农垦人攻坚克难的"传家宝"。

农垦精神和文化生于农垦沃土，在红色文化、军旅文化、知青文化等文化中孕育，也在一代代人的传承下，不断被注入新的时代内涵，成为农垦事业发展的不竭动力。

"大力弘扬'艰苦奋斗、勇于开拓'的农垦精神，推进农垦文化建设，汇聚起推动农垦改革发展的强大精神力量。"中央农垦改革发展文件这样要求。在新时代、新征程中，记录、传承农垦精神，弘扬农垦文化是农垦人的职责所在。

（六）

随着垦区集团化、农场企业化改革的深入，农垦的企业属性越来越突出，加之有些农场的历史资料、文献文物不同程度遗失和损坏，不少老一辈农垦人也已年至期颐，农垦历史、人文、社会、文化等方面的保护传承需求也越来越迫切。

传承农垦历史文化，志书是十分重要的载体。然而，目前只有少数农场编写出版过农场史志类书籍。因此，为弘扬农垦精神和文化，完整记录展示农场发展改革历程，保存农垦系统重要历史资料，在农业农村部党组的坚强领导下，农垦局主动作为，牵头组织开展中国农垦农场志丛编纂工作。

工欲善其事，必先利其器。2019年，借全国第二轮修志工作结束、第三轮修志工作启动的契机，农业农村部启动中国农垦农场志丛编纂工作，广泛收集地方志相关文献资料，实地走访调研、拜访专家、咨询座谈、征求意见等。在充足的前期准备工作基础上，制定了中国农垦农场志丛编纂工作方案，拟按照前期探索、总结经验、逐步推进的整体安排，统筹推进中国农垦农场志丛编纂工作，这一方案得到了农业农村部领导的高度认可和充分肯定。

编纂工作启动后，层层落实责任。农业农村部专门成立了中国农垦农场志丛编纂委员会，研究解决农场志编纂、出版工作中的重大事项；编纂委员会下设办公室，负责志书编纂的具体组织协调工作；各省级农垦管理部门成立农场志编纂工作机构，负责协调本区域农场志的组织编纂、质量审查等工作；参与编纂的农场成立了农场志编纂工作小组，明确专职人员，落实工作经费，建立配套机制，保证了编纂工作的顺利进行。

质量是志书的生命和价值所在。为保证志书质量，我们组织专家编写了《农场志编纂技术手册》，举办农场志编纂工作培训班，召开农场志编纂工作推进会和研讨会，到农场实地调研督导，尽全力把好志书编纂的史实关、政治关、体例关、文字关和出版关。我们本着"时间服从质量"的原则，将精品意识贯穿编纂工作始终。坚持分步实施、稳步推进，成熟一本出版一本，成熟一批出版一批。

中国农垦农场志丛是我国第一次较为系统地记录展示农场形成发展脉络、改革发展历程的志书。它是一扇窗口，让读者了解农场，理解农垦；它是一条纽带，让农垦人牢记历史，让农垦精神代代传承；它是一本教科书，为今后农垦继续深化改革开放、引领现代农业建设、服务乡村振兴战略指引道路。

　　修志为用。希望此志能够"尽其用"，对读者有所裨益。希望广大农垦人能够从此志汲取营养，不忘初心、牢记使命，一茬接着一茬干、一棒接着一棒跑，在新时代继续发挥农垦精神，续写农垦改革发展新辉煌，为实现中华民族伟大复兴的中国梦不懈努力！

中国农垦农场志丛编纂委员会

2021 年 7 月

南

郊

北京南郊农场志
BEIJING NANJIAO NONGCHANGZHI

序言

在南郊农场建场七十周年之际，《北京南郊农场志》与大家见面了。这是农场建场以来的第一部志书，是农场企业文化建设的一项大工程。这本书的刊印，是全场干部职工工作生活中的一件大事、喜事。在此向为本书编纂工作做出贡献的全体编撰人员及有关同志致以衷心的感谢！

南郊农场的前身是1949年3月组建的国营五里店农场，是北京农垦事业的发祥地。南郊农场的发展史就是一部艰苦创业的历史。经过几代农场人的不懈努力，从五里店农场到1954年10月成立南郊农场，从1958年9月以场带乡成立"红星人民公社"到1983年10月建立红星区，从1995年红星农工商集团到2018年的北京市南郊农场有限公司，农场从无到有、从小到大，产值、利润一直排在全国农垦前列，还曾经接待几十位外国政要和多国代表团来场参观，成为首都外事活动的窗口。毛泽东主席曾为《红星集体农庄的远景规划》题写按语，周恩来、朱德、邓小平、江泽民等多位党和国家领导人都曾亲临农场视察指导工作，为南郊这片土地赋予了厚重的文化基因，让南郊农场这颗"红星"更加熠熠生辉。

1998年场乡体制改革以后，又逢集团公司重大重组，南郊人开始二次创业，并在较短的时间内冲出低谷，涅槃重生，再创辉煌。

　　2014 年习近平总书记视察北京，明确了首都的"四个中心"城市战略定位，要求努力把首都北京建成国际一流的和谐宜居之都。南郊人继承发扬红星光荣传统，勇于承担国企社会责任，积极主动疏解非首都功能，推进农场产业转型升级。按照首都功能的重新定位，农场立足城乡接合部资源禀赋，借势发展都市农业、城市服务业、食品加工业三大经济板块。我深信，在农场广大干部职工的共同努力下，南郊农场的明天一定会更加美好。

　　历史是一面镜子，是最好的老师和教科书；历史是一把钥匙，可以帮助我们打开知识的大门；历史是一支燃烧的火炬，可以照亮我们前进的方向。让我们以史为鉴、砥砺前行，牢记初心和使命，发扬勇担当、善作为、敢碰硬、争一流的南郊精神，为建设产业优良、环境友好、职工幸福的都市型现代农场努力奋斗。

刘建波

2019 年 8 月 12 日

北京南郊农场志

BEIJING NANJIAO NONGCHANGZHI

凡例

一、宗旨

《北京南郊农场志》的编纂坚持辩证唯物主义和历史唯物主义的立场、观点和方法，秉笔直书，述而不作，力求全面、翔实地反映南郊农场的发展历程。

二、结构

按照志书"横排门类、竖写历史"的原则，本志设编、章、节三级结构，共9编23章82节。体裁以志为主，兼用述、记、图、表、录等。横不缺项、纵不断线，力求思想性、科学性、资料性的统一。

三、纪年

本志使用公元纪年。记载上限起于1949年1月，下限至2018年12月31日。为保持记述的完整性，个别事项上限追溯至其事业之发端或建置之始。

四、人称

本志采用第三人称。国家、机构、单位等名称，在文中第一次出现时使用全称，之后使用简称，必须使用全称或不用全称可能会产生歧义的情况除外。

五、文体

本志采用语体文记述。大事记以编

年体为主，辅以纪事本末体，长阳农场、卢沟桥农场、职工大学归入南郊农场前的大事记单独列出。

六、标点符号和数字

标点符号和数字以国家标准出版物规定为准。考虑到志书的历史资料性特点，本志有些计量单位沿用旧制，土地、耕地以公顷为单位，使用亩作单位时，做页下注。所记载地名、路名、河流、桥梁、企业名称等采用原始材料中的名称。

七、数据统计

统计数据以统计部门正式公布的数据为准，统计部门没有数据的，使用主管部门提供的数据。未发生、无统计或查无数据在表中用短横线表示。"分场（乡镇）、办事处""科技、教育、卫生"章节的数据，以当时为准。

八、资料来源

本志资料大部分来源于《南郊农场史（1949—1989，1990—2009）》（内部印刷）、《北京农垦大事记》（1949—2015）、《北京国营农场志》（精简本）、《大兴县志》、档案、网站及各单位资料，一部分来源于知情人回忆，经甄别后入志，书中不再逐条注录出处。

中国农垦农场志

目 录

第六编 科技、教育、卫生

第七编 职工队伍

附录

中国农垦农场志丛

概　　述

南郊农场的前身是 1949 年创建的国营五里店农场，是中华人民共和国最早成立的国营农场之一。南郊农场不同时期也称国营北京市南郊农场、红星人民公社、红星区、红星中朝友好农场、红星农工商集团。在党的坚强领导下，一代代农场人垦荒造田、兴修水利，改造盐碱地、发展畜牧业，改革创新，与时俱进。就像毛泽东主席题写按语所说的那样："每一个五年将有一个较大的变化，积几个五年将有一个更大的变化"，把一个贫穷落后的"苦海子"建设成了一个远近闻名的国营农场，农、林、牧、副、渔、工、商、建、运、服得到全面发展，一个产业优良、环境友好、职工幸福的现代化都市农场正呈现在世人面前。

一、地理位置及变迁

南郊农场位于北京南部近郊，属暖温带半湿润大陆性季风气候，夏季高温多雨，冬季寒冷干燥，春、秋短促。全年无霜期 180～200 天，降水的 80% 集中在 6—8 月。农场所在的主要区域为永定河、温榆河两水系冲积平原，地貌低平，西北高、东南低，流经区域的河流有小清河、永定河、小龙河、凤河、凉水河等，自元代起就是皇家行围狩猎的苑囿，史称"南海子""海子里"，是皇室贡品"南苑稻"和珍稀动物麋鹿的故乡，所属长阳农场与卢沟桥农场分别在永定河决口冲击的沙荒上和永定河故道的荒滩上开垦建立。农场地跨大兴、丰台、房山三区，南五环路横穿东西，南中轴路纵贯南北，所辖土地接临京津塘、京台、京开、京石高速公路，黄亦路、京良路、104 国道、107 国道等多条公路主干线，地铁 8 号线、4 号线、亦庄线、房山线等均在场域设站。此外，农场毗邻南苑机场，距北京大兴新机场 20 公里，交通十分便利。

1949 年 3 月，华北人民政府组建起华北农业部机械垦殖管理处（以下简称"管理处"），接管了原国民党河北省建设厅直辖的"河北省南苑农场"（当时亦称三校联合实验农场，其前身曾为日寇的农业实验场），作为组建新农场的基地，场址在南苑镇北六合庄处（市塑料十九厂厂址处），占地面积约 133.33 公顷（2000 亩[①]），北界至大红门以南御

[①]　亩为非法定计量单位，1 亩≈667 平方米。——编者注

道边，南界与和义庄土地衔接，西至大红门—南苑旧公路边，东至庑殿村西的益友庄。管理处随后还接管了旧宫村西北的原国民党军用地弹药库（其前身也是日寇的弹药库），占地面积约 333.33 公顷（5000 亩），东至旧宫村西路口—珊瑚桥的马路边，北界由珊瑚桥往西沿凉水河南岸，西界至今农场物资站以西三四百米处，南界至今万源路—旧宫村公路边。

1952 年 10 月，建立红星集体农庄。1958 年 9 月，成立红星人民公社。1960 年 8 月，公社被命名为红星中朝友好人民公社。1983 年 9 月，在农场区域内建立了大兴县红星区。

南郊农场（红星区）土地范围最广的时期，总面积达 160.9 平方公里，耕地 14.77 万亩。1998 年 10 月，按照北京市委市政府的部署，农场进行了场乡体制改革。改革后，农场承继了原南郊农场（红星区）的全部国有土地、资产及国有企业职工。原"北八乡"中的旧宫、西红门、亦庄、瀛海、金星、鹿圈、太和、孙村分场（乡镇）从南郊农场分离出去，整建制划归大兴县（现大兴区）管理，土地面积减少至 2358.33 公顷（35374.9 亩），有耕地 1134.07 公顷（17011 亩）。

2007 年、2009 年和 2012 年，长阳农场、卢沟桥农场和北京农垦职工大学先后并入南郊农场。南郊农场成为地跨大兴、丰台、房山 3 个行政区，赋有"大南郊"概念的融合发展的区域型农场。截至 2018 年年底，南郊农场共有土地 189 宗，土地总面积 2005.9 公顷（30088.51 亩）。土地资源成为农场持续发展的基本条件和依托，为农场经济良性发展奠定了坚实基础。

二、自然环境

（一）地质地貌

农场在永定河东侧，处于永定河、温榆河两水系的冲积与洪积平原的交替处。地势由西北向东南倾斜，西北高、东南低，最高处为西红门靶场，海拔 44 米，最低处为太和乡的东合盛村，海拔 24.3 米，坡降为 1/1000。全农场地势低洼，含盐碱，但较为平坦，间有一些天然水泡子。区内有凉水河，斜穿北部和东部，至鹿圈乡肖庄村出境，小龙河自北流经区中，在旧宫村东汇入凉水河，西部和南部有老凤河及新凤河汇流，横穿南部，经太和乡烧饼庄出境。

（二）气象

农场处于温暖季风气候带内，四季受季风支配，春夏秋冬四季分明，特点是冬季长达 4 个月，寒流频繁，寒冷干燥；春季气温回升快，风多雨少，气候干旱；夏季酷热，湿度大，多暴雨，且多集中在 6—8 月（降水量约 350 毫米，占全年降雨的 60%），涝灾多，常形成春旱夏涝（20 世纪 50 年代多为秋涝）现象；秋季气温下降快，日夜温差大，天气晴朗，冷空气活动频繁。全年平均气温 11.6℃，地温 13.8℃，太阳辐射平均值为 132.9 千卡/年·平方厘米，无霜期为 184 天，3 月下旬春耕生产全面展开。

（三）土壤

土壤为石灰性冲击母质，土层较厚，呈碱性，pH 为 7～8，土壤质地主要是轻壤土及中壤土，有少量的沙壤土及轻黏土。沙质土主要分布在西红门及孙村乡；轻壤土主要分布在旧宫、亦庄、鹿圈、金星乡；中壤土主要分布在瀛海、太和乡。1957 年以后，通过一系列改良土壤措施，土壤肥力不断提高，1980 年的普查显示，农场土壤肥力为北京市分级标准的四级，属中上等级。

三、发展概况

南郊农场从无到有、从小到大，一直到公司制改革变更为北京市南郊农场有限公司，大体经历了 4 个时期。

（一）草创及初步发展时期（1949—1965 年）

1949 年 3 月始，在接管原国民党政府和官僚资本的财产、没收封建地主庄园的基础上，创建了中华人民共和国第一批国营农场——五里店农场。随后，海子里土改后又建起一批国营小农场。1953 年 2 月，京郊第一个集体农庄——红星集体农庄在南郊成立，为京郊办高级社积累经验、树立样板。1954 年 10 月，中共北京市委市政府根据城市发展需要，决定将五里店农场、南苑畜牧场、和义农场、新华农场进行合并，建立起一个较大型的国营农场，以进一步发挥国有农场在京郊农村中的示范作用，更好地为城市服务，国营南郊农场由此正式诞生。合并后，农场拥有 1933.34 公顷（2.9 万亩）土地、1300 名职工，固定资产 365 万元。当时，农场大部分土地处于低洼盐碱地区，土质瘠薄，沼泽遍布，春旱秋涝，以种植高粱、玉米和棉花为主，粮食亩产 50 公斤[①]左右，籽棉亩产 20～30 公斤，条件差、底子薄，设施简陋、经营单一。

1958 年 6 月，海子周边的"五乡五社"（红星乡红星集体农庄、旧宫乡旧宫社、鹿圈乡晨光社、金星乡金星社、西红门乡曙光社）正式并入南郊农场，并在此基础上组建了红星人民公社。全公社有耕地 8666.67 公顷（13 万亩）、农户 8235 户、人口 3.9 万人，实行

---

① 公斤为非法定计量单位，1 公斤＝1 千克。——编者注

统一领导、统一经营、统一分配，分级核算，共负盈亏。同时，确定了"以粮为纲，农牧结合，多种经营，大力发展副食品生产，并积极增产粮食，做到口粮、饲料、种子自给自足，逐步建成首都副食品生产基地"的经营方针。自此，红星人民公社与南郊农场两种管理体制并存，分开核算，政企合一，这种管理体制及分配制度一直延续到"文化大革命"期间。在当时的历史条件下，这种体制和制度对发展农业生产及农场（公社）的各项建设事业起到了促进作用。

1960年8月，红星人民公社被命名为"红星中朝友好人民公社"，并与朝鲜"宅庵朝中友谊合作农场"结为友好农场。

经过十余年锲而不舍地"改造盐碱洼，开发水稻田"，至1965年年底，农场（公社）已基本实现了机械化、水利化、电气化。农场粮食总产3613.5万公斤；建有8个奶牛场，年产牛奶1150万公斤；7个大型猪场，年售生猪2万多头；4个规模鸭场，年产填鸭1.2万只；2个渔场，年产鱼1.5万公斤。此外，还有2000亩果园和一些工副业企业，并建有6所中学、32所小学、1座医院和13个卫生所，已成为一个以农业为主，农、林、牧、副、渔、综合经营的首都副食品生产基地。

（二） 曲折发展时期（1966—1976年）

从1966年开始，农场生产基本停滞。自1969年起，农场（公社）贯彻"统一领导、统一计划、分别核算，各计盈亏"的管理原则，在经济管理体制上逐步进行改革，将集体经济划分为8个农村分场，组建畜牧分场和工业分场两个全民企业分场。坚持"以农业为基础，以工业为主导"的方针，落实党在农村的经济政策，发展社队企业和工业企业，吸收农村富余劳动力，维护社会稳定。

（三） 快速发展时期（1977—1998年）

1977年，党的十一届三中全会召开，党的工作重点转移到经济建设上来。从1979年起，农场（公社）内部进一步调整和改革了经济关系，落实了各项经济政策。

农场接纳大批下放干部和城市知识青年，充实干部职工队伍。兴修一大批基础水利工程，大搞农田基本建设，改造低产田，建设蔬菜和果品基地。建设规模化奶牛场和猪场、鸡场、鸭场，就近设立饲料基地，肥料就近还田，实行农牧结合。引进作物和畜禽良种，试验优选后示范推广。建立科技站、种子站、水电站和农机站等，推广新品种、新技术，提供专业服务，建立干部、人才培训机制，推进干部革命化、年轻化、知识化和专业化建设，带动农村（分场）生产共同提高。

农场（公社）从实际出发，实行了以承包为核心，以提高经济效益为目的，责、权、利紧密结合的联产承包经济责任制。在农村中实行了以专业承包为主要形式的经济责任制和联产包干的计酬办法；在企业中实行了利润包干、指标分解、超利润提成、百分计奖的办法，并提出了"在调整中求生存，在竞争中求发展"的指导思想，有力调动了广大社员、农场企业和职工的生产积极性。

1983年1月，农场（公社）进行机构改革，实行企业化经营，将南郊农场改建成红星农工商集团。在经营上实行产、供、销一条龙，改变了单一生产的经营模式，随后逐步成立了工业、牛奶、畜禽、农业、水产、农机、饲料、劳动服务、物资供应、建筑10个专业化公司及8个农工商分公司，实行专业化、企业化管理。

1983年10月，在原农场（公社）范围内建立大兴县红星区公所，取消红星人民公社建制（保留"红星中朝友好人民公社"的牌子）。南郊农场又称红星农工商总公司、红星区，形成了党（委）、政（区公所）、企（总场、总公司）分设，三位一体，党委统一领导、各司其职的领导体制。

这一时期，全农场上下形成了以"三高"（高产、高质、高效）农业为基础，规模化工业为支柱，大力发展第三产业，持续、稳定、协调发展经济的好局面。1992年，农场抢抓机遇，经过不懈努力，北京经济技术开发区落户亦庄分场，开发区的建设给农场带来了良好的发展机遇和广阔的发展空间。

1990年以后，南郊农场进入了建场以来发展最迅速、成就最辉煌的历史阶段。

农场遵循"农业是基础，工业是主导，大力发展第三产业"的指导思想，本着"壮大一产，巩固二产，积极开拓发展三产"的基本方针，使农场的产业结构逐步趋向合理。

农业、工业、畜牧、外经外贸等都取得了长足进步。小麦亩产420公斤，曾多次获国务院、农业部、北京市颁发的"粮食生产先进单位""小麦单产高产奖"和"北京市蔬菜工作先进单位"。存栏奶牛1.06万头，是全国首家万头奶牛饲养基地，并率先使用微机管理。1992年，在邓小平南方谈话精神的指引下，农场加快改革开放的步伐，推出"深化改革十大文件"（南郊农场党委适应形势发展，加大改革力度，连续制订、发布了一整套十个深化改革的文件）。1994年，农场提出"一开二改三个三"（"一开"即继续以房地产开发为龙头；"二改"即深化改革和抓好以工业技改为主的工业结构调整；"三个三"即大力发展"三高"农业，大力发展第三产业，大力发展三资企业）的经济发展思路，全面启动了房地产开发工作，盘活土地资源，为农场经济发展筹措资金，推动一二三产业的发展，以房地产开发为龙头的第三产业逐渐成为新的支柱产业。1997年，农场产值达到20.2亿元，利润1.58亿元，引进外资成绩斐然。1991—1997年，农场兴办三资企业（项目）近百个，协议总金额2.6亿美元，全场外资总投资额1.5亿美元，入资率达97%，吉百利、辛普劳等世界驰名企业先后落户南郊农场。

农场有 30 多个产品荣获国家、部、市级名优产品称号，其中年产值超过 1000 万元以上、创利税超过 100 万元以上的企业就有 20 多家。"万年青"奶粉、黄油，"华升"汽水、冰激凌，"星光"影视器材，"丰收"桂花陈酒，"广厦"涂料，"红化"试剂，"都悦"方便面、肉制品等一大批名优产品享誉京城内外。

1995 年年初，农场启动企业文化建设，总结归纳推出了"继承红星传统，事争农垦一流"的企业精神，其内涵是：艰苦奋斗的创业精神、科学严谨的求实精神、敢为人先的开拓精神、服务首都的奉献精神。

1996 年 5 月，红星区"国家级星火技术密集区"建设通过验收，助力农场科技腾飞。

农场（红星区、公社）作为"三区一社"（朝阳区、海淀区、丰台区和红星公社）的重要组成部分，已经成为首都重要的副食品基地之一，是名副其实的"米袋子""菜篮子""奶瓶子"。在全国农垦系统 2157 家国有农场中，南郊农场的各项生产指标多年名列前 3 名。

延续了 40 年的"场乡合一"体制模式，在计划经济体制下已经产生了一定的矛盾。随着市场经济的建立，场乡体制所反映出来的矛盾越来越突出，体制改革势在必行。

1998 年，北京市委、市政府决定对京郊农垦进行场乡体制改革，要求改革"必须有利于各区县委、区县政府对农村工作的整体领导；必须有利于农工商总公司的经济发展；必须有利于富裕农民，保护农民利益；必须有利于整个农村社会经济的整体发展；必须确保社会稳定"。1998 年 10 月，南郊农场（红星区）所属 8 个乡镇正式整建制划归大兴县，南郊农场（红星区）结束了政企合一的管理体制。这一年，成为南郊农场概念和意义上的分水岭，从此，南郊农场成为大兴区域内的一家国有企业。10 月底，南郊农场拉开企业组织结构调整、内部资产重组及农场机关机构改革的序幕，以主导企业为龙头，组建 18 个专业化经营中心和公司，农场场部由 12 个部室 143 人精简为 8 个部室 88 人。

（四）跨越式发展时期（1999 年至今）

1999 年，新的领导班子组建后，农场对所属工业企业陆续进行了调整改革。关停了 5 家扭亏无望的企业，10 多个没有市场竞争力的产品停止生产，减轻农场的负担和压力。

场乡体制改革后不久，市农工商联合总公司开始资产聚大重组，组建专业化公司，先后将奶牛养殖、养鸭业、养猪业、加油站、出租车公司、建筑企业等优良资产从农场划出，农场经济面临着新的转型。

面对各种困难和压力，农场党委明确提出了"立足发展、开拓进取、振兴农场经济"的指导思想，认真落实农工商总公司"深化、提升、强化、严管、稳定"的十字方针，在经营策略上"做强做优一产，改革改制二产，发展提升三产"。

2001—2005 年，农场先后实行"关停并转改破"等方式改革，盘活闲置资产，管理维护土地资源，清理解决遗留历史问题。南郊农场得以发展生存，涅槃重生，再续辉煌。

农场始终把发展放在第一位。在立足发展的思想指导下，全场干部职工努力奋斗，克服各种困难，经济效益逐年提高。2006 年，农场根据三元集团公司"十一五"规划，确定了造势发展都市农业、借势发展仓储物流业、借题提升都市工业园、就势发展城市物业的"四大经济团块"和食品加工团块，为未来农场发展打下基础。

2007 年、2009 年和 2012 年，长阳农场、卢沟桥农场和职工大学先后并入南郊农场，南郊农场成为地跨大兴、丰台、房山 3 个行政区，赋有"大南郊"概念融合发展的区域型农场。截至 2009 年，农场拥有土地约 1613.33 公顷（2.42 万亩），这些宝贵的土地资源成为农场持续发展的基本条件和依托，为农场经济良性发展奠定了坚实基础。

随着北京城市化进程的加快，农场因势利导，利用区位优势和资源禀赋，作为大红门服装批发产业的配套，出租自有土地房屋，发展工业大院和工业园区建设。"瓦片经济"为农场资源型企业带来了显著的经济效益。

2010 年，配合南海子公园（一期）建设，农场拆除腾退土地 207 公顷，拆除房屋建筑 13.3 万平方米。2012 年，农场所属五环顺通供应链管理有限公司（以下简称"五环顺通"）利用南海子拆迁补偿款，以 1.4 亿元购得大兴生物医药基地（天华街 21 号）优良资产，占地 39529 平方米，建筑面积 31197 平方米。2012 年 5 月，成立大兴区"打非拆违"南郊农场分指挥部。2013 年，农场与民营企业旺泰控股集团强强联合，激活成品油经营许可证，共同开拓成品油销售市场，成立北京市燕庆旺泰成品油销售有限公司，当年实现营业收入 3.8 亿元。经过五年的市场开拓，2018 年，营业收入增长至 29.36 亿元，农场经济规模实现跨越式发展。2014 年，聘请北京市弘都城市规划建筑设计院制订《北京市南郊农场规划实施方案》。2016 年，南郊农场被列为北京市城乡接合部城市化建设第三批试点单位。为积极响应北京市"疏解非首都功能，建设宜居首善之都"的要求，农场勇于承担国企社会责任，树立国企标杆，主动作为，先后斥巨资拆除腾退了和义五金城、北方世贸鞋城、旧宫三角地等批发市场类产业。截至 2018 年年底，农场累计拆除 130 万平方米，腾退土地 300 公顷，疏解人口 8.1 万人。

2018 年，随着"疏解整治促提升"行动的开展，南郊农场按照首都功能定位和集团公司发展战略，推动实现农场产业转型升级，确立了经济发展"四大板块"，即以首农紫谷伊甸园、红星集体农庄等为代表的都市农业，以五环顺通、馨德润酒店、古玩城 C 座等为代表的持有型物业，以中国百麦为主的食品加工业，以燕庆旺泰为主的成品油贸易板块。

农场在"四大经济板块"的基础上发展、改造和提升，围绕"一轴一路"（一轴：中轴路，一路：五环路），打造"两园三区"（两园：和义体育休闲健身公园、西毓顺文化创意公园，三区：首农食品第六产业园区、首农食品红星集团农庄农业观光区、首农食品紫谷庄园农业观光区）的空间格局。实现"四个全面"任务目标，即全面完成拆违任务、全面实现规划绿地、全面完成棚户区改造、全面实现农场产业转型升级。农场立足资源禀赋，利用城乡接合部区位优势，优化发展四"大经济板块"，经济总量规模不断扩大，产业结构不断优化，收入实现跨越式发展。

截至 2018 年年底，南郊农场直接投资企业 34 家，其中全资子公司 20 家、控股公司 10 家、参股公司 4 家，拥有红星集体农庄、紫谷伊甸园、首农·中科电商谷、百麦食品、五环顺通、馨德润、广厦涂料等一批骨干企业和知名品牌。农场现有土地面积 2000 公顷，注册资本 12151.1 万元，资产总额 91.4 亿元，所有者权益 38 亿元，营业收入 35.9 亿元，利润 1.87 亿元。

南郊农场七十载艰苦创业、拼搏奉献，改革创新、久久为功。南郊人书写着京郊农垦的奋斗史、创业史、改革开放史，伴随新时代发展的脚步，正在中国特色社会主义的康庄大道上昂首前进，走向更加美好的未来。

大　事　记

南郊农场大事记（1949.1—2018.12）

● **1949 年**　3 月 18 日　华北人民政府委派戎占峡、吕福才、门一庭等组建华北农业部机械垦殖管理处。由戎占峡任处长，负责接管平南郊区敌伪农场及筹建新农场工作。

3 月　戎占峡接管原国民党河北省建设厅直辖的"河北省南苑农场"（当时亦称三校联合实验农场，其前身曾为日寇的农业实验场），场址在南苑镇北六合庄处（市塑料十九厂厂址处），占地面积约 133.33 公顷（2000 亩）。

同月　戎占峡接管旧宫村西北的原国民党军用地弹药库，占地面积约 333.33 公顷（5000 亩）。吕福才接收原联合国救济总署机械农垦处河北省分处所属的车库（设在北平朝内斜街），内有阿里斯拖拉机 10 台、大四轮汽车 2 辆、吉普车 2 辆及同拖拉机配套的农机具等。

同月　戎占峡等在六合庄场部主持召开了 3 个单位（华北农业部机械垦殖管理处、原救济总署机械农垦处河北省分处车库和河北省南苑农场）工作人员的合并办公联谊会。所接收的拖拉机、汽车及配套的农机具（犁、耙、帐篷等）由原河北省分处车库管库员曹泽远带队，原机手驾驶至六合庄处，首先在原河北省南苑农场范围内开始垦荒。

4 月　库区内的炸弹清运完毕，开始使用 10 台阿里斯拖拉机及新接收的 2 台克拉克（链轨式）和 2 台福特拖拉机在库区内垦荒，共开垦出耕地约 180 公顷（2700 亩）。在库区内成立京郊拖拉机站，站址设在库区内的旧房中（农场汽车队院址处）。戎占峡兼任站长，商志龙任副站长，下设 1 个机耕队，曹泽远任队长。

同月　新农场（当时尚未定名，只称农场）的耕地开始春播，由戎占峡兼任新农场负责人。

6 月　中央农业部从河北省冀衡农场调来的 5 台福特拖拉机及配套的农

机具和机手到农场。中央农业部美籍专家韩丁到新农场指导工作。

8月 吕福才进驻德茂地区，接管德茂庄郭姓地主和积善庄地主段华庭的土地，共132.33公顷（1985亩）。

同月 张祖昕接管天恩庄和亦庄齐姓、王姓地主的土地，共约106.67公顷（1600多亩）。孔庆阶、姚义杰、柴旺等接管原盐业银行在和义庄的土地94公顷（1410亩）。霍玉杰、姚义杰、柴旺等接管伪大兴县长李希曾的大泡子庄园土地32.8公顷（492亩）。刘子玉、李恭文等接管钱庄子地主的100公顷（1500亩）土地。

9月 霍玉杰、姚义杰、柴旺等接管大生庄地主生玉丰及南同顺地主的土地，共1700多亩。

秋 "弹药库区"及六合庄原"河北省南苑农场"合并，组建"国营五里店农场"。戎占峡任农场负责人，马瑞臻主管库区范围的生产，高文甫主管六合庄片的生产，门一庭主管人事。

10月 五里店农场在库区内建立粉房一处，将农场收获的白薯加工成白薯粉条，试搞粮食产品深加工副业生产。

11月1日 平郊农垦管理局改名京郊国营农场管理局，并由华北农业部移交中央农业部领导。戎占峡在局长兼党组书记，刘钢任副局长，戎占峡兼五里店农场负责人。

● **1950年** 3月 正式组建德茂农场，由吕福才任场长；建立天恩庄农场，由刘振刚任场长；建立和义庄农场，由孔庆阶任场长；建立钱庄子农场，由李恭文任场长；建立大生庄（南同顺）农场，由凌邦伟任场长；组建合作农场（在库区东边缘处有地约133.33公顷），由京郊农场管理局派马鹏云和万长莹（女）二人负责管理，吸收小红门、庑殿和南场等村部分农民劳力入股。

春 京郊拖拉机站首次进口苏联"纳齐"链轨式拖拉机2台，拖拉五铧犁2台、四十一片圆盘耙、四行棉花播种机、六行点播机、二十四行条插机和C-4自走式康拜因收割机各1台，首先在五里店农场土地上使用。同时，鹿圈村有几户农民开始小面积种植葡萄，成为鹿圈地区大面积种植葡萄的先例。

4月 李恭文调任五里店农场场长，戎占峡不再兼任农场负责人。刘子玉任钱庄子农场场长。

5月　五里店农场建立农场管理委员会，由干部、工会、工人代表共11人组成。

秋　和义庄农场当年水稻获丰收，全场106.67公顷（1600亩）水稻平均亩产稻谷290公斤。

10月　五里店农场改为中央农业部的直辖农场，并改名为"中央农业部直属国营五里店农场"。

冬　中央农业部投资8亿元（旧币，折现币8万元）兴修由北大红门至五里店农场的引水工程（含修建大红门凉水河公路大桥下游的大水闸），开挖约6公里的引水渠和建庑殿村北的分水闸，作为分水枢纽，农场约213.33公顷（3200多亩）耕地实现了自流灌溉。同时，还新修了北大红门至五里店农场的马路，约4公里。

本年　双桥机耕学校培训的京郊第一批女拖拉机手崔淑琴等37人到五里店农场实习耕作，实习后，部分人员留在农场工作。京郊拖拉机站同五里店农场合并，由李恭文任场长，曹泽远任副场长兼生产大队长，拖拉机站原站长张伞任农场党支部书记。南宫村团支部书记高淑珍被评为北京市劳动模范。

1951年　3月　邓颖超在中南海接见中华人民共和国第一批女飞行员、女拖拉机手。崔淑琴等参加接见并合影。

春　五里店农场的经营方针确定为"以种植棉花为主，水稻、洋麻为辅，兼营畜牧和粉房副业"。同时，从北京市区内私营奶牛户手中购入20多头老残牛，开始饲养奶牛；技术员杨潞萍在农场内首先栽种了26亩果树苗，农场内第一次出现了成片果林。

4月　吕福才调离德茂农场，接管黄村农场，先任农场党支部书记，不久兼任场长。吕由国任德茂农场场长。

5月　袁言庸任和义庄农场场长。

9月　中央农业部拨款6亿元（旧币）修建五里店农场拖拉机站机库，建筑面积360平方米，建办公室、职工宿舍及围墙，当年竣工并投入使用。

秋　十一区政府派出张杏梅等3名妇幼医士，在鹿圈村建起海子里第一个农村妇幼保健站，并首先在农村推广新法接生。

10月　中央农业部指示，京郊拖拉机站同五里店农场合并。

本年　鹿圈村霍凤岐互助组被评为北京市模范互助组及市劳动模范，瑞合庄村高顺起被评为北京市棉花丰产模范，南小街村寇顺义被评为北京市模范干部。

● **1952 年**　春　瀛海庄村在海子里首先试办起两个小型初级农业生产合作社：一个是向集农业生产合作社（21 户，由曾昭左、王德海分别任正、副社长）；另一个为中立堂村"穷八家"农业生产合作社（8 户，由刘洵任社长）。钱庄子农场并入德茂农场管辖，改称钱庄子生产队。西五号村部队机关的 524 亩生产地和瑞合庄炮兵司令部所属机关的 1280 亩生产地移交给德茂农场经营。市民政局所属在嘉禾庄的 100 余亩福利事业生产地及聋哑人等移交给和义庄农场管理。黄村农场并入大生庄农场，黄村农场改为生产大队。五里店农场技术员詹则忠带领工人在牛场开辟两块果林地，使五里店农场的果林面积增加到 200 多亩。同时，五里店农场推行小麦、苜蓿（牧草）间作种植方法。

夏　五里店农场正式采用 C-4 自走式康拜因收割机收割小麦。

8 月　因筹建"红星集体农庄"，德茂农场将其所辖的钱庄子生产队所属的部分耕地、机井、地上建筑物等，与农庄所属的中立堂村（德茂牛场址）范围的 700 亩耕地进行对换。

同月　市委派出以刘明同志为首的"建立农庄"工作组，到海子里中部的中立堂、钱庄子、姜场、三槐堂 4 个自然村，协助当地农民筹建"红星集体农庄"，为郊区农村创办高级农业生产合作社摸索经验、树立样板。

9 月　中央农业部投资 53 亿元（旧币，折现币 53 万元）扩建五里店农场，即建五里店奶牛场 3849.7 平方米、北猪场 1133.7 平方米，扩建原机具库，增建拖拉机修理间 290 平方米，增建季节性轧花厂，修建农场大礼堂。

10 月　红星集体农庄正式组成，有庄员 63 户，117 个劳力，1518 亩土地，牲畜 20 头，胶轮、铁瓦大车、排子车共 12 辆。庄址设在姜场村，于潮凯任主席、刘洵任副主席。

12 月 30 日　天恩庄农场并入和义庄农场管辖，并改称天恩作业站。

● **1953 年**　1 月　大生庄农场正式并入德茂农场，天恩庄农场正式并入和义农场，张郭庄农场正式移交丰台区。德茂农场根据上级指示，改称南苑畜牧场。

2月10日　红星集体农庄隆重召开农庄正式成立大会，市、区领导到会祝贺并讲话。

2月23—26日　国营农场的贾梅芳、崔元兴、王文治以及南苑区鹿圈村霍风岐、瑞合庄高顺起、庞殿村郑福田、南小街村寇顺义、怡乐庄齐东海、西五号张玉山、红星集体农庄贺尚志、东广德邵金生、东郊区来广营吴玉书等人在北京市1952年度农业劳动模范代表大会上被评为北京市农业劳动模范。

2月　南苑畜牧场确定"以饲养奶牛，供应首都用奶为主，结合开展多种经营，农业上种植水稻、棉花、饲料，为国家增产棉粮"的方针。

同月　五里店农场作为农业部直属农场计件工资的试点，开始在畜牧业实施计件工资制。

3月　中央农业部国营农场管理总局委派由12人组成的土壤调查队，到五里店农场对全场所有的土地（当时约5000亩）进行普查分析。

春　五里店农场确定了"以畜牧为主，农业为畜牧服务，结合发展园艺"的方针，在农业耕作方法上试行以牧草为主的"草田轮作制"。海子里各行政村根据市、区部署，改为乡建制，由附近几个行政村合并成为一个乡，海子里（仅按目前红星区区划范围内统计）共建起17个小乡。大生庄农场并入南苑畜牧场管辖。南苑畜牧场将下属单位划分为5个工作站，即德茂工作站（含德茂地区）、南同顺工作站（含南同顺、大生庄、小白楼地区）、西五号工作站（即部队移交的土地范围）、瑞合庄工作站（含瑞合庄、海晏庄）、黄村工作站（即原黄村农场的范围）。

4月　北京市农林局将新接管的西苑牧场（共有奶牛359头）和东单奶站划归南苑畜牧场管辖，并改称西苑分场。

5月　五里店牛场落成，将各处散养的牛群迁入饲养，是为京郊国营农场第一家正规奶牛场。南苑畜牧场在中立堂村址处（德茂牛场处）动工修建德茂牛场。

同月　中央人民政府副主席朱德来到五里店农场视察工作。

6月　五里店农场168亩小麦获丰收，平均亩产393斤[①]，比当地农民的

---

① 斤为非法定计量单位，1斤＝0.5千克。——编者注

小麦亩产高 3 倍多。其中，丰产区 35 亩小麦平均亩产 441 斤。

9 月下旬　农业部决定将北京农业机器站正式改名为北京农业拖拉机站，并与五里店农场合并。

9 月　德茂牛场建成，并将西苑分场经过检疫合格的"健康牛" 256 头迁入饲养。

秋　南苑畜牧场所种的银舫水稻 957 亩获大面积丰收，平均亩产 962.7 斤，总产稻谷 921327.7 斤。其中，30 亩丰产区平均亩产 1192.3 斤。

11 月 9 日　毛泽东主席察访旧宫村，在村中碾台前与在场农民亲切交谈，了解农村生产、生活状况。

11 月　南苑畜牧场（原德茂农场）种植的 110 公顷斯字 2B 棉花每公顷收获 2100～2250 千克（折亩产 280～300 斤），单产比附近农民高出 1 倍以上。

本年　南苑畜牧场工人于德顺被评为北京市饲养奶牛能手。五里店农场从东北引进 70 头巴克夏猪及苏联大白猪。

● **1954 年**　1 月　五里店农场建立党总支，由新调任的耿希贤任党总支书记。

3 月 1 日　中央农业部国营农场管理总局将直属的五里店农场移交给华北行政委员会农林局管辖。

3 月　瀛海庄、怡乐庄两个小乡正式合并成为红星乡，由高德才任乡长，于潮凯任党支部书记。

7 月　五里店农场牛场（北牛场）首次使用苏式提筒式挤奶机挤奶。

8 月 1 日　五里店农场改为由北京市农林局管辖。

8 月 17—23 日　寇顺义、安云霞、霍凤岐等代表出席北京市首届人代会第一次会议，同其他市代表一起，受到毛泽东、刘少奇、周恩来等中央领导人的接见并合影。

9 月　五里店牛场（北牛场）动工兴建第一座正式水塔。

10 月 14 日　北京市政府决定，将五里店农场、南苑畜牧场、和义农场及新华奶牛场合并，组成"南郊农场"。

10 月　市农林局将原设在西直门外南小街的新华牛场划归南苑畜牧场管辖。南郊农场成立后，由郭子清任场长，耿希贤任总支书记。场部设办公室、财务科及党总支、团总支、工会等。农场共设置和义、德茂、天恩 3 个作业站及五里店机耕队、五里店畜牧队、五里店农业队。在管理体制上，实行统一领导、统一计划、统一核算。

同月　南郊农场的经营方针确定为"以畜牧为主，农牧结合，开展综合经营，为城市生产大批奶、肉、菜、果和粮食，为首都服务"。同时，南郊农场开始制定和实施牛群布鲁菌病、结核病的防治措施，对牛群进行健康化管理。

11月9日　南郊农场成立团总支委员会，王海莲任团总支书记，下设6个团支部，共有团员126名。

冬　南郊农场自办第一期拖拉机手培训班，学员共35名。

本年　和义工作站所种水稻又获丰收，平均亩产稻谷780斤，总产170多万斤。红星农庄由523户增至850户。女拖拉机手崔淑琴被评为农业部劳动模范，农场李宝发、于泰明被评为北京市劳动模范。市农林局所属苇塘管理所利用南郊农场大泡子开发3333平方米池塘，从白洋淀引进鱼苗，养草鱼1200尾，开启农场系统养鱼事业。

● **1955年**　春　农场职工实行工资制度改革，由原工分制改成等级工资制。农场技术员殷兆基在和义作业站指导试验水稻旱直播、水直播（机播），获得成功。

6月　越南民主共和国主席胡志明到农场参观。

同月　红星集体农庄6600亩小麦喜获丰收，并第一次使用5台康拜因联合收割机收割小麦且不用打场。

夏　农场又购进苏联C-6牵引收割机2台，除收割农场的2965亩小麦外，还为农业社收割了小麦711亩。

9月　赵彪由西郊农场调到南郊农场任场长，王友新调任农场党总支书记兼政治副场长。

同月　红星小学、鹿圈中心小学、西红门中心小学和四海中心小学增设中学班，是为本地中学教育的开端。

秋　红星集体农庄首先制订七年远景规划。金星地区团河、志远庄、南同顺、南小街、大生庄5个农业社合并，定名为金星高级农业生产合作社，由刘柱魁任社长。

10月30日　《北京日报》刊登出《红星集体农庄的远景规划》，毛泽东主席阅后书写了按语。是年，《红星集体农庄的远景规划》及按语编入《中国农村的社会主义高潮》一书，在全国发行。

11月　农场重修大红门凉水河石桥下游的拦河大闸。

冬　志远庄、团河、南同顺、南小街 4 个小乡建立起党总支，王振伍任党总支书记。旧宫、虎殿、南场、集贤 4 个初级社正式合并成旧宫高级农业生产合作社，李福田任社长。

本年　南郊农场所属的黄村生产队移交给市公安局五处，改建为团河劳改农场。农场张玉生、李宝发、杨明远、杨占泉、张振儒、于泰明被评为北京市劳动模范。

● **1956 年**　1 月 1 日　北京郊区第一个有线广播站——南苑区红星集体农庄广播站建成播音。

1 月上旬　海子里建成红星集体农庄、金星、晨光、曙光、旧宫 5 个大型高级农业生产合作社。

3 月 17 日　北京市 1955 年度农业劳动模范及先进集体代表大会召开，国营农场的庞有等 21 人被评为北京市农业劳动模范。南郊农场、红星集体农庄、晨光社、虎殿第一农业社、集贤第二农业社、吴玉书初级合作社被北京市人民委员会授予"北京市农业生产模范单位"称号。

春　西红门乡建立党总支，由高谦任党总支书记，马德茂任乡长。旧宫地区的旧宫、集贤、虎殿等小乡合并成为旧宫乡并建立党总支，崔恩荣任乡长，张书臣任总支书记。

5 月　亦庄种公牛站建成并投入使用。

6 月　南郊农场首次建起职工家属宿舍区。

夏　国务院副总理贺龙到农场视察工作。

秋　市长彭真到农场视察工作。

10 月　巴基斯坦总理苏拉瓦底到红星集体农庄参观。

11 月　农场建筑队自建的亦庄牛场建成并投入使用。

本年　钱庄子牛场建成并投入使用。

● **1957 年**　2 月 18 日　首届全国农业劳模代表大会在北京召开。南郊农场养牛工人张振儒被评为全国农业劳动模范，寇顺义被评为全国劳动模范干部。

3 月 24 日　南郊农场、红星集体农庄被授予"北京市农业生产模范单位"称号。

春　南郊农场将下设的 3 个作业站改建为 3 个分场并设分场长：德茂为一分场，隗福来任分场长；亦庄为二分场，卢翠芝任分场长；和义为三分场，翟景昌任分场长。各分场下设若干个生产队。红星集体农庄由原党总支改成党委建制，赵建华任农庄党委书记。

4月　南郊农场改为党委建制，袁言庸任农场党委书记，赵彪任场长。各分场设党支部。

7月　郭方调任南郊农场党委书记，袁言庸改任党委副书记。

7月31日—8月3日　南郊农场召开首次职工代表大会，选举农场工会委员会，国家农垦部部长王震、市委农工部部长赵凡等领导到会祝贺并讲话。大会选出17名工会委员，陈家珠为工会主席，吕福才为副主席。

9月　农场原直属的五里店畜牧队、五里店农业队、五里店机耕队合并，成立农场第四分场，吕福才任分场长，郑菊昌任支部书记。

10月　新建乡正式划归南苑区管辖，仍为区辖乡。

冬　新建乡并入红星集体农庄，全乡农民成为农庄的社员。

本年　农场再次扩建北大红门公路桥下游引水大闸，农场引用凉水河水灌溉农田。农场接收了大兴县部分盐碱地及同金星农业社调换的部分碱洼地，在凤河岸组建农场第五分场，作为发展乳牛的新基地。南郊农场再次被评为北京市模范生产单位。农场李宝发、崔元兴、刘汉祥、郭宝君、赵喜来等被评为北京市农业劳动模范。当年，南郊农场9094亩粮田平均亩产粮食625斤（已过"黄河指标"），总产粮568.37万斤，被评为全国农垦系统先进单位。周恩来总理为南郊农场书写了奖状，以示表彰。

1958年　1月14日　南郊农场召开第一届团员代表大会。大会选举出农场青年团委员会，吕广业任团委书记。

2月25日　中国文学艺术界联合会主席郭沫若率作家、艺术家50多人，前往西红门曙光社祝贺"红领巾水库"竣工。

2月　晨光社及南郊农场同朝阳区协作分段开挖的东南郊灌渠全部竣工并提闸放水。

春　三分场首次引种良种水稻"水源300粒"，当年亩产达1150斤。红星农庄、旧宫社、南郊农场联合修建的凉凤灌渠胜利竣工。

4月　原属通县的双桥、碱庄两个村划归鹿圈乡广德队管辖。

5月　旧宫社集贤生产队的4800亩土地被国家征用，修建七机部职工宿舍区及东营房。

6月　"五乡五社"（红星乡红星集体农庄、鹿圈乡晨光社、旧宫乡旧宫社、金星乡金星社、西红门乡曙光社）正式并入南郊农场，成为农场下属的生产单位。

同月　场社合并后，农场实行"以场带社""三统一"（统一生产规划、统一基本建设、统一扣留比例）和"三不动"（生产指挥系统不动、包产合同不动、公共财产不动）的原则，仍依照原生产秩序进行生产活动，各社队仍按劳动工分计酬，年终以各队生产水平进行分配。场社合并后，全农场耕地面积增至13万亩，农户达9000户，共有5万口人。

7月31日　在南郊农场举行了蒙古人民共和国赠送我国蒙古役马1.5万匹的授礼仪式，场长赵彪代表中国人民和各农场接受赠礼。

7月　根据上级部署，农场及各社队开展了农具改革和轴承化运动，各社发动群众改革农具，在部分农具上加上轴承。

9月7日　根据上级部署，在南郊农场的基础上，正式建立红星人民公社。中共中央委员、农垦部部长王震，区委副书记王海到会祝贺并讲话。公社党委书记郭方、公社主任赵彪做报告。

9月　红星人民公社建立了政社场合一、三套机构一套人员的全民所有制管理体制，上设党委、书记处、管委及17个部、委、办职能部门，下设10个农牧结合的生产大队及大队管辖的52个生产队。全社实行统一领导、统一经营、统一分配，三级管理、分级核算、共负盈亏的原则。

同月　公社的经营方针确定为"以粮为纲，农牧结合，多种经营，大力发展副食品生产，积极增产粮食，做到口粮、饲料、籽种自给自足，逐步建成为首都的副食品生产基地"。原各高级社建立的敬老院相继合并，改建成新建、西红门、鹿圈、旧宫等大队敬老院。北京市农业拖拉机站将其所属的4个机耕队的拖拉机及70多名职工移交给红星人民公社。原南郊农场机务队的拖拉机修理间改建成红星人民公社农机修配厂。

秋　公社天恩、鹿圈大队地区组织部分青壮劳力参加"小麦万亩方试验田"的深翻和平整土地工作。公社成立基建大队，下设5个中队，有职工、社员工500多人，张风岐任大队长，李印庭任支部书记。

10月　《人民日报》发表《办好公共食堂》社论后，红星公社各生产队纷纷建立公共食堂，共174个。原红星乡门诊部改建为红星公社医院，医院职工由各大队门诊部抽调部分医务人员及协和医院下放到公社的医护人员共45人组成。医院设有内、外、儿科门诊及住院部，有病床30

余张。协和医院业务干部朱光任院长。

同月 公社建立了汽车队，共有汽车 15 辆，供全公社统一调度使用。同时，制定了《1959—1967 年建设远景规划（草案）》及 1959 年农业、畜牧业、工业、电气化、交通等方面的发展计划。

12 月 25 日 在全国农业社会主义先进单位代表会议上，南郊农场（红星人民公社）和所属 11 个队、组被评为全国农业社会主义建设先进单位，戎起胜、黄淑香、刘永恒、杜长顺、何元成被评为先进个人。

12 月 中共中央提出"人民公社大办工业、工农业并举"的方针后，公社各队筹建起各种小工厂和作坊 46 个。

● 1959 年 1 月 在瀛海建立糠醛厂。

3 月 21—23 日 全国人大常务委员会副委员长张治中、全国政协常务委员会委员李德全等 42 名全国人大代表、全国政协委员视察南郊农场。

3 月 农场进行机关调整，将 10 个大队调并为 6 个大队，管委 17 个部门合并成 9 个部门。

春 金星大队在双泡子建金星鸭场。

4 月以后 公社社员由原来工资制和供给制相结合的分配制度改为评工记分，按所得工分支付工资。

5 月 24 日 召开红星人民公社（南郊农场）第一届团员代表大会，选举吕广业为团委书记。

5 月 28 日 召开红星人民公社（南郊农场）第一届党员代表大会，选举郭方为党委书记。

6 月 公社（农场）成立畜牧兽医研究所，负责人郭实一。

同月 市委第二书记刘仁到公社（农场）德茂大队调查小麦实际产量，在西毓顺生产队视察机收小麦情况，并且亲自在地头过秤检斤。

夏 亦庄大队、鹿圈大队合并为天恩大队。

8 月 在忠兴庄建成红星人民公社社部办公楼。

秋 红星公社召开首届妇女代表大会，选举李玉芬为公社妇联主任。

11 月 在瀛海怡乐村建半机械化的万头猪场。在鹿圈与瀛海乡的交界处，将泡子及低洼荒地改建成三海子水库。水库面积 12.41 平方公里，总库容 345.7 万立方米，工程土方量 72526 立方米。

本年 瀛海大队在钱庄子和桃园牛场饲养肉鸭 13595 只，其中填鸭 783

只，其他为喂鸭。这是农场最早开始出现的填鸭生产。

1960 年 2月 红星公社塑料厂建成。

3月8日 公社（农场）正式成立了高压安装队。

春 红星公社（南郊农场）开始大建各种类型的猪场，社员及职工共捐献粗饲料250多万斤、盖猪圈用的木料7400多根、褥草50多万斤。原属左外积肥队的颗粒肥厂改建为左外化工厂。南郊农场召开第二次工会会员代表大会，选举牛小庆为工会主席。大泡子水产站孵化鱼苗成功。

4月 金星牛场建成并投入使用。

5月 国家体育运动委员会（以下简称"国家体委"）投资50万元兴建的太和牛场竣工并投入使用。

6月21日 国务院副总理习仲勋、卫生部部长李德全等到公社（农场）参加麦收劳动，并参观机收作业。

8月11日 红星人民公社（农场）召开"红星中朝友好人民公社"命名大会，中朝友协会长李德全、北京市副市长吴晗、朝鲜驻华使馆官员到会。

10月12日 中共北京市委提出《关于在近郊建立蔬菜、粮食高产区的规划（草案）》，红星人民公社被列入蔬菜和粮食高产区。

10月 鹿圈牛场建成。

11月 全社（农场）口粮实行"最低指标，瓜菜代"。

1961 年 7月23日 国务院副总理邓子恢来红星人民公社（南郊农场）视察工作，对公社的经营管理工作做重要指示。

7月 根据中央《农村人民公社工作条例（草案）》，农村社员食堂停办。

8月29日 召开红星人民公社（南郊农场）第二届党代会。

8—9月 南郊农场接收了大批城市高、初中毕业生到各分场工作。

9月2日 召开红星人民公社（南郊农场）第二届团员代表大会。

秋 碱庄试种稻麦两茬成功，并在亦庄地区及全公社进行推广。

10月 贺龙元帅来农场视察工作。

本年 公社（农场）撤销机电科，成立农机管理站。

1962 年 "三夏"前 农机修配厂职工研制出本市第一代1100型简易脱粒机20台，并投入使用。

9月　西红门牛场竣工并投入使用。

同月　经中共北京市委第二书记刘仁批示，孙村、桂村、李村、侯村、霍村、薄村、邢各庄、郭上坡、西磁 10 个村庄并入红星公社。

10月　国家领导人朱德、彭真、谭震林、李德全等到亦庄牛场参观视察。

12月　"红星公社（南郊农场）居民委员会联合总会"经红星派出所、红星粮管所等 5 个部门协商组建成立。

本年　鹿圈马场建成，其主要任务是向全公社提供役畜，改良大牲畜并外销种畜。饲养的马匹品种以苏重挽及弗拉基米尔为主，存栏最多时达 280 多头。全社（农场）当年粮食平均亩产 411 斤，跨过《农业发展纲要》粮食平均亩产 400 斤的指标。

1963 年　2月　原属旧宫大队的农业队、园艺队合并为农场良种场。

春　大羊坊村（南北两个队）、小羊坊村（队）、康村（队）划归红星人民公社亦庄大队管理。

4月　中共北京市委第二书记刘仁、市委农工部部长赵凡到农场金星牛场、孙村大队等地视察工作。

6月8日　全国人大常务委员会委员长朱德陪同朝鲜最高人民会议常任委员会委员长崔庸健访问红星中朝友好人民公社。

7月　杜庆牛场竣工并交付使用。

9月6日　印度尼西亚共产党领导人艾地由北京市市长彭真陪同到农场参观访问。

秋　红星公社召开第二届妇女代表大会，选举齐秀莲任公社妇联主任。旧宫南牛场建成并投入使用。中央确定红星公社（南郊农场）为中央"四化"（农业机械化、电气化、化学化、水利化）试点单位之一。

10月　农场成立了打井队。

11月　南郊农场饲养奶牛 4908 头，是北京市规模最大的奶牛饲养单位。

冬　全公社（农场）范围内基本上都安上了电灯。

1964 年　春　孙村地区的辛店村、王立庄并入红星人民公社。

4月　原属大兴县的造纸厂将厂房设备移交给南郊农场。

6月5日　阿拉伯也门共和国总统萨拉勒在国务院副总理谭震等的陪同下到红星人民公社参观访问。

6月　公社（农场）建起红星饲料加工厂。

7月　原属北京市建材局的鹿圈砖厂移交给南郊农场经营，同时改称红星公社砖厂。

9月　农场水电队改称水电管理站，下设水利组和机电组。

同月　南郊农场农业技术员黄增藩首次开展小麦精播种子量筛选研究并取得明显增产效果，播种小麦15.48亩，每亩6.4斤，亩产729斤。

冬　金星大队平整土地13000亩，将其中7000多亩低洼易涝地改造成高产稻田。

1965年　春　按市委指示精神，在西毓顺试行场队的生产责任制。

4月　夏阳任红星公社（南郊农场）党委书记。

6月　北京市食品公司直属福利农场的1244亩耕地及4眼电井移交南郊农场。

7月12日　召开南郊农场（红星公社）第三届党代会，选举夏阳为党委书记。

7月25日　缅甸党、政、军最高领导人吴奈温和夫人在全国人大常务委员会副委员长彭真和夫人张洁清的陪同下参观访问红星人民公社。

7月　北京公私合营缝纫机制造厂将缝纫机架铸造机加工、烤漆、组装、包装和部分零件生产移交南郊农场。次年春天，南郊农场成立红星缝纫机零件厂、红星缝纫机机架厂（1978年并入北京市缝纫机总厂）。

8月5日　李宗仁偕夫人郭德洁女士、秘书程思远先生到农场养猪场参观。

9月　红星公社（南郊农场）兽医院建成。

12月20日　农垦部召开全国农垦科学技术和高产经验交流会，长阳农场和南郊农场被农垦部评为样板农场。

本年　全社（农场）粮食耕地114573亩，总产粮食7344万斤，平均亩产641斤，粮食产量一举跨过"黄河指标"。

1966年　2月　北京市召开第一次贫下中农代表大会。红星公社（南郊农场）的张秀芬、李凤兰等当选北京市贫协委员。

3月　农场在市标准件总厂的援助下，组建红星光螺母厂。

11月　国务院副总理谭震林到红星公社瀛海大队西二生产队视察工作。

1967年　6月　共青团中央第一书记胡耀邦到红星公社（南郊农场）亦庄大队双

桥门生产队劳动参加麦收。

本年　社员借支、借粮款达150多万元。公社（农场）经济由这一年开始，连续3年亏损。

1968年　2月　红星公社（南郊农场）革命委员会成立。

夏　红星公社（南郊农场）在红星医院举办了第一期"赤脚医生学习班"。

1969年　5月　农场和义生产队首次由广西引进水稻插秧机。

9月　亦庄中学校舍竣工并投入使用。

秋　农村生产队普遍实行了合作医疗制度，各队都建立了合作医疗站。

12月　三间房村、东磁村划归红星公社孙村大队管理。

1970年　2月　英共（马列）主席伯奇率领英国共产党访华团到红星公社（南郊农场）参观访问。

春　农场开始通过大规模打机井开发地下水。同时，公社（农场）建立了科技站种鸡场，购进种鸡40只，品种是芦花、来亨种母鸡，自孵雏鸡，实行隔离圈养。

6月18日　国务院副总理李先念陪同由索马里联邦共和国最高革命委员会副主席穆罕默德·艾南希率领的索马里政府代表团到红星公社（农场）参观。

6月22日　由苏丹共和国财政部部长马哈古卜率领的苏丹政府代表团到公社（农场）参观。

6月28日　国务院副总理李先念、市革委会主任吴德等陪同以朝鲜内阁副首相兼外相朴成哲为团长的朝鲜政府代表团来公社（农场）参观访问。

7月24—28日　召开红星公社（南郊农场）第四届党代会，恢复了党的组织建设并选举军代表赵建奎任公社（农场）党委书记。

7月　韩薪任公社（农场）革命委员会主任。

8月3日　以吴振宇为团长、金铁万为副团长的朝鲜军事代表团到公社（农场）参观。

8月12日　红星中朝友好人民公社社员同朝鲜驻华使馆人员在公社礼堂联欢，庆祝中朝友好人民公社和宅庵朝中友谊合作农场建立友好关系十周年。

8月13日　由黑田寿男率领的日本社会党政治代表团到农场参观。

9月22日 对外经济联络部部长、党组书记方毅陪同由团长金灵炼率领的朝鲜政府经济代表团来公社（农场）参观。

9月30日晚 瀛海大队恰乐村党支部书记郭锡才参加中华人民共和国成立二十一周年招待会，并于10月1日在天安门观礼台参加观礼活动。

秋 红星公社（南郊农场）部分地区种植麦茬稻成功，实现了一年两熟。亦庄大队兴修自旧宫凉水河至碱庄的东风灌渠及拥有大型设备的扬水站。

10月2日 法国前总理德姆维尔等一行19人来公社（农场）参观。

本年 西红门大队被评为全国林业先进单位。

● **1971年** 3月 因南苑飞机场向南扩建，原大白楼村被征用。

同月 红星公社（南郊农场）植树70万棵，育苗700亩。

4月 成立红星公社（南郊农场）文化站。

5月21—24日 红星公社（南郊农场）召开第三届团代会，曹振忠当选团委书记。

6月5日 由苏丹畜产部长马·叶·穆纳瓦尔博士率领的苏丹政府代表团，由农林部负责人郝建刚陪同到公社（农场）参观访问。

6月 农机修配厂自行设计的锥形脱粒机投入使用。

8月10日 由索马里外交部部长奥尔马·阿尔特·加卜杜率领的索马里政府代表团来公社（农场）参观访问。

12月 张进霖任红星公社（南郊农场）党委书记。

● **1972年** 2月 美国专家阳早、寒春夫妇来红星公社（南郊农场）北牛场工作。

春 科技站种鸡场的技术人员试制雏鸡机器孵化获得成功。

9月20日 全国人大常委会副委员长郭沫若、农林部部长沙风等陪同伊朗巴列维王后陛下一行到红星公社（南郊农场）参观。

10月 红星公社（南郊农场）开始实行"统一领导，统一计划，三级管理，国营、集体经济分别核算，自负盈亏"的管理办法。

同月 红星公社（南郊农场）将所属的9个大队改为8个农村分场（也称管理区）和2个国营企业分场（工业分场和畜牧分场），各分场同时改为党委建制。120个农村生产队改称生产大队。

● **1973年** 3月8日 红星公社（南郊农场）召开第三届妇女代表大会，选举白仙畔任公社（农场）妇联主任。

春　孙村、亦庄、德茂、旧宫等分场取消了"跃进、东风、红旗、东方红"等名称，恢复了原名称。

4月20日　墨西哥总统埃切维里亚和夫人在国务院副总理邓小平、人大常委会委员林巧稚的陪同下来红星公社（南郊农场）参观。

4月26—28日　召开南郊农场工会第三次代表大会，选举吕广业为工会主席。

夏　建立红星人民法庭。

7月　公社（农场）制定了《农田基本建设规划》，提出"大干、苦干三冬三春，根除三害（涝、旱、碱），建设高产稳产田"。

同月　全社（农场）46823亩小麦总产量2347万斤，超历史最高纪录，平均亩产501.2斤，小麦产量过"黄河指标"。

9月　红星化工厂新建黄磷电炉竣工投产，成为当时华北地区唯一的黄磷生产厂家。

秋　在北牛场附近建立了南郊农场物资供应站，直属总场领导。

12月26日　红星中朝友好人民公社（南郊农场）革委会主任吕春林作为中朝友好协会代表团成员代表红星公社访问朝鲜。

本年　南郊农场畜牧分场首次引进德意志民主共和国自走式小麦联合收割机3台、国产东风自走式小麦联合收割机2台、北京产的自走式小麦联合收割机3台。

1974年　1月　农机修配厂、公社汽车队开始联合试制"佳木斯1100型"及"张家口700型"大型脱谷机。

春　农场建成有925亩水面的大泡子鱼池。

春　农场当年购手扶拖拉机260台，所有手扶拖拉机都投入了水田耖地作业，基本上代替了畜力。

春　亦庄分场率先普及了自来水。

11月22日　市革委会副主任王纯传达市革委会关于在红星人民公社兴建机械化养鸡场的决定。

12月　市农林局、农机局联合报告，决定在南郊农场畜牧分场原种马场建设400头奶牛的机械化奶牛场试点。

本年　全社（农场）粮食耕地114254亩，总产粮食9777万斤，平均亩产粮856斤，粮食产量跨过"长江指标"。

● **1975 年**　1 月 4 日　美国驻华联络处主任乔治·布什来南郊农场参观。

1 月 18 日　红星公社（南郊农场）党委副书记兼大白楼大队党支部书记赵俊桢当选第四届全国人大常委会委员。

1 月 19 日　日本自民党议员保利茂率访华团来公社（农场）参观。

2 月　吕春林任红星公社（南郊农场）党委书记。

3 月 1 日　刚果共和国（布）总理洛佩斯在全国人大常委会副委员长姚连蔚的陪同下来公社（农场）参观访问。

春　农机修配厂生产的"红星丰收 1100 型"大型脱粒机在山东莱阳召开的农机鉴定会上通过鉴定并获好评。

春　红星公社发展了一批女党员，有 229 名妇女选拔到大队一级的领导班子。

4 月 20 日　金日成主席率朝鲜党政代表团来公社（农场）参观。中共中央副主席叶剑英和金日成主席在公社西会议室门前栽种了"友谊树"。

5 月　联合国助理秘书长基塔尼到农场参观。

同月　红星公社"五七"农民大学建立，共招收学员 140 名。

6 月 12 日　由朝鲜人民军副总参谋长赵明善率领的朝鲜人民军友好访华团在总参副总参谋长张才千的陪同下到红星中朝友好人民公社（南郊农场）进行友好访问。

6 月　原南郊农场党员学习班改成红星人民公社（南郊农场）党校。

9 月 12—14 日　在德茂畜牧分场礼堂召开了红星人民公社（南郊农场）第五届党代会，选举吕春林为党委书记。

9 月 14 日　赞比亚共和国联合民族独立党总书记祖卢一行 28 人到红星公社（南郊农场）参观访问。

9 月　北京市第一个现代化 20 万只蛋鸡场——红星鸡场动工兴建。

秋　红星公社（南郊农场）自建忠兴庄变电站，输变电能力为 35000 千伏安。

10 月 7 日　全国人大常委会副委员长谭震林陪同南斯拉夫联邦执委会主席比耶迪奇到红星公社（南郊农场）参观。

10 月 30 日　国务院副总理王震陪同德意志联邦共和国总理施密特和夫人到农场参观访问。

11 月 4 日　荷兰共产党代表团到农场参观访问。

11 月 28 日　朝鲜劳动党中央部长金焕率领的朝鲜劳动党友好参观团到红星中朝友好人民公社（南郊农场）参观访问。

本年至次年初　红星公社（南郊农场）两次共出动 16000 多名劳动力，动土 160 万立方米，完成了农场历史上土方量最大的疏浚凤碱河工程。

本年　太和分场被评为全国群众体育活动先进单位。全社（农场）粮食总产达到 10893 万斤，首次突破 1 亿斤大关。

● **1976 年**　3 月　公社（农场）成立"水产管理站"，统管全农场的渔业生产。

9 月 30 日　团河南大队党支部书记魏兴参加在天安门城楼上举行的首都工农兵国庆座谈会，受到党和国家领导人的亲切接见。

10 月　邢春华任红星公社（南郊农场）革委会主任。

12 月　红星中朝友好人民公社（南郊农场）主任（场长）邢春华随"中国共产党党的工作者友好访问团"到朝鲜进行友好访问。访问期间，受到金日成主席接见并合影留念。

● **1977 年**　3 月　朝鲜政务院副总理兼贸易部长桂应泰率领朝鲜政府贸易代表团到红星中朝友好人民公社（南郊农场）进行友好访问。

9 月 19 日　尼日尔贵宾孔切主席在外交部副部长何英的陪同下来农场参观。

12 月 28 日　南郊农场科技大会在红星影剧院召开。

12 月　中共中央委员、海军第一政委苏振华率领参加海军第五次党代会的全体代表到农场亦庄分场娘娘庙大队参加平地劳动。

同月　外交部部长黄华率外交部机关全体干部到农场娘娘庙大队参加平地劳动。

本年　娘娘庙大队被评为北京市级知青先进单位，并奖励铁牛 55 型拖拉机 1 台。

● **1978 年**　3 月 28 日　南郊农场缝纫机机架厂划归北京市缝纫机总厂管理。

春　组建总场直属的南郊农场印刷厂。同时，公社（农场）农机组撤销，成立农机管理站。

6 月　南郊农场乳品厂建成冰棍、雪糕、冰激凌生产线，并且开始生产冷饮食品。

同月　左安门外化工厂改名为红星泡花碱厂。

9 月　红星中朝友好人民公社举行集会，热烈庆祝朝鲜成立三十周年。

朝鲜驻华大使全明珠和夫人以及大使馆的外交官员应邀出席大会。北京市革委会副主任王宪出席大会。

夏末　农场首次租用运5型飞机，采用超低量用药防治水稻害虫。

1979 年　2月26—27日　召开南郊农场第四届团代会，选举牛占山为团委书记。

2月　朝鲜社劳青代表团在池在龙委员长的率领下，到红星中朝友好人民公社（南郊农场）参观。

春　农场基建队开始承建总场住宅楼，自行设计、自行施工。南郊农场是农场系统第一个建设职工家属宿舍楼的农场。

4月　南郊农场改称"北京市红星企业集团"并保留南郊农场名称，董事长苏本英。从此，农场的业务、人事隶属于北京市农工商联合总公司领导。

7月　南郊农场场长邢春华等一行14名专业人员与美国专家阳早、寒春一起到美国考察畜牧机械化生产。

9月　畜牧分场购进4台青贮联合收割机。

本年　红星居民办事处姬秀荣、农业公司陈淑纯被评为"全国三八红旗手"。

1980 年　春　根据上级指示精神，南郊农场各级领导机构取消革委会建置，公社（农场）开始实行党委领导下的党务、经济、行政三条线的分工负责制。

4月　红星泡花碱厂同北京市建筑工程研究所协作，成功研制JH80-1无机建筑涂料，填补了我国机建筑涂料饰面工程的空白。

6月6—7日　召开南郊农场工会第四次代表大会，选举昌广业为工会主席。

6月　红星公社（南郊农场）召开第四届妇女代表大会，选举任俊英任公社（农场）妇联主任。

7月　刘长明任南郊农场（红星公社）党委书记。

8月　南郊葡萄酒厂建成。

10月　农场投资70万元新建的和义牛场竣工并投入使用。

11月　农场（公社）成立党委纪委筹备组。

同月　为增加市场鲜奶供应，农场第一个队办集体牛场——大粮台牛场建成。

1981 年　3月　红星饲料加工厂改名为北京市红星粮油食品厂。

5月　农场"五七"大学改建成农场职工中等专业学校。

麦收前　农机修配厂研制出玉米、小麦秸秆还田粉碎机 10 台，农场从此开启了秸秆还田的机械化作业。

6月1日　红星公社（南郊农场）敬老院建成。

6月13日　红星地区居民办事处正式成立。

6月　麦收时，机收面积达 58000 亩，占小麦种植面积的 79%。

1982 年　春　工业分场同北京市玻璃总厂联营，建成玻璃器皿厂并试生产。

5月7日　召开中共红星公社（南郊农场）第六次代表大会，选举刘长明担任党委书记，并选举产生纪律检查委员会。

本年　南郊农场建筑公司成立。同时，成立水产公司，下属 6 个国营渔场并指导红星地区 34 个大队的渔业生产。农场当年存栏 3085 万只鸡，出售商品蛋 248.3 万斤。

1983 年　1月　南郊农场老干部站建成启用。

同月　刘伦祥任红星公社（南郊农场）主任（场长）。同时，根据上级指示精神，南郊农场又称"红星农工商总公司"。

2月　南郊农场工业分场改名为北京市红星工业公司。

春　成立农业公司，下设水电站、农技推广站、种子站、农机站、和义积肥队等。

5月　畜牧分场改名为"北京市南郊牛奶公司"。

6月上旬　南郊农场被列为全国农垦系统和总公司企业整顿的试点单位。

6月25—26日　召开南郊农场工会第五次代表大会，选举吕广业为工会主席。

7月26日—8月5日　红星中朝友好人民公社（南郊农场）主任（场长）刘伦祥出访朝鲜。

7月　红星粮油食品厂改名为"红星粮食饲料公司"。

10月　经上级领导机关批准，取消红星人民公社建置（对外仍保留中朝友好公社名称），所属范围划定为大兴县红星区并设区公所，自此，南郊农场又称"红星区"。杨学志任红星区区长，苏本英任南郊农场场长，刘伦祥任南郊农场（红星区）党委书记。

11月　红星区委党校成立。

12月9日　原属红星居民办事处领导的劳动服务部门改建为"南郊农场

劳动服务公司",由总场直接领导。

本年　蔬菜果林公司的周延年、区街道办事处的姬秀荣被评为"全国三八红旗手"。

1984 年　2月　农场撤销水电站,建立"南郊农场电力管理所"和"水管所"。

3月15日　南郊农场举办首届工人农民体育运动会。

春　农业公司改为"农业技术服务公司",下属单位有农业推广站、种子站、植保站。农机管理站改为"南郊农场农机公司"。

4月　南郊农场招待所建成并开始营业。

5月　建立红星区(南郊农场)乡镇企业公司。

同月　大兴县红星区公所辖区建立旧宫乡、西红门乡、亦庄乡、孙村乡、太和乡、瀛海乡、鹿圈乡、金星乡8个乡政府,对内称农村分场。

6月　农场首先在工业公司试行工业企业厂长负责制和基层干部聘任制。

同月　按上级指示精神,农场简化统一工资标准(34～102元)。

8月6日晚7时20分到8时　狂风暴雨夹冰雹袭击了南郊农场东部和南部,风力达到11级,农作物等遭受严重损失,损失达540多万元。

9月　赵东升任南郊农场(红星区)党委书记,马利生任红星区区长。区党委决定,红星区纪检委员会由8人组成,高惠方任书记。

11月　红星工业公司与成都化工研究所建立跨省市科研生产联合体。

同月　红星医院与国家体委科研所合作建立骨科病房,专门从事截瘫病、颈椎病、腰腿痛病的研究和治疗。

同月　建立南郊农场汽车驾驶学校。

同月　南郊农场红星化工厂的食用磷酸获北京市1984年优质产品证书。

本年　红星塑料门窗厂开工。

1985 年　2月9日　市农办、市科委、市农场局、市科学技术研究所、南郊农场、北京自然博物馆签署《关于在南海子建立北京南海子麋鹿苑的协议》。协议载明,南郊农场无偿提供南海子地域土地50公顷(折合900亩),其中水面33.33公顷(折合500亩)、陆地26.67公顷(折合400亩)。

4月　苏本英任南郊农场(红星区)党委书记,赵喜英任南郊农场场长。

5月10—14日　南郊农场种子站完成的"杂交水稻旱播制种技术"、南郊农场农技站完成的"'丰收5号'高产栽培法的研究"、长阳农场科技站完成的"冬小麦新品种长丰1号选育"获得北京市科技成果奖三等奖。

6月　成立红星区教育委员会。

7月11日　民主德国部长会议副主席许雷尔偕夫人一行参观红星人民公社。

8月24日　38头麋鹿由英国乌邦寺庄园回到南海子新建成的"麋鹿苑"定居。

9月　西红门中学创办大兴县第一所乡、校合办的职业高中，开设财会、兽医两个班。

同月　农场场长赵喜英参加中国人民对外友协组团，到朝鲜进行友好访问。

10月22日　南郊农场副场长张文清及贾秀和、李建民等赴朝鲜参加中国人民志愿军赴朝参战三十五周年纪念活动。

12月27—28日　召开南郊农场工会第六次代表大会及职工代表大会，选举牛占山为工会主席。

本年　红星区（南郊农场）被评为全国计划生育先进集体。金星商店党支部书记侯世清被评为全国商业系统先进思想政治工作者。南郊农场蔬菜办公室主任吴德正被评为北京市农村科普先进工作者。

● **1986年**　1月22日　南郊农场加油站建成并投入使用。

1月　农场企业实行了工资总额与实现利税挂钩的分配形式。

春　农场成立联运站，统管农场各种车辆的运输。

5月　国务院副总理万里视察红星区辖区内的团河行宫遗址、南海子麋鹿苑。

10月　南郊牛奶公司、西红门分场（乡）、鹿圈分场（乡）、太和分场（乡）派出运动员参加北京市首届农民运动会。其中，女篮获冠军，足球获亚军，武术全部8项比赛获7块金牌、3块银牌。

11月　农场实行退休基金社会统筹。

本年　红星化工厂荣获"北京市优秀出口企业称号"。红星泡花碱厂厂长耿大纯荣获"首都劳动奖章"。

● **1987年**　1月　亦庄分场（乡）碱庄南队玻璃管厂试制一次性吸血管成功并投入生产。

4月26日　南郊农场自管液化气供应站建成并投入使用。

6月　麦收时节，首次在金星分场、西红门分场麦茬地上试验免耕精播玉米 200 多亩。

同月　农场麦收总面积 8 万亩，"三夏"时投入各种收割机 180 台，机收面积达 96％，秸秆还田面积 60％，麦收基本实现了机械化。

同月　"华升牌"异型冰激凌荣获"全国儿童生活用品金鹿奖"和"北京市经委优秀新产品奖"。

7 月　红星第二幼儿园建成。

10 月 5 日　南郊农场冷库开工，设计容量为 3000 吨。

10 月 19 日　南郊农场党委副书记、红星区区长马利生参加中国对外友协友好参观团，赴朝鲜进行友好访问。

10 月　红星泡花碱厂被国家标准计量局评定为二级计量等级企业单位。

12 月下旬　红星泡花碱厂生产的氯乙烷获"北京市优质产品"称号。

本年　南郊牛奶公司农机站获得中央农业部颁发的"全国设备先进单位"和农垦局"全国农机管理标准化先进单位"称号及奖杯。南郊农场被评为"北京市蔬菜工作先进单位"。南郊牛奶公司农机管理站被列为"农业部大城市农业机械化综合试点单位"。南郊农场建筑公司被评为"全国集体建筑业联合会先进单位"。

● **1988 年**　1 月　红星泡花碱厂研制的钢结构防火型涂料通过国家城建部及中国科学院的鉴定。

4 月　亦庄乡小羊坊大队激光研究所研制的 CO_2 医疗机在南斯拉夫第十六届萨格勒布博览会上获国际金奖。

5 月 13 日　市计委批准在南郊农场建立无机硅化物生产基地。该项目投资 1560 万元，建筑面积 2.5 万平方米。

6 月　成立红星化工厂卓资黄磷分厂及生产磷酸原料的基地。

8 月 7 日　成立南郊农场松花蛋生产集团。南郊农场至此成为北京市最大的麻鸭饲养基地。

8 月　华升食品厂"华升"牌异型冰激凌、"鹿苑"牌椰丝饼、"宝宝乐"生日蛋糕获"中国食品博览会银奖"。南郊乳品厂生产的"万年青"牌奶粉及黄油荣获"中国食品博览会银奖"。

同月　牛奶公司购置了电子计算机，实现了电子化管理，同时，亦庄牛场也成为全国第一家使用电子计算机管理牛群的规范化牛场。

9 月　南郊农场（红星区）党委副书记高惠方、副区长王大龙、旧宫乡党委书记董履钦、工业公司党委书记郑福和赴朝鲜进行友好访问。

10月　旧宫乡旧宫二队党支部书记谢长春及"神牛"三轮车制造厂负责人刘仲出访坦桑尼亚，"神牛"牌三轮车开始出口非洲。

同月　红星泡花碱厂被评为"北京市优秀企业"。牛奶公司农机管理站被农业部授予"国营农场农机管理标准化先进单位"奖杯。

同月　旧宫乡北京南郊服装厂与日本日创株式会社合资成立"北京天盟服装有限公司"。

12月　南郊牛奶公司负责人同南郊乳品厂厂长赴藏，送去藏胞急需的黄油（酥油）100吨，并无偿赠给大昭寺黄油1吨。

本年　旧宫乡工农业总产值达到亿元以上，成为大兴县第一个"亿元乡"。南郊农场被评为北京市蔬菜工作先进单位。

1989年　1月19日，南郊农场召开科学技术协会成立大会，选举郭实一为科协主席。

6月中旬　麦收时，农场基本上实现了全部机械化，收、脱、耕、种一条龙作业，队队有收割机、拖拉机。

6月　全农场有小麦5062公顷（75930亩），总产小麦5645.2万斤，平均亩产743.4斤，获"全市小麦单产最高奖"。

同月　旧宫乡大有庄建材厂第一次向韩国出口水磨石产品。红星泡花碱厂获农牧渔业部"千分考核奖"。红星化工厂被评为"北京市优秀企业"。太和乡瑞合小学梁志军老师获"全国先进教育工作者"称号，同时被授予"市级优秀教师"称号。

同月　南郊农场（红星区）副场长及金水率团赴朝鲜进行友好访问。市委书记李锡铭等领导到旧宫乡联营企业兴京汽车厂视察工作。

12月　红星电影院与南郊农场文化站合并，组建南郊农场工人俱乐部。

本年　鹿圈乡鹿圈一队彭绪敏被评为本年度"全国三八红旗手"。南郊农场华升食品厂生产的熊猫雪人、"华升牌"紫雪球被市政府授予"北京市优质食品"称号。南郊农场被评为"北京市蔬菜工作先进单位"。南郊农场水产公司建成当时北方最大的淡水鱼食品加工厂，并投入使用。

1990年　1月3日　市经委批复总公司，同意南郊农场所属的北京市红星泡花碱厂迁址到南郊农场化工规划区内，占地6.53公顷，总建筑面积2.5万平方米，总投资2085.98万元，年产泡花碱由原来的4万吨扩大到14万吨。新建白炭黑车间，年产白炭黑 3000 吨。

3月　总公司职大党委书记朱锡禄、南郊农场太和分场党委书记郭锡才被中共北京市委、市政府授予"北京市优秀思想政治工作者"称号。

5月　南郊农场使用可降解材料进行水稻露地育秧试验，改变了传统手插秧的方式。

6月7日　农业部《农财信息》报道，南郊农场（国营部分）在全国农垦企业盈利排行榜中名列第三。

9月25日　经验定核实，南郊农场冬小麦单位面积第一次突破 400 公斤大关，单产、总产、上交国家粮食三超历史。

10月16日　乌干达共和国总理基塞卡到农场访问，农场党委书记苏本英陪同参观。

11月3日　副市长张百发等市领导到红星区（南郊农场）视察，并听取亦庄开发区规划申请情况的汇报。

12月　红星区获 1990 年度"北京市计划生育工作先进集体"。

同月　南郊农场被评为"北京市蔬菜工作先进单位"。

本年　南郊农场获农业部"农业丰收奖"。

1991 年　1月1日　南郊农场制定了《"八五"经济发展规划》。

2月9日　北京市农村科技工作会召开。会上，卢沟桥农场莲花池鸭场完成的"北京鸭工厂化网上饲养技术开发"项目获 1990 年度"北京市星火奖二等奖"，南郊农场红星瀛海精细化工厂完成的 YH-1 型装饰织物阻燃剂试制获"北京市星火奖三等奖"。

4月20日　红星区成立少年儿童协调委员会。

7月17日　南郊农场实行专业技术职务聘任制。

12月　红星区（南郊农场）荣获 1991 年度"北京市计划生育工作先进集体"称号。

1992 年　4月8日　北京市亦庄工业开发区举行开工奠基仪式，中央及北京市的领导邹家华、罗干、李其炎、吴仪、张百发等为开发区奠基，红星区、南郊农场和亦庄分场领导应邀参加。

4月　南郊农场挤奶工王岩、张春喜、韩淑敏在全市奶牛业同工种技术比武大赛中获得第一、二、五名。

4—6月　南郊农场党委适应形势发展，加大改革力度，连续制定、发布了一整套 10 个深化改革的文件，概括为"1992 年深入改革十大文件"。

6 月 16 日　中共中央总书记江泽民以及姚依林、田纪云、李锡铭、丁关根、温家宝等党和国家领导人到南郊农场视察麦收、"三夏"农机配套作业情况，听取总公司党委书记房威和南郊农场场长赵喜英的汇报。

9 月 20 日　中国工程院院长卢良恕一行视察南郊农场科技站小麦精播生产性示范田。该示范田系总公司生产处主持、南郊农场科技站实施，示范田面积 1.2 公顷，每公顷单产 6358.5 千克（折亩产 847.8 斤），对照田 0.67 公顷，每公顷单产 5557.5 千克（折亩产 741 斤）。卢良恕视察后认为，这是北京地区小麦高产的方向。

12 月　南郊农场被评为"北京市蔬菜工作先进单位"。

● **1993 年**　4 月 7 日　李仕雄任红星区委书记，范为常任红星区委副书记、常务副场长（正场级）。

7 月 16 日　农场实行岗位、工龄、技术津贴，增加两级档案工资。

8 月 6 日　红星工贸公司成立。

10 月 25 日　市外经贸委〔93〕京经贸资字 1501 号文件批准北京吉百利合同、公司章程及董事会组成。

12 月 24 日　红星区委研究决定，由建筑公司所属建筑二公司组建成立南郊农场"第二建筑工程公司"，与建筑公司分设，定为南郊农场直属企业。

12 月　总公司与南郊农场、南郊建新猪场合作完成的"北京花猪繁育体系的建立和生产技术的推广应用"被国家科委评为国家级科技进步奖二等奖；恽友兰和总公司系统的黄增藩、李宝生等人合作完成的"京津廊晚播冬小麦与下茬作物热量配置对提高复合产量潜力研究"获三等奖。南郊农场被评为"北京市蔬菜工作先进单位"。

● **1994 年**　1 月 6 日　组建成立"南郊农场农业服务中心"。

5 月 3 日　红星区成立妇女权益保护委员会。

6 月 18 日　大兴县、总公司党委研究决定，范为常任南郊农场（红星区）党委书记。

9 月 8 日　南郊农场将红星工业公司所属的红星 110 千伏变电站无偿移交给北京市供电局。

12 月 15 日　红星区委制定《加强党的建设三年规划》。

同日　红星区委决定成立"红星区（南郊农场）电力管理总站"。

本年　南郊农场（红星区）成立房地产开发办公室。顺兴葡萄酒有限公司的丰收牌桂花陈酒系列被评为"中国名牌产品"。

● 1995 年　1 月 25 日　国务委员、国家计生委主任彭珮云来到南郊农场，看望连续南郊农场的计生干部。

3 月 11 日　国营北京市南郊农场在工商局领取执照，更名为"北京市南郊农场"。

3 月 24 日　农场党委决定组建成立"南郊养殖生产中心"。

4 月 10 日　红星区（南郊农场）西红门镇机关和南郊农场亦庄分场小羊坊村在北京市精神文明建设办公室召开的 1994 年度首都精神文明单位表彰大会上受到表彰。

4 月 22 日　在人民大会堂举行的北京市劳动模范、先进工作者、模范集体表彰大会上，南郊农场牛奶公司线材厂工人技师刘英章、西红门镇星光影视设备集团总经理陈瑞福、太和乡瑞和二队党支部书记李桂兰、亦庄乡羊北鸡场场长王淑芹被评为"北京市劳动模范"，金星地图印刷厂印刷车间被评为"北京市模范集体"。

6 月 2 日　南郊农场成立红星物业管理中心。

6 月 13 日　中国科学院院长周光召、副院长李振声率中科院生态、遥感、农业 3 个研究所的 10 多位专家、院士，在市农场局葛祥书副经理的陪同下，来到南郊农场，查看 8 万亩小麦的生长情况和小麦精量播种技术应用的效果。场长赵喜英向专家们介绍情况。

7 月 15 日　根据农业部农垦局的统计信息，在全国农垦 2157 个农场中，南郊农场的生产总值和实现利润均为第一名，上缴税金为第二名。

8 月 15 日　红星区委在广泛征求意见的基础上，研究决定：①北京南郊红星农工商集团的企业精神为"继承红星传统，事争农垦一流"。"红星传统"的内涵是：艰苦奋斗的创业精神；科学严谨的求实精神；敢为人先的开拓精神；服务首都的奉献精神。②北京南郊红星农工商集团（南郊农场）徽章正视图形与"红"字拼音字头"H"相似，图案由斧头、镰刀、方圆和汉字"三"组成。徽章象征一、二、三产全面发展的红星农工商集团。

10 月 26 日　南郊农场千余名干部群众代表隆重集会，载歌载舞，热烈庆祝毛主席为"红星集体农庄"题写按语40周年,并正式宣告北京市南郊农场红星农工商集团成立。会上,百名贡献突出的优秀经营者、优秀工作者、优秀科技工作者和优秀生产者受到了表彰和奖励。

12月22日　红星区委决定成立红星区城市建设管理办公室,负责农村城市化工作和市政建设。

12月　南郊农场被评为"北京市首都文明单位"和"北京市环境保护先进集体"。

1996年　5月8日　红星区(南郊农场)被国家科学技术委员会批准为"国家级星火技术密集区"。区党委决定每年5月8日为科技活动宣传日。

6月4日　中共北京市委、市政府领导李其炎、段强、范远谋来农场视察南街二队小麦生长情况。

8月　在全国农垦系统工作会议上,南郊农场被财政部、农业部联合授予"全国农垦系统扭亏增盈先进企业"称号。

9月20日　红星区委、南郊农场决定:①撤销工业公司。②将红星化工厂改名为"红星化工总厂"。③将左外化工厂改为"广厦化学建材总厂"。④红星砖厂整建制并入养殖生产中心。⑤将工业公司所辖机械厂、标准件厂、防爆电器厂、方圆清洁器厂合并,企业名称仍为"红星机械厂"。

10月　南郊农场被评为北京市"八五"期间环境保护先进单位。

11月13日　红星区亦庄乡娘娘庙村通过市级文明村验收。

1997年　1月27日　北京经济技术投资开发总公司与南郊农场签订征用建设北京经济技术开发区中部工业区二期土地176.233亩的协议书。

2月28日　红星区成立"红星区物价管理所"。

4月23日　南郊农场获得北京市总工会颁发的"1994—1995年度北京市职工体育工作先进单位"荣誉证书。

7月3日　红星区委、南郊农场决定让红星机械厂停产整顿。

8月　1997年第7期《中国农垦》报道:在1996年全国生产总值5000万元以上的271个国营农场中,北京市南郊农场总排名第三,利润总额排名第一,销售税金排名第二。

9月23日　红星区委、南郊农场决定成立"红星区、南郊农场改革领导小组"。

10月20日　红星区委(南郊农场)机关第一期改革结束。职能科室由原 26 个改为 15 个部办，缩编 48.3%。原在岗干部 145 人，改革后为 96 人，减少 33.8%。

12 月 12 日　红星区委书记范为常被大兴县党代会选为中共北京市第八次党代会代表。

12 月 15 日　南郊农场建新猪场、杜洛克种猪场、双桥门猪场划归北京市农工商联合总公司组建的"北京养猪育种中心"。

12 月　红星区被评为"北京市 1997 年度计划生育工作红旗单位"。

1998 年　1 月 19 日　河北张家口地区发生地震后，南郊农场向灾区捐款 13 万元。

2 月 6 日　在北京市农村工作会议上，市委市政府表彰了"京郊百富村"，红星区（南郊农场）29 个村榜上有名。

4 月 9 日　中国著名小麦专家李振声、庄巧生等来南郊农场（红星区）考察小麦精播技术及苗情长势。场长赵喜英、副场长孔繁龙陪同并介绍了情况。

6 月 8 日　北京市第一所青少年法制教育基地在大兴县红星区孙村中学成立。

6 月 17 日　北京市委书记、市长贾庆林视察了南郊牛奶公司西毓顺的"三夏"工作，对夏玉米免耕覆盖这项农业新技术给予充分肯定。

6 月 25 日　北京市南郊农场劳动服务管理中心成立。

7 月 14 日　南郊农场金星鸭场划归总公司组建的金星鸭业公司。

7 月 15 日　据 1998 年 7 月《中国农垦经济》报道，农业部农垦局统计信息显示，1997 年，南郊农场利润总额为全国农垦系统第一名。在全国农垦系统 2215 个国有农场中，南郊农场生产总值和销售税金均列第三名。

8 月 11 日　召开机关干部和所属企业领导干部大会，农场党委书记范为常在会上传达了北京市委市政府场乡体制改革会议精神，场长赵喜英做动员。

8 月 20 日　南郊农场养殖中心下辖的万发润滑油厂改制为有限责任公司。

9 月 2 日　大兴县委、县政府召开大会，正式接收南郊农场所属的 8 个乡镇：西红门镇、旧宫镇、亦庄乡、金星乡、孙村乡、瀛海乡、鹿圈乡、太和乡。自此，8 个乡镇的党、政、企人事和工资关系整建制正式移交给大兴县。

9月22日　南郊农场召开三套班子会，总公司经理包宗业、政工部部长邵桂林到会，宣布马利生暂时主持党委的日常工作。

10月6日　大兴县县长郭普金到南郊农场，宣布大兴县红星地区工作委员会正式成立，同时撤销红星区委、区公所。

10月20日　北京市场乡体制改革领导小组在南郊农场召开场乡体制改革验收会。会上，农工商联合总公司总经理包宗业、大兴县常务副县长张书领分别代表总公司和大兴县在南郊农场与大兴县资产划分、土地划分等方案上签字。

10月22日　总公司党委书记李瑞和、副书记张福平、政工部长邵桂林到南郊农场宣布以马利生为党委书记、孔繁龙为场长的新一届领导班子。

12月8日　南郊农场制定《企业组织结构调整，组建农场机关机构的思路与方案》。

12月28日　红星区通过大兴县档案局机关档案工作目标管理考评组的考评，晋升为市二级。

12月30日　南郊农场在牛奶公司礼堂召开了内部企业组织结构调整改革总结大会。

● **1999年**　2月3日　南郊农场在牛奶公司礼堂召开1999年度经济工作会。场长孔繁龙做1999年经济工作报告，研究和部署1999年经济发展思路；党委书记马利生做思想政治工作报告。

4月1日　北京市质量技术监督局授予红星泡花碱厂"北京市标准化工作先进单位"称号。

4月8日　总公司党委常委会研究决定，马利生任南郊农场党委书记，孔繁龙任南郊农场场长、副书记，郑立明任南郊农场党委常务副书记、副场长。

4月20日　总公司通知组建"北京三元种业股份有限公司"，将南郊农场所属的南郊牛奶公司部分企业并入三元种业，未加入的部分由三元种业和牛奶公司托管。

5月26日　北京红星房地产开发有限公司注册成立。

7月12日　巴西无土地者联盟代表团在中华全国总工会领导和总公司工会主席金万能的陪同下，参观南郊农场下属的百麦公司。

8月27日　总公司党委研究决定，郑立明任南郊农场党委书记兼常务副场长。

10月1日　在农场党委书记郑立明的带领下，南郊农场的120名优秀青年标兵到天安门广场参加了"庆祝中华人民共和国成立五十周年"庆典活动。

11月10日　南郊农场在航天部一院礼堂召开纪念农场建场50周年大会。

11月17日　北京市教委批复撤销"南郊农场职工中等专业学校"，其在校学生及现有教育资源并入"市农工商联合总公司职工大学"中专部。

同日　大兴县委、县政府决定，撤销红星地区工作委员会，原工作人员职务自然免去。

本年　长阳农场苏本渭被认定为享受国务院特殊津贴专家。

● **2000年**　1月1日　北京市南郊牛奶公司的人、财、物和土地整建制划归三元种业股份有限公司管理。

4月　南郊农场投资250万元参股成立"懿麟房地产开发有限公司"，南郊农场占公司股本的25％。

5月　北京吉百利、北京辛普劳、北京百麦食品有限公司进入北京食品工业百强企业榜。

7月20日　南郊农场所属的南郊农场加油站、德茂加油站、和义加油站和亦庄加油站划归北京市农工商联合总公司与中石化北京分公司合资组建的"北京三元石油有限责任公司"。

12月12日　南郊农场所属的飞翔出租汽车公司和南海出租汽车公司划归总公司组建的"北京三元出租汽车有限公司"。

● **2001年**　2月　农场二级单位——五环高级润滑油公司注资成立北京市五环顺通物流中心。

7月6日　北京市农村工作委员会同意将1976年从总公司无偿划拨给华都集团的南郊农场所属的养鸡场划转回南郊农场管理。

7月9日　为纪念《中朝友好合作互助条约》签订40周年，朝鲜对外文委副委员长一行5人到南郊农场访问。

7月19日　总公司决定，管建国任南郊农场党委委员、副书记、场长。

同日　南郊农场建筑公司、南郊农场第二建筑公司划归三元建设公司。

7月31日　经农场党委研究决定，成立南郊农场资产管理办公室。

8月 广厦建筑涂料公司生产的"广厦"牌建筑涂料产品被中国环境科学学会评为"环保建材产品"。

12月18日 经南郊农场改革领导小组审议,同意"北京五环联合食品厂"改制为由企业职工共同出资买断企业净资产的有限责任公司,与南郊农场脱离隶属关系。

2002年 1月19日 中共北京市委、市政府在北京会议中心召开北京市农村工作会议,授予北京百麦食品有限公司"农产品出口创汇先进单位"称号。

5月22日 南郊农场改革领导小组审议,同意"北京市红星蔬菜食品冷冻厂"改制为"南郊农场参股的有限责任公司"。

12月27日 南郊农场所属红星化工厂及华腾塑料包装厂由北京市第二中级人民法院宣布破产。这是三元集团第一家列入国家计划内的破产项目,也是集团系统首个通过司法程序实施破产的案例。

2003年 2月11日 朝鲜驻华大使崔镇洙、武官千俊昌一行9人参观访问红星中朝友好农场。

4月17日 农场所属红星医院移交大兴区卫生局。

5月 为抗击"非典"疫情,南郊农场25个二级企业、1250名干部员工参加了"献爱心捐款活动"。三元集团向南郊农场红星医院捐赠10万元,慰问奋战在抗击"非典"一线的医务工作者。

11月 南郊农场基层党组织换届选举工作圆满完成,改选后,基层党支部从原来的51个减少到44个。

同月 经农业部推荐,"花鱼共养新鲜水培盆栽花卉产品"项目在南郊农场安家落户。

2004年 2月16日 三元集团公司研究决定李凤元任南郊农场党委委员、书记。

3月26日 经南郊农场改革领导小组会议审议,同意"北京市红星建筑涂料厂"改制为"南郊农场控股的有限责任公司"。改制后,企业迁出原厂址,另选建新厂址进行生产经营。

7月13日 经农场领导班子联席会决定,德茂物业管理有限公司与南郊农场物业管理中心合并,合并后的名称为"北京德茂物业管理有限公司";红星砖厂更名为"广达源仓储中心",华升、天宇食品厂并入广达源仓储中心;耐火材料厂并入和义农场;组建农场控股企业——北京建元顺达商贸有限责任公司;广厦化建总厂外迁,分立为"红星广厦化工建材有限责任公司"和"红星广厦建筑涂料有限责任公司"。

9月15日　经三元集团公司党委研究决定，王发兴任南郊农场党委委员、书记。

11月　和义西里锅炉房煤改气工程圆满完成，至此，和义西里的5个小区近8000户居民结束了燃煤取暖的历史。

● 2005年　1月21日　大兴区教育委员会批复，同意将南郊农场所属"南郊农场第二幼儿园"和"德茂物业公司幼儿园"挂靠旧宫镇人民政府管理，并分别更名为"旧宫镇红星幼儿园"和"旧宫镇德茂幼儿园"，由企业幼儿园转制成为政府办幼儿园，纳入公办幼儿园管理。

2月8日　红星中朝友好农场向朝鲜朝中友谊宅庵农场捐赠福田卡车的仪式在平壤市举行。

3月1日　经市工商局会同市农委、市质监局等部门共同审核，广厦建筑涂料公司的"广厦"无机涂料商标为2004年度"北京市著名商标"，自认定之日起，有效期为3年。

5月25日　北京德茂线材有限公司正式成立并完成工商注册登记。

5月　南郊农场工会被中华全国总工会授予"全国模范职工之家"称号。

8月10日　农场召开保持共产党员先进性教育活动动员大会，三元集团党委副书记、总经理张福平出席大会。

9月19日上午　朝鲜农业劳动者同盟会委员长姜昌旭一行5人在全国总工会农林工会农工部部长于蓉洁、三元集团公司工会主席宋春来等人的陪同下来南郊农场进行访问。

● 2006年　1月　南郊农场获北京市人口和计划生育委员会授予的"北京市2005年度人口和计划生育工作先进集体"称号。

2月20日　南郊农场在招待所召开2006年度工作会暨十届三次职代会。

3月24日　朝鲜对外文化联络委员会副委员长田永进一行来到农场进行友好访问。

3月　北京市五环顺通物流中心由五环高级润滑油公司下属企业变更为农场二级单位。

4月21日　农管中心总经理刘建波获市总工会颁发的"首都劳动奖章"。

7月　北京红星房地产开发有限公司完成清算注销。

10月8日　南郊农场从位于旧宫西路93号的旧址迁入位于北京亦庄经

济技术开发区国际企业大道 39 号的办公新址。

11 月 29 日　市人大常委会副主任范远谋来南郊农场视察指导工作。

2007 年　1 月 11 日　全国政协委员、毛泽东的女儿李讷在集团公司总经理张福平的陪同下来到南郊农场视察正在建设的"红星集体农庄"。

1 月　北京市五环顺通物流中心总经理王青林被北京企业联合会、北京市企业家协会等 9 家协会联合授予第六届"北京优秀创业企业家"称号。

2 月 6 日　南郊农场成立由农场各企业本科以上青年知识分子组成的"青年知识分子联谊会"。

3 月 12 日　广达源仓储中心经过数年的努力和交涉，代表农场收回了1970 年农场为支援国防建设无偿借给部队的 18.68 亩土地。

3 月 27 日　集团公司党委下发京三元集团组字〔2007〕04 号文件，集团党委常委会研究决定，由管建国兼任长阳农场场长，王发兴兼任长阳农场党委书记，南郊农场对长阳农场实行托管。

4 月 3 日　全国总工会农林工会党组书记、主席盛明富，党组副书记、副主席江楠一行在三元集团公司工会主席宋春来、副主席刘华星的陪同下来到南郊农场调研指导工作。

7 月 27 日　南郊农场企业网站正式开通，并对农场各下属企业的网站进行了链接。

11 月 8 日　三元集团公司经理办公会研究决定，由南郊农场以现金方式收购"元鑫建筑工程有限公司"。

11 月 13 日　朝鲜驻华大使崔镇洙率使馆馆员一行 9 人来到南郊农场参观访问，共叙中朝传统友谊。

12 月 9 日　三元集团与南郊农场办理了北京市长阳农工商公司产权转让手续，长阳农工商公司隶属北京市南郊农场。

12 月 11 日　三元集团同意南郊农场和美国百麦公司在广州经济技术开发区共同投资设立广州百麦食品有限公司，批准投资方于 2007 年 10 月20 日签订合同，章程生效。公司投资总额 4100 万元，注册资本 2050 万元。其中南郊农场出资 820 万元，占注册资本的 40%；美国百麦公司出资 1230 万元，占注册资本的 60%。

12 月 29 日　南郊农场研究决定，北京市红星泡花碱厂整建制并入托管单位——北京市广达源仓储中心。

12 月　南郊农场被评为"首都职工素质工程先进单位"。

● **2008 年**　4 月 21 日　93 岁高龄的原北京市市长焦若愚到南郊农场"红星集体农庄"视察。

5 月 14 日　南郊农场组织全体干部员工为 5 月 12 日四川汶川特大地震受灾群众捐款，1071 名党员职工捐款。

6 月 23 日　长阳农场发生特大雹灾，雹粒最大直径达 6 厘米，属长阳地区几十年之罕见，给农林业生产造成了巨大损失。

9 月 17 日　为纪念中朝友好协会成立 50 周年，朝中友好协会会长崔昌植团长一行 6 人在中朝友协会长武东和的陪同下到南郊农场参观访问。

12 月 25 日　三元集团公司决定由南郊农场托管"北京市燕庆能源供应公司"。

● **2009 年**　1 月 6 日　农场修订并印发《农场机关各部室主要职责》，实现农场机关职责准确定位、履职到位。

2 月 20 日　南郊农场在红星集体农庄召开了十届七次职代会暨 2009 年度工作会。会议明确农场在新一轮产业结构调整中，通过重点规划和加大投资力度扶持的方式，突出发展以都市农业、仓储物流和食品加工为代表的农场主导产业。

3 月 13 日　农场在招待所召开续写《南郊农场场史》（1990—2009 年）动员大会，成立场史编纂委员会。

7 月 7 日　中国国际友好联络会在南郊农场红星集体农庄礼堂举办纪念金日成逝世十五周年座谈会。中国国际友好联络会副会长李晓华、朝鲜驻华大使崔镇洙、朝鲜对外文化联系委员会副委员长田英进等参加了座谈。

7 月 14 日　首农集团党委书记董事长张福平、副书记马辉到南郊农场，宣布卢沟桥农场并入南郊农场，并对领导班子进行了调整，任命原长阳农场党委书记程藏为南郊农场党委副书记、纪委书记。

12 月 18 日　南郊农场在红星集体农庄礼堂举办"南郊农场建场 60 周年庆典"活动。

● **2010 年**　3 月 1 日　集团公司党委常委会研究决定，任命何冰为南郊农场党委委员、书记，建议程藏为南郊农场工会主席人选。

3 月 23 日　北京三元德宏房地产开发有限公司注册资本金从 1000 万元

增至 5000 万元。其中，北京市南郊农场出资 1450 万元，占总出资额的 29％；北京市东风农工商公司出资 2550 万元，占总出资额的 51％；北京三元食品股份有限公司出资 1000 万元，占总出资额的 20％。

4 月 27 日　南郊农场全体职工共 1129 人（其中党员 435 人）向玉树灾区捐款，用于青海玉树的抗震救灾和恢复重建。

5 月　北京市红星广厦建筑涂料有限责任公司刁艳燕被北评为"北京市劳动模范"。

6 月 22 日　南郊农场水培蔬菜课题顺利通过市科委的验收。

8 月 23 日　北京三元德宏房地产开发有限公司注册资本金从 5000 万元增至 10000 万元。其中，北京市南郊农场出资 5450 万元，占总出资额的 54.5％；北京市东风农工商公司出资 2550 万元，占总出资额的 25.5％；北京三元食品股份有限公司出资 2000 万元，占总出资额的 20％。

8 月　南郊农场荣获北京市安全生产月活动组织委员会颁发的"2010 年北京市安全生产月活动优秀组织奖"。

9 月 15 日　首农集团董事长张福平、总经理薛刚、大兴区委书记林克庆到三海子郊野公园视察一期建设及二期拆迁现场。

9 月 26 日　北京南海子郊野公园一期开始接待游客。市委常委牛有成、市人大常委会副主任赵凤山、副市长夏占义、市政协副主席蔡国雄、首农集团总经理薛刚等出席开园仪式。

10 月 25 日　日本代表团一行来场参观访问。

10 月　原北京市市长焦若愚等来农场视察。

2011 年　1 月 17 日　卢沟桥农场收回万恒永泰房地产公司管理的小屯路两侧绿地（公园），约 24 公顷。

1 月　南郊农场被北京市交通安全委员会评为 2010 年度"北京市交通安全先进单位"。

春　北京市广达源仓储中心自 2010 年 8 月开始的三海子拆迁工程基本完成，共拆除房屋 13.3 万平方米，腾出土地 207 公顷。

6 月 20 日　南郊农场荣获中国农林水利工会授予的"全国农林水利系统劳动关系和谐企业"荣誉称号。

6 月 30 日　广厦建筑涂料公司的"广厦"无机涂料商标被市工商局会同市农委、市质监局等部门共同审核认定为 2010 年度"北京市著名商标"。

7月5日　首农集团决定将卢沟桥农场的国有资产无偿划转至南郊农场。

7月11日　以朝鲜朝中友好协会中央委员会委员长、朝鲜保健相崔昌植为团长的朝中友好协会代表团一行4人到南郊农场参观访问。

同日　北京市红星蔬菜食品冷冻有限责任公司27名自然人股东受让了其所持有的公司70％的股权。冷冻公司转为国企身份，股权份额变更为：南郊农场持股54.24％，广达源持股45.76％。

9月26日　长阳农场的《知识经济时代的产业转型创新，传统国有农牧企业向现代物流企业的飞跃》通过北京企业联合会、北京市企业家协会评选，荣获"第二十六届北京市企业管理现代化创新成果二等奖"。

10月28日　"国营北京市南郊农场招待所"将企业名称变更为"北京源馨德润饭店"。

11月11日　南郊农场在红星集体农庄召开第十一次职工（会员）代表大会，85名正式职工代表和39名列席职工代表参加大会。会上通过民主投票，选举产生了新一届工会委员会和经费审查委员会，程藏当选为工会主席。

● **2012年**　1月　卢沟桥农场决定将所辖永定河堤内约53公顷（含现有林地约17.3公顷）的土地规划为以花卉种植、旅游观光、婚纱摄影等多功能于一体的紫谷伊甸园花卉种植园，开始发展现代观光休闲型都市农业。

2月23日　在首都绿化美化总结表彰暨动员大会上，长阳农场机关被授予"首都绿化美化花园式单位"称号。

3月1日　五环金洲物流安检系统正式运营，成为北京市首家货物安检物流单位。

3月2日　集团公司党委常委会研究决定，钮立平任南郊农场党委委员、副书记、场长。

3月31日　集团公司党委常委会研究决定，免去孙军南郊农场党委委员、副场长职务。

4月9日　五环顺通以1.4亿元的转让价格签订了资产收购协议。生物医药基地厂区占地总面积39529.03平方米，建筑总面积31197.10平方米。2012年9月12日完成了全部交接工作。

4月21日　南郊农场被评为2011年度"首都文明单位"。

5月3日　首农集团在三元食品瀛海工业园举办"庆五一"表彰颁奖大

会，北京百麦获"首都劳动奖状"。

5月22日，集团公司决定将持有的北京市农工商职合总公司职工大学的国有产权无偿划转到南郊农场。

6月15日　长阳农场场长吴连勇获北京市国资委"创先争优优秀共产党员"称号。

10月16日　集团公司党委常委会研究决定，程藏任南郊农场党委书记。

11月15日　北京市兴南电气工程有限公司被北京市安全生产监督管理局授予"北京市安全生产培训机构二级资质证书"。

12月5日　北京市燕庆能源供应公司改制为国有控股的有限责任公司，名称变更为"北京市燕庆旺泰成品油销售有限公司"，注册资本增至5932.58万元。其中，南郊农场以原燕庆能源公司的评估净资产3025.62万元入资，持股比例为51%；旺泰控股集团有限公司以现金2906.96万元入资，持股比例为49%。

12月13日　北京市副市长夏占义到农场农管中心视察平原造林工作，大兴区副区长戴明超、园林局局长董玉峰等陪同。

12月20日　三海子郊野公园与农管中心下属西毓顺试验场置换56.7公顷土地。

12月24日　中共北京市南郊农场第八次党代会在馨德润饭店召开，大会选举产生了中共北京市南郊农场第八届委员会，并选举程藏为农场党委书记、钮立平为党委副书记。

12月31日　政府根据区域发展及轨道交通建设等需要，先后征用长阳农场土地，共计135公顷。

● 2013年　1月1日　卢沟桥农场收回改制企业——北京西南奶牛场使用的场房及土地33.3公顷，接收在职员工16人、退休人员56人。

1月28日　农场工会召开十一届六次委员扩大会议，选举杜秀莲为工会主席。首农集团工会主席宋春来、副主席聂志芳，农场党委书记程藏、场长钮立平参加会议。

2月1日　首农集团〔2013〕61号文件批复同意南郊农场和美国百麦公司按照各自持股比例对北京百嘉宜食品有限公司增资，南郊农场增资1200万元，美国百麦公司增资1800万元。增资后，公司注册资本增至4982.5万元。

5月1日　红星广厦化工建材公司经理助理程斌荣获"北京市五一劳动奖章"。

5月20日　农场投资2000万元，在内蒙古锡林郭勒盟正蓝旗设立了农场独资公司——内蒙古双都农业科技发展有限公司。

5月31日　北京长阳物流中心被纳入政府土地收储范围，全部拆除。

7月6日　卢沟桥农场占地约40公顷的"紫谷伊甸园薰衣草庄园"正式对外开放。

9月26日　南郊农场投资成立控股公司——北京博古恒艺国际古玩艺术品有限公司。南郊农场持股51％，北京古玩城持股30％，北京正庄国际古玩艺术品有限公司持股19％。

10月22日　首农集团总经理薛刚一行到南郊农场对土地利用项目、德茂地区居住用地一级开发等情况进行调研。

11月5日　经首农集团批准，由南郊农场与农管中心按股权比例追加投资，北京枫叶园林绿化有限公司的注册资本由原来的200万元增加到2000万元。

12月3日　北京三元德宏房地产开发有限公司注册资本金从10000万元增至20000万元。其中，北京市南郊农场出资15450万元，占总出资额的77.25％；北京市东风农工商公司出资2550万元，占总出资额的12.75％；北京三元食品股份有限公司出资2000万元，占总出资额的10％。

● **2014年**　1月1日　卢沟桥农场收回丰台区园林局管理的位于永定河堤内的29.4公顷林地。

1月8日　中华全国总工会副主席徐福顺，北京市总工会副主席曾繁新、王北平等走访慰问南郊农场困难企业、困难劳模和职工。

1月28日　南郊农场与中佳安（北京）投资有限公司在馨德润饭店举行北京首个城乡一体化改造项目"中科电商谷"的《项目合作意向书》签字仪式。

3月19日　南郊农场投资设立国有控股公司——北新仓农业（北京）有限公司。

4月14日　南郊农场投资设立全资公司——北京南郊西毓顺投资有限公司。

6月20日　在市政府召开了关于研究加快推进本市养老机构和养老照料中心的会议，农场西毓顺地块项目被列入市政府"折子工程"。

6月25日　农场投资参股股份有限公司——北京京远物流股份有限公司。公司注册资本500万元，股权结构为：南郊农场30％，博大世通40％，金泰集团30％。

6月　红星广厦建筑涂料公司"广厦"牌商标连续五届获得北京市工商行政管理局颁发的著名商标认证。

8月12日　北京市服务工会主席王丽明、副主席冯丽君一行到农场农管中心，检查指导"职工之家"建设工作。

8月28日　首农集团同意投资1.32亿元，实施长阳迁建物流园项目。该项目规划面积30万平方米，前期实施一期工程，建筑面积35222.26平方米。

9月26日　南郊农场与CPG公司签订《北京市南郊农场概念规划设计项目》。

10月24日　南郊农场正式将北京枫叶春秋旅行社交由北京源馨德润饭店代管，接收枫叶春秋旅行社的人员、资产等。同时，正式开展旅行社地接社业务，实现与酒店业务的衔接和互补。

10月　南郊农场成立二级单位企业内部消防队，购买了8辆小型消防车。

11月20日　长阳农场通过北京市服务工会职工之家实体化建设达标验收。

2015年　1月1日　卢沟桥农场决定将所辖永定河堤内133.3公顷可利用土地（含现有林地约66.7公顷）全部列入紫谷伊甸园项目规划建设。

1月7日　经集团公司批复，南郊农场与美国百麦公司共同出资设立东莞百嘉宜。公司注册资本9340万元，南郊农场持股40％，美国百麦持股60％。

1月10日　因京台路建设，农管中心德茂片区被占林地3.1公顷，房屋建筑面积12783平方米。

2月　卢沟桥农场紫谷伊甸园被网民评为"发现丰台之美·丰台美丽元素"最美自然景区之一。

3月　南郊农场荣获2012—2014年度"首都文明单位"称号。

4月1日　中国农林水利工会副主席王君伟、中国农林水利工会农业部部长王秀生到南郊农场调研"劳模创新工作室"及"职工小家"建设工作。首农集团工会主席郑立明陪同。

4月9日　农场党委会研究决定，成立农场党风廉政建设领导小组，由党委书记程藏任组长。

4月28日　北京市五环顺通物流中心荣获"北京市模范集体"称号。

5月15日　经集团公司批复，南郊农场对北京源馨德润饭店追加投资，源馨德润饭店注册资本由42.8万元增至500万元。

5月19日　长阳农场永兴果林实验厂的樱桃和梨正式获得了国家认证的"绿色食品认证证书"及标志使用权。

5月25日　农管中心将所持有合创绿地的30％股份无偿转让给南郊农场。

6月19日　南郊农场召开"三严三实"专题教育党课暨启动大会，党委书记程藏与场长钮立平分别讲党课。

6月25日　馨德润酒店亦庄店开业。这是第一家正式获得集团批准使用"首农"标识的酒店。

6月　《北京市南郊农场规划实施方案》上报北京市规划委上会通过后，由市规划委以"一乡、一镇、一场"项目上报市政府。

7月2日　南郊农场投资设立控股公司——北京长阳世欣投资有限公司并取得营业执照。公司注册资本1亿元，其中南郊农场持股51％，欣旺泰公司持股49％。

8月25日　北京市副市长林克庆一行到紫谷伊甸园视察指导工作。丰台区区长冀岩、首农集团董事长张福平等陪同视察。

9月8日　中国农垦（五垦区）领导到卢沟桥农场紫谷伊甸园视察指导工作。首农集团董事长张福平、副书记马辉、纪委书记张红，农场场长钮立平、党委书记程藏等陪同视察。

9月9日　农场合资公司北京辛普劳董事会决定永久停止生产，启动清算程序。

10月15日　北京市人大常委会副主任牛有成到紫谷伊甸园考察调研。

11月26日　在北京市人民政府办公厅《关于印发〈北京市城乡接合部建设三年行动计划（2015—2017年）〉的通知》中，南郊农场被列为城市化建设试点单位。

12 月 25 日　农场召开第十二次职工会员代表大会暨 2016 年度工作会。大会选举产生了南郊农场工会第十二届委员会和经费审查委员会，杜秀莲当选为工会主席，陈学忠当选为经审主任。

2016 年　1 月　南郊农场基层单位的周友芳、李春花、特胜利、刘宝旺、花艳辉、周宝祥、王京会、贾宝树 8 名职工荣获北京市"孝星榜样"称号。

3 月 11 日　首农集团党委研究决定，由刘建波主持南郊农场经济工作。

4 月 22 日　南郊农场收到财政拨付的生态林养护费 1479.32 万元、平原造林养护费 268.69 万元，所收款项及时下拨给农管中心、和义农场、卢沟桥农场和长阳农场。

5 月 13 日　南郊农场举行"两学一做"学习教育启动暨时事报告会，中央党校李俊伟教授做学习教育辅导报告。农场各级领导干部 120 余人参加。

5 月 14 日　首农·中科电商谷、紫谷伊甸园在由市委宣传部、首都文明办、市国资委、市教工委、共青团北京市委、国务院国资委新闻中心等单位联合主办的"展望'十三五'发展谱新篇　走进首都国企"系列宣传暨"首都国企开放日"活动中接待市民和媒体参观。

6 月 24 日　北京市委副书记、中关村管委会党组书记苟仲文，大兴区委书记谈绪祥，大兴区委副书记王有国，大兴区委副书记、代区长崔志成等到首农·中科电商谷调研。

6 月 27 日　馨德润饭店支部书记、经理王林获"北京市国资委系统优秀共产党员"称号。

6 月 30 日　和义五金机电城正式关停，320 家商户全部撤离。

7 月 6 日　市国资委副主任钱凯、综合处处长雷海波一行实地视察南郊农场所辖西毓顺、德茂等地区的综合整治情况。集团公司党委委员、副总经理马建梅等陪同。

9 月 8 日　集团党委副书记、总经理薛刚带领集团拆除腾退工作领导小组视察南郊农场所辖旧宫三角地、德茂北区、西毓顺团忠路等地块的拆除腾退工作。

9 月 17 日　北京市红星广厦化工建材有限责任公司召开股东会，成立清算小组，应北京市环保政策等要求正式停产，开始清算工作。

9月20日　南郊农场全面完成北京市兴红种子站工商及股权投资账务注销工作。

9月26日　南郊农场支付3275486元土地出让金，收回原北京辛普劳食品加工有限公司使用的位于丰台区北京红星蔬菜食品冷冻厂西南角现状工业用地一宗，土地面积9866.34平方米。

10月10日　南郊农场召开农场全体团员大会，选举产生了新一届委员会，韩璐当选农场团委书记。

10月11日　中国农林水利气象工会分党组副书记、巡视员蔡毅德，集团工会主席郑立明到农场五环顺通和中科电商谷考察，党委书记程藏、工会主席杜秀莲陪同。

同日　首农集团党委研究决定，刘建波任南郊农场党委副书记、场长。

10月13日　北京市委书记郭金龙、市长王安顺，在集团公司总经理薛刚、副总经理马建梅的陪同下到南郊农场实地调研拆除腾退工作。

11月15日　三元德宏南郊农场棚户区改造项目自8月启动以来，完成签约482户，动迁奖励期内完成签约率达90％，疏解人口1500多人。

11月　三元德宏"母婴关爱室"获得北京市总工会配发的铭牌。

12月5日　南郊农场聘请首都师范大学郭海燕教授讲授"学习贯彻十八届六中全会精神，开启全面从严治党的新局面"的党课，农场各级领导近100人参加。

同日　三元德宏职工大学改扩建项目主体结构封顶。

12月9日　南郊农场与三元种业公司签订转让协议，接收4个牛场（金星牛场、长阳二牛场、长阳三牛场、长阳四牛场）及饲料场土地。

12月28日　中国共产党北京市南郊农场第九次代表大会召开，首农集团组织部副部长安京出席了会议，农场66名党员代表、25名列席人员参加了会议。大会选举程藏为农场党委书记，刘建波为党委副书记，杜秀莲为农场纪委书记。

12月30日　北方世贸国际鞋城完成市场关闭、拆除牌匾、封堵正门等工作，达到市场疏解关停标准。

12月31日　南郊农场完成3个市级挂账重点地区：旧宫试验场、德茂试验场、西毓顺试验场的拆除腾退和整体提升，拆除41万平方米。

2017年　1月19日　农场党委书记程藏带队到市派结对帮扶村——门头沟区清水

镇李家庄村慰问对接。

2月9日　农场收购40.86%的泰宇物业自然人股权，并完成工商变更工作。

3月23日　农场成立企业文化工作委员会。

3月　卢沟桥农场顺利通过北京市人民政府和首都绿化委员会等部门的审定，被授予"首都绿化美化花园式单位"称号。

同月　农场完成对4家中美合资食品加工企业的股权收购工作，现持有北京百麦食品加工有限公司、北京百嘉宜食品有限公司75%的股权，持有广州百麦食品有限公司、东莞百嘉宜食品有限公司100%的股权。

同月　南郊农场农管中心经理张孝柱荣获中共北京市委、市政府授予的2015—2016年度"首都精神文明建设奖"荣誉称号。

4月1日　南郊农场联合有关单位发布疏解公告，正式启动北方世贸国际鞋城的关停工作。

4月6日　泰宇物业接管旧宫物业等7个小区，共5417户、541038.57平方米，接收人员共计141人。

4月26日　兴红种植园获得北京市农业技术推广站颁发的2016年度北京市"十佳优秀农田观光点"称号。

4月30日　红星冷冻公司关停制冷系统，公司正式停产。

5月5日　南郊农场申请了北京市南郊农场和义五金城疏解项目、北京市南郊农场北方世贸鞋城疏解项目、北京市南郊农场拆除腾退项目，共计3个项目的国有资本经营预算资金支持，累计收到财政资金1.75亿元。

5月　农场党政工领导走访慰问全国劳模张桂花和北京市劳模刁艳燕等19名在职和退休劳模。

6月30日，经多方共同努力，农场如期完成了北方世贸国际鞋城的疏解关停工作。共清退商户650家，清理经营面积41000平方米，疏解从业人员近4000人。

7月　农场完成东莞百嘉宜入资工作，入资金额3340万元。

8月1日　北京市政府第159次常务会审议通过《北京市第一道绿化隔离地区城市化建设第三批试点实施方案》，南郊农场将拆除175万平方米，新增绿地243公顷，打造"两园三区"的产业发展格局，实现农场整体转型升级。

8月9日 农场召开内部控制体系建设项目启动大会。

9月28日 南郊农场主持拍摄的微电影《暖心》荣获市国资委第二届微电影大赛"评委会特别奖"。

10月30日 首农集团总经理薛刚到五环顺通参加"做合格共产党员,争创党员模范岗"主题党日活动。

10月31日 南郊农场微信公众号正式上线运营。

11月6日 北京市委组织部、市委党校调研组来到农场基层企业,就"减量发展中市属国有工业企业,转型升级存在的问题及对策建议"进行调研。集团公司党委副书记马辉陪同。

11月7日 博古恒艺公司将北京古玩城30%的股权无偿划转给南郊农场。

11月8日 "南郊农场棚户区改造项目"列入北京市2017年第二批保障性住房建设计划。

11月12日 农场召开修志工作启动会,并成立了北京南郊农场修志工作委员会,印发了《北京南郊农场志》编写工作方案。

11月23日 首农集团党委委员、副总经理马建梅等到广达源管辖的朝阳区左安路21号院,进行专项整治工作重点区域督查和现场指导。

11月26日 农场召开十二届三次职工代表大会,审议通过了《北京市南郊农场关于全民所有制企业公司制改革总体方案》。

11月28日 五环顺通总经理王青林跻身"中国冷链名人堂"之列。

12月8日 五环顺通被北京市总工会列为"职工书屋示范点建设单位"。

12月25日 农场党委聘请中央党校教授张弛为全体领导干部讲授十九大精神,加深大家对习近平新时代中国特色社会主义思想的理解。

12月29日 南郊农场及下属7家企业完成公司制改革,南郊农场更名为"北京市南郊农场有限公司"。

12月 农场在"大清理、大整治、大排查"工作中,共清理租赁户9户,清理腾退库房、厂房10444.7平方米,拆除违建4050平方米。

本年 南郊农场在清理散乱污行动中,共清理租户580户;在疏解腾退行动中,共拆除建筑34.6万平方米。疏解腾退区域总建筑面积122.7万平方米。

● **2018 年** 1 月 18 日　北京市劳动广场在北京奥林匹克森林公园南园国际区正式落成，南郊农场北京市劳动模范钮立平、孙崇伟、张文清、董丽、戎起胜、李冠杰、刘英章、耿大纯、刁艳燕、张洪涛、孙宝海、张国英、郑良珍、刘新民、王志强、张振儒、甄富英与万余名北京市劳动模范的名字被镌刻在广场内的名录石墙体上。

1 月 23 日　东莞百嘉宜通过了东莞市食药监局验收，取得生产许可证，获得面包生产资格。经麦当劳审核通过后，正式成为麦当劳供货商。

3 月　卢沟桥农场被评为 2015—2017 年度"首都文明单位"，并获得了首都精神文明建设委员会颁发的奖牌。

3 月 8 日　五环顺通熊兰被北京市妇女联合会、北京市总工会、北京市人力资源和社会保障局授予"北京市三八红旗奖章"荣誉称号。

3 月 26 日　三元德宏举行南郊农场 15.6 万平方米棚户区改造安置房及配套幼儿园项目开工仪式。

4 月 2 日　东莞百嘉宜新工厂面包线开始投产，向东莞及深圳地区的麦当劳供应汉堡、麦香鸡、巨无霸和长玉米。

4 月 15 日　五环顺通举办了首届以郁金香为主题的企业开放日活动。北京电视台 BTV 新闻频道《都市晚高峰》栏目对活动进行了相关报道。

4 月 19 日　农场党委召开党委理论学习中心组学习（扩大）会，聘请国家行政学院经济学部原主任张占斌教授为农场干部授课。农场领导班子成员、二级企业班子成员、三级企业班子成员、机关部室全体党员共 140 余人参加了会议。

4 月 27 日　中共中央政治局原常委、全国政协原主席贾庆林一行来到长阳农场，实地视察农场都市农业项目——千亩花海，北京市副市长卢彦、房山区委书记陈清、首农食品集团党委副书记马辉、南郊农场总经理刘建波等陪同。

4 月 30 日　农场所属 5 个基层党总支及 10 个基层党支部、419 名在职的正式党员完成"双报到"工作。

5 月 26 日　首农食品集团"美丽首农·2018 赏味樱桃季"启动仪式在长阳农场绿色生态园举行。

5 月　北京馨德润酒店管理有限公司荣获"2018 中国品牌影响力 100 强""2018 中国（酒店行业）十大影响力品牌"，枫叶春秋旅行社荣获"2018

中国品牌影响力 100 强"，北京润稼宴商贸有限公司荣获"2018 中国（酒业）十大影响力品牌"。

6月5日　市纪委第九纪检监察室窦晓涛主任一行到卢沟桥农场紫谷伊甸园进行参观调研。首农食品集团董事长王国丰，集团党委常委、纪委书记乔书征，农场党委书记程藏，总经理刘建波等陪同调研。

6月22日　第12届北京发明创新大赛颁奖会在北京金泰海博大酒店举行，北京百麦食品加工有限公司"双馅派"项目荣获"入围奖"和"职工技术创新"专项奖。

6月　长阳农场、南郊农管、卢沟桥农场"职工暖心驿站"通过市总工会第一批验收，被授予"北京市总工会职工暖心驿站"标牌。

7月2日　北京德茂线材有限公司自然人股东持有的30％股权的受让工作完成，德茂线材股权结构为南郊农场持股70％、南郊农管持股30％，转为纯国有企业。

7月12日　中国农林水利气象工会农业部部长王秀生、北京市服务工会常务副主席张雪梅考察南郊农业生产经营管理有限公司"职工暖心驿站"和五环顺通供应链管理有限公司"职工之家"的实体化建设。首农食品集团工会副主席聂志芳、女工主任李蓓蓓、农场党委书记程藏、工会主席杜秀莲陪同考察。

7月15日　以朝中友好协会副委员长洪顺明为团长的代表团一行 5 人，在中国国际友好联络会相关领导的陪同下参观了紫谷伊甸园。农场党委书记程藏等陪同参观。

7月27日　首农食品集团公司王国丰董事长到五环顺通，以《不忘初心、牢记使命》为主题，为全体党员及积极分子讲党课。

7月31日　南郊农场 2018 年景观生态林建设工程实施方案获市发改委审批，项目单位为农管中心，总面积 1100 亩，项目总投资 4397 万元。长阳农场 2018 年景观生态林建设工程实施方案获发改委审批，项目单位为长阳农场，总面积 1135 亩，项目总投资 4539 万元。

8月　农场所属企业建立"职工暖心驿站"17 个，馨德润、泰宇物业、德茂物业、广达源和三元德宏等 7 个驿站通过市总工会第二批验收，被授予"北京市总工会职工暖心驿站"标牌。

9月6日，枫叶春秋旅行社获出境游审批资质，升级为国际社。

9 月 14 日　农场召开"深化改革，转型发展"大讨论暨党建、战略规划和企业文化课题研究启动会。

9 月 15 日　首农食品集团党委书记、董事长王国丰，副总经理赵国荣一行赴南郊农场对口帮扶的门头沟清水镇李家庄村和天河水村走访慰问。农场党委书记程藏等一同前往慰问。

9 月 27 日　职工大学 41164 平方米改扩建项目办理竣工资料移交。

同日　北京市交通行业第四届职业技能大赛道路货物运输驾驶员职业技能竞赛在朝阳区十八里店举行。五环顺通货运驾驶员程洁代表公司参加比赛，获得北京赛区第一名。

10 月 25 日　南郊农场完成北京辛普劳公司土地使用权划转工作，并办理"不动产登记证"。

10 月 29 日　五环顺通冷运部司机程洁荣获全国交通运输行业道路货物运输驾驶员职业技能竞赛全国总决赛三等奖。

10 月　北京三元德宏房地产开发有限公司职工大学改扩建项目荣获由北京市优质工程评审委员会颁发的 2017—2018 年度"结构长城杯银质奖工程"证书。

11 月 22 日　南郊农场、卢沟桥农场与房地集团正式签订《非经营性资产移交接收协议》，协议移交面积共 10.3 万平方米。

11 月 30 日　五环顺通被北京市认定为高新技术企业。

11 月　五环顺通"母婴关爱室"被北京市总工会女职工委员会授予"母婴关爱室"铭牌。

同月　农场审计部在天圆全会计事务所的技术支持下，完成了农场《内部控制手册》缺陷整改及修订工作，农场《内部控制手册》正式颁发。

12 月 4 日　农场成立法治建设领导小组，农场总经理刘建波任组长，党委书记程藏任副组长。

12 月 7 日　红星冷冻公司整建制并入和义农场。

同日　东莞百嘉宜与新夏晖东莞物流中心在东莞新厂区举办联合开业仪式，南郊农场总经理刘建波率中国百麦股东代表、运营团队参加。

12 月 11 日　北京五环金洲物流有限责任公司更名为"北京饮麓池文化创意有限公司"。

12 月 16 日　大兴区委书记周立云，区委副书记、区长王有国，首农食品集团党委书记、董事长王国丰，党委副书记、副董事长、总经理薛刚到南郊农场调研土地腾退与规划工作。农场总经理刘建波、党委书记程藏陪同。

同日　南郊农场收购东风农场持有的三元德宏 12.75％的股权。

12 月 19 日　丰台区政府原则同意将和义地区和卢沟桥农场地区棚户区改造项目建设规模 28.78 万平方米统筹到丰台区政府进行解决。

12 月 20 日　三元德宏 6.2 万平方米广发实业共有产权房项目正式开工。

12 月 26 日　南郊农场所属 37 个党总支、支部完成换届选举工作。

本年　南郊农场共接收四渔场、德茂木器厂、德茂中学、花房 6 宗地块，土地总面积约 32.43 公顷（486.44 亩），地上房屋总面积 106648.11 平方米。

本年　南郊农场已完成拆迁腾退任务 20.5 万平方米（完成进度 100％），新增规划绿地 47.54 公顷（完成进度 115％），疏解人口 2.15 万人（完成进度 262％）。农场累计完成疏解腾退建筑总面积 116.64 万平方米。

本年　农场绿化景观生态林建设 1100 亩，总投资 4397 万元；完成位于饮麓池桥西侧的西毓顺公园建设 938 亩，总投资 1.4289 亿元。

长阳农场大事记（1958. 2—2007. 12）

● **1958 年**　2月　农场正式成立，初称"长辛店农场"。

9月6日　良乡人民公社成立，长辛店农场并入良乡人民公社。

● **1959 年**　4月　农场与良乡公社分立，同时将长阳、水碾屯、杨庄子、稻田一带的 21 个村庄并入农场。

9月28日　市人委通知，长辛店农场更名为良乡农场。

12月1日　良乡农场再次与良乡人民公社合并，更名为"国营北京市长阳畜牧场"。

● **1960 年**　10月12日　中共北京市委提出《关于在近郊建立蔬菜、粮食高产区的规划（草案）》。其中，红星人民公社、沙河人民公社、良乡人民公社与朝阳、丰台、海淀 3 个区一起被列入蔬菜和粮食高产区。

12月1日　农场与良乡公社分离，改称长阳农场。

● **1961 年**　6月22日　成立长阳人民公社，形成场社合一、政企合一的管理体制。

9月　在长阳人民公社礼堂召开了第一次党代表大会，大会主要议程有：①由中共长阳人民公社委员会书记周揆选向大会做工作报告；②大会选举产生了中共长阳人民公社第一届委员会委员，第一届委员会选举了常务委员会，由 5 人组成，包括周揆选、马良民、史汉生、刘焰、朱振亚，选举并经房山县委、中共北京市委批准，任命周揆选为中共长阳人民公社委员会书记，马良民为党委副书记兼主任场长，史汉生为党委副书记。

12月　农场被评为"北京市建设社会主义先进单位"。

● **1962 年**　12月　农场再次被评为"北京市建设社会主义先进单位"。

● **1963 年**　4月2日　长阳人民公社被评为 1962 年度"北京市农业建设社会主义先进单位"。

12月　被评为全国国营农场先进单位，并被树立为"样板农场"。

● **1964 年**　4月中旬　生奶成本最低的长阳农场杨庄子奶牛队的成本为每千克 0.240元，成本降低的原因是普遍推行了班组核算制。《中国农垦》1964 年第 7 期介绍了市农场局的经验。

● **1965 年**　12月20日　农垦部召开全国农垦科学技术和高产经验交流会，长阳农场和南郊农场因粮食丰产被农垦部授予"样板农场"称号。会议期间，与会代表受到周恩来、朱德、邓小平、李富春、陆定一、谭震林等党和国家领导人的接见。

1966 年 6 月　中国共产党长阳人民公社第二次代表大会在公社礼堂召开。大会选举并经县委批准，任命周撰选为长阳人民公社党委书记，马良民、程占元为党委副书记。

1970 年 7 月 22 日　中国共产党长阳人民公社第三次代表大会在长阳人民公社机关召开。会上，吕镒代表长阳公社革委会向大会做工作报告；大会选举产生了中共长阳人民公社第三届委员会，委员会一次会议选举吕镒为中共长阳人民公社委员会书记。

1971 年 11 月 7 日　长阳人民公社被命名为"中柬友好人民公社"，国务院总理周恩来、副总理李先念与柬埔寨国王诺罗敦·西哈努克亲王出席命名仪式。

1975 年 4 月 26 日　中国共产党长阳人民公社第四次代表大会召开，选举产生了中共长阳人民公社第四届委员会，吕镒当选中共长阳人民公社委员会书记。

本年　市革委会财贸组批准在长阳农场建一座白酒厂。

1976 年 长阳农场建立第一座集约化养猪场。

1980 年 2 月 9 日　长阳农场完成的"超声多普勒检测法从阴道诊断奶牛早期妊娠研究"在北京市政府召开的科技工作会上获科技成果二等奖。

9 月 9 日　中国共产党长阳人民公社第五次代表大会召开，选举产生第五届委员会，马向凤当选中共长阳人民公社委员会书记。

1981 年 6 月 11 日　为促进"菊花白酒"老字号产品的出口，市农办批准长阳酒厂改名"北京市仁和酒厂"。

1982 年 3 月 23 日　市政府召开北京市 1981 年优秀科技成果颁奖大会，向获奖的单位和个人颁发荣誉证书。北京农业大学兽医系与长阳农场合作完成的"超声多普勒检测法诊断母猪早期妊娠"获 1981 年度"市科技成果奖二等奖"。

1983 年 4 月　长阳人民公社改为长阳乡。农场机关与镇政府联合办公，两套班子组成一个党委会，受北京市农工商联合总公司和房山区的双重领导。

10 月 31 日　长阳农场郑九成作为全国农垦系统代表出席全国工会十大，接受农牧渔业部部长何康、副部长朱荣和农垦局局长赵凡的接见。

11 月 23 日　长阳农场纪律检查委员会成立，刘清华任纪律检查委员会书记。

12 月　农场成为国营农工商联合企业组织，直接受市农场管理局领导，场长（经理）王庆英。

● **1984 年** 7 月　经市农办、市劳动局批准，农场开始执行市劳动局制定的工资与经济效益挂钩的工资制度。

12 月　长阳农场仁和酒厂的"菊花白酒"获北京市 1984 年优质产品证书。

● **1985 年** 4 月　市农场管理局任命牟京生为场长。

5 月 7 日　中国共产党长阳乡第六次代表大会召开，选举产生了中共长阳乡第六届委员会，陈德义当选中共长阳乡委员会书记，刘清华为纪检书记。

5 月 10 日　长阳农场科技站完成的"冬小麦新品种长丰 1 号选育"获得"北京市科技成果奖三等奖"。

● **1987 年** 2 月　北京长阳农场化工厂生产的长阳春牌三氟化硼乙醚产品获 1986 年"农牧渔业部优质产品奖"。

● **1989 年** 本年，长阳农场仁和酒厂生产的"仁和牌"37 度菊花白酒被市政府授予"北京市优质食品"称号。

● **1995 年** 12 月 6 日　长阳农工商公司仁和酒厂与法国太阳集团经过多次讨论和洽谈，决定合资兴办北京葡萄酒示范园有限公司。合资企业总投资 400 万美元，注册资本 200 万美元，长阳农工商公司仁和酒厂以土地入资，折合 100 万美元，法国太阳集团以技术、部分设备及现金入资 100 万美元。

● **1997 年** 6 月 1 日　北京太阳葡萄酒有限公司生产的"太阳牌"葡萄酒在北京上市，市政府秘书长范远谋和法方有关人士参加庆典活动。

9 月 23 日　上级党委研究决定，陈玉甫任长阳农场党委书记，管建国任长阳农场党委副书记、场长。

● **1998 年** 2 月 22 日　长阳农场成立"北京市长阳养殖中心"。

9 月 1 日　长阳农场实施场乡体制改革。

10 月 19 日　总公司党委研究决定，党委班子包括苏德录、管建国、胡建华，苏德录任长阳农场党委书记，管建国任长阳农场场长。

11 月 3 日　北京市长阳果园改制为有限责任公司。

● **1999 年** 6 月 7 日　总公司党委常委会研究决定，程藏任长阳农场党委委员、副书记、纪委书记。

本年　长阳农场苏本渭被认定为享受国务院特殊津贴专家。

● **2000 年** 9 月 21 日　总公司京农管资字〔2000〕97 号文件决定将长阳农场、南郊农场、北郊农场、双桥农场、东北旺农场、东风农场、牛奶公司、华成商贸公司 8 个二级企业所属的 12 家出租车公司重组为北京三元出租汽车有限公司。

2001 年 3 月 6 日 北京市长阳化工厂改制为北京长阳振兴化工有限责任公司。

7 月 14 日 总公司党委研究决定，张晋陵任长阳农场党委委员、副书记、场长，程藏任党委书记。

9 月 27 日 根据总公司实施集团化重组改制的实施方案，长阳农场养殖中心及下属杨庄子牛场、四队牛场、养殖三场整体划归北京三元绿荷奶牛养殖中心。

2002 年 12 月 23 日 为了加强农场工业企业资产、资金和人员的管理，农场党委研究决定，原资产管理一处、资产管理二处合并，成立农场工业企业资产管理处。

2003 年 11 月 12 日 三元建设公司召开第四次股东会，决定长阳农工商公司从公司撤资。

2004 年 4 月 20 日 北京市长阳农工商公司所属企业北京仁和酒厂改制为有限责任公司。

2005 年 3 月 4 日 公司党委研究决定，同意北京市长阳农工商公司《关于长良加油站改制的批复》。

2006 年 10 月 8 日 集团公司党委常委会研究决定，傅鹏兼任长阳农场党委委员、副书记、场长，尹德立兼任长阳农场党委委员、书记。

2007 年 1 月 由农场企管部牵头，各部门配合，制定了长阳农场管理制度汇编。

3 月 27 日 集团公司党委下发京三元集团组字〔2007〕4 号文件。集团党委常委会研究决定，由管建国兼任长阳农场场长，王发兴兼任长阳农场党委书记，南郊农场对长阳农场实行托管。

5 月 9 日 三元集团董事会决定将长阳农场划归南郊农场管理，保留企业法人，不再作为集团公司二级单位。

11 月 8 日 北京三元集团有限责任公司同意注销北京市长阳带钢厂和北京市长阳物资站。

12 月 9 日 三元集团与南郊农场办理了北京市长阳农工商公司产权转让手续，长阳农工商公司隶属北京市南郊农场。

12 月 29 日 市国资委京国资产权字〔2007〕149 号文件同意三元集团将所持的长阳农工商的全部股权转让给南郊农场。

卢沟桥农场大事记（1957.6—2009.7）

● **1957 年** 下半年　为妥善安置北京市牛奶站精简人员，北京市牛奶站党支部书记康纪阁、站长刘文焕建议创办一个农场。市农林局局长对此非常支持，经副局长刘刚和奶站领导实地勘查，并报请市农林局和市委农村工作部批准。

10 月 8 日　牛奶站领导李德厚率领下放干部 80 人开赴永定河，并入住宛平城永定河防汛指挥部大院，开始修路、建房、平整土地等准备工作，拉开了兴建农场的序幕。

11 中旬　农场用一个半月时间在永定河大堤内修建一条长 8.05 千米，宽 4～5 米，高 1.5～2 米，开挖土地方量 21431 立方米的引水渠，设水泥闸口 20 余个。

● **1958 年** 春　由公安局、银行和二商局组成的 300 多名下放人员来到农场。

3 月 1 日　市委和市农林局正式将农场命名为"国营北京市卢沟桥农场"，李德厚任农场场长。

3 月 16 日　农场第一个党支部建立，李德厚任党支部书记，桑吉发任工会主席。

3 月　市农林局将五里店养牛场划归农场管理，市农场局为农场调来公私合营的西城区大车队员工 8 人，带来 8 辆大车，配有 16 匹骡、马。

同月　孙秀忠作为第一名大学毕业生分配到农场工作。

春季　农场共开垦荒地 1200 多亩，种植花生 800 亩、大葱 200 亩，另有白薯、大豆、西瓜、蔬菜等。所种花生、白薯获得丰收，其中花生平均亩产达 800 斤，最大的一个白薯重达 22 斤。

10 月　朱德副主席到农场视察，万里同志也先后两次到农场视察，并对花生丰收予以鼓励。

下半年　根据一年多的实践，结合土地、气候、水利等条件，农场决定从以粮食生产为主向以果树生产为主转变，同时将"把荒滩变良田"的口号改为"变荒滩为果园"。从安徽砀山县调进砀山酥梨、黄梨树苗 5 万株，从河南黄泛区农场调进红星、金冠等苹果树苗 5000 株，定植葡萄 100 亩。

12 月 31 日　卢沟桥农场被国务院授予"农业社会主义建设先进单位"

称号。

本年　农场建设已初具规模，共有职工 120 人，并成立了 5 个专业队。一队主要由奶站人员构成，二队主要由商业人员组成，三队由公安人员组成，四队由银行人员组成，五队由机务和大车队人员组成。全场饲养奶牛 200 余头，有猪、马、牲畜 200 余头，鸡、鸭、火鸡等 1 万余只。运输方面，有汽车 2 辆、大型拖拉机 2 台、胶轮马车 13 辆。

● **1959 年**　1 月　农场与北京市牛奶站在经济上正式分开，在经营管理上成为一个独立的企业。

2 月　在河南郑州召开的全国农业社会主义建设先进代表会议上，农场的花生、红薯参加了全国农业展览馆农产品的首次展览，并荣获由周恩来总理签发的国务院奖状。

上半年　农场建电话总机室，并安装了一台具有 50 条外线的人工电话插转机，从而结束了使用手摇电话的历史。

8 月　第一批中专毕业生（共 3 人）分配到农场工作。

本年　农场第一次向国家上缴利润 4000 元。大面积白薯丰产栽培管理科技项目获得北京市人民政府颁发的奖状。

本年　王泽清担任农场工会主席。

● **1960 年**　春　北京机械工业部第一勘探公司在二甲、二乙、五甲、八甲、十一乙为农场开凿 5 眼机井，用于农场的果树生产。

春　农场在三队八甲地区建起奶牛场，并把五里店牛场迁至此处。

本年　牛场存栏奶牛 282 头，其中成乳牛 130 头，全年产奶量 55.8 万斤。存栏蛋鸡 3412 只、鸭 322 只、猪 213 头。

● **1961 年**　5 月　北京市奶站党支部书记康纪阁任农场党支部书记兼场长。

6 月　由于果树和畜牧业的发展，农场劳动力出现严重不足，北京市劳动局为农场调来 100 多名社会青年。

9 月　市劳动局又从西城区分配了 16 名高中毕业生到农场工作。

● **1962 年**　春　场部编制调整为办公室、人保科、财务组、生产组和供销组。

8 月　北京城区 200 余名初高中毕业生分配到农场工作。

本年　程维善担任工会主席。

● **1963 年**　1 月 1 日　按照"农场要带社队"的指示，丰台区委将原属黄土岗公社所辖的齐庄子、老庄子、北天堂、永合庄 4 个村（共 6 个生产队、346

户、1651 人）正式划入农场管理。

3 月 5 日　农场成立党总支，并召开了第一届总支委员会，康纪阁被选为党总支书记，全场党员人数 34 人。

春　农场职工王文柱、蒋书信和北天堂村社员张洪林、张秀荣获"北京市农业劳动模范"称号。同时，位于农场路 5 号的新场部建成，三队水塔落成，一队猪场竣工，并修建了一条达 3.5 公里的稻田引水渠。

5 月　丰台区、朝阳区小学教师共 200 多人调到农场工作。

同月　农场组建稻田队，水稻播种面积 589 亩，年产量 10.7 万公斤。

6 月　"五四七"厂 70 多名青年工人调到农场工作。

本年　农场职工总数 748 人，有汽车 3 辆、大型拖拉机 6 辆、小型拖拉机 1 台、马车 63 辆。

1964 年　8 月 28 日　农场遭受罕见大风侵袭，位于五甲地区的 100 亩单臂立架葡萄受损，2000 根混凝土立杆从地面处折断。

11 月 5 日　市农场局将巨山农场的莲花池鸭场划归农场管理。

1965 年　3 月　市农场局将巨山农场的琅山果园和五里坨果园划归卢沟桥农场。

5 月 15 日　市政府决定将原石景山钢铁厂管辖的五里店石钢农场并入农场管理，农场增加土地 1090 亩，其中耕地 700 亩。

6 月　副市长王纯及城建委佟副主任指示农场，将五里店的房屋 4362.05 平方米（净值 141771.03 元）和约 300 亩果园（现长城制药厂及以北的土地）借给中国人民解放军 8770 部队执行地铁施工任务使用。

7 月 5 日　市农场局任命董永华为农场场长。

本年　农场职工总数达 910 人，农作物面积 8745 亩，果树面积 2372 亩，饲养大牲畜 217 头、奶牛 331 头、猪 1484 头、鸭 10442 只，有汽车 5 辆、拖拉机 5 台，固定资产净值 372.6 万元。

1966 年　4 月　经过两年多的建设，位于十四区的奶牛场全部竣工。

7 月 11 日　潘党生担任党总支书记兼场长。

9 月　经上级批准，农场首次招收录用农民工，从 4 个农村队招收 80 多名社员（后称长调社员）到企业工作。

1967 年　3 月 9 日　解放军总政治部和革命军事博物馆组成的"三支两军"人员（支工、支农、支左、军管、军训）进驻农场。

1968 年　1 月 20 日　卢沟桥农场革命委员会成立，同时成立贫协组织。

本年　琅山果园和五里坨果园从农场划出。

● **1969 年**　1 月　解放军丰台区西仓库部队进驻农场。

下半年　农场各级党组织恢复活动，丰台区把白盆窑种子站划归农场。

8 月　农场职工队实行政治建队，名称都改为连、排、班，书记称指导员。

● **1970 年**　春　大批知识青年上山下乡，来到农场。

4 月 4 日　农场召开全场党员大会。

4 月 10 日　中国共产党卢沟桥农场委员会成立，潘党生被选为党委书记。会议总结了农场运动和建设的情况，提出了"以粮为纲"和"以果树为主"的发展方针。

● **1971 年**　春　农场办起养马场，全场拥有大牲畜 280 头，其中，牛 41 头、马 182 头、驴 29 头、骡 28 头。

春　丰台区大批知识青年来到农场，至此，共有 393 名知识青年插场。

本年　农场创建农场中学，校址位于三队东侧原牛场。初中学制三年，高中学制二年，学校有教师 20 多名。

● **1973 年**　6 月　农场占用老庄子村土地 18 亩建职工家属宿舍。

10 月　农场投资 29.4 万元，将永定河东堤卢沟新桥至奶牛场之间长 6.5 公里、宽 6 米的砂石路全部修建为柏油路，从此，该段道路被称为"农场路"。道路建成后不久，丰台区政府又将该条道路向南延至永立大桥。

本年　农场果树面积达 3482 亩。

● **1974 年**　春　农场成立科技试验站，培育多类果蔬品种。

11 月 25 日　市革委会决定建北京市第二热电厂，征用卢沟桥农场齐庄子村土地 4 公顷。

11 月　莲花池鸭场迁至丰台区小屯附近的卢沟桥农场 6 队。

本年　为方便农场职工上下班和村民出行，市公交公司开通了 313 路公交线路，起点为丰台区北大地，终点为北天堂村，每天分早、中、晚三班。

本年　农场成立职工学校，校长由党委书记潘党生兼任。学制二年，开设畜牧、大田和园艺 3 个班，学生共 60 名。

● **1975 年**　10 月 14 日　农场召开第三届党员代表大会，潘党生被选为党委书记。

12月10日　丰台区水利局建农业科学研究所，占用农场小屯路土地24亩。

12月22日　北京电梯厂改扩建，占用齐庄子村70亩土地。

本年　武仲芹担任工会主席。

1976年　本年　全场人数达到3857人，其中职工1755人。

1977年　春　成立了经营办公室和基建办公室，之后合并成扭亏增盈办公室，并决定在发展农业和畜牧业的基础上发展工副业。

本年　市政府、市农场局、农场共出资145万元，将北京市莲花池鸭场迁至小屯路。

1978年　4月　党委书记潘党生调丰台区建委工作，杨万珍代理书记工作。

本年　农场职工年平均工资533.26元，农村人均分配247元。袁克廉担任工会主席。同时，办起了绣花厂、豆腐房、铸造厂、绝缘板厂、鼓风机厂、汽车运输队、砂石厂、蜂具厂、构件厂、水泥瓦厂、纸盒厂等20多个企业。

1979年　春　农场中学撤销。在老庄子村西成立机务队。六队开始养蜂，技术人员和蜂箱从西郊农场调集。

5月　市农场局调孙安平任农场党委书记兼场长。

9月　农场场部机构进行大调整，由原来的组改成科室建制，成立了财务、生产、工副业、劳资、农村科及党务办公室等科室。

12月22日　丰台区建委、丰台区规划局批准将齐庄子村45.9亩划拨给解放军59005部队汽车五团永久使用。

本年　全场工农业总产值达486.8万元，实现净利润44万元，其中农业占96.7%，水果生产又占了农业的主要部分。水果总产量达342.5万公斤，达到历史最高水平。全场有汽车28辆、大型拖拉机9台、小型拖拉机40台、马车50辆。

1980年　1月　农场开始推行"经济合同制"，场部对基层实行"四定一奖"的办法，即定产、定收、定利润、定人员，按盈利部分的10%提取奖金。农场与各基层单位，基层单位与班、组实行层层承包，并签订承包合同。

9月　农场在老庄子村西兴建卢沟桥长城构件厂。

10月11日—12月10日　解放军海军38511部队搬迁至永和庄村，占用该村土地 37.5 亩。

冬季　由于病虫害大量发生，果树树势明显衰弱，农场被迫将刚刚进入盛果期的果树大量淘汰，进入果树更新阶段。

● **1981 年**　春　农场成立职代会，选举职工代表。

3 月　农场在农场路 8 号兴建了北京燕春针织厂。

同月　农场开办燕春针织厂，在莲花池鸭场建立实验室，在五里店蜂具厂（后改名为日化厂）生产以蜂王浆为主要添加剂的系列蜂王浆化妆品。

4 月 21 日　丰台区农科所与农场签订合同，永久使用农场小屯路 33 亩土地。

5 月　农场在小屯路 103 号兴建北京家用化学厂。

6 月 13 日　丰台第二房修公司与农场签订合同，永久使用农场五里店农场宿舍区内的 23 亩土地。

6 月　农场在齐庄子村南开办齐庄子大队砂石厂。

本年　农场职工学校成立。

● **1982 年**　春　农场职工学校开始为青工进行文化补习。

3 月　储运公司工会主席孙淑兰被评为"北京市三八红旗手"。

6 月　农场在永和庄村开办永合庄大队砂石厂。

本年　农场成立电管站。

● **1983 年**　1 月　农场在丰台东河沿、老庄子村西开办农场砂石厂和老庄子砂石厂。

同月　农场在农场路 1 号成立北京市金属结构加工厂。

2 月　在全国农垦展销会上，农场的林产品和畜产品受到好评。

3 月 2 日　老庄子乡成立，蒋汝富任乡长，从此形成政企合一的管理体制。党、政、企三个领导班子、一套人马，实行党委领导下的分工责任制。

3 月 6 日　北京铁路局建京秦电气化铁路工程征用齐庄子村、老庄子村、永和庄村土地 305 亩。

4 月　农场莲花池鸭场在小屯路开办闻香来餐馆。

7 月 28 日　农场收回解放军 8770 部队 1965 年借用的农场所属小屯路土地中的 150 亩。

11 月　农场在农场路 10 号成立卢沟桥农场机电仓库。

● **1984 年**　1 月 5 日　市农场局和丰台区委任命秦瑞仁为农场党委书记、任良友为副书记兼场长、邢尔宁为工会主席。

1月　农场在小屯路113号成立北京市五里店储运公司，在小屯路101号投资370万元筹建冷饮厂。

3月　农场在丰台北大地75号成立供销门市部，销售烟、酒、冷饮等。

上半年　农场在农场场部、五里店储运公司、北京家用化学厂建3个图书室，其中，场部图书室存书超过2500册。

7月　在鸡、鸭屠宰厂的基础上，农场在小屯路104号成立北京市东方食品公司，生产方肉、火腿、烤鸭等产品。

同月　经市农办、市劳动局批准，农场开始执行市劳动局制定的工资与经济效益挂钩的工资制度。

7月9日　北京电梯厂扩建，征用齐庄子村土地24.2亩。

8月15—16日　老庄子乡政府召开首届人民代表大会，选举蒋汝富为乡长。

10月30—31日　农场召开第五届党员代表大会。

本年　农场工农业总产值比1980年翻了一番，并首次超过1000万元，达到1089.4万元。农场（含老庄子乡）土地总面积22590.4亩，约15.1平方公里，有人口3852人。

1985年　3月　农场成立北京市益康婴幼食品厂，在农场路8号建北京东宝羽绒制品厂。

5—7月　农场投资20万元，在北京天保口服液厂西侧建地下果窖。农场在果树队新建塑料大棚22个，每个大棚占地1亩，大面积种植葡萄和草莓。

6月　路文玉担任农场工会主席。

7月　农场在永合庄村北成立卢沟桥农场种鸡场。

11月27日　经北京市政府批准，修建京秦铁路下行系统，征占农场土地770.4亩，其中，齐庄子村168.7亩、老庄子村307.8亩、北天堂村271.9亩、老庄子小学3.7亩、农场职工宿舍18.3亩。

本年　农场工农业总产值再次超过1000万元，达到1004.1万元，其中工业产值704.3万元，农业产值299.8万元。

1986年　春　李铎为农场题写场名，欧阳中石、李景平为农场题字。

6月19日　市农办批复同意卢沟桥农场建立北京市东方食品公司。

8 月　农场在农场路 8 号建立了北京市卢沟桥东宝羽绒制品厂，在小屯路 104 号成立北京市东方食品公司。

11 月　北京市东方冷饮厂建成并投产，著名书法家刘炳森题写厂名。

本年　农场工农业总产值再创新高，达到 1976.6 万元，其中工业总产值达到 1655.7 万元，占总产值的 81%。农场职工人均工资达 1463.68 元，农村人均分配 1159 元。

本年　农场获北京市政府蔬菜工作成绩显著奖、农村工作先进单位奖。市政府向农场颁发了 1986 年市级先进单位奖牌和 1986 年市级蔬菜先进单位奖牌。另外，益康食品厂与市营养研究所共同研究的富锌饼干（加入微量元素有机锌而制成的饼干）项目获市经委优质产品证书。

本年　农场工会建立女工组织。

● **1987 年**　春　丰台西编组站组和列车工程征用农场土地 115.338 亩。

4 月 2 日　农场投资 50 多万元，在石景山游乐园内建成方园冷饮快餐厅，市顾问委员会主任王宪为餐厅题名。

4 月 22 日　秦瑞仁、任良友当选丰台区第九届人民代表大会代表。

4 月　农场成立北京市三原建筑黏合材料厂，主要生产建筑防水涂料。

5 月　农场在东方食品公司实行场长负责制试点。

6 月 1 日　农场投资 20 万元在五里店家属宿舍区建成了农场第一个幼儿园。

6 月 2—3 日　老庄子乡第二届乡人民代表大会召开，选举蒋汝富为乡长，汪永利为副乡长。

6 月 18 日　原北京市副市长焦若愚来燕春针织厂视察。

6 月　市顾问委员会主任王宪到农场果树队视察。

7 月 3 日　莲花池鸭场和市农业机械研究所开始实施北京鸭工厂化网上饲养项目，该项目被列为"七五"星火计划重点开发项目。

7 月 26 日　农场召开第六届党员代表大会，秦瑞仁当选农场党委书记。

9 月 23 日　著名书法家李铎为农场建场 30 周年题字"鸿达"。

9 月　农场成立水管站，负责农场和 4 个村的水利工作。

10 月 14 日　国家经委副主任李瑞山、市顾问委员会主任王宪到农场东方食品公司、家用化学厂、东方冷饮厂视察。

11 月　农场在小屯路成立五里店加油站。

本年　北京市东方食品公司购进了肉食加工厂生产线，冷饮厂购进了冰激凌生产线。农场获北京市蔬菜工作先进单位，获市政府颁发的蔬菜先进单位奖杯。

本年　农场拥有汽车 92 辆，其中载重汽车 83 辆，另外有拖拉机 16 辆、手扶拖拉机 20 台。

1988 年

1 月　交通管理局和农场所属北京市五里店储运公司（小屯路 113 号）联合建立汽车检测厂和汽车修理厂。

2 月　在农场路 1 号成立北京市天保营养口服液厂，并在老庄子投资 100 余万元建成现代化养猪场，年饲养 3200 头瘦肉型猪。

3 月 16 日　储运公司与苏联合作成立伏尔加维修中心。

5 月 18 日　农场在小屯路 111 号成立北京市东方工业产品经营部。

5 月 21 日　全国人大常委会副委员长陈慕华来农场参观农场大棚草莓，首都绿化办公室主任单昭祥、市农场局局长邢春华陪同。

6 月 10 日　副市长王纯、市食品协会会长杜子瑞等来农场参观大棚蔬菜和引种的日本黄瓜。

8 月 15 日　农场成立司法科。

8 月　农场在小屯路 108 号成立莲花池烤鸭店。

9 月 14 日　来自 17 个国家的专家教授参加了中国畜牧兽医学会在北京主办的第十八届世界家禽会议卫星会议国际水禽会议，他们还同时参观了卢沟桥农场的莲花池鸭场和南郊农场的金星鸭场。

本年　农场推广佳粉 1 号番茄栽培技术，获"燎原计划"一等奖。农场实行基层企业承包经营，与基层企业签订三年的承包经营合同，承包期内，职工工资总额、奖金与经济效益挂钩。

本年　农场先后成立了砂石厂、长城构件厂、益康婴幼儿食品厂、养鸡场、运输队。莲花池鸭场开始进行活鸭屠宰加工，生产白条鸭。

1989 年

4 月 7 日　农场成立中日合资企业——北京京日蔬菜加工厂。

5 月　农场成立农场副食品门市部，在永和庄村成立永合庄综合商店。

7 月 15 日　农场成立北京市特种劳保服装用品厂。

12 月 30 日　益康食品厂和市婴幼儿食品营养研究所开发的富锌饼干被市经济技术委员会评定为 1989 年"北京市优质产品"，并颁发了优秀产品证书，注册商标为"大福牌"。

本年　农场种植的酥梨具有果实大、平均单果重、颜色佳、质酥脆、汁极多、味极甜、耐储存、丰产性强、连年结果等特点，在全国 10 个省市（地区）送选的酥梨测试分析中取得最高分，获农业部"优质农产品奖"奖杯和"优秀农产品"证书。

本年　农场的"在温室与小棚种植 8401 芹菜新品种栽培技术实验"获"燎原计划"一等奖。齐庄子村吴永祥获"北京市农业劳动模范"称号。

● **1990 年**　1 月 15 日　农场成立北京市燕春针织厂。

2 月　农场成立彩色玻璃厂。

10 月　农场获得第十一届亚运会行政部颁发的"为亚运无私奉献为祖国增添光彩"锦旗。

本年　农场党委所属党支部达 20 个，其中国有企业 15 个、农村队 5 个，党员总数达 282 人。

本年　任良友任农场场长。全场利润完成 500 万元。农场有运输汽车 138 辆、大型拖拉机 13 辆、小型拖拉机 15 辆、马车 4 辆。

本年　北京市东方食品厂生产的樟茶鸭和北京烤鸭、北京家用化学厂生产的蜂王浆系列化妆品和倩求洗发香波系列、北京三源黏合材料厂研制的聚氨酯涂质材料被市标准计量局列为标准备案产品。莲花池鸭场的北京鸭工厂化网上饲养技术开发项目获得"北京市星火奖"。

本年　中国农科院蔬菜研究所与农场合作研究袋培岩棉滴管系统，在塑料大棚里种植番茄取得明显效果，春棚西红柿对照棚亩产量 8918.4 斤，处理棚亩产量达到 11130 斤，增产 2212 斤。

本年　农场卫生院成立，牛场、鸭场、储运公司、日化厂、齐庄子村和老庄子村成立医务室。

● **1991 年**　1 月 10 日　农场成立北京市力奇玩具厂。

2 月 9 日　莲花池鸭场的北京鸭工厂化网上饲养技术开发项目获"国家星火奖"。

3 月 7—8 日　农场召开第七届党员代表大会。秦瑞仁当选党委书记，刘广林当选农场纪委书记。

4 月 20 日　农场、北京市京都公司和中国台湾台北市方祥公司共同投资成立合资企业"北京利康植物色素有限公司"。

4月　农场成立特种焊接厂。

5月28日　北京市副市长白介夫到五里店幼儿园视察。

本年　老庄子乡第三届乡人民代表大会召开，会议选举蒋汝富为乡长。

本年　任良友任农场场长，农场实现工农业总收入6051万元。农场北京新11号大白菜新品种推广与管理项目获"燎原计划"一等奖。

● **1992年**　1月　市农场局将三环公司的无线电元件七厂、卫生洁具厂划归卢沟桥农场。

2月　农场与美国永达国际贸易公司合资兴办北京市明达花业有限公司。

11月　农场力奇玩具厂与马来西亚灵芝仙有限公司合资开办"北京灵芝仙礼品有限公司"。农场京日蔬菜加工厂与香港华润集团/德信行有限公司共同投资成立合资企业"北京燕信食品有限公司"。

本年　任良友被任命为农场党委书记。

● **1993年**　农场与兴丰房地产开发公司签订关于在西客站南广场共同承建"燕山大厦"的合同，该项目计划总投资1.72亿元。

● **1994年**　1月　农场与中汽贸和北京美国福特轿车维修站合作成立汽车维修中心。

本年　任良友当选为党委书记，刘广林任纪委书记。

● **1995年**　农场占地面积1310公顷，其中耕地3222亩。总人口4060人，其中职工1978人；有农村人口1238人，其中劳力542人。奶牛存栏410头，牛奶产量1700吨；生猪存栏2000头，年销售商品猪2800头；填鸭存栏5.6万只，年销售商品鸭32万只；鸡存栏4.1万只，年销售商品鸡450吨。职工人均工资5007元，农村人均分配2692元。

● **1996年**　北京市农工商联合总公司任命任松鹤为卢沟桥农场党委书记。

● **1997年**　3月26日　市政府批准丰台区宛平房地产开发有限公司开发建设宛平新区，征用齐庄子村土地45.118亩，齐庄子村整建制撤销。

4月5日　团中央书记处书记巴音朝鲁、市政协主席王大明、丰台区区长郭俊彦等领导和中央民族学院30多名各民族代表，在农场种下了近千株象征团结友爱的"民族团结树"，这块林地称为"国际友谊林"，成为老庄子乡大环境绿化工程的重要组成部分。

9月　孙凤森任农场党委书记。

● **1998年**　1月1日　农场将所属的北京市莲花池鸭场和北京市东方食品公司人员、土地、资产无偿划拨给北京市金星鸭业中心。

3 月　市农工商联合总公司任命孙凤森兼任农场场长。

6 月 5 日　市委副书记刘淇、副市长张福森率队视察老庄子乡"国际友谊林"绿化工程，对绿化成果给予肯定。

12 月 28 日　农场实施场乡体制改革，续存 36 年的"场乡一体，政企不分"的体制宣告结束。场乡体制改革后，丰台区老庄子乡政府，包括其所辖的 3 个行政村（老庄子村、北天堂村、永合庄村）划归丰台区人民政府，国营北京市卢沟桥农场隶属于北京市农工商联合总公司，集体经济划归丰台区政府。场乡体制改革后，农场可利用土地 5254.8 亩，在职职工 1559 人，离退休职工 580 人，净资产 2452.27 万元。

● **1999 年**　1 月　农场全面实施农场机关和基层领导者风险抵押承包经营。

3 月 9 日　原农场用场部（农场路 5 号）院落房产及场部以南延伸的 178 米土地兑换划分给老庄子乡的五里店幼儿园和农场卫生院，场部迁至北京市五里店储运公司（丰台区小屯路 113 号）办公。

11 月 12 日　农场与北京万恒永泰房地产开发有限公司签订联合开发万恒家园项目合同。该项目位于丰台区小屯路，总占地面积 64.9 公顷，建筑性质为以经济适用型多层住宅楼为主的智能化住宅小区，建筑规模 60 万平方米。

本年　曹克俭任农场纪委书记兼工会主席。

● **2000 年**　1 月 1 日　卢沟桥农场法人代表孙凤森作为承包人，代表经营班子与发包人总公司签订承包期为 5 年的风险抵押承包合同，双方约定：抵押金 10 万元，承包期满实现零资产，5 年共减亏增值 566 万元，5 年共上交承包费 75 万元。

3 月 16 日　总公司经理办公会批准卢沟桥农场领导班子集体承包方案。

4 月 12 日　北京市人民政府经济体制改革办公室将卢沟桥农场列入北京市建立现代企业制度的国有大中型企业规划名单。

4 月 19 日　农场所属的北京市五里店加油站划归总公司。

4 月　农场基层企业全部完成改制，农场因此成为市农工商联合总公司所属企业改革改制的典范，改制企业职工人数 564 人。

9 月 8 日　农场将所属的北京天宝营养保健品厂及其使用的 28.4 亩土地、2263.3 平方米建筑、家属宿舍区 14 户居民以及该厂在职职工 14 人、退休职工 10 人，划归老庄子乡。

本年　曹克俭任农场常务副场长（正职待遇）。

2003 年　3 月 9—10 日　农场与储运公司、绿野种植场、京安检测场、西南奶牛场、轩鸿工贸中心、农场劳动服务部签订了场地占用补充协议。

4 月 6 日　三元集团同意农场与五里店储运公司终止租赁关系，并给予经济补偿。

5 月 18 日　农场与育青食品公司签订了终止合同协议书，给予补偿 150 万元。

本年　北京市五环路工程占用土地 43 亩、家属宿舍用地 20 亩。农场完成涉及 7 个企业、12 个租赁户、2 个家属宿舍区 79 户居民的拆迁安置工作，安置在岗人员 276 人，托管人员 211 人。

2004 年　6 月 30 日　农场与老庄子乡政府签订"关于大堤内 400 亩林地签订林地代管"的补充协议，代管期由原来的 5 年增加至 10 年。

本年　农场向市农工商联合总公司申请集体承包经营，承包期 5 年。5 年共实现利润 1255 万元，上缴国家税金 672.8 万元，上缴管理费 55 万元，提取企业发展基金 80 万元，偿还旧有债务 1250 万元，在职职工工资以每年 10% 的比例逐年递增。2004 年，农场国企在岗职工 35 人，离退休 70 人，在岗职工人均工资 4.35 万元，企业净资产由 2000 年的 -566 万元增加到 499 万元。

本年　农场与北京万恒永泰房地产开发公司开发的"万恒家园"一期商住楼工程 7.92 万平方米竣工。农场与丰台区园林局合作，完成五环路绿化任务 572 亩。

本年　王素芬担任农场工会主席。

2005 年　1 月 4 日　场长孙凤森代表农场与集团公司签订了第二轮风险抵押承包经营合同。

5 月 2 日　农场与金星鸭业中心签订了"丰台区小屯路 104 号院内建筑物和设施的拆除、场地移交，给予补偿 200 万元"的协议书。

2006 年　2 月 10 日　农场与京安检测场签订了"终止场地占用关系"协议书，给予综合补偿共计 1893 万元。

3 月 21 日　三元集团任命程藏为卢沟桥农场党委书记、工会主席。

5 月 25 日　农场与金星鸭业中心签订了"支付莲花池鸭场和东方食品公司异地拆迁安置费"的协议书。

5月　北京中粮万科假日风景房地产开发有限公司通过土地交易市场挂牌竞得"万恒家园二期"项目，农场与北京万恒永泰房地产开发有限公司、北京中粮万科假日风景房地产开发有限公司联合进行农场小屯路土地开发，工程更名为"假日风景"。

6月1日　农场与绿野种植场签订"建立蔬菜基地"协议书。

8月29日　农场与储运公司签订"托管三原厂、东方腾飞食品公司退休人员社会化管理资金问题"的协议书。

10月16日　农场与绿野种植场签订了"补偿企业负担农民工退休金"的协议书。

同日　农场与绿野种植场签订了"因五环路占地拆迁，绿野委托管理的北京蒙尔特服装厂退休人员的托管费问题"协议书。

2007年　1月29日　农场与北京紫都置业发展集团有限公司签订了"五里店职工宿舍改造"协议书。

3月27日　农场与北京三元石油有限公司就五里店加油站占地一事达成协议。

6月29日　三元集团决定由程藏兼任卢沟桥农场纪委书记，并建议程藏为卢沟桥农场工会主席人选。

本年　农场第二轮集体承包经营结束，三年实现总收入3307.45万元，利润总额1503.38万元，净利润1006.5万元，上缴税金836.61万元，上缴集团管理费90万元，上缴集团公司利润共计204.25万元。2007年，企业净资产达到646.28万元。

2008年　2月19日　三元集团第三次党政联席办公会决定，卢沟桥农场在2007年12月31日　第二轮承包期满后，不再采用承包经营方式。

10月7日　三元集团同意卢沟桥农场按照房改房政策出售卢沟桥南里52号、54号楼房。

12月17日　卢沟桥乡建设委员会与卢沟桥农场签订了"因小屯3号路扩建工程的实施，需对农场所占8亩土地进行拆迁并借款"的协议书。

2009年　7月6日　北京首都农业集团有限责任公司决定卢沟桥农场并入南郊农场，原卢沟桥农场党委书记兼纪委书记程藏被任命为南郊农场党委副书记、纪委书记。

北京市农工商联合总公司职工大学大事记（1980. 10—2012. 8）

● **1980 年** 10 月 9 日 市农办〔80〕京政农 219 号文件批复北京市农场局，同意建立"北京市国营农场管理局干部学校"（职工大学前身），为局直属单位。

● **1981 年** 7 月 11 日 经北京市国营农场管理局党组批准，学校成立支部委员会，李洪春为党支部书记。

11 月 27 日 制订学校建设规划方案，涉及建设单位归属、建设地点与建设标准、建设规模、工程建设方式和期限等问题。

● **1983 年** 5 月 18 日 与北京农学院签订合同，联合举办两年制"农业经济管理专业干部大专班"，学员 40 人，这也是市农场局系统第一次举办大专班。

● **1984 年** 7 月 11 日 北京市人民政府办公厅下发通知（1984 厅秘字第 038 号），批准职工大学为职工高等院校，正式名称为北京市国营农场管理局职工大学。设置农业经济管理、财会、园艺、畜牧等专业（后又开设乳制品加工和农学专业），并在教育部备案。

7 月 24 日 北京市国营农场管理局党组任命李洪春为北京市国营农场管理局职工大学党委书记，郭方兼任职大校长，李洪春任第一副校长。

8 月 9 日 职大新校区建成 2350 平方米的教学楼一座，3450 平方米的宿舍及办公楼一座，1000 平方米的食堂、浴室楼一座，还有操场及其他配套教学设施，共占地 30 多亩。至此，原校区的教育教学行政功能逐步转移到新校区。

● **1985 年** 6 月 21 日 北京市成人教育局转发北京市人民政府办公厅批复通知，市人民政府同意职工大学成立北京市农工商联合总公司职工大学中专部，开设农场企业管理等专业。

11 月 11 日 职工大学隆重举行首届大专生毕业典礼大会。

● **1987 年** 4 月 21 日 北京市农工商联合总公司将北京市国营农场管理局职工大学更名为"北京市农工商联合总公司职工大学"。

5 月 6 日 北京市农工商联合总公司党委任命王正兴为北京市农工商联合总公司职工大学副校长。

8 月 31 日 成立校职称改革工作领导小组和教师职务评审组。

● **1989 年** 8 月 8 日 与中瑞培训中心联合办学，利用该中心的技术设备设施和职工大学的资质及教育教学资源，为总公司培养奶和奶制品大专层次的技术人才,并同时对企业职工进行相关专业岗位方面的培训。

● **1992 年** 2 月 19 日 校党委做出关于民主评议党员工作的安排。

4 月 4 日 成立教育处,与总公司职大合署办公。

9 月 2 日 职工大学暂行聘任制的规定。

● **1993 年** 5 月 17 日 向总公司党委申请增拨 1993 年经费——增拨 30 万元增置教学设备。

6 月 12 日 职工大学成立纪委。

9 月 10 日 职工大学党委书记、常务副校长朱锡录在教师节上慰问致辞。

● **1994 年** 7 月 4 日 总公司明确批复职工大学使用土地边界及使用面积(20649.68 平方米)。

12 月 8 日 向北京市成人教育局请示,将职工大学中专部升级为北京市农工商总公司职工中等专业学校。

● **1995 年** 12 月 21 日 总公司决定朱锡录为职大党委书记,总公司党委副书记张福平兼校长,总公司党委书记秦瑞仁兼党校校长。

● **1996 年** 5 月 6 日 职大开始开展"双学"活动。

10 月 19 日 职工大学与在校职工签订劳动合同。

12 月 10 日 市教委批准职工大学试办高等职业教育。

● **1997 年** 1 月 2 日 市教委批准北京市农工商联合总公司职工大学建立北京地区全国计算机等级考试培训点。

10 月 10 日 总公司党委任命黄明松为职工大学党委副书记、副校长。

● **1998 年** 3 月 1 日 召开招生会议,动员全体教职员工集思广益、群策群力,努力完成年度招生工作。

● **1999 年** 1 月 8 日 黄明松主持职工大学党委及行政全面工作。

3 月 5 日 职工大学根据总公司的变化发展需要,对功能进行了新的定位,即"以继续教育和岗位培训为主,以学历教育为辅,建成一个人力资源开发的总公司教育和培训基地"。

11 月 1 日 根据职大职工人员的能力、素质、年龄、身体情况和学校经济状况制定了职大职工内退办法,为人员的合理充分有效利用提供了依据。

● **2000 年** 1 月 19 日 南郊农场职工中专撤销,其在校学生、能胜任教学和管理的相关人员、原中专全国计算机等级考试点、资格证书转由职工大学接收。

8 月 23 日 党委召开扩大会议,研究学校全面改革,包括教育、行政、后勤等方面，其目的是调动积极性，提高教学服务质量，让职工乐于接受，提高效益，减轻学校资金压力。

2001 年 2 月 22 日　召开党委会议，完善学校规章制度。

7 月 14 日　张平任职大党委副书记、纪委书记。

8 月 23 日　经过近一年的讨论，形成 3 项制度改革方案（劳动、人事、分配），并进入实施阶段。

2002 年 3 月 14 日　中共北京市委党校成人教育学院批准同意农工商总公司党校分院开办大学专科财务会计及建筑企业管理专业。

4 月 9 日　中共北京市委党校成人教育学院批准同意农工商总公司党校分院扩招计算机与现代管理大专班。

11 月 22 日　中共北京市委党校成人教育学院批准同意农工商总公司党校分校申请开办大学专科物业管理专业、五年两段制财务会计专业以及大学本科工商管理专业。

11 月 28 日　培训部向北京市社会培训机构提交年检报告：2002 年，培训部共培训 1964 人次。

12 月 3 日　集团党委批准同意黄明松、张平出席中国共产党北京三元集团有限责任公司第一次代表大会。

2003 年 11 月 13 日　为满足集团公司对本系统干部、职工素质和能力的教育培训要求，成立"北京三元集团教育培训中心"，并在市编办登记（注册）。举办单位为北京三元集团有限责任公司，法人代表黄明松。

11 月 20 日　职工大学毕业生统计显示：国民教育系列（1983—2000 年）涉及专业有农经管理、企管、财会、园艺、畜牧、农学、乳品、养禽、涉外财会等，党校系列涉及专业有经济管理（本科）、行政管理（本科）。

11 月 26 日　北京市社会培训机构年检报告显示：培训中心 2003 年共培训 2348 人，其中计算机等级考试培训 412 人、大专层次培训班 130 人、会计人员继续教育 1450 人、会计取证班 35 人、物业管理员培训 196 人、其他培训班 125 人。

2004 年 3 月 5 日　中共北京市委党校成人教育学院批准农工商总公司党校分院在双桥农场职工学校开办 04 级大学专科经济管理专业。

12 月 17 日　中共北京市委党校成人教育学院批准农工商总公司党校分院在双桥农场职工学校开办 05 级大学本科法律专业。

● **2005 年** 6 月 25 日 对职大进行为期一个多月的改造工程,对教学楼、办公楼、食堂、操场等都进行了翻修改造,同时,大批教学设备、办公设备也得以更新换代。

6 月 29 日 成立"中共北京三元集团有限责任公司委员会党校",替代于 1984 年成立的"中国共产党北京市农工商联合总公司委员会党校",并在市编办登记(注册)。举办单位为北京三元集团有限责任公司,法人代表黄明松。

8 月 15 日 为满足集团公司对本系统各类职工技术技能的定岗、定级和教育培训工作的需要,成立北京三元职业技能培训学校,并在市编办登记(注册)。举办单位为北京市农工商联合总公司职工大学,法人代表黄明松。

12 月 19 日 召开第六届职工会员大会,选举新一届的工会代表委员。

● **2006 年** 7 月 8 日 出台《北京农工商联合总公司职工大学改革方案》。

● **2007 年** 9 月 5 日 召开党委会,研究与外校联合办学问题及农民工培训问题。

● **2008 年** 2 月 20 日 北京三元集团有限责任公司党委组织部决定由翟亚飞担任工大学纪委书记。建议翟亚飞为职工大学工会主席人选,按有关规定履行程序。

6 月 26 日 北京三元集团有限责任公司党委决定由张宇主持三元集团职工培训中心和三元集团党校日常工作。

9 月 11 日 北京三元集团有限责任公司党委任命张宇为三元教育培训中心主任,翟亚非为三元教育培训中心党总支书记。

9 月 22 日 职工大学工会召开第六届二次工会委支扩大会议,选举翟亚飞为工会主席,袁恒为工会副主席,兼任工会经费审查委员会主任。

● **2009 年** 3 月 17 日 职工大学开展深入学习实践科学发展观活动。

5 月 17 日 北京市农工商联合总公司职工大学党委会研究决定,张宇任北京三元职业技能培训学校校长。

● **2011 年** 7 月 10 日 由于首农集团对学校功能进行了重新定位,并提出了新的要求和新的任务,原校陈旧落后的设施设备难以承担应对,学校向市规划委员会提出"职大改扩建办理规划手续的请示",职大改扩建项目启动。

● **2012 年** 3 月 20 日 首农集团决定将三元教育培训中心(职工大学)整体并入南郊农场。

4 月 17 日 三元教育培训中心召开全体员工大会,宣布正式并入南郊农场。南郊农场领导钮立平、何冰、程藏参加会议。

8 月 5 日 首农集团党委任命程藏为职工大学校长。

第一编

建制及沿革

中国农垦农场志丛

第一章　南郊农场历史沿革

第一节　管理机构

1949 年 3 月 18 日，华北人民政府委派戎占峡、吕福才、门一庭（女）等组建华北农业部机械垦殖管理处。当月，戎占峡等负责接管河北省南苑农场、旧宫村西北的原国民党军用地弹药库等土地资产。9 月 6 日，华北人民政府农业部指令，撤销机械垦殖管理处，成立平郊农垦管理局。当年秋季，弹药库区及六合庄原河北省南苑农场合并组建起新农场，正式命名为"国营五里店农场"。11 月，平郊农垦管理局改为京郊国营农场管理局，并移交中央农业部领导。

1950 年 3—4 月，通过农村土改工作，建立了德茂农场、天恩庄农场、和义庄农场、钱庄子农场、大生庄（南同顺）农场。上述农场由北平市郊区工作委员会（后更名为北京市人民政府郊区工作委员会）领导。10 月，五里店农场正式列为中央农业部直辖农场，上级领导机构为农业部国营农场管理局。

1954 年 8 月 1 日，五里店农场改由北京市农林局管辖。10 月 14 日，北京市政府决定将五里店农场、南苑畜牧场、和义农场及新华奶牛场进行合并，组成一个大型农场，定名为"国营北京市南郊农场"，场部设在原五里店农场。

1958 年 6 月，"五乡五社"（红星乡红星集体农庄、旧宫乡旧宫社、鹿圈乡晨光社、金星乡金星社、西红门乡曙光社）在发动广大社员群众充分讨论酝酿并做到户户点头后，正式并入南郊农场。9 月 7 日，在南郊农场（含"五乡五社"）的基础上，正式建立起红星人民公社。

1960 年 8 月 11 日，红星人民公社（农场）被命名为"红星中朝友好人民公社"。

1983 年 1 月，南郊农场改称"北京市红星企业集团"，并保留南郊农场名称。10 月，红星人民公社建制取消（对外仍保留红星中朝友好公社名称），所管辖范围划定为"大兴县红星区"，并设区公所，接受大兴县人民政府领导，自此，既称南郊农场又称红星区。

1995 年 3 月，在北京市工商局登记注册了全民所有制企业——北京市南郊农场。

1998 年场乡体制改革之后，北京市南郊农场承继了原南郊农场（红星区）全部国有土地、资产及国有企业职工。

第二节　领导体制及组织机构

1949 年秋，国营五里店农场正式命名。此时，由戎占峡任农场负责人，马瑞臻主管库区范围的生产，高文甫（原南苑农场的管理员）主管六合庄片的生产，门一庭主管人事。

1954 年，五里店农场、南苑畜牧场、和义农场及新华奶牛场合并，定名为"南郊农场"，农场领导机构设置场部、场直属队、作业站。采取场长负责制，场部设党委办公室、会计室、技术室、团委及工会。1957 年，南郊农场将下设的 3 个作业站改建为 3 个分场，各分场下设若干个生产队。农场直属队包括机务队、农业队、畜牧队；分场包括一分场（德茂）、二分场（亦庄）、三分场（和义）、四分场（五里店）、五分场（金星）。1954 年10 月—1958 年 6 月南郊农场组织机构如表 1-1 所示。

表 1-1　1954 年 10 月—1958 年 6 月南郊农场组织机构

场部	分场	直属队
党总支（同年 4 月改建党委，成为党委办公室）	一分场（德茂）	机务队
行政办公室	二分场（亦庄）	农业队
会计室	三分场（和义）	畜牧队
技术室	四分场（1957 年 9 月在五里店地区建成）	基建大队（1957 年 1 月组建）
工会（1957 年 7 月改选）	五分场（1958 年初在金星地区建成）	
团委（1957 年 7 月改建）		

1958 年 6 月建立红星人民公社后，农场（公社）由党委和公社管理委员会共同领导，实行"以场带队、场社合一"合作体制，下设相应职能部室，所属分场更名为生产大队。1959 年 3 月，农场（公社）机关调整，将 10 个大队调并为 6 个大队，管委会下设的 17 个部门合并成 9 个部门。

1970 年 7 月至 1978 年年底，农场（公社）实行党的一元化领导。1972 年 10 月，农场所属 9 个生产大队改称 8 个农村分场和 2 个国营企业农场（工业分场和畜牧分场），分场建立党委。自 1979 年起，改为实行党委领导下的场长（主任）责任制。

1983 年 10 月，成立红星区，农场（区公所）党、政、企三位一体，实行"场乡合一"的领导体制，采取党委领导下的分工负责制。总场机关有党委、行政、企业 3 套班子，下属包括分场（乡镇）、直属单位和专业公司，其中专业公司有工业、牛奶、畜禽、农机、蔬菜果林、水产、饲料、劳动服务、建筑、农业 10 个公司。

1983 年 10 月—1997 年 10 月南郊农场（红星区）组织机构如表 1-2 所示，南郊农场机关部室设置如表 1-3 所示，2018 年南郊农场所辖企（事）业单位如表 1-4 所示。

表 1-2　1983 年 10 月—1997 年 10 月南郊农场（红星区）组织机构

总场（红星区）机关			专业公司（1983 年 2—5 月建立）	分场（农村分场 于 1984 年 5 月建乡镇）	直属单位
党务	行政	农场			
组织部	党政企办公室	调研室（1988 年 4 月撤销）	工业公司	旧宫分场	居民办事处
宣传部	民政科	农林办（1984 年设立）	牛奶公司	亦庄分场	医院
纪检委	计生办		畜禽公司	瀛海分场	水管所（1984 年 2 月组建）
工会	卫生科	蔬菜办（1984 年设立）	饲料公司	鹿圈分场	
团委	规划办		水产公司	金星分场	电管所（1984 年 2 月组建）
妇联	武装部	计财科	建筑公司	西红门分场	房管所
机关党总支	综合治理办	农经科	劳动服务公司	太和分场	物资站
		能源科	农机公司（1984 年春增建）	孙村分场	招待所
		审计科	农业公司（1984 年改为农业技术服务公司）		老干部活动站
		劳资科	蔬菜果林公司（1984 年撤销）		职工中专（1985 年党校并入）
		工业办			敬老院
		科技科			影剧院
		基建科			松花蛋集团（1988 年 8 月组建）
		职教科（1988 年 4 月撤销，业务工作交宣传部）			冷库（1989 年 10 月投产）
		计委（1988 年 4 月组建）			教委会（1985 年 6 月组建）
		外经办（1988 年 4 月组建）			
		统计科（1988 年 4 月撤销并入计委）			

表 1-3　南郊农场机关部室设置

1997 年 10 月机关改革		1998 年城乡体制改革后	2006 年	2018 年
改革前	改革后			
办公室	办公室	办公室	办公室	办公室
组织部	政策研究室	计划财务部	财务管理部	财务管理部
宣传部	党委工作室	政治工作部	经营管理部	审计部
纪检委（挂监察科牌子）	群团工作部	企业策划部	人力资源部	企业管理部
老干部科	经济发展部	生产经营管理部	工会	人力资源部
工会	企业管理部	劳动人事部	南郊农场办事处	工会
群团工作部（保留妇联、团委牌子）	劳动人事部	工会	纪委（监察科）	土地房产部
计划委员会（保留统计科牌子）	财务部	纪委（监察科）		安全综治办
财务科	农牧业办公室			纪检监察部
农经科	市政管理办			法律事务部
劳资科（保留技安科牌子）	计卫部			
政研室（挂体改办牌子）	综合办公室			
农业办公室	协调办			
蔬菜办公室	电力管理科			
果林科	房地产开发办公室			
畜牧水产科				
工业办公室				
外经外贸办公室				
第三产业办公室				
科技科（科技委员会办公室合署办公）				
交通科				
保卫科				
卫生科				
电力管理科				
养路队				
能源安全环保科				

注：1997 年 10 月，农场机关（红星区委）完成了第一期改革，职能科室由原来的 26 个改为 15 个，原在岗干部由 145 人缩减为 96 人。

表 1-4　2018 年南郊农场所辖企（事）业单位

一、全资子公司	二、控股公司	三、参股公司
北京南郊农业生产经营管理有限公司	北京市燕庆旺泰成品油销售有限公司	北京兴开盛林投资有限公司
北京市长阳农场有限公司	北京博古恒艺国际古玩艺术品有限公司	北京京远物流股份有限公司
北京市卢沟桥农场有限公司	北京三元德宏房地产开发有限公司	合创绿地（北京）商贸有限公司
北京市南郊和义农场有限公司	北京毛小青金星韶膳餐饮有限公司	北京中科电商谷投资有限公司
北京市广达源科技发展有限公司	北京长阳世欣投资有限公司	
北京市大兴红星光源材料有限公司	北京润稼宴商贸有限公司	
北京五环顺通供应链管理有限公司	北京市红星广厦建筑涂料有限责任公司	
北京馨德润酒店管理有限公司	北京太阳葡萄酒有限公司（中法合资）	
广州百麦食品有限公司	北京百麦食品有限公司（中美合资）	
东莞百嘉宜食品有限公司	北京百嘉宜食品有限公司（中美合资）	
北京南郊西毓顺投资有限公司		
北京德茂物业管理有限公司		
北京泰宇物业管理有限公司		
北京枫叶园林绿化有限公司		
北京枫叶春秋旅行社有限责任公司		
北京市长阳铸造厂		
北京德茂线材有限公司		
北京市红星蔬菜食品冷冻有限责任公司		
北京建元顺达商贸有限责任公司		
北京市农工商联合总公司职工大学（事业单位）		

1997 年，南郊农场经济进入鼎盛时期。据《中国农垦》报道，南郊农场 1996 年、1997 年利润总额在全国农垦系统均排名第一。1997 年 12 月，农场将建新猪场、杜洛克猪场划转至总公司新组建的北京养猪育种中心。为配合总公司的整体发展战略，在之后几年内，南郊农场养殖业、建筑业、出租车及加油站等产业及相关资产相继被无偿划转至总公司旗下的专业化公司。

1998 年 7 月 14 日，南郊农场金星鸭场并入北京市农工商总公司组建的鸭业公司。

1998 年 9 月 29 日，根据中共北京市委、市政府要求，南郊农场完成场乡体制改革，所属 8 个乡镇及原区公所的部分机构移交大兴县政府管理。中共大兴县委、县政府决定成立大兴县红星地区工作委员会，同时撤销红星区委、区公所。自此，农场不再具备政府职能，机关调整为党、企两套班子，实行党委领导下的场长负责制。红星地区工作委员会的主要职能是：完成场乡体制改革的人事机构及机关资产移交的善后工作；理顺红星地区社区管理体制；协调县乡与南郊农场、市农工商总公司及亦庄开发区的关系；完成县委、县政府交办的有关工作和任务。工作委员会下设协调办、市政办、居民办和工作委员会办公室，办公地点仍在原红星区公所办公楼内。

从 1998 年 10 月底至 12 月底，南郊农场完成了内部组织机构调整、企业资产重组和农场机关机构改革。12月30日，农场召开南郊农场企业组织结构调整和机关机构改革总结大会。改革后的农场土地面积为 2358.33 公顷（35374.9 亩）、耕地 1134.07 公顷（17011 亩），在册职工 6242 人。

2000年1月1日，南郊牛奶公司并入三元种业。2000年7月20日，南郊农场加油站、德茂加油站、和义加油站、亦庄加油站并入北京三元燕庆石油有限责任公司。2000年12月12日，南郊农场飞翔出租汽车公司并入北京三元出租汽车有限公司。

2007年12月9日，北京市长阳农工商公司并入南郊农场；2009年7月6日，国营北京市卢沟桥农场并入南郊农场；2012年5月22日，三元教育培训中心（职工大学）并入南郊农场。至此，南郊农场地跨大兴、丰台、房山3个区，进入后农场时代。

2017年12月，根据上级要求，农场完成公司制改革，更名为北京市南郊农场有限公司，开启国有农场公司化运作新纪元。

1959年春—1987年春，南郊农场场部

北京市南郊农场办公大楼（1987年12月—2006年10月）

第二章 二级企业沿革及简介

第一节 下辖企业

一、北京市长阳农场有限公司

北京市长阳农场有限公司

长阳农场成立于 1958 年 2 月，是中共北京市委、市政府为开荒垦殖燕山脚下永定河故道，委派 2000 余名市属干部、青年，到房山县长阳地区垦荒、开发而建立的以农牧业为主的农场。经过近 60 年的发展，农场不断扩大企业资产经营规模，实现了一产、三产的协同发展，成为以都市农业和持有型物业为主的农场。

1. **自然与地理概况** 长阳农场位于北京市西南部房山区境内的永定河畔，东以永定河为界，西与良乡镇、丰台王佐镇的王家庄村接壤，北接长辛店村，南与葫芦垡村、西南与良乡镇相邻。现有土地 514.6 公顷（7719.15 亩），其中，农用地 487.52 公顷（7312.81 亩）、工业用地 16.24 公顷（243.66 亩）、住宅用地 9.66 公顷（144.97 亩）、市政公用设施用地 1.18 公顷（17.71 亩）。土壤类型为褐土、分淋溶黑土和石灰性褐土三种，有浅色草甸土，还有沙土。农场坐落于东经 116°29′、北纬 44°02′，属于温带半干旱的亚湿润气候，光照条件比较充足。

2. **建制及沿革** 1958 年 2 月，长阳农场成立，初称长辛店农场；9 月，长辛店农场并入良乡人民公社。1959 年 4 月，农场与良乡公社分离，同时将长阳、水碾屯、杨庄子、稻田一带的 21 个村庄并入农场；12 月，再次与良乡公社合并，更名为长阳畜牧场。1960 年 12 月，农场又与良乡公社分离，改称长阳农场。1961 年 6 月 22 日，成立长阳人民公社，形成"场社合一、政企合一"的管理体制。1971 年 11 月，被命名为"中柬友好人民公社"，周恩来、李先念与柬埔寨西哈努克亲王出席命名仪式。1979 年 8 月 1 日，长阳农场挂人民公社牌子。1983 年 4 月，长阳人民公社改为长阳乡，农场机关与镇政府联合办公，两套班子组成一个党委，受北京市农工商联合总公司和房山县双重领导；12 月，正式建立乡政府，受房山县人民政府领导。长阳农场为国营农工商联合企业组织，直接受北京市农工商联合总公司领导。1993 年 3 月 13 日，长阳农场出资成立北京市长阳农工商公司，企业类型为全民所有制，注册资本 345 万元。1995 年，长阳农场旗下停产的仁和酒厂与法国太阳集团（法国最大的葡萄酒公司）合资，兴建北京太阳葡萄酒有限公司，总投资 1600 万美元。1998 年 10 月，按照中共北京市委市政府要求，完成场乡体制改革。2007 年 3 月 27 日，经北京三元集团有限责任公司党委研究决定，北京市南郊农场对国营北京市长阳农场（北京市长阳农工商公司）实行托管。2008 年 10 月 21 日，根据北京市人民政府国有资产监督管理委员会京国资产权字〔2007〕149 号文件，三元集团将持有的北京市长阳农工商公司整体产权协议转让给北京市南郊农场。2017 年 12 月 29 日，北京市长阳农工商公司顺利完成改制工作，正式更名为北京市长阳农场有限公司。

3. **生产经营概况**　长阳农场以种植、养殖、出租商业用房等多种经营模式为主。2009 年，借助地区快速发展机遇，长阳农场合理调整结构，形成以都市农业和持有型物业为主的经营模式。

自改革开放后，经济发展较快，至 1988 年达到历史高峰，国有企业利润为 513.72 万元。当时长阳农场工业已拥有 11 个骨干企业，其生产的铸铁管、给水设备、菊花白酒、电瓶车、化工产品、水磨石等被评为市优和部优产品，牛奶、鸡蛋、水果等均为绿色食品，常年供应首都市场。

2007 年，长阳农场在原二大队区域规划建设占地 5.33 公顷（80 亩）的长阳物流园项目，当年即与央企机械工业出版社成功合作，年收入 600 万元。该项目因高教园区征占土地，于 2013 年被拆除腾退。

2008 年，长阳农场重点打造以樱桃采摘为主的长阳绿色生态基地项目。

2009 年，长阳农场借助政府征地优惠政策，策划实施 37047 平方米商业用房项目，2017 年 6 月 9 日取得竣工备案表。

2012 年 10 月，长阳农场借助政府征地优惠政策，策划实施 4300 平方米商业用房项目，2017 年 9 月完成主体施工，2018 年 1 月 26 日取得竣工备案表。

2017 年 9 月，长阳农场物流中心与北京京奔国际商贸有限公司签署合作协议，建设汽车文化公园，占地约 11.27 公顷（169 亩），规划建设及运营期限五年；12 月，长阳农场完成"煤改清洁能源"工作，共涉及居民 125 户。

2017 年，长阳农场开始对 200 余公顷连片土地进行整体策划，发挥土地资源优势，依托房山区的整体发展，融合万亩滨河公园的环境优势及周边大型高端商业配套等设施，旨在打造集休闲、观光、采摘等多项功能于一体的现代都市型休闲农业。

截至 2018 年 12 月 31 日，长阳农场总资产达到 5.78 亿元，拥有土地 514.61 公顷。

4. 辖属企事业单位

（1）北京市房山永兴果林实验厂，成立于 1993 年 12 月 25 日，注册资本 140 万元。

（2）北京长阳物流中心，成立于 1990 年 6 月 5 日，注册资本 120 万元。

（3）北京市长阳工业公司，成立于 1992 年 6 月 24 日，注册资本 55 万元。

5. 托管企业

（1）北京太阳葡萄酒有限公司，成立于 1995 年 12 月 19 日，注册资本 800 万美元，出资人为北京市农工商联合总公司、北京市长阳农工商公司和法国太阳集团，持股比例中外各 50%，企业类型为有限责任公司（中外合资）。

（2）北京长阳世欣投资有限公司，成立于 2015 年 7 月 2 日，注册资本 10000 万元，出资人为北京市南郊农场和北京世欣旺泰投资有限公司，持股比例为南郊农场 51%、世欣旺泰 49%，企业类型为其他有限责任公司。

6. 主要荣誉 1961 年和 1962 年，农场连续两年被评为"北京市建设社会主义先进单位"；1963 年，又被评为"全国国营农场先进单位"，并被树立为"样板农场"。

许宗良获得 1980 年、1981 年市科研成果二等奖。成果名称：超声多普勒检测法从阴道诊断奶牛早期妊娠。

冯泉获得 1984 年市科技成果三等奖。成果名称：抗寒早熟冬小麦新品种"长丰一号"选育。

1984 年 12 月，长阳农场仁和酒厂"菊花白酒"获北京市 1984 年优质产品证书。

张洪涛获得 1986 年市科技进步三等奖。成果名称：奶牛优质资料开发研究——京多 1 号玉米试种推广。

闫磊获得 1991 年市科技进步三等奖。成果名称：奶牛青饲 M-81E 甜高粱的引种及应用研究。

苏本渭获得 1993 年市科技进步二等奖。成果名称：4LFJQ 型秸秆切碎机。

高振川获得 1993 年市科技进步二等奖。成果名称：利用黑白花奶牛犊育肥生产优质牛肉。

管建国、游来明获得 1993 年市农业技术推广三等奖。成果名称：推广应用"宝丽安"防治苹果斑点落叶病。

管建国获得 1994 年市农业技术推广三等奖。成果名称："苹果适采成熟度淀粉碘测试模式"技术推广。

1994 年 11 月，长阳农场工会在"全国《劳动法》知识竞赛"（北京市国营农场管理局赛区）中获得组织奖。

2000 年 1 月，长阳农场获得北京市总工会"迎五十年大庆，做跨世纪先锋"爱国立功竞赛标兵班组。

长阳农场取得北京市档案局颁发的市二级档案管理工作合格证（证号：12162，发证日期：2001 年 7 月 9 日）。

2011 年 9 月 6 日，长阳农场的《知识经济时代的产业转型创新，传统国有农牧企业向现代物流企业的飞跃》荣获"第二十六届北京市企业管理现代化创新成果二等奖"。

2012 年 2 月 25 日，长阳农场荣获北京市人民政府首都绿化委员会颁发的"首都绿化美化花园式单位"称号。

2012 年 6 月 15 日，长阳农场吴连勇荣获北京市国资委颁发的"创先争优优秀共产党员"称号。

2012 年 9 月 1 日，长阳农场场长吴连勇被北京市企业家协会评为"2011—2012 年度北京优秀企业家"。

2016 年 1 月，长阳农场机关贾宝树荣获"北京市孝星"荣誉称号。

2017 年，长阳农场场长张贺明获得 2017 年度"首农食品集团优秀共产党员"称号。

7. 领导任职 1958 年 3 月—2007 年 4 月历任领导为：

1958 年 3 月—1958 年 9 月	王宗绪（长辛店农场场长）
1958 年 9 月—1959 年 3 月	周全义（长辛店农场场长）
1959 年 3 月—1959 年 9 月	王宗绪（长辛店农场场长）
1959 年 9 月—1959 年 12 月	王宗绪（场长） 周揆选（书记）
1959 年 12 月—1960 年 10 月	周全义（长阳畜牧场场长） 周揆选（书记）
1960 年 10 月—1960 年 11 月	周揆选（书记）
1960 年 11 月—1968 年 2 月	周揆选（书记） 马良民（长阳人民公社主任）
1968 年 2 月—1969 年 9 月	马良民（长阳人民公社革委会第一副主任）

1969 年 9 月—1976 年 6 月	吕镒（书记）	
1976 年 7 月—1983 年 4 月	马向凤（书记）	
1983 年 4 月—1983 年 12 月	王庆英（场长）	马向凤（书记）
1983 年 12 月—1985 年 4 月	王庆英（场长）	陈德义（书记）
1985 年 4 月—1987 年 12 月	牟京生（场长）	陈德义（书记）
1987 年 12 月—1989 年 4 月	聂殿启（书记）	
1989 年 4 月—1991 年 6 月	刘景平（场长）	聂殿启（书记）
1991 年 6 月—1992 年 9 月	刘景平（场长）	马长贵（书记）
1992 年 9 月—1993 年 7 月	马长贵（场长兼书记）	
1993 年 7 月—1997 年 9 月	陈玉甫（场长）	茹跃（书记）
1997 年 9 月—1998 年 10 月	管建国（场长）	陈玉甫（书记）
1998 年 10 月—2001 年 7 月	管建国（场长）	苏德禄（书记）
2001 年 7 月—2002 年 12 月	张晋陵（场长）	程藏（书记）
2002 年 12 月—2006 年 10 月	张晋陵（场长）	张沛和（书记）
2006 年 10 月—2007 年 4 月	傅鹏（场长）	尹德立（书记）

二、北京市卢沟桥农场有限公司

北京市卢沟桥农场有限公司

　　卢沟桥农场成立于 1957 年 10 月，是由北京市牛奶站部分职工和城市知识青年等在永定河畔开荒造田兴建而成的。经过多年发展，该农场现在已经成为北京西南部以现代都市农业为主的都市型农场。

　　1. 自然与地理概况　卢沟桥农场因其位于丰台区永定河卢沟桥畔而得名，现有土地

415.87 公顷（6238 亩），主要由两部分组成：南部位于丰台区卢沟桥农场路，土地面积375 公顷（5625 亩），其中永定河堤内河滩地占 357.07 公顷（5356 亩），土壤大部分为沙土地，保水、保湿、保肥性能差；北部位于丰台区小屯路和五里店地区，土地面积 33.49公顷（502.3 亩）。

2. 建制及沿革　1957 年 10 月 8 日，牛奶站职工和部分城市知识青年等开始创建农场。1958 年 3 月 1 日，市委和市农林局正式将农场命名为国营北京市卢沟桥农场；3 月 16日，农场建立第一个党支部，建场时有职工 120 人。1963 年 1 月 1 日，按照"农场带社队"的指示，丰台区委将原属黄土岗公社所辖的齐庄子、老庄子、北天堂、永合庄 4 个村（共 6 个生产队、346 户、1651 人）正式划入，成立党总支。1964 年 11 月，市国营农场管理局将巨山农场的莲花池鸭场划归卢沟桥农场。1965 年 3 月，市政府决定将原石景山钢铁厂管辖的五里店石钢农场并入。1970 年 4 月 10 日，中共卢沟桥农场委员会成立。1983年 3 月 2 日，丰台区老庄子乡人民政府成立，从此形成政企合一的管理体制。党、政、企三个领导班子，一套人马，实行党委领导下的分工负责制。

1998 年 12 月 28 日，北京市场乡体制改革领导小组决定，老庄子乡政府及齐庄子、老庄子、北天堂、永合庄 4 个村划归丰台区管理，卢沟桥农场存续 36 年的"场乡一体，政企不分"的体制宣告结束。2009 年 7 月，北京首都农业集团有限公司对所属产业进行资源整合、资产合并重组，将卢沟桥农场并入北京市南郊农场管理。2017 年 12 月，完成公司制改革，更名为北京市卢沟桥农场有限公司。

3. 生产经营概况　卢沟桥农场属国有企业，注册资本 364 万元。建场之初，以种植业为主，主要包括果树、蔬菜、大田等作物；养殖业主要包括奶牛、猪、鸭、鸡等畜禽。

1978 年以后，产业结构从农业、畜牧业开始转向发展第二、三产业，先后办起木箱厂、砂石厂、水泥瓦厂、锅炉厂、绣花厂、纸盒厂、铸造厂、绝缘板厂、鼓风机厂、洗车运输等 20 多个企业和多种经营项目。

1999 年，卢沟桥农场在全场实行领导者风险抵押承包经营，2000 年 4 月，所属 12家基层企业全部改制为股份合作制企业，成为农工商联合总公司所属企业改革改制的典范。

1999 年 11 月 12 日，农场与北京万恒永泰房地产开发有限公司签订联合开发"万恒家园"项目合同。该项目位于丰台区小屯路，总占地面积 64.9 公顷，建筑性质为经济适用型多层住宅楼。

2013 年，开始建设以薰衣草花海为核心、农业创意文化为底蕴、休闲浪漫为主题，集农事体验、休闲娱乐、运动健身、科普教育、餐饮住宿于一体，展现乡村田园风情的现代农业庄园——首农·紫谷伊甸园，至 2018 年年底，共接待游客 121 万余人次。

2016 年 8 月 28 日，绿色产业项目用房（北京绿源文化艺术中心项目）正式开工，2018 年竣工。该项目规划用地面积 5470 平方米，总建筑面积 14474 平方米。

4. 主要荣誉　1959 年 2 月，在全国农业社会主义建设先进代表会议上，卢沟桥农场花生大面积丰收，其栽培管理技术荣获周恩来总理签发的国务院奖状。同月，获得北京市人民政府的奖励。

1989 年，卢沟桥农场的酥梨在农业部组织的全国优质农产品梨品质综合评比中总分排名第一，获部优农产品证书和奖杯。

1991 年 7 月，星火计划工厂化网上养鸭项目荣获市科委颁发的"星火计划"项目奖。

2015 年 2 月，紫谷伊甸园被网民评为"发现丰台之美·丰台美丽元素"最美自然景区第一名。

2015 年 3 月，经北京市乡村旅游等级评定委员会评定，紫谷伊甸园花卉种植园符合《乡村旅游特色业态标准及评定》（DB11/T652）的有关规定，被评定为休闲农庄，获得证书。

2015 年 8 月 24 日，紫谷伊甸园被北京市教委列为"北京市青少年校外实践大课堂教育活动基地"。

2016 年 12 月，紫谷伊甸园都市农业建设项目荣获集团公司科技进步一等奖。

5. 领导任职

（1）场长：刘文焕（1958—1960 年）；康纪阁（1960—1966 年）；董永华（1965—1966 年）；潘党生（1966—1979 年）；孙安平（1979—1984 年）；任良友（1984—1992 年）；贺景河（1992—1998 年）；孙凤森（1998—2009 年）。

（2）党（支部）、党（总支）、党委书记：李德厚（支部）（1958—1960 年）；康纪阁（总支）（1960—1965 年 6 月）；潘党生（1966 年 6 月—1979 年）；孙安平（1979—1984 年）；秦瑞仁（1984—1992 年）；任良友（1992—1996 年）；任松鹤（1996—1997 年）；孙凤森（1997—2006 年）；程藏（2006—2009 年）。

三、北京市南郊和义农场有限公司

和义农场成立于 1950 年 3 月，是由华北人民政府委派干部，在接收原皇家苑囿"南海子"北大红门内官僚资本和地主庄园土地的基础上建立起来的，经过几十年的发展，现在已经成为北京南郊以土地经营为主的现代都市农业型农场。

北京市南郊和义农场有限公司

1. **自然与地理概况**　和义农场位于首都中轴路大红门至三营门两侧，现有土地 200 公顷（3000 亩），为永定河水系冲积平原，海拔 24～44 米，域内有大泡子、小龙河自西向东流过。属温带季风气候带，四季分明，年平均气温 11.6℃，无霜期 180 多天。土壤为轻、沙壤土，土层较厚，呈碱性，中华人民共和国成立后，经多次改良，肥力不断提高，1980 年普查为四级，属中上等。

2. **建制及沿革**　从 1949 年 8 月到 1950 年 3 月，由孔庆阶、姚义杰、柴旺等接管盐业银行和义庄，合并德义庄、嘉禾庄、新进庄的土地，成立和义庄农场，占地 400 多公顷（6000 多亩），孔庆阶任场长。1954 年 4 月，六合庄、市民政局福利基地、市农口苇塘管理所等并入，在大泡子成立水产组。

1954 年 10 月 14 日，市政府决定将五里店农场、和义农场、南苑畜牧场、新华奶牛场合并，成立北京市南郊农场，和义农场改称"和义作业站"。1957 年 1 月，南郊农场将 3 个作业站改为 3 个分场，和义为三分场，下设 3 个水稻队、1 个水产队。1958 年 9 月 7 日，红星人民公社成立，下设 10 个大队，和义为其一。1959 年 3 月，公社将 10 个大队调整为 6 个，和义并入旧宫大队。

在 20 世纪 70—80 年代和 90 年代上半期，和义农场在管理体制上一直属于南郊农场畜牧分场（牛奶公司），曾用名有和义生产队、和义农业队。

1988 年 12 月，和义农业队由牛奶公司剥离并入通达房地产公司南郊分公司。2000 年 2 月，和义农业队从通达剥离，正式成立北京市南郊和义农场。2004 年 2 月，南郊农场将和义农场并入北京南郊农业生产经营管理中心；7 月，将南郊耐火材料厂并入和义农场。

2012 年 2 月，南郊农场批准和义农场从农管中心剥离独立经营；4 月，首农集团（三元集团）决定将"三元职工大学"并入南郊农场，由和义农场托管职工大学。2017 年 12 月，完成公司制改革，更名为北京市南郊和义农场有限公司。

3. **生产经营概况**　和义农场属国有企业，注册资本 70 万元。建场之初，以水稻种植为主，向首都提供优质大米及水稻优良品种种子。1950 年 10 月，106.67 公顷（1600 亩）水稻平均亩产稻谷 290 公斤。1953 年 10 月，1845 亩水稻又获丰收。此时，农场已有土地 6524 亩，有职工 150 人，来自 13 个省市地区。1954 年 4 月，在大泡子成立水产组，开始少量发展果木园艺。1954 年 11 月，水稻平均亩产 390 公斤，总产 85 万多公斤。1955 年 4 月，水产组与北京市水产研究所合作，以大泡子为基地，开始人工水产养殖试验。1955 年 5 月，农场技术员殷肇基主持试验机播水稻旱直播、水直播成功。农场农艺师詹则忠和技术员杨潞萍主持在六合庄种植葡萄、苹果、桃等果树 100 多亩，大部分果品为北京市特供。1957 年，优种水稻"水源 300 粒"亩产高达 575 公斤。1960 年 3 月，大泡子水产站首次孵化鱼苗成功。同年，成立科学实验组，开展科学种田、化学除草、液体化肥使用等试验。1966 年 3 月，水产站繁育鲤鱼、草鱼、鲂鱼鱼苗成功，实现了自繁自养。1969 年 5 月，首次引进广西水稻插秧机在全农场推广。1970 年 5 月、1971 年 5 月，市农机局两次在和义召开水稻插秧机现场会，红星农机修造厂研制的"东风-25"插秧机进行了插秧表演，每小时可插秧 2 亩。1980 年 10 月，农场投资 70 万元将和义猪场改建为奶牛场，共有成乳牛 95 头。1982 年二次扩建，1984 年使用电动挤奶机。此时，和义农场的生产经营范围包括水稻种植、养牛、水产、果树、场办企业等。

随着改革开放及市场经济的发展，大红门地区成为服装、鞋帽、五金等商品集散地。和义农业队也顺应形势，响应上级"土里刨金"的号召，开拓市场，建起大批出租大院，如和义五金机电城和北方国际世贸鞋城等。

2000 年 5 月，和义农场退耕还林，按市规划，将 1381 亩土地在两年内建成"第一道绿色隔离带"。

2014 年 1 月，原职工大学改扩建工程启动。

2016 年 7 月，和义五金城疏解工作完成。

2017 年 6 月，北方国际世贸鞋城疏解工作完成。

2017 年 11 月，北方工业园区等 16 个出租大院扩建疏解工作完成。同时，和义农场根据上级决定，接收了首农集团三元种业的南苑大泡子。

2018 年 9 月，原职工大学改扩建项目和义文化创业园建成并投入运营。

4. **主要荣誉**　1970 年 9 月底，党支部书记方仲宽代表南郊农场先进单位、先进个人出席人民大会堂国庆招待会，受到毛泽东等党和国家领导人的接见，并登上天安门城楼参观。

四、北京南郊农业生产经营管理有限公司

北京南郊农业生产经营管理有限公司

北京南郊农业生产经营管理有限公司（以下简称"南郊农管"）所辖区域主要分布在南四环到南六环、京开公路至京津塘高速路之间，是一家集都市型现代农业、园林绿化、仓储物流、资产经营于一体的农业综合型企业。

（一）基本情况

南郊农管的前身是成立于 1998 年的北京南郊农业生产经营管理中心（以下简称"农管中心"），注册资本 1901.4 万元，注册地为大兴区旧宫镇旧宫东路 47 号。其下属企业有旧宫园林试验场、西毓顺农业试验场、金星园艺试验场、五环金洲物流公司、新村农业试验场、阳光兴红农业种植园，托管枫叶园林绿化公司和德茂线材公司，共有职工 808人，其中在职职工 186 人、离退休职工 622 人。2018 年 5 月 14 日，改制更名为北京南郊农业生产经营管理有限公司。

1. **沿革**　农管中心的前身是南郊农场农业公司、农业服务中心。1998 年 12 月 8 日，农场将原农业服务中心的农机管理站、供应站、租赁站、种子站、植保站、设施农业、水管所、新华机械厂，牛奶公司的旧宫、德茂、西毓顺、亦庄、金星、新村 6 个农业队和机务队，以及农场三产办整合，组建成立北京南郊农业生产经营管理中心。

2. **调整种植结构**　农管中心以小麦、玉米良种繁育，以及上半年种小麦、下半年种青饲玉米的"上粮下饲"传统农业为主。1999 年，农管中心总收入 2401.5 万元，实现税前利润 11.8 万元，固定资产净值 1575 万元。

2000 年 3 月，北京市在南郊附近开始建设第一道绿化隔离带。农管中心抓住契机，进行种植结构调整，改变"上粮下饲"的种植模式，将每年 8000 余亩小麦顺势调整为绿化片林、苗圃、优质牧草、两茬青饲玉米经营模式以及 1600 亩开发用地。

农管中心利用绿化隔离带政策，先后合作建起足球训练基地、体育休闲公园、合创绿地等绿色产业项目，实现了以绿养绿的良性经营模式。

2003 年，农管中心组建北京枫叶园林绿化公司，先后完成门头沟新城滨河森林公园绿化工程、景观生态林绿化工程、北京农垦职工大学绿化工程等多项优质工程和多个平原造林工程。

随着位于亦庄的北京经济开发区建设速度的加快，农管中心抓住机遇，从 2000 年 11 月至 2004 年 6 月，利用零散边角余地，通过各种不同形式，合作开发了旧宫北里 3 号、5 号楼，德茂佳苑一、二期住宅，共计约 10 万平方米，累计创造效益 3000 多万元。通过农业结构调整和住宅项目的开发，中心经济效益显著增长。

2003 年，在金星乡建起 4500 平方米的现代化自控温室，与华南农业大学合作开发水培花卉。到 2015 年 6 月，因产业结构调整退出花卉经营。

2004 年，在金星苜蓿地建设 20 公顷（300 余亩）都市农业采摘园。2008 年，成立阳光兴红农业种植园，将 26.67 公顷（400 亩）传统种植地调整成农事体验用地。经过逐步发展，精心培育，到现在，采摘园发展到 33.33 公顷（500 亩），种植园扩展到 53.33 公顷（800 亩），并以此为基础打造"红星集体农庄"。该农庄的农耕体验，水果蔬菜采摘、配送，农事科普教育，亲子拓展，农业旅游观光等项目在市民心中享有很高知名度。其中以樱桃为主的有机水果采摘，以油菜花观赏为主的京郊春游已经成为农庄的名片。农庄还被定为"北京市中小学生社会大课堂资源单位"和"北京市科普教育基地"，每年有 5 万余名中小学生前来参加农事科普教育和农耕体验。

3. **发展第三产业**　2005—2007 年，结合地区发展形势，抓住农场附近黄亦路、南中轴路以及 104 国道扩建之机，农管中心在德茂、新村、西毓顺、兴开、金星、旧宫区域开展土地租赁，建设服装工业区、厂房租赁区、物流园区、餐饮服务等系列项目。

4. **疏解整治**　按照首都功能定位，农管中心响应中共北京市委市政府号召，2016 年—2018 年 3 年间，在辖区旧宫、德茂、西毓顺、新村、金星区域疏解腾退建筑面积 98.91 万平方米，获得政府资金（含大兴区政府财政和北京市国资委）支持 4.66 亿元，疏解人口 4 万余人，提升改造绿化 11.2 万平方米。

通过不断调整产业结构和经营模式，整合资源，南郊农管成功实现从传统种植企业向都市型现代农业企业的转型，产业结构得到优化，经济效益提升。2018 年实现收入 8156

万元，比 1999 年增长 3.6 倍；利润 5780 万元，比 1999 年增长 489 倍。截至 2018 年 12 月 31 日，资产总额 137417 万元，其中固定资产 12765 万元，净资产 33858 万元。

（二）主要荣誉

2001 年，荣获北京市绿化隔离地区建设总指挥部颁发的"北京市绿化隔离地区建设先进单位"。

2005 年，"多功能精量牧草播种机研制与优良牧草的推广"技术荣获北京市农委颁发的 2005 年度"北京市农业技术推广奖三等奖"。

2005 年，被北京市人民政府、首都绿化委员会授予"首都绿化美化先进单位"称号。

2005 年，荣获北京市总工会颁发的 2004 年度"北京市群众性经济技术创新工程先进企事业单位"。

2007 年，"节水小麦抗旱品种筛选与配套技术的研究与应用"技术荣获北京市政府颁发的 2007 年度"北京市农业技术推广奖三等奖"。

2008 年，"奶牛青贮玉米一年两茬生产技术的研究与应用"技术荣获北京市政府颁发的 2008 年"北京市农业技术推广奖三等奖"。

2009 年，被北京市防控危险性林木有害生物指挥部授予"美国白蛾防控工作先进集体"称号。

2011 年，被中国农林水利工会全国委员会授予"全国农林水利系统模范职工小家"称号。

2017 年，被北京市人民政府、首都绿化委员会授予"首都全民义务植树先进单位"称号。

五、北京德茂物业管理有限公司

北京德茂物业管理有限公司

北京德茂物业管理有限公司成立于1998年，是中国物业管理协会会员单位，有物业管理二级资质。公司主营小区住宅物业服务项目和供暖项目，2018年有员工近400人，注册资金419.4万元，物业管理面积150万平方米，供暖面积120万平方米。

德茂物业管理范围地跨大兴、丰台两区，下设德茂上林苑物业管理站、红星楼物业管理站、旧宫物业管理站、和义西里物业管理站、绿化环卫队、红星幼儿园和德茂幼儿园；管辖丰台和义东里小区部分居民楼、和义西里小区、德茂上林苑小区、德茂小区、清逸西园小区、佳和园小区等9个居民小区，为18500多户、65000多名居民提供物业服务。4个管理站分管的5个燃气锅炉房分别为红星楼锅炉房、德茂锅炉房、清逸西园锅炉房、旧宫北里锅炉房和和义西里锅炉房，为红星楼小区、清逸西园小区、佳和园小区、旧宫北里小区等7个小区的近20000户居民提供供暖服务。

德茂物业在2002年首次通过ISO9000质量认证。2007年6月18日，在原有三级资质的基础上，晋升为二级资质。

德茂物业秉承"厚德臻茂"的企业文化，树立"以人为本、效益优先、诚信服务、和谐社区"的经营理念，确立"树立品牌、创新发展、优质高效、人企共赢"的发展目标。通过实行捆绑经营的新模式，将各站效益与员工收入绑定，实现企业与职工双赢的目标，并设立3个奖励基金，即经理奖励基金、科学创新奖励基金和企业高效奖励基金。公司领导层层抓落实，促进了公司经济效益的提高。同时，通过承接外部工程增加收入，并通过管网改造等措施开源节流，压缩成本开支，降耗增效，实行成本低控，使公司经济步入良好发展的轨道，经济效益明显提高，2018年总收入已达4984万元。

德茂物业把业主"居有所安"作为新时期物业服务的新目标，2014年，德茂物业积极与政府部门沟通，争取政策、资金支持，由政府出资，对红星楼小区12栋楼房、德茂小区8栋楼房进行改造。改造工程的主要内容包括小区路面、绿化、停车场、自行车棚、楼顶"平改坡"、楼房外保温、室内上下水、暖气、监控、门禁，以及卫生间更换洗脸盆、马桶等。

2015年，根据《中华人民共和国大气污染防治法》《大气污染防治计划》《北京市2013年—2017年清洁空气行动计划》等有关的规定，德茂物业对红星楼小区锅炉房进行了清洁能源改造，成为旧宫地区第一家实行"煤改气"的企业。2016年，德茂物业配合大兴区政府，对清逸西园、旧宫北里、德茂等小区的锅炉房进行"煤改气"工作，目前已全面做到无煤化供热。在此期间，德茂物业又配合丰台区政府，对和义西里锅炉房的燃烧器进行低氮改造，成为北京市首批进行低氮改造的企业之一。

北京德茂物业管理有限公司管理项目如表1-5所示。

表 1-5　管理项目一览表

序号	项目站	项目名称	建筑面积（平方米）	户数
1	旧宫管理站	清逸西园小区	152333	1973
2		佳和园小区	45933	426
3		老佳和园小区	22292	300
4		旧宫北里小区	33069	322
5		清欣园小区	6364	72
6	红星楼管理站	红星楼小区	48567	856
7		红星北里小区	121149	1372
8		清和园小区	21602	233
9		天坛宿舍	10007	174
10		红星楼高层 3 栋	33457	410
11	德茂上林苑管理站	德茂小区	130988	1927
12		上林苑小区	103816	1110
13	和义管理站	和义西里	163644	1976
14		和义西里平房	3480	49
15		南苑北里三区	16986	176
16	和义管理站	松林庄（楼房）	12231	322
17		和义新二区	26955	399
18		和义西里二区	58195	864
19		世嘉丽晶	58997	638
20		南苑北里四区	8712	108
21		和义东里	58000	982
合计			1136777	14689

公司获得的主要荣誉有：

2002 年 2 月，荣获中国质量协会颁发的"全国首批 65 家、北京 10 家重质量讲信誉物业管理企业"荣誉称号。

2002 年 2 月，荣获首都精神文明建设委员会颁发的"2001—2002 年首都文明单位"荣誉奖牌。

2003 年 1 月，在"温馨的家"物业管理知识竞赛中获得第一名。

2004 年 1 月，所辖上林苑小区荣获北京市政府颁发的"十佳金牌居住区"奖牌。

2003 年 1 月，所辖上林苑小区荣获北京市国土资源和房屋管理局颁发的"北京市优秀管理住宅小区"奖牌。

2003 年 2 月，荣获北京 ISO 9000 标准体系认证中心颁发的质量体系认证证书。

2004 年 12 月，荣获北京市爱国卫生运动委员会颁发的"市级爱国卫生先进单位"证书。

2006 年 1 月，荣获北京市市政管理委员会、北京市人事局颁发的"北京市 2005—2006 年度供热先进单位"奖牌。

2007 年 1 月，荣获北京市市政管理委员会、北京市人事局颁发的"北京市 2006—2007 年度供热先进单位"奖牌。

2008 年 1 月，荣获北京市市政管理委员会、北京市人事局颁发的"北京市 2007—2008 年度供热先进单位"奖牌。

2008 年 4 月，荣获北京市总工会颁发的"2007 年北京市群众性经济技术创新工程优秀成果奖"证书。

2010 年 1 月，荣获北京市政市容管理委员会、北京市人力资源和社会保障局颁发的"2008—2009 年供热先进单位"奖牌。

2011 年 1 月，荣获中国物业管理企业联合会、中国物业企业发展研究会、中国住宅环境发展中心颁发的 2010 年度"中国物业管理百强企业"奖牌。

六、北京泰宇物业管理有限公司

北京泰宇物业管理有限公司

北京泰宇物业管理有限公司创建于 2001 年 12 月，主营住宅小区及其他物业项目的物业管理和服务，并负责南郊供热厂的日常经营和管理。

公司目前有员工近 200 人，有二级物业管理资质，2018 年营业收入 3635 万元。于 2003 年首次通过 ISO9001 质量体系认证，并顺利通过历年的第三方监督审核。

公司本部设办公室、财务部、经营部、工程部及人力资源部，现下属 1 个分公司和 6 个项目部，承担着大兴区幻星家园、润星家园、润龙家园、灵秀山庄、旧宫新苑南区及北区、清乐园、康福园、清和园甲区、清逸园 1～6 号楼、美然家园南区及东城区本家润园 C 区共 12 个住宅小区和大兴区秀水花园别墅区、兴南大厦写字楼 12000 余户业主的物业服务工作，管理面积约 120 万平方米。同时，承担着幻星家园、润星家园、润龙家园、旧宫新苑南区及北区、清乐园、美丽新世界、宣颐家园底商的供暖工作。

公司结合物业服务工作的特点，突出以人为本，人性化管理，走出了一条"规模化经营、规范化管理"的发展道路。在规模化经营上，年营业收入从 2002 年的 5 万余元增加到 2018 年年底的 3635 万元，公司经营进入良性发展、经济增长率逐年提高的轨道。在规范化管理上，公司首先加强对服务工作的管理力度，根据北京市物业服务基本要求，制订了 30 项基础管理指标，作为与项目部工资总额挂钩的一项考核标准，每月对项目部进行考评，监督员工的基础服务工作，管理水平不断提升。其次，将企业文化渗透到每位员工，要经营业主之心，首先要经营员工之心。公司制订了企业目标、企业口号、企业作风以及服务理念等，编制了《泰宇之歌》和《泰宇训令》，使企业文化的表现形式更加丰满、活泼。公司对员工提出要为业主、住户提供"真心、用心、细节"的服务，从勤谨、端正、友善、诚信 4 个方面对员工职务行为进行规范，在工作中倡导"一笑、二请、三清""员工十点"及"六个一工程"。

公司的服务理念为：业主需求带来员工岗位，业主需求带来企业发展，一切从业主需要出发，业主并不总是对的，但业主总是第一位的。

这样的企业文化得到了员工的一致认可，通过企业文化，激励员工不断进步，推动企业的健康发展。

北京泰宇物业管理有限公司管理项目如表 1-6 所示。

表 1-6 管理项目一览表

序号	项目名称	接管日期	建筑面积（平方米）	户数
1	幻星家园	2012 年 12 月	56739.36	456
2	润星家园	2004 年 11 月	128116.23	1346
3	本家润园 C 区	2005 年 4 月	154278.95	1748
4	润龙家园	2005 年 12 月	49661.67	506
5	灵秀山庄	2006 年 7 月	157672.52	1547
6	秀水花园	2007 年 8 月	86309.56	400
7	兴南大厦	2005 年 9 月	12163.9	82
8	清乐园	2017 年 4 月	76152.47	928

（续）

序号	项目名称	接管日期	建筑面积（平方米）	户数
9	清和园甲区	2017 年 4 月	19830.6	192
10	美然南区	2017 年 4 月	11648.88	168
11	康福园	2017 年 4 月	6087.36	96
12	清逸园	2017 年 4 月	28846.164	468
13	旧宫新苑南区	2017 年 4 月	303439.45	2795
14	旧宫新苑北区	2017 年 4 月	62084.08	766
	合计		1153031.2	11498

公司获得的主要荣誉有：

北京市市政管理委员会、北京市人事局颁发的北京市 2006—2007 年度"供热先进单位"荣誉称号；中国房地产开发商协会、亚洲物业管理协会、中国物业管理企业促进会、商务时报品牌研究中心颁发的 2008 年度"中国物业服务行业区域诚信品牌企业"荣誉称号；中国房地产开发商协会、中国物业管理企业促进会、联合国人居环境发展促进会、前进大学房地产与建筑学院、商务时报品牌研究中心、亚洲物业行业峰会组委会颁发的"中国物业行业皇金管家·百佳优质服务品牌企业"荣誉称号。此外，兴南大厦获得由北京市建设委员会颁发的 2007 年度"北京市物业服务示范大厦"荣誉称号；灵秀山庄获得由北京市人民政府首都绿化委员会颁发的"首都绿化美化花园式单位"荣誉称号。

七、北京五环顺通供应链管理有限公司

北京五环顺通供应链管理有限公司

北京五环顺通供应链管理有限公司位于大兴区旧宫镇西毓顺路 100 号，占地面积 17 公顷（255 亩），有库房 8 万平方米、各类冷藏运输车辆 22 辆、协作车辆 200 余辆。公司主要从事温控库房存储、长途冷藏运输、市内冷链共同配送和普通库房存储等多方面业

务，是专业第三方冷链物流的国有企业。公司拥有一大批经验丰富的高素质物流人才，总资产2亿多元。

五环顺通的前身是2001年2月21日成立的北京市五环高级润滑油公司。2000年与吉百利（中国）食品有限公司建立仓储物流业务。2006年8月，退出润滑油市场；同年，贷款100万元改建了第一座640平方米的冷库，购买运输车辆，扩大运输车队营运规模。2012年4月，斥资1.4亿元购买大兴生物医药基地天华街21号厂区，厂区建设用地面积39529.03平方米、房屋31197.1平方米。2015年，新建冷库20000平方米。2016年11月9日，北京南郊星红仓储中心并入五环顺通，冷链仓储规模进一步扩大。

2017年，打造"优智存""优智配""优智运""优智送"4个品牌服务，注册"五环顺通"文字标识及"优智存""优智配""优智运""优智送"商标。

公司多年持续推广7项管理、2个平台，管理水平逐年提高。

2017年12月29日，更名为北京五环顺通供应链管理有限公司。

公司获得的主要荣誉有：

2015年，荣获中共北京市委、北京市人民政府颁发的"北京市模范集体"。

2015年，成为"中物联冷链委常务理事单位"。

2015年10月，荣获2015年度中国冷链物流"金牌奖"金牌服务商称号。

2015年，成为2015年6月至2018年6月"食品冷链物流追溯管理要求"国家标准示范企业。

2015年，成为2016年3月至2017年3月"餐饮冷链物流服务规范行业"标准试点企业。

2016年10月，成为"中国电子商务协会农业食品分会的常务理事单位"。

2016年11月，荣获中国冷链双年"金链奖"优秀区域配送服务商称号。

2016年12月，荣获"金鼎奖"2016中国冷链物流金牌服务商称号。

2017年6月，荣获"中国冷链物流诚信50强企业"称号。

2017年7月，荣获2016年度"中国冷链物流百强企业"称号。

2017年9月，荣获2017年至2019年9月《餐饮冷链物流服务规范》行业标准达标企业称号。

2017年11月，跻身"中国冷链名人堂"之列。

2018年9月27日，冷运部司机程洁获得北京市交通行业第四届职业技能大赛道路货物运输驾驶员职业技能竞赛决赛第一名。

2018年10月29日，冷运部司机程洁获得全国交通运输行业道路货物运输驾驶员职业技能竞赛全国总决赛三等奖。

八、北京市广达源科技发展有限公司

北京市广达源科技发展有限公司

北京市广达源科技发展有限公司位于北京市大兴区旧宫镇旧宫西路 15 号，其前身是成立于 1961 年的北京市红星砖厂。2003 年 3 月，在红星砖厂基础上组建北京市广达源仓储中心，注册资金 5034.9 万元。2017 年 12 月，更名为北京市广达源科技发展有限公司，由全民所有制企业改制为北京市南郊农场有限公司持股的国有一人有限责任公司。

北京市红星砖厂以生产黏土砖为主营业务，原隶属于北京市建材局，1964 年移交南郊农场。1998 年，停止黏土砖生产，转为厂房租赁和渣土回填。2003 年组建北京市广达源仓储中心，逐步转型为以持有型物业租赁、管理为主营业务的资产经营型企业。广达源经过近 60 年的改革发展，逐步走过包袱重、债务多、产权不顺、经营业务分散的艰难创业时期。2004—2016 年，先后有多家农场企业并入广达源或委托给广达源管理，陆续完成对红星砖厂、鹿圈牛场、黄亦路旧忠路口北等地块的拆迁工作，2012 年 10 月，经首农集团批复，与首旅集团、正庄国际古玩公司合作，成立北京博古恒艺国际古玩艺术品有限公司，建成运营面积 1.8 万余平方米的北京古玩城 C 座。2018 年，公司在职员工 67 人，其中高级职称 1 人、中级职称 6 人，本科及以上学历 16 人。公司经营收入从 2003 年的 497 万元提高至 2018 年的 4657 万元，利润从 2003 年的亏损近 300 万元到 2018 年的盈利 3523 万元。

公司的优势主要有以下几个：

1. **丰富的企业并管经验** 2004 年以来，先后有北京市华升食品厂，水产公司所属二渔场、三渔场、六渔场，红星泡花碱厂，燕庆能源公司，建元顺达公司 7 个经营实体整建制并入广达源，同时，托管金泰诚加油站、鹿圈牛场、广厦化工建材 3 家企业。在国有资产托管、人员分流安置、离退休人员管理等方面积累了丰富的工作经验，稳定了职工队伍，促进了农场的健康可持续发展。

2. **成熟的经营创收模式** 多年来，面对沉重的历史包袱和社会负担，广达源干部职工积极出主意、想办法，增收节支。一是项目创收。2001—2002 年承接绿化工程，创收 80 万元；2002 年平整土地 100 亩，盘活闲置厂房，创收 112.5 万元；2002 年成为国有渣土回填经营单位，年收入达到 400 万元。二是租赁创收。先后对红星铝制品厂等厂库房进行改扩建，引进租赁企业，仅租金一项就年创收数百万元。三是管理创收。成立由经理带队的创收小组，在修建南五环路时为工程提供土方，创收 50.86 万元；加强租赁管理，增加租赁面积 30 亩，增加收入 15 万元。

3. **丰厚的土地房屋资源储备优势** 公司先后收回大件驾校产权、北京卫戍区借用的 18 亩土地、南郊汽车驾校土地使用权及地上物等资源，并改扩建成厂库房；2014 年购置位于大兴区旧宫镇万源北路七号院的 3444.81 平方米商业楼；通过红星泡花碱厂原厂区拆迁安置和增购房屋，入住弘善家园 108 号楼，并将其装修改造成古玩城 C 座。这些土地房屋的资源储备，让广达源拥有建筑面积近 60000 平方米的品质好、位置优的持有型物业，具备非常优越的持续创收能力，租金收入相对稳定，为新时代的转型发展奠定了基础。

4. **良好的现金流、负债率优势** 公司通过清欠贷款、拆迁补偿资产等方式，进一步卸除包袱、优化资源。广达源妥善处置北京市红星泡花碱厂全部债务、南苑村土地纠纷等。在三海子拆迁项目中获取补偿款近 7 亿元，在大兴区黄亦路和旧忠路交叉路口的原办公场所以及周边土地的拆迁项目中获补偿款 3700 余万元。通过购置商业用房，实现资金的高效利用，使公司负债率低、现金流充裕、抗风险能力强，具备高质量发展的能力。

5. **高素质人才队伍和优秀服务能力优势** 广达源拥有一支经验丰富、业务能力卓越的经营、管理、服务骨干队伍。公司一直秉承"开创、拼搏、求实、创新"的企业精神，为社会及入驻企业提供"一流、高效、安全、便捷"的服务，成为各类企业首选的合作平台和合作伙伴，也为南郊农场实现产业转型、发展文化创意产业积累经验、探索路径。

九、北京市大兴红星光源材料有限公司

北京市大兴红星光源材料有限公司位于大兴区旧宫镇北红化路 6 号，其前身是北京市大兴红星光源材料厂，成立于 1991 年 8 月，原隶属于南郊农场红星工业公司，主要生产

北京市大兴红星光源材料有限公司

节能型光源材料。2004 年接管破产清理完毕的北京市红星化工厂，2017 年 12 月更名为北京市大兴红星光源材料有限公司，由全民所有制企业改制为北京市南郊农场有限公司持股的国有一人有限责任公司。

2004 年，企业提出"利用地区优势，发展租赁产业"的五年规划，确定以租赁为主的经营发展战略。在第一个阶段，由简单租赁到改建标准厂房，修整厂区路面，改善道路状况，改造电路及设施，保障供电安全。成立清洁组，通过绿化美化，建设环境优美的工业园区。在第二个阶段，利用地处四环到五环之间、距离城区较近的区位优势，发展冷库项目，不断提高企业经济附加值，确保经营收入逐年提高，职工收入水平逐年增长。2007 年，投资 200 万元改建－18℃的冷冻库房 1100 平方米。逐步建立起"红星光源工业园区"，开始了以租赁经营为主的发展模式。

2009 年，正当工业园初现规模、盈利逐渐稳定之时，亦庄轻轨建设要横穿工业园。领导班子综合考虑市场、厂区位置、环境等因素后，利用轻轨拆迁机遇、拆迁补偿资金及可利用的空间调整企业规划布局，发展冷库，并计划在 3～5 年内逐步使冷库规模化，实现"资源利用科学化、经济发展良性化、企业增效稳定化、员工增资持续化"的经济发展目标。

在企业经济稳步发展的同时，光源材料厂不断强化管理，提升服务，与园区入驻企业和谐共赢、共同发展。

企业设立了台球室、乒乓球室等多项文体活动设施，增强企业的凝聚力，丰富职工文化生活。2006—2017 年，公司多次被评为南郊农场"模范职工之家""和谐企业""先进基层党组织"。

2004—2017 年，企业收入、利润持续增长，营业收入达 1767 万元，利润总额达 314 万元。

2017 年 11 月，大兴西红门地区发生"11·18"特大火灾。北京市决定对周边地区进行清理整治，位于附近的光源材料厂被列入疏解腾退的范围。南郊农场党委研究决定，光源材料厂先疏解腾退后改造提升。11 月 30 日开始，企业对辖区所有租户进行宣传动员，要求其于年底前腾退搬离厂区。在公司广大干部职工的努力和所有租户的配合与理解下，于 2018 年春节前完成租户疏解腾退工作。同时，企业开始大规模拆除厂区冷库及库房，共计拆除大小冷库 15 个，拆除厂区东西主路以北、轻轨东西两侧厂库房，共计 2 万平方米。冷库及附近建筑物的拆除虽然减少了企业收入，但为企业管理的提升及环境绿化美化提供了空间，同时降低了厂区的安全风险，为企业的长期健康稳定发展打下了坚实的基础。

疏解腾退工作完成后，厂区进行了改造提升。企业对厂区道路、供水供电等基础设施进行重新修建及整体完善；对厂区环境进行绿化美化，统一规范；对厂库房屋顶进行修复及更换，粉刷及整修外墙面，提升厂区整体形象。2018 年下半年，开始厂库房复租工作，到年底基本全部出租，同时调整出租模式，改善租户结构，大幅度增加了租金收入。

2018 年，公司资产 3890 万元，负债 675 万元，所有者权益 3215 万元，分别为 2004 年的 4.8 倍和 32 倍。

十、北京馨德润酒店管理有限公司

北京馨德润酒店管理有限公司

北京馨德润酒店管理有限公司位于大兴区旧宫镇迎宾路 2 号，紧邻南五环、德贤路、京台高速、京津塘高速等交通干线，地理位置优越。自成立以来，公司秉承"德信立业，润之以人"的企业理念，为客人提供温馨、细致、安全的品质服务。

1. **基本概况**　馨德润酒店前身是成立于 1984 年的国营北京市南郊农场招待所。2011 年，企业名称变更为北京源馨德润饭店。2017 年 12 月，馨德润酒店进行公司制改革，更名为北京馨德润酒店管理有限公司。馨德润酒店由北京市南郊农场有限公司投资设立，注册资金 500 万元，总资产 4996 万元，2016 年盈利约 2200 万元，从业人员百余人。

目前，馨德润酒店下辖旧宫店、亦庄店两家分店，共 210 间客房，配备馨德润烤鸭店、北平食府烤鸭店两个中餐厅及大锅小菜主题餐厅，管理面积近 2 万平方米，同时，托管北京枫叶春秋旅行社有限责任公司。

2. **发展历程**　1984 年公司成立之初，名为国营北京市南郊农场招待所，以内部招待为主。进入 20 世纪 90 年代，为顺应市场发展，招待所确立了三星级酒店的发展目标。从 2010 年 10 月开始，招待所对餐厅进行装修改造，餐位数增加到 380 个，同时提升服务水准，并引进"神牛乳鸽"作为特色菜品，提高了知名度。

2011 年 10 月，招待所对客房进行升级改造，清退写字楼租户，全部改为客房。改造后，客房房间数增加到 116 间，有床位 219 个。当年，企业改制为对外营业的酒店，命名为"北京源馨德润饭店"。2012 年 6 月试营业，2012 年 12 月正式挂牌成为三星级酒店。

通过三年的经营发展，馨德润酒店通过自身的努力，在旧宫地区、大兴区旅游业内享有了一定的知名度，为馨德润酒店的进一步发展奠定了坚实的基础。

2014 年，公司承租了大兴区另一家三星级酒店——红恩度假村，走出了外扩式发展的第一步。2015 年 2 月启动装修改造，同年 6 月正式对外营业。改造后，度假村有房间 94 间，客房环境大幅提升，并配有中餐厅及宴会厅。开业以来，逐步打开市场，在当地赢得了一定的好评，树立了较好的口碑。自 2016 年开始，逐步进入稳定经营状态。

2018 年，亦庄店进入稳步经营后，馨德润酒店根据旧宫、亦庄两家客房的经营情况及房间设施的实际情况，确定了旧宫以散客为主、亦庄以团队为主的经营结构，通过资源共享、客源互补的模式，实现两店客房的效益最大化。

餐饮服务方面，馨德润酒店不断寻求突破，先后引进"神牛乳鸽"特色菜品，以及"大锅小菜""酸汤鱼火锅"等主题餐厅，并在亦庄店引进"北平食府"品牌餐饮，提高了综合竞争实力。

同时，馨德润饭店不断加强会议市场的开发力度，不断完善硬件设施，打造多功能会议场地，逐步提高会议服务的核心竞争力，2017 年取得中央机关及北京市政府会议定点服务接待资格。近年来，馨德润多次承接留守儿童夏令营、品牌服装发布会、企业员工培训会、环保协会论坛、政府机构培训会等多种形式的大型会议，逐步形成了会议服务品牌。

2015 年 11 月，馨德润饭店托管北京枫叶春秋旅行社有限责任公司。通过转变思路，由传统的团队旅游向亲子游、工业游、研学游拓展，积累了一定的客源，逐步打开了市场，2016 年扭亏为盈，2018 年实现营业收入 380 万元。

3. **公司优势**　馨德润酒店经过数年的发展，逐步形成了一套成熟的管理体系，通过内抓管理、外塑形象等多种举措，在旧宫、亦庄地区及大兴区酒店行业均树立了较好的口碑，赢得了客人的高度认可，逐步形成了自己的品牌优势和竞争力。

馨德润酒店现有从业人员 130 余人、管理人员 27 人，酒店通过"请进来、送出去"等多种方式，加大培训力度，提高员工的服务意识和技能，提升了酒店的品质和管理水平。

馨德润酒店目前名下有馨德润、南海子、润稼宴、润香得 4 个注册商标，其中馨德润、润稼宴两个商标已经具备了一定的知名度。

4. **主要荣誉**　馨德润酒店自 2012 年以来，多次获得大兴公安分局、大兴区旅游委安全先进单位荣誉称号。酒店员工也多次在大兴区旅游协会等行业主管部门组织的技能比赛中取得优异成绩。

2015 年，酒店通过安全生产标准化三级企业的验收；2016 年，获得"大兴区服务礼仪大赛总冠军"荣誉称号；2017 年，获得"大兴区安全先进单位"荣誉称号及"大兴区旅游行业协会特殊贡献奖"；2018 年，获得"中国品牌影响力 100 强""中国（酒店行业）十大影响力品牌"荣誉称号。

十一、北京三元德宏房地产开发有限公司

北京三元德宏房地产开发有限公司

北京三元德宏房地产开发有限公司成立于 2005 年，注册地址为北京市大兴区旧宫镇旧宫西路 15 号，由首农集团下属北京市南郊农场、北京市东风农工商公司、北京三元食品股份有限公司 3 家国有企业（公司）共同出资成立，2005 年，注册资金 1000 万元。其中，北京市南郊农场出资 290 万元，占总出资额的 29％；北京三元置业有限公司出资 510 万元，占总出资额的 51％；北京三元食品股份有限公司出资 200 万元，占总出资额的 20％。

2010 年 3 月 23 日，注册资金从 1000 万元增至 5000 万元。其中，北京市南郊农场出资 1450 万元，占总出资额的 29％；北京市东风农工商公司出资 2550 万元，占总出资额的 51％；北京三元食品股份有限公司出资 1000 万元，占总出资额的 20％。

2010 年 8 月 23 日，注册资金从 5000 万元增至 10000 万元。其中，北京市南郊农场出资 5450 万元，占总出资额的 54.5％；北京市东风农工商公司出资 2550 万元，占总出资额的 25.5％；北京三元食品股份有限公司出资 2000 万元，占总出资额的 20％。

2013 年 12 月 3 日，注册资金从 10000 万元增至 20000 万元。其中，北京市南郊农场出资 15450 万元，占总出资额的 77.25％；北京市东风农工商公司出资 2550 万元，占总出资额的 12.75％；北京三元食品股份有限公司出资 2000 万元，占总出资额的 10％。

2018 年 11 月 7 日，注册资本金 20000 万元。其中，北京市南郊农场出资 18000 万元，占总出资额的 90％；北京三元食品股份有限公司出资 2000 万元，占总出资额的 10％。

公司参与建设的项目有：

1. 南海子公园拆迁项目（未含广达源拆迁项目）

（1）三海子郊野公园居住用地土地储备项目（非住宅）。2012 年 12 月 21 日，北京南海子投资管理有限公司授权北京三元德宏房地产开发有限公司负责实施大兴区三海子郊野公园居住用地土地储备项目南郊农场范围内的征地、拆迁工作。

2013 年 3 月，启动三海子郊野公园居住用地土地储备项目非住宅搬迁腾退（104 国道东侧），本项目共涉及 26 户非住宅，约 77000 平方米，现已经完成全部搬迁腾退工作。

（2）大兴区三海子郊野公园土地储备项目（德茂平房自管公房搬迁腾退）。根据北京市发展和改革委员会关于大兴区三海子郊野公园居住用地土地储备项目 2 号地 A 地块一级开发项目的批复、北京市国土资源局大兴分局关于大兴区三海子郊野公园居住用地土地储备项目 2 号地 A 地一级开发项目用地的批复，北京市土地储备中心大兴分中心为本项目的开发主体，北京南海子投资管理有限公司为本项目的实施主体。2012 年 12 月 21 日，北京南海子投资管理有限公司委托北京三元德宏房地产开发有限公司负责实施大兴区三海子郊野公园居住用地土地储备项目南郊农场范围内的征地、拆迁工作。

2015 年 8 月 16 日，启动三海子郊野公园居住用地土地储备自管公房搬迁腾退项目（德茂平房），动迁期限为 2015 年 8 月 16 日—2015 年 9 月 30 日，涉及本次动迁的约 34000 平方米，共 416 户。截至 2015 年 9 月 30 日，签约 244 户。

2018 年 4 月 20 日，南海子投资管理有限公司在德茂搬迁腾退指挥部主持召开关于德茂区域内土储项目二次启动会，决定再次启动三海子郊野公园居住用地土地储备自管公房搬迁腾退项目（德茂平房），动迁期限为 2018 年 5 月 10 日—2018 年 6 月 30 日，截至 2018 年 6 月 30 日，又签约 88 户，两次启动共计完成搬迁 332 户。

（3）旧忠路改造工程项目。根据亦庄开发区综合服务配套区整体规划，为提升"三镇一园"基础设施及配套环境，改善南海子郊野公园周边以及进出开发区的交通条件和综合环境条件，2015 年 5 月，北京南海子投资管理有限公司与北京三元德宏房地产开发有限公司签订《旧忠路改造工程项目地上物腾退委托协议书》，委托北京三元德宏房地产开发有限公司负责旧忠路道路改造工程范围内南郊农场自管公房的搬迁腾退和补偿。

2015 年 5 月 25 日，启动旧忠路（京福路—南五环旧忠桥）市政工程红线范围内自管公房地上物腾退项目，涉及本次动迁的约 5224 平方米，共 49 户居民，现已完成全部的搬迁腾退工作。

2. 京台高速公路南郊农场范围内的征地拆迁项目　为落实区政府与首发公司签订的《京台高速公路（北京段）工程征地拆迁工作框架协议》，加快京台高速公路（北京段）工程项目征地拆迁工作进度，2014 年 11 月 16 日，京台高速公路道路工程建设指挥部与北京市南郊农场签订《京台高速公路（北京段）工程征地拆迁工作委托协议书》。同日，南郊农场全权委托北京三元德宏房地产开发有限公司负责本辖区（京台高速南郊农场段）征地拆迁具体工作。

2014 年 12 月 20 日，该项目启动，征地面积约 10.07 公顷（151 亩），拆迁面积约为 12 万平方米。非住宅拆迁共涉及 43 户，住宅拆迁涉及 7 户，非住宅户已经完成全部拆迁，住宅户完成 5 户搬迁腾退。顺利完成京台高速公路道路工程建设指挥部的征地拆迁任务，2016 年 12 月 9 日，京台高速公路建成通车。

3. 南郊棚改项目　南郊农场棚户区改造项目位于大兴区，包括分散在旧宫镇、瀛海镇、西红门镇的 10 处棚户区，项目改造范围总用地面积约 44.25 公顷（663.75 亩），其中 10 处棚户区占地面积 7.88 公顷（118.2 亩），需腾退棚户区建筑面积约 6.06 万平方米，涉及居民 541 户。项目规划安置房及平衡资金用地 36.37 公顷（545.55 亩），其中规划安置房用地 4.3 公顷，规划建设安置房建筑面积 8.7 万平方米，安置房共计 1176 套；规划平衡资金建设地块 5.69 公顷（85.35 亩），规划建筑面积约 13.3 万平方米；其余 26.38 公顷规划为市政道路、绿地及教育等代征用地，项目总投资约 30 亿元。项目通过土地补偿、腾退、回迁安置房建设及市政基础设施建设，实现安置房全装修入住，平衡资金地块达到净地条件，入市交易，回笼资金。

4. **广发共有产权房项目** 广发共有产权房项目位于大兴区黄村镇，项目用地 2.8 公顷（42 亩），其中建设用地 2.03 公顷（30.45 亩）。项目用地于 2018 年 1 月通过土地市场竞标取得，规划总建筑面积约 6.2 万平方米，其中地上建筑面积 3.6 万平方米，建设共有产权房 360 套。项目总投资约 11 亿元，其中土地取得费约 6.7 亿元，建安投资约 3.7 亿元，销售等费用约 0.6 亿元。项目计划于 2019 年 3 月开工建设，2021 年 8 月竣工交房。

十二、中国百麦

中国百麦

中国百麦最初成立于 1992 年 9 月。北京百麦食品加工有限公司由北京市南郊农场所属北京市红星蔬菜食品冷冻厂和美国百麦甜品有限公司合资成立，中方持股 18%、美方持股 82%，注册资本 77 万美元，投资总额 110 万美元。1993 年，中国百麦开始向中国地区麦当劳餐厅独家提供"冷冻派"产品。1995 年，双方股东决定追加投资，并进行股权变更，北京市南郊农场持股 40%，美国百麦甜品有限公司持股 60%，在大兴区旧宫选址建设 7300 平方米新工厂，产品从单一口味的冷冻派发展到多品种派。

2003 年，北京百麦食品加工有限公司以投资收益出资，按照中方 40%、美方 60% 的股权结构投资成立北京百嘉宜食品有限公司，开始拓展第三方客户（非麦当劳），开发蛋糕、冷冻面团等产品。

2008 年，由北京百麦食品有限公司投资收益出资，中美双方股东仍以 4：6 的股权比例再次合资成立广州百麦食品有限公司。2009 年 6 月，该公司开始为麦当劳供应常规面包，实现将公司产品打入客户主菜单的商业布局。2014 年 9 月，北京百麦食品有限公司出资成立北京百麦嘉食品贸易公司，为麦当劳提供预包装冷冻产品及其他单品的采购管理。2015 年 3 月，中美双方股东以 4∶6 的股权结构合资成立东莞百嘉宜食品有限公司。

2016 年 9 月，双方股东决定再次进行股权变更，同年 12 月实现股权变更：北京市南郊农场 100％持有广州百麦食品有限公司及东莞百嘉宜食品有限公司；北京市南郊农场持有北京百麦食品加工有限公司及北京百嘉宜食品有限公司各 75％的股份，美国百麦甜品有限公司持有各 25％的股份。以上 4 家企业均由北京百麦统一管理，对外统称中国百麦。

1. **公司优势**　成立以来，公司全体员工不断改进提升现有产品、开发新产品，积极满足市场需求。甜味玉米派和咖喱土豆派分别于 1999 年和 2000 年在香港市场促销成功，新风味派深受消费者追捧。1999 年，中国百麦开始供应香港和新加坡市场，2000 年，公司产品开始出口韩国、马来西亚、菲律宾，同年，三角派在日本麦当劳餐厅成功上市。2004 年以来，公司积极拓展冷冻面团、烘焙糕点和其他新品市场，发展客户包括麦当劳、肯德基、赛百味、星巴克、棒约翰、达美乐、必胜客、双树酒店、咖世家、芭斯罗缤、唐恩都乐、山姆会员店等。产品由最初单一冷冻派增加到起酥派、冷链蛋糕、麦芬、饼干、曲奇、冷冻面团、面包胚及汉堡包等，超过 100 个单品。2016 年，公司实现销售收入 5 亿元，其中主要客户麦当劳销售收入占比 67％，其他客户占销售收入的 33％。

2018 年，中国百麦第四家工厂在东莞百嘉宜正式投产运营，为主要客户麦当劳南方地区和部分香港门店供货。同时，公司分别在北区和南区投产新的松饼和司康生产线，进一步丰富公司的产品品类，当年整体利润达到 1800 万元。

2. **主要荣誉**　公司获得的主要荣誉有：2013 年麦当劳 3A 级供应商；2014 年麦当劳 3A 级供应商；2015 年度麦当劳中国杰出品质领导力 AA 级供应商；2016 年度麦当劳中国杰出品质领导力 AA 级供应商。

十三、北京市燕庆旺泰成品油销售有限公司

北京市燕庆旺泰成品油销售有限公司系国有控股企业。公司原名北京市燕庆能源供应公司，成立于 1989 年 6 月，为北京农垦所属国有独资企业，后划归南郊农场。2013 年 10 月 29 日，公司改制，旺泰控股集团有限公司入资，名称变更为北京市燕庆旺泰成品油销售有限公司。公司现注册地址为北京市大兴区旧宫镇旧宫西路 15 号，注册资金 5932.58

北京市燕庆旺泰成品油销售有限公司

万元。其中，北京市南郊农场有限公司出资 3025.62 万元，占股 51%；旺泰控股集团有限公司出资 2906.96 万元，占股 49%。公司前期主要批发和零售汽油、煤油、柴油、润滑油等，兼营节能产品、定型包装食品、饮料。从 2013 年开始，公司注重多元化发展，业务范围不断扩大，目前的经营范围包括批发汽油、柴油、煤油、石油气、液化石油气、天然气（富含甲烷的）、焦油沥青等，销售润滑油、聚乙烯、节能产品、燃料油、化肥、化工产品等。

公司成立以来，秉承"诚信、严谨、合作、共赢"的经营宗旨，坚持不懈地狠抓安全管理和产品质量，目前与北京中油房山燕宾油料销售有限公司、北京中油京成石化有限责任公司、北京铁路物资总公司、中国石油天然气股份有限公司北京销售分公司、中油鸿运石化产业有限公司、北京市燃油配送中心有限公司、中油首汽石油销售有限公司、中油北汽石油销售公司、北京市燃料供应公司及 10 多个零售加油站等多家零售商和代理商建立了长期稳定的合作关系。

作为南郊农场控股企业，公司依托北京市属企业优势，与中石油、中海油以及山东地炼建立了稳定长期的资源渠道。同中石化签订了战略合作协议后，实现了强强联合，为公司的销售工作打下了坚实的基础。

2016 年，燕庆旺泰进一步强化企业基础管理工作和绩效考核责任机制，将公司的各项指标分解落实到各部门、各岗位，实行目标管理、量化考核，建设了一支素质高、技术过硬，纪律严明的员工队伍。

几年来，公司销售收入呈现跨越式增长：2013 年销售收入 3.8 亿元，利润 137 万元；2016 年销售收入 25 亿元，利润 804 万元；2017 年销售收入达 28 亿元，利润 799 万元；2018 年销售收入达 29.36 亿元，利润 1174 万元。

第二节　分场（乡镇）、办事处

南郊农场所属的农村分场（乡、镇）曾统称为"北八乡"。1998年8月，红星区撤销，原"北八乡"中的旧宫、西红门、亦庄、瀛海、金星、鹿圈、太和、孙村分场（乡镇）从南郊农场分离出去，整建制划归大兴县管理。2000年3月，大兴县乡镇合并调整，金星乡并入西红门镇，太和乡与瀛海乡合并为瀛海镇，鹿圈乡与亦庄乡合并为亦庄镇，孙村乡并入黄村镇。2001年1月，大兴县改为大兴区。

一、旧宫分场（旧宫镇）

北京市南郊农场旧宫分场（红星区辖镇）位于大兴县北部，距县政府驻地黄村镇东北13千米，东与亦庄乡相连，南与鹿圈乡、瀛海乡交界，西与丰台区南苑镇接壤，北与朝阳区小红门乡毗邻。镇域面积18.6平方公里，东西阔6.5千米，南北长5千米。旧宫镇地处永定河洪冲积平原，地貌低平，北高南低，海拔32～35米。凉水河自西北向东南流经镇域东部，境内流长3.5千米；小龙河自西向东流经

旧宫分场

镇域北部，境内流长2千米。有主干排灌渠道14条，地下水埋深16.8米，年均降水量511毫米。土壤为褐土类灰黄土种。辖15个自然村，设19个村民委员会。全镇有8059户，共31043人，其中农业人口11144人、非农业人口19899人；有汉族29743人、满族1007人、回族223人，余为朝鲜族、蒙古族、壮族、苗族等。

此地在元、明、清三代为皇家苑囿南海子，是封建帝王巡幸狩猎的重要场所。明永乐十二年（1414）辟建南海子，在此设上林苑内监提督官署。清末因苑囿荒废，光绪二十八年（1902）准招佃屯垦，亲王、太监多在此建庄，招山东、河北等地佃工经营，渐成聚落，时属南苑奉宸苑管辖。1935年随南苑划归大兴县；1946年属南苑区；1953年设旧宫乡；1958年划归大兴县，属红星人民公社管辖，旧宫乡改为大队建置，同时又称管理区、四分场；1983年恢复乡建置；1990年设建制镇，因镇人民政府驻旧宫，故名。全镇有耕地18121亩、机井211眼，拥有大中型拖拉机61台、联合收割机29台、载重汽车16辆，

农业机械总动力 4442 千瓦，农作物以小麦、水稻、玉米为主，1990 年粮食总产 811.1 万千克。该镇是北京市副食品生产基地之一，有菜田 1000 亩，年产蔬菜 1095.2 万千克。全镇林木覆盖率为 15%，有果园 150 亩，生产苹果、葡萄、梨、桃，年产干鲜果品 4.8 万千克。畜牧养殖业发展迅速，有奶牛场 4 个，乳牛存栏 979 头，年产鲜奶 292.7 万千克。有养鸡场 10 个，鸡年末存栏 8.6 万只，年产鲜蛋 88.5 万千克。有猪场 16 个（其中种猪场 2 个），猪年末出栏 5109 头，年末存栏 4626 头。有养鱼水面 300 亩，产鲤、鲫、鲢鱼等，年鲜鱼捕捞量 13 万千克。

有镇、村两级企业 78 个，全镇 56% 的劳动力从事工业生产，汽车业尤为发达，有旅行车制造、全塑车体、车桥、汽车特种夹层玻璃、汽车装配等配套企业。所产 633D 高级旅行车荣获国家"中华杯"奖；镇属建材厂生产的立体拼花水磨石为国内首创，被评为市优产品；"神牛"牌三轮车远销国外。1990 年，镇工农业总产值 13371.4 万元，其中工业产值 11089.1 万元，为全县工业产值超亿元镇之一；农村经济总收入 13884 万元，年人均收入 2284 元。到 1998 年，旧宫分场营业收入 70337 万元，其中乡办、村办企业总收入 42760 万元；利润 3409 万元，其中乡办、村办企业利润 3532 万元。全年税金总额 1613 万元，全镇人口 11498 人，人均劳动所得 7169 元，耕地面积 15480 亩。

镇政府驻地旧宫，1980 年开始按规划进行旧镇改造，新建镇政府办公楼、康复医院、兴京汽车装配厂等建筑，面积达 37649 平方米。聚落呈方形，十字形主街，沥青路面。镇内金融、商业、医疗、文教、邮电等服务设施齐备。有中学 1 所，教职工 108 名，在校生 1033 名；有小学 6 所，教职工 102 名，在校生 1320 名。医院有医务人员 47 名，设病床 18 张，村村建有医务室，医疗防疫网覆盖全镇。

镇内旧有德寿寺，为清顺治十五年（1658）所建，清《日下旧闻考》记载：德寿寺有山门三座，东西建坊二，大殿五间，东西配殿各三间，穹碑二。德寿寺曾作为清顺治帝迎谒五世达赖喇嘛、乾隆帝宴见班禅额尔德尼的重要场所。清末，德寿寺屡遭兵燹，今仅存二碑，规模宏大，在北京地区是少见的。碑高 7 米，宽 1.8 米，厚 0.4 米，"螭首龟趺，德辉是气"，东首碑南面为满文，西首碑为汉文，镌有乾隆二十一年（1756）《重修德寿寺碑记》，其余三面为清高宗（乾隆）《题德寿寺诗》。德寿寺现已列为县级文物保护单位。镇西南有南苑机场，域内有红星化工厂、南郊乳品厂、华升食品厂等区办企业。

京济路、东马路、小红门路等 7 条公路纵横境内，四通八达，有 361、349、341 路公共汽车通市区及邻近区、县，镇内有站。

1998 年旧宫镇各村民委员会情况如表 1-7 所示。

表 1-7　旧宫镇各村民委员会情况（1998 年）

村民委员会	总人口	辖村	耕地面积（亩）	总收入（万元）	利润总额（万元）	人均劳动所得（元）
旧宫一村	796	旧宫	650	968.3	103.9	1972
旧宫二村	924	旧宫	841	4261.3	348.1	1697
旧宫三村	920	旧宫	1610	5413	242.3	3400
旧宫四村	1013	旧宫	850	5138	447	4579
积庆庄	480	积庆庄	200	548	54.3	652
隆盛庄	375	隆盛庄	503	550.1	85.4	2096
万聚庄	310	万聚庄	410	3553.9	187.1	2461
大有庄	194	大有庄	430	796	28.2	3666
有余庄	395	有余庄	210	1072.2	93.7	2125
庑殿一村	553	庑殿村	701	1585.9	85.9	1411
庑殿二村	640	庑殿村	949	1591.2	51	1951
庑殿三村	712	庑殿村	1138	1269.2	94.6	2500
南场东村	583	南场树桥村	719	1118.5	96.3	2075
南场西村	620	南场	500	688.3	55	1612
南小街一村	600	南小街 南义盛庄	1400	1152	112.1	1077
南小街二村	600	南小街	1141	2726.8	152.4	1608
南小街三村	750	南小街	1110	351.4	40.3	1071
南小街四村	451	南小街 五福堂	750	852.4	70.6	1698
西广德庄	370	西广德庄 富家庄 玉善庄	760	748.4	123.6	2142
合计	11286	—	14872	34384.9	2471.8	39793

二、西红门分场（西红门镇）

北京市南郊农场西红门分场（红星区辖镇）位于县域西北部，镇政府驻地距黄村镇北7千米，东与金星乡交界，南与黄村镇毗邻，西北与丰台区接壤。镇域面积13平方公里，全镇为一个整体聚落村，是少有的"一镇一村"聚落形式，聚落面积450万平方米。沿京开公路西侧呈南北向带状分布，网络状街道，镇政府驻中心街北侧。全镇有2876户、11638

西红门分场

人，其中农业人口 8154 人，非农业人口 3484 人；汉族占 62% 左右，回族占 25% 左右，满族占 10% 左右，余为蒙古族、壮族、土家族，约占 3%。

此地辽金时期即已形成聚落，始称西綦里，与东綦里相对，"綦"字意为行路艰难。元代在其村东辟"下马飞放泊"，供皇帝巡幸打猎之用。至明代，将"飞放泊"扩大，并改名"南海子"，且大兴土木。时有大批民工陆续来此地落户，村落渐大，住户猛增，时以"千户屯"为名。明永乐十二年（1414）辟建南海子东、南、西、北四门，西红门为其西门，设兵丁驻守。清康熙年间于此置邮舍，多以西红门为名，"千户屯"渐废。明、清时期为京都顺天府大兴县管辖。1946 年改属南苑区，设西红门乡。1958 年 5 月划归大兴县，隶属红星人民公社，为大队（分场）建制。1983 年红星人民公社改红星区公所，次年设西红门乡。1990 年改设建制镇。

该镇地处永定河洪冲积平原，地势平坦，西北高、东南低，海拔 39～43.6 米，地下水深 15 米，水源丰富，适宜多种农作物种植。土壤以褐土类褐土性土种为主，全镇有耕地 12695 亩、机井 136 眼、大中型拖拉机 30 台、联合收割机 20 台、载重汽车 22 辆，农业机械总动力 4361 千瓦。农作物以小麦、玉米、蔬菜为主，1990 年粮食总产 436.2 万千克，为县内蔬菜生产基地之一，种植蔬菜 2100 亩，年产蔬菜 1190 万千克，其中尤以"西红门萝卜"享誉京城。林木占地 1500 亩，林木覆盖率为 11.6%，以杨、柳为主。畜牧业在全镇经济收入中占一定比重，有奶牛场 1 个，年末奶牛存栏 141 头，年产鲜牛奶 61 万千克。有鸭场 2 座、鸡场 3 座，鸭年产 50 余万只，收入 1300 万元，以供应北京鸿宾楼、烤肉季等著名清真餐厅为主。年末家禽存栏 31.5 万只，年产鲜蛋 248.5 万千克。养鱼水面 155.7 亩，年鲜鱼捕捞量为 2.3 万千克。镇、村两级企业发展迅速，共有企业 60 家，占地 5 万平方米，主要产品有影视器材、五金工具、玻璃器皿、汽车修配、服装、皮鞋、松花蛋等。星光影视器材厂为电影电视照明设备专用厂家，所产影视灯具获广播电影电视部和北京市优质产品奖，被全国各电影制片厂、电视台演播室广泛采用，部分产品行销国外。1990 年全镇工业产值 5253.8 万元，农业产值 2468.8 万元，农村经济总收入 9050 万元，人均收入 2639 元。随着经济的发展，西红门镇的建设有长足发展，道路已经全部硬化，饮水统由水厂供给，村容镇貌治理连年达标，多次被评为市、县农村建设先进乡镇。

镇有普通中学 1 所、职业高中 1 所、小学 3 所，共有员工 146 名，在校学生 1262 名。有幼儿园 3 所，入园儿童 150 名。镇职业高中设有机械、财会和企业管理 3 个专业。镇东侧建有京郊第一所武术馆，有灯光篮球场、足球场和老年活动站。镇中心卫生院有医务人员 27 名，设病床 10 张，并建有医务室 1 所。镇政府驻地附近有商场、副食店、生产资料门市部、五金商店、粮店、饭店等商业服务设施，还有金融、邮电、公安、工商管理等县派出机构。镇中部有清康熙年间重修的京南最大的清真寺 1 座,已列为县级文物保护单位。镇内有南北 3 条主干道与东西八条街巷相互贯穿,向外辐射,分别与京(北京)开(封)公路、(北)京良(乡)公路、南(苑)西(红门)公路相交,京开公路上有 366 路、901 等路公共汽车经此设站。

随着市场经济的迅速发展,该镇的经济效益大幅增加,到 1998 年,农村经济总收入达到 107757 万元,比 1990 年增长 11.9 倍;乡镇企业个数达到 179 个,其中乡办企业 35 个、村办企业 144 个。乡镇企业完成工业总产值(现行价)41910 万元,其中乡办企业完成 12598 万元,村办企业完成 29321 万元;完成利润总额 9950 万元;人均收入为 7583 元,比 1990 年增长 2.87 倍;上缴税金 1560 万元。

昔日的星光影视器材厂已经发展成为以研制、生产、销售和安装影视器材设备及照明灯具为主,集科、工、贸为一体的综合型企业集团(北京星光影视设备集团公司),工程项目和产品遍及全国,并出口到 20 多个国家和地区,是影视器材设备领域的排头兵。1998 年收入达 20500 万元,利润 2159 万元,上缴税金 527 万元,是当地利税大户,为国家和社会做出了突出的贡献。北京星光影视设备集团公司总经理陈瑞福被评为全国少数民族企业家、全国劳动模范。

1998 年西红门镇各村民委员会情况如表 1-8 所示。

表 1-8　西红门镇各村民委员会情况(1998 年)

村民委员会	总人口	辖村	村域面积(平方公里)	耕地面积(亩)	总收入(万元)
西红门一村	500	西红门	0.7	400	3611
西红门二村	1121	西红门	1.1	590	3464
西红门三村	545	西红门	0.7	520	2744
西红门四村	893	西红门	1.1	800	4217
西红门五村	697	西红门	0.8	550	2843
西红门六村	560	西红门	0.8	710	3376
西红门七村	788	西红门	1.1	540	4297
西红门八村	857	西红门	1.2	922	3082
西红门九村	666	西红门	0.8	520	19860
西红门十村	500	西红门	0.8	560	3180
西红门十一村	568	西红门	0.8	460	2408
西红门十二村	626	西红门	0.8	830	1584
合计	8321	—	10.7	7402	54666

三、瀛海分场（瀛海乡）

北京市南郊农场瀛海分场（红星区辖乡）位于大兴县东北部，距县城黄村镇东 10 千米，东临太和乡，南接垡上乡，西靠金星乡，北与旧宫镇毗邻。乡域面积 11 平方公里，南北纵长 5 千米，东西宽 4 千米，辖 11 个村民委员会、14 个自然村。全乡有 3202 户，总人口 10424 人，以汉族为主，有满族近 300 人。1998 年全乡有 2626 户，总人口 8336 人。此地原属"南海子"，元、明、清三代帝王在此行围狩猎。清光绪二十八年（1902）准令开垦

瀛海分场

"南海子"，由皇宫太监在此圈占土地，从河北省河间、肃宁等县招来大批贫苦百姓为他们开垦耕种，故在此形成一个个村落。清末，这一带统属大兴县；民国时期属北平市十一区；1952 年改属南苑区管辖；1958 年划归大兴县红星人民公社，称瀛海大队；1972 年 10 月改称南郊农场瀛海分场；1984 年 5 月建立乡政府，因乡政府设在瀛海庄，故名瀛海乡。1952 年建立的红星集体农庄的庄址就在该乡的姜场村。

该乡地处新凤河北岸，属古浑河洪冲积平原，地势平坦，西北高、东南低，海拔25～28 米。昔日这里河泊沼泽遍布，草木丰盛。南部有新凤河及凤河交叉流经乡界，由西向东流经 2.5 千米。开挖了凉凤等大小灌渠 5 条，纵横乡间。有机井 154 眼，地下水埋深5.4～6.5 米。土壤系潮土类稻碱土种，适宜种植水稻等作物。

瀛海乡是以农业为主的粮食产区，属北京市商品粮生产基地之一，主要农作物为小麦、水稻。为发展粮食生产，乡村两级注重农业投入，大力发展农业机械，全乡机械总动力达 3230 千瓦，有大中型拖拉机 54 台、联合收割机 21 台、载重汽车 74 辆，农田的耕、耙、播、收已全部实现机械化，1990 年粮食总产 903 万千克。为丰富首都"菜篮子"，村村开菜田、建大棚，全乡有菜田 1480 亩、大棚 448 亩、温室 4400 间（占地 100 余亩），1990 年菜产量 1092 万千克。全乡林木覆盖率 10%，农田基本实现林网化。有果园 130 余亩，年产果品 10 万千克。畜牧以养奶牛为主，有奶牛场 3 座，乳牛存栏 490 头，年产奶270 万千克。年末存栏猪 3138 头。有鸡场 3 座，存栏 2.9 万只，年产鲜蛋 28.8 万千克。有乡办企业 7 个，其中床单厂、灯具厂为骨干企业。村办企业有 31 个，在厂职工 1178

人。全乡工业年产值 710 余万元，创利润 167 万元。1990 年全乡农村经济总收入 5602 万元，人均纯收入 1732 元。全乡有中学 1 所，学生 295 名；有小学 5 所，学生 1080 名。此外，还有文化站、广播站。中心卫生院有医务人员 16 名，各村均设有医务室，有医务人员 55 名，防病治病、妇幼保健、卫生条件均在不断提高和改善。到 1998 年，全乡有耕地 11943 亩，粮食年产量 814 万千克；有菜田 1428 亩，菜产量 2459 万千克；果品面积 123 亩，年产鲜果 3 万千克；存栏猪 8319 头；存栏鸡 48 万只，年产鲜蛋 144 万千克。乡办、村办两级企业合计 23 个，创利润 235 万元，全乡工业年产值 9220 万元。全乡农村经济总收入 36294 万元，人均收入 5760 元。

1984 年 8 月 6 日，该地区遭受多年未遇的 11 级龙卷风袭击，受灾面积 1300 亩，刮倒树木 200 余棵、电线杆几十根，造成乡域内停电，粮食减产 8.2 万千克，经济损失 20.5 万元。

有 104 国道纵贯乡境，通黄公路临界南而过，东接京津塘高速公路，境内亦有多条乡级道路纵横，有三营门—南大红门的 349 路公共汽车通过乡境，沿途有站，交通便利。

1990 年瀛海乡各村民委员会情况如表 1-9 所示。

表 1-9　1990 年瀛海乡各村民委员会情况

村民委员会	总人口（人）	辖村	村域面积（平方公里）	耕地面积（亩）	工农业总收入（万元）
瀛海东一村	1410	瀛海庄	5.2	1964.4	521
瀛海东二村	1119	瀛海庄	—	1450.2	629.7
瀛海西一村	1027	瀛海庄	—	1842.3	550.7
瀛海西二村	965	瀛海庄、四义庄、信义庄	—	1841	255.3
同心庄	349	同心庄	0.7	866	63.5
大三槐堂	944	大三槐堂、小三槐堂	0.9	1172.7	222.4
笃庆堂	368	笃庆堂	0.8	1095	164.5
姜场	789	姜场、中立堂	0.8	935	88
南宫	568	南宫	1.2	1274	182.3
怡乐庄	1632	怡乐庄、大兴庄	1.8	2266	535.9
中兴庄	1253	中兴庄、裕德庄	1.5	1363	349
合计	10424	—	12.9	16069.6	3562.3

四、亦庄分场（亦庄乡）

北京市南郊农场亦庄分场（红星区辖乡）位于大兴县东北端，距县城黄村镇东北 14.5 千米，东与通县界邻，南与鹿圈乡接壤，西隔凉水河与旧宫镇相望，北与朝阳区毗邻。

1990 年，乡域面积 14 平方公里，辖 13 个自然村，设 12 个村民委员会。全乡有 2742 户，总人口 11493 人，其中农业人口 10477 人，非农业人口 1016 人；以汉族居多，少数为回族、满族。

到 1998 年场乡体制改革时，该分场全年总收入 65202 万元，利润总额 4690 万元，税金 2174 万元，人均劳动所得 7293 万元，耕地面积 9576 亩。

亦庄分场

亦庄地区于 1948 年年底解放，后成立了大兴县管辖的第六区（亦称海子区）。1949 年 1 月，河北省大兴县所管辖的第六区和南苑市划归北平市管辖，建立南苑区；4 月，北平市南苑区改称为北平市第二十三区；5 月，大粮台、广德庄划为北平市第二十三区行政村；6 月，第十五区和第二十三区合并改称第十四区。1950 年 8 月，第十四区改称第十一区。1952 年 7 月 18 日，第十一区改称为南苑区。1957 年年初，亦庄地区成为南郊农场第二分场。1958 年 9 月，成立红星人民公社，下设 10 个大队，其中有天恩庄（亦庄）大队。1961 年年初，为便于管理，红星公社将天恩大队划分为亦庄和鹿圈两个大队。1963 年年初，原属朝阳区十八里店公社的大羊坊南、北村，小羊坊，康村 4 个村队划归红星公社并入亦庄大队管辖。1972 年 10 月，亦庄大队改称亦庄分场。1984 年 5 月，建立亦庄乡政府。1998 年 9 月，南郊农场完成场乡体制改革，亦庄乡划归大兴县。

亦庄分场地处永定河、温榆河两水系的冲积与洪积平原的交界处，地势平坦，地势西北高、东南低，自然坡度为 0.1%，海拔 27～32 米。南部凉水河自西北向东南穿境 13 千米，地下水埋深 8～9 米。属大陆性季风气候，四季分明，全年平均气温 11.6℃，无霜期 184 天，年平均降水量为 575 毫米。有林地面积 53.4 公顷，林木覆盖率 17.6%。

1990 年亦庄乡各村民委员会情况如表 1-10 所示。

表 1-10　1990 年亦庄乡各村民委员会情况

村民委员会	总人口 （人）	辖村	村域面积 （平方公里）	耕地面积 （亩）	工农业总收入 （万元）
大粮台	1161	大粮台	1.6	1921	54.9
碱庄南	409	碱庄	0.63	839	108.3

（续）

村民委员会	总人口（人）	辖村	村域面积（平方公里）	耕地面积（亩）	工农业总收入（万元）
碱庄北	436	碱庄	0.54	709	104.7
双桥南	1118	双桥	1.7	2143	262
双桥北	1404	双桥	1.8	2482	640.6
大羊坊南	805	大羊坊	1	1270	174
小羊坊	1276	小羊坊、康村	1.6	2213	2472
大羊坊北	1063	大羊坊	1.42	1414	572.7
董家场	620	董家场	0.64	823	165.5
富源庄	530	富源庄	0.52	657	155.6
东广德庄	896	东广德庄、仁义堂、西营、亦庄	0.72	917	211.5
娘娘庙	358	娘娘庙	0.64	747	72.1
合计	10076	—	12.81	16135	4993.9

五、鹿圈分场（鹿圈乡）

北京市南郊农场鹿圈分场（红星区辖乡）在京南大兴县旧宫、瀛海、亦庄 3 个乡镇之间，总面积 14 平方公里，辖 16 个自然村，设 13 个村民委员会。全乡有 3400 户、11027 人，其中农业人口 9608 人，非农业人口 1419 人；以汉族居多，少数为回族、满族。

昔日，鹿圈曾是一片沼泽，到处坑塘遍布、草木横生，里面放养着成群的麋鹿，专供清朝皇帝行围狩猎，清末荒废。光绪二十八年

鹿圈分场

(1902)，官准招佃屯垦，始有农民迁此，形成一个个村落。1949 年，此地隶属北京第 23 区（南苑区），设鹿圈乡、西五号乡、广德乡、常庄子乡；同年 9 月，改属南苑 14 区。1953 年，成立晨光（鹿圈）、常庄子、西五号、大粮台 4 个农业合作社。1956 年，属红星集体农庄，合并成鹿圈乡。1958 年 5 月，撤南苑区，划归大兴县红星人民公社（南郊农场）管辖，称鹿圈大队（或称鹿圈分场）。1984 年 4 月始改今属，因乡政府驻鹿圈，故称鹿圈乡。

鹿圈乡是以农业为主的粮食产区，畜牧水产业尤为发达。全乡现有耕地 16201 亩，农业机械化程度很高，已全部实现了机械化。农作物以水稻、小麦、玉米为主，1990 年粮

食总产 737.7 万千克。林木覆盖率 18.4%，有果林 2929 亩，年产苹果、桃、葡萄等 249 万千克。有菜田 4329 亩、大棚 79 个、温室 1084 间，1990 年蔬菜产量 1357.7 万千克。畜牧以养鸡、鸭、牛、猪为主，有鸡场 3 个，年末存栏鸡 7.2 万只，年产鲜蛋 13 万千克；有养牛场 4 个，乳牛存栏 451 头，年产鲜奶 107 万千克；有猪场 7 个，年末存栏 2702 头，全年售出生猪 3138 头。养鱼水面 290 亩，全年捕捞鲜鱼 13.3 万千克，年产值 447.9 万元。

优越的地理位置、优惠的经济政策、便利的交通通信条件、丰富的资源吸引了大量国内外投资，建起了一个个合资、合作企业，如北京顺兴葡萄酒有限公司、宝茂旅游制品有限公司、北京雷格希葡萄酒有限公司、北京东顺食品有限公司、红星电子器材厂、北京羽中树脂厂等。其中，有的企业属于北京市星火科技示范企业、出口创汇企业。北京市农工商总公司的重点骨干企业——顺兴公司，在 1994 年被全国食品行业评为十佳明星企业。该公司生产的"丰收牌"桂花陈酒被评为中国名牌，并入选中国名牌大型画册，还有两个产品获"北京市优质产品"称号，产品出口日本、法国、荷兰、比利时、香港等 14 个国家和地区，年出口创汇 10 万美元。

乡内建有中学 1 所，有在校生 310 人、教职工 62 人；小学 2 所，有在校生 1241 名、教职工 80 名。其中，鹿圈小学历史悠久，1986 年集资建起了教学楼。乡内中心卫生院有医务人员 15 名，村村建有医务室，防病治病、妇幼保健条件不断改善。

1998 年年底，有乡村两级企业 45 家，其中乡办 14 家，涉及果酒酿造、电子、化工、服装、食品、铸造加工、建筑、运输等十几个产业，在厂职工 1392 人，固定资产总值 884.4 万元，年产值 4466 万元，利润 362 万元，每年向首都市场提供各种新鲜蔬菜水果、蛋品、鲜奶、鲜鱼、猪肉 1200 万千克，成为首都重要的副食品基地之一。

1990 年鹿圈乡各村民委员会情况如表 1-11 所示。

表 1-11　1990 年鹿圈乡各村民委员会情况

村民委员会	总人口（人）	辖村	村域面积（平方公里）	耕地面积（亩）	工农业总收入（万元）
宝善庄	506	宝善庄、清合庄、力田庄	1.3	1373.2	1036
常庄子	592	常庄子	1.1	1081	231
二号村	350	二号村	0.72	593	85
九号村	403	九号村	0.92	916	71
隆盛场	665	隆盛场、小地	1.6	1386	579
鹿圈一村	1155	鹿圈	1.36	1054	1065
鹿圈二村	676	鹿圈	0.86	871	168
鹿圈三村	1000	鹿圈	0.98	940	642

（续）

村民委员会	总人口（人）	辖村	村域面积（平方公里）	耕地面积（亩）	工农业总收入（万元）
鹿圈四村	620	鹿圈	0.8	962	627
天恩庄	1053	天恩庄、来顺庄	1.1	1276	1622
头号村	720	头号村、五号村	1.56	1737	480
西五号村	813	西五号村	1.2	1211.5	843
肖家庄	576	肖家庄、东红门	0.9	1138	503
合计	9129	—	14.4	14538.7	7952

六、金星分场（金星乡）

北京市南郊农场金星分场（红星区辖乡）位于大兴县东北部，距县城黄村镇东 2 千米，东与旧宫镇、瀛海乡接壤，南邻孙村乡，西接团河农场，与黄村镇为邻，北与丰台区南苑镇毗邻。乡域面积 15 平方公里，南北纵长 5.3 千米，东西横越 3 千米，南北呈带状。全乡设 16 个村民委员会，辖 15 个自然村。有 2691 户、8559 人，其中农业人口 7503 人，非农业人口 1056 人；汉族 6492 人，满族 1300 人，回族等 767 人。

金星分场

清乾隆四十二年（1777）建行宫于团泊湖东畔，名团河行宫，派十余户满族苑户驻行宫东侧以供役使，始成村落，名团河村，此为乡内最早形成的村落。光绪二十八年（1902）在团河宫设南苑督办垦务局，大批村落从此形成，时隶属顺天府大兴县。几经历史变迁，于 1958 年 4 月由河北省大兴县划属北京市，改称大兴区，同时将南苑区"海子"地区划属大兴区。1958 年 9 月隶属红星人民公社，称金星大队。1972 年大队改称管理区，也叫分场。1984 年改称金星乡，各辖村成立村民委员会。

金星乡乡域地处永定河洪冲积平原，地势平坦，西高东低，海拔 31～39 米。元、明、清时草木繁茂，獐狍兔鹿在此生息繁衍。今土地肥沃，水源充足，已成为京南商品粮基地。境内凤河源于团河村西，流经乡域 4 千米，乡南端临新凤河，界内灌渠纵横，地下水埋深 12 米左右。全乡有机井 185 眼，灌溉率 100%。农、林、牧、副、渔诸业俱兴，粮食作物以小麦、水稻、玉米为主。全乡有耕地 15401 亩，其中水田 6165 亩、水浇地 7176

亩、菜田 2060 亩。农业机械化程度较高，农机总动力 3779 千瓦，有大中型拖拉机 133 台、联合收割机 31 台、其他农机具 93 台、载重汽车 78 辆，耕耙播收全部机械化。1990 年粮食总产量 737.8 万千克，农业总收入 667.7 万元，1998 年农业总收入达 4025 万元。全乡以盛产大米久负盛名，年产大米 324.7 万千克。有经济林 1490 亩，农田林网化，林木覆盖率 15.7%，以杨、柳树为主。有果林 1000 亩，年产葡萄、苹果、桃等干鲜果品 28.5 万千克。蔬菜有 20 多个品种，以西红柿、黄瓜、菜花、白菜为主，有温室大棚 56 个，年产蔬菜 1082 万千克。畜牧业有牛场 6 个，存栏乳牛 662 头，年产鲜奶 296 万千克；鸭场 3 个，年存栏鸭 27.4 万只；鸡场 5 个，年存栏 5.6 万只，年产蛋 91.3 万千克，上市商品蛋 89.9 万千克；建有百头规模猪场 2 座，年存栏猪 3861 头，出栏生猪 3727 头。养鱼水面 132 亩，年产鲜鱼 5.25 万千克。乡村两级共有企业 32 个，职工 1639 人，固定资产 1721.9 万元，主要有化工、印刷、汽车配件、粉丝加工、高档家具、水暖器材、电力器材、服装、灯具等产业，年产值 3500.5 万元，利润 310.6 万元，年人均收入 2096 元。全乡中学、小学一应俱全。卫生院建筑面积 700 平方米，有医护人员 27 名，配备了 X 线透视机、心电图机及常规化验用医疗设备。各村建医务室，有村级医务人员 18 名，能完成常见病防治、妇幼保健等工作。

境内有清乾隆四十二年（1777）建团河行宫遗址，为县级保护文物。宫内御碑亭、翠润轩、云随亭、狎鸥轩（十字房）修缮一新，已辟为京郊旅游点。

团河路为乡域主要公路，西接京开公路，北连南西公路，另有金西路、团桂路、团忠路与之相交，团河路有 369 路公共汽车通过。

金星分场作为红星区的重要组成部分，40 年来伴随着红星前进的步伐，走过了一段辉煌的历程。昔日有名的"苦海子"，如今五谷丰登、六畜兴旺，农、工、商、贸齐发展，1994 年全分场实现总产值 5.66 亿元，人民生活幸福、安居乐业。

金星的农业向着"高产量、高质量、高效益"的方向发展，农田基础设施日益完善，1.5 万亩良田全部实现机械化作业和喷灌，有大型小麦收割机 27 台、玉米收获机 5 台、各种农机具 120 余套。人们"面朝黄土背朝天"繁重的体力劳动已一去不复返，粮食连年丰收，亩产近 1000 千克。金星分场每年都向国家交商品粮 100 万千克以上。在发展粮食生产的同时，金星人民还大力发展畜牧业和林果、蔬菜种植业，每年向国家出售商品猪 8000 头、商品鸭 45 万只、牛奶 130 万公斤、鲜蛋 85 万公斤、鲜鱼 7 万公斤、各种水果 200 万公斤、四季蔬菜 750 万公斤，成为首都重要的副食品生产基地。

金星的工副业越办越红火，规模越来越大，乡办、村办企业共 110 多家，遍布全分场，电子、汽车配件、机械、印刷、纺织、服装、食品等几十个行业的上千种产品畅销各地。其中，金星地图印刷厂是市级企业，每年为国家上缴利税百万元以上；金星电子仪表厂生产的控制台用于鞍钢生产线和三峡工程；作为乡办企业的原金星修理厂成立的粉末涂料公司，研制成功了高科技粉末涂料，是国内名优产品，并出口芬兰，成为金星人的骄傲。

金星人不甘落后，勇于进取，善于抓住机遇，致力于干大事业。占地 1800 亩、投资 1400 万元开辟的新建工业开发区体现了金星人的胆略和超前的经济意识，其配套设施已日趋完善，已入区企业 10 家。它将成为金星高科技产品的生产基地，为金星的经济腾飞插上坚强的翅膀。金星人善于解放思想、更新观念，重视农业区的城市化建设，注重将土地资源优势转化为资金优势，利用优越的地理位置、投资环境及优惠政策诚招商贾，已吸引中央市属单位及美国、加拿大、日本、韩国、新加坡、德国等国家的几十家企业及客商到此投资兴业。

金星住宅小区已具有较大规模，30 余栋楼房拔地而起，犹如一把珍珠镶嵌在金星碧绿的田野上。新三余、大生庄、新建村 3 个住宅区纳入金星"九五"发展规划，境内的团河行宫风景秀丽，已被市政府列入 18 大开发景点之一，集 56 个民族特色的中国第一文化村就建在其中。乾隆花园别墅区气势宏伟，其恢复了团河行宫旧貌，将再现龙的文化。东方文化垂钓园、双泡子旅游区、中国第一体育村的景点规划已经完成，目前正在紧张施工。一座集农、工、商、贸、房地产开发、文化旅游事业为一体的新型乡镇正在金星大地崛起。金星分场作为南郊农场八大乡镇之一，不愧是一颗璀璨耀眼的金星！

1998 年，金星乡经济各项指标又上了新台阶，全年营业收入 52934 万元，利润总额 3178 万元，税金 660 万元。营业收入中，乡办企业收入 14115 万元；利润总额中，乡办企业利润 1607 万元，净利润 1319 万元。在乡办企业中，工业企业的经济占主导地位，其中收入为 10088 万元，利润总额 1349 万元，净利润为 1232 万元。截至 1998 年，金星乡全乡人口 7133 人，人均劳动所得 6345 元。

金星乡下辖金星庄、大白楼、大生庄、宁海庄、新建庄、老三余庄、寿宝庄、团河村、积德堂、小白楼、建新庄、新三余庄、振亚庄、志远庄，共 14 个村。

1998 年金星乡各村民委员会情况如表 1-12 所示。

表 1-12　1998 年金星乡各村民委员会情况

村民委员会	总人口 （人）	辖村	耕地面积 （亩）	总收入 （万元）	利润总额 （万元）	人均劳动所得 （元）
振亚庄	167	振亚庄	340	363	56	2754
志远庄	358	志远庄、双泡子村	740	370	24	3016

（续）

村民委员会	总人口（人）	辖村	耕地面积（亩）	总收入（万元）	利润总额（万元）	人均劳动所得（元）
大生庄	180	大生庄、宁海庄	—	511	43	2379
大白楼	290	大白楼	340	1358	60	4034
小白楼	272	小白楼	—	390	26	3933
寿宝庄	593	寿宝庄	795	491	38	1703
建新庄	170	建新庄	400	629	46	3399
新建一村	436	新建庄	800	363	39	2431
新建二村	410	新建庄	—	656	65	4187
新建三村	370	新建庄	850	539	41	3950
新建四村	335	新建庄	738	1021	57	4810
团河北村	510	团河村、积德堂	1306	1100	78	4627
团河南村	530	团河村	1200	934	66	4110
金星庄	631	金星庄	1362	397.4	—	—
老三余庄	458	老三余庄	798	2072	110	2379
新三余庄	140	新三余庄	360	190	10	4600
合计	5850	—	10029	11384.4	759	52312

注：金星庄数据为 1992 年。

七、太和分场（太和乡）

北京市南郊农场太和分场（红星区辖乡）地处古浑河洪冲积平原，地势平坦，海拔 26～32 米，境内有新凤河横贯东西。该分场位于南郊农场驻地万源路东南 13 千米，东与通县接壤，南与青云店镇毗邻，西与瀛海乡、垡上乡相连，北与鹿圈乡交界。通黄公路横穿境界，东接京津塘高速公路，西与京济公路和京开公路相接，通长途汽车，在此设站。

此地清代以前属皇宫禁苑南海子地域，光绪二十八年（1902）设南苑督办垦务局，准许

太和分场

招佃屯垦苑内旷闲土地，大批村落从此出现。1949 年中华人民共和国成立后隶属北平市南苑区，1953 年设四海、瑞合、石太 3 个乡，1955 年 10 月合并统称太和乡，归红星集体农庄管辖。1958 年撤销南苑区划，归红星人民公社管辖，属大兴县。1984 年 4 月设红星区；同年，各村成立村民委员会，因乡政府驻太和庄，故称太和乡，至 1998 年场乡体制

改革。全分场（乡）总面积 20 平方公里，南北 5 千米，东西 4 千米，辖 20 个村民委员会、14 个自然村，户籍人口共 7767 人，其中农业人口占 86.5%，以汉族居多，亦有满族。土壤以黄潮土种为主，地下水埋深 3.2～5.4 米，共有 17545 亩耕地，其中机耕面积 16430 亩，占总耕地的 95% 以上。境内有新凤河横贯东西，流长 4 千米，开挖大小排灌渠 14 条，总长计 160 千米，打机井 360 眼，有效灌溉面积大于 98%。

在经济发展上，以农业粮食生产为主，主产小麦、水稻、玉米及林果蔬菜。农业机械总动力 5118 千瓦，有大中型拖拉机 52 台、联合收割机 25 台、其他各种农机具 147 台、载重汽车 111 辆。农业生产耕、耙、播、收全部实现机械化，1990 年粮食总产 1079.9 万千克。有速生片林 1380 亩、经济林 1050 亩，产苹果、桃、梨、葡萄等，年产干鲜果品 84.5 万千克，商品总量 64.9 万千克。在养殖业方面，有猪场 1 个，年末存栏猪 1240 头；有鸡场 3 个，年末存栏鸡 11.8 万只，年产蛋 6.7 万千克；有养鱼池塘 1100 亩，年捕捞量 75.2 万千克。在工业发展方面，共有企业 49 家，其中乡办 13 家、村办 36 家，职工总数 2335 人，固定资产 1291.3 万元。1998 年，全分场（乡）经济总收入 34733 万元，缴纳税金 648 万元，实现税后利润 1040 万元，人均劳动所得 6235 元。在公益事业方面，有中学 2 所、小学 3 所，在校生共 365 名，教职工共 69 名；此外，还有中心卫生院 1 所、村医务室 14 所，有医务人员 42 名、病床 10 张；文化娱乐设施有文化站、广播站等。

1990 年太和乡各村民委员会情况如表 1-13 所示。

表 1-13　1990 年太和乡各村民委员会情况

村民委员会	总人口（人）	辖村	村域面积（平方千米）	耕地面积（亩）	工农业总收入（万元）	
					1990 年	1998 年
太和庄东	408	太和庄	0.71	897	61.5	457
太和庄西	357	太和庄	0.61	875	51.2	—
太和庄北	462	太和庄	0.53	892	172.4	25
东合盛	403	东合盛	0.89	1200	79.4	251
宏农庄	650	宏农庄	1.1	135	424.6	226
千顷堂	253	千顷堂	0.47	652	38.8	—
屈庄	577	屈庄	0.76	904	25.7	—
瑞合庄一村	671	瑞合庄	1.03	1225	140.2	102
瑞合庄二村	605	瑞合庄、瑞生庄	1.05	1177	434.3	2403
烧饼庄一村	262	烧饼庄	0.55	596	57.3	—
烧饼庄二村	199	烧饼庄	0.65	527	47.1	—
石太庄	367	太和庄	0.76	1058	99.2	41
四海庄一村	794	四海庄	1.18	1567	154.2	56
四海庄二村	684	四海庄	0.91	1205	210.7	245
四海庄三村	427	四海庄	0.57	711	196.6	—
四海庄四村	568	四海庄、海晏庄	1.05	1232	104.5	65

（续）

村民委员会	总人口（人）	辖村	村域面积（平方千米）	耕地面积（亩）	工农业总收入（万元）	
					1990 年	1998 年
四合庄一村	666	四合庄	0.88	1168	129.1	426
四合庄二村	655	四合庄	0.90	1180	222.4	67
同义庄	167	同义城	0.37	497	49.9	16
下十号村	332	下十号村	0.58	699	55.5	348
合计	9507	—	15.55	18397	2754.6	4728

注：表中列出了 1990 年和 1998 年两年的工农业总收入，是为了体现 8 年间太和乡的经济增长情况。

八、孙村分场（孙村乡）

北京市南郊农场孙村分场（红星区辖乡）位于大兴县中部，西距县政府驻地黄村镇 5 千米，东邻垡上乡，南连魏善庄乡，北接金星乡及团河农场。乡域面积 24 平方千米，东西长 7 千米，南北阔 4.5 千米，辖 15 个自然村，设 16 个村民委员会。全乡共 2701 户、10214 人，其中农业人口 10128 人，非农业人口 86 人，多为汉族，有少数回族。

孙村分场

乡域村落多为明初形成，时隶顺天府大兴县卢家垡社；清属顺天府大兴县黄村巡检司；1928 年划属河北省大兴县；1949 年 1 月属北平市 24 区，即黄村区；1949 年 6 月，随黄村等 46 个村划属河北省大兴县。1953 年曾设刘村乡、东磁各庄乡，1955 年合并成孙村乡。1958 年属黄村人民公社，称孙村大队；1962 年划入红星人民公社；1972 年改称管理区；1984 年置孙村乡，乡政府驻孙村，故名。

乡域地处永定河洪冲积平原，地势平坦。地下水埋深 8.5～10.2 米，海拔 30～33 米，西北高、东南低。新凤河自乡域北部由西向东流长 7 千米。西南部有大龙河，流经乡域 2.5 千米。人工灌渠纵横其间，并有机井 268 眼，灌溉面积 17186 亩。

全乡耕地面积 29380 亩，农作物以小麦、玉米、水稻为主。农业机械总动力 3300 千瓦，有大中型拖拉机 40 台、小型拖拉机 56 台、联合收割机 29 台、各种农机具 58 台（件）；耕、耙、播、收全部实现机械化。1990 年产粮 1226.6 万千克，其中小麦 484.3 万千克，占粮食总产量的 45%。林木覆盖率 16.1%。有果园 1386 亩，年产葡萄、苹果、梨、桃等干鲜果品 554 万千克。有菜田 1138 亩，建有温室大棚，年产蔬菜 690.3 万千克。畜牧业有猪场，年存栏生猪 1701 头，出栏生猪 3462 头。养鸡场年存栏蛋鸡 3.2 万只，年产商品蛋 37 万千克。有鱼池 20 亩，年产鲜鱼 1 万千克。乡、村企业共 40 个，其中乡办企业有制革厂、纺织机件厂等，共 7 个，有职工 1162 人，年工业总产值 2143 万元，利润 62 万元。1990 年全乡工农业总收入 6137 万元，人均收入 1911 元。

乡内有中学 1 所、小学 9 所，有教职工 190 人、学生 1909 人，7 个村建有学前班。乡建有中心卫生院，设病床 10 张，各村设医务室，医务人员共 24 名。此外，还有乡文化站、广播室、电影放映队。

通黄公路自孙村乡北部穿过，东达马驹桥，连京津塘高速公路，西抵黄村镇，接京开公路，西南部有黄安路，另有乡级公路 7 条，乡域内有长途汽车经过，设站。

1998 年全乡各业总收入 3377 万元，其中，农林牧副渔业 4544 万元，工商运建服业 26496 万元，其他行业 2732 万元。利润总额 1589 万元，上缴税金 508 万元，年人均所得 6437 元。

孙村乡工业园区的建设从 1990 年后有了突飞猛进的发展。1994 年，孙村乡得到大兴县政府关于建立孙村工业开发区的批复，规划范围是北起通黄路，南至丰盛路，总占地 120.2 公顷。为了招商引资，孙村乡政府制定了土地对外出让、出租、合资入股使用的优惠政策，为吸引投资奠定了基础。1997 年建成北京五建构件厂、北京孔雀产业公司、北京明治工贸有限公司、北京宏远金属结构公司、北京兴运食品厂、北京希玛格建筑公司、北京凯迪思电子有限公司等骨干企业，到 1998 年年底，共有 58 家乡村级企业。其中，凯迪思电子有限公司生产的 PCB 电子板达到国际先进水平，出口量占 30%，并荣获 1997 年南郊农场科技进步三等奖；兴运食品厂生产的全粉复合型"大家宝薯片"荣获 1999 年全国食品工业科技进步奖；中光公司生产的 PS-1 荧光增白剂获 1997 年市级星火计划一等奖。到 1998 年，孙村乡工业总收入 5408 万元，利润 263 万元。

1998 年孙村乡各村民委员会情况如表 1-14 所示。

表 1-14　1998 年孙村乡各村民委员会情况

辖村	总人口	村域面积（平方公里）	耕地面积（亩）	各业总收入（万元）	利润总额（万元）	人均劳动所得（元）
薄村	496	0.82	1115	263	68.3	906
东磁各庄	807	1.4	1736	268	36	107
桂村	680	1.2	1548	93	47.4	189
郭上坡	185	0.5	686	11.2	2.7	94

（续）

辖村	总人口	村域面积（平方公里）	耕地面积（亩）	各业总收入（万元）	利润总额（万元）	人均劳动所得（元）
侯村	632	1.2	1621	43	17.5	140
霍村	493	0.95	950	134.5	59.4	425
李村	608	0.95	1256	593	93.5	647
刘村	1714	2.4	1807	598.6	115.9	507.5
三间房	1172	1.7	1725	67.1	20.1	146
孙村	1029	1.82	2500	49.4	20	99
王立庄	1142	1.6	2174	685	114.8	822
西磁各庄	506	0.9	1153	453	190	525
辛店	486	0.53	697	65	38.6	219
邢各庄	1084	1.2	2059	290	49.7	197
北磁各庄	146	0.3	397	—	—	—
合计	11180	17.47	21424	3613.8	873.9	5023.5

九、红星街道办事处

1981年6月13日，红星人民公社居民委员会联合总会正式定名为红星地区街道办事处。1984年，南郊农场建立红星区公所后，定名为红星地区居民办公室。其主要职责是对红星地区内8个乡（镇）及牛奶公司所分布的非农业人口实施综合管理，包括居民教育、民事调解、计划生育、市容管理、治安保卫、待业分配、妇幼保健等；对旧宫、树桥、东营、德茂、和义、西红门、金星7个居民委员会进行监督、领导。辖区居民共8028户，总人口19843人，多为汉族，还有回族、满族等少数民族。

1998年8月10日，随着场乡体制改革，红星地区居民办公室职能和业务也归属到各乡镇管理。其中，和义居民委员会归属丰台区南苑街道办事处管理，旧宫居民委员会和德茂居民委员会归属旧宫镇政府管理，东营、牛家场、小粮台、闫家场居民委员会归属亦庄镇政府管理。

第二编

农业生产经营

中国农垦农场志

第一章　种　植　业

南郊农场所处的位置（红星地区）俗称"苦海子""海子里"，是曾经的皇家猎场，属于永定河冲积形成的土层，地势低洼，地下水位高，土壤盐碱化严重。中华人民共和国成立前，这里不仅十年九涝，而且土地贫瘠，以种植棉花为主，粮食和棉花产量很低，当时粮食作物亩产只有七八十斤，棉花亩产也只有五六十斤。中华人民共和国成立后，党和政府领导农民发展生产，建立起国营农场，开始开垦荒地、兴修水利、治理盐碱地，积极种植水稻、小麦、玉米等粮食作物。

南郊农场从 20 世纪 50 年代初开始发展农业生产，种植品种包括水稻、小麦、玉米、青饲、蔬菜、果树、花卉等。几经发展，南郊农场成为首都名副其实的农产品生产基地。

从建场到 1958 年为场社合并以前的时期。这个时期，通过改造盐碱地、兴修水利、改善种植环境，农场的农业种植得到初步发展，品种以水稻、小麦、玉米、蔬菜、青饲为主，并开始少量种植果树。

1958—1998 年为场社合并期。这个时期，农场规模得到扩大，种植业进入大发展阶段。通过科学管理、良种推广，1970 年以后，农场小麦生产进入大发展时期，小麦播种面积 3121.53 公顷（46823 亩），总产达到 1173.5 万公斤，并创农场小麦历史最高纪录。单产平均亩产 501 斤，创小麦单产一季"过黄河"（"过黄河"指标为 500 斤）的记录。

1998 年场乡体制改革以后，种植业规模大幅减少。这一时期，农场采用"上粮下饲"的种植模式。

2018 年，农场从事种植业的单位主要有农管中心、长阳农场、卢沟桥农场，品种有小麦、青饲玉米、果树、花卉等。

农管中心主要有传统大田种植、温室大棚种植、采摘园、种植园及现代化的农事体验项目。传统种植地仅有 800 余亩，采用"上粮下饲"的种植模式；300 亩温室大棚主要种植蔬菜。

截至 2018 年，由于附近牛场搬离，产业结构调整，大田种植改为上半年种植小麦，下半年种植大豆。

阳光兴红农业种植园占地 800 亩，由南园、北园和油菜花观光园三部分组成，主要经营农耕体验、蔬菜采摘、蔬菜配送、农事科普教育、亲子拓展、农业旅游观光等项目。种植园占地 400 多亩的油菜花观赏区是北京市五环里最大的一片油菜花海，2017 年荣获"北京市十佳优秀农田景观点"称号。

从 2003 年开始，长阳农场创建以樱桃采摘为主的 450 亩绿色生态园，其中樱桃种植面积 250 亩，辅以种植梨、葡萄、桃、李子、杏、草莓等。2015 年，生态园的樱桃和梨均获得了国家绿色食品 A 级认证。

另外，长阳农场种植青饲玉米 1400 亩，青饲卖给奶牛场。

第一节　粮食生产

一、小麦

农场从建场开始就种植小麦，起初的小麦种植既无水利，又无肥料，完全靠天吃饭，亩产只有七八十斤，种植面积也很少。随着农田基本建设的推进和良种的推广，小麦种植面积不断扩大，产量也逐步上升。

1952 年，全场播种小麦 1.6 万亩，平均亩产 70 多斤。经过大平大整土地以及小麦优种化，引进"农大 183"号良种，到 1966 年，小麦种植面积达到 49437 亩，平均亩产 359 斤，总产 1777 万斤。

1970 年以后，农场小麦生产进入大发展时期，大力平整土地，兴修水利，选用良种，由过去的"农大 311"和"农大 141"改种"东方红三号""红粮一号""二号""代 139""科繁 51"。到 1973 年，小麦播种面积共 46823 亩，总产达到 2347 万斤，比上年增长 34.5%，并创农场小麦历史最高纪录。高产队北牛场 840 亩小麦连续三年平均亩产都在 700 斤以上。

1989 年，小麦种植面积 75930 亩，亩产 743.2 斤，总产 5645.2 万斤，荣获北京市小麦单产最高奖。

20 世纪 80 年代末 90 年代初，农场引进少量"京 411"和"京东 8"新品种进行扩繁，然后向华北地区推广，对引领华北地区小麦品种改进起到促进作用。

1995 年 6 月 13 日"三夏"在即，中国科学院院长周光召、副院长李振声率中科院生态、遥感、农业 3 个研究所的 10 多位专家和院士来到南郊农场，查看 8 万亩小麦的生长情况和小麦精量播种技术应用的效果。1998 年 4 月 9 日，中国著名小麦专家李振声、庄巧生等来南郊农场（红星区）考察小麦精播技术及苗情长势。

场乡体制改革以后，2000 年，农场小麦种植面积 7000 余亩。随着北京市农业结构调整，一道绿（北京市第一道绿化隔离带）、二道绿、平原造林等项目陆续开展，小麦种植面积逐年下降，到 2015 年，只剩下 800 亩，主要用于育种。

因产业结构调整，自 2017 年开始，农场小麦种植面积锐减到约 400 亩，亩产 1000 斤左右，自己磨面销售。

1964 年 8 月 24 日，印度尼西亚农民出身的科学家雅古斯（右一）在
我国农民科学家陈永康（右二）陪同下，参观红星人民公社的水稻田。

二、水稻

南郊农场所辖区域原称"苦海子"，地势低洼，地下水位高，土壤盐碱化严重。中华人民共和国成立前"十年九不收"，土地贫瘠。1955 年下半年，南郊农场的红星集体农庄及金星、曙光农业社响应上级号召，开始改造盐碱洼地，开发种植水稻田，大干一个冬春，开垦稻田 3480 亩，试种水稻成功。自此，农场兴修水利，治碱改土，积极发展水稻种植业。

1956 年，共种植水稻 3480 亩。其中，红星集体农庄在青台子和西洼地两处共开垦稻田 1900 亩，金星社也在涝洼窝里开垦出稻田 1500 亩，曙光社开垦出稻田 80 亩。1958 年场社合并时，水稻种植面积 19600 亩，平均亩产 589 斤。

自 1960 年以后，水稻种植面积持续增加。到 1971 年，水稻种植面积发展到 85270 亩，达到农场水稻种植面积高峰，亩产 736 斤，总产量达到 6279 万斤。

通过推广引进水稻旱直播技术，1980 年，水稻种植面积达到 81000 亩，平均亩产

838 斤。

1989 年以后，为响应上级的节水号召，逐步将种植水稻改为种小麦和玉米。

1990 年 5 月，南郊农场开始进行小规模的露地育苗抛秧实验。1991 年，主要水稻技术人员到中国农业大学集中进行为期两年的"水稻模拟与决策"研制工作，于 1993 年开始应用。

到 20 世纪 90 年代末期，南郊农场基本停止了水稻种植。

水稻种植

三、玉米

玉米种植地

20 世纪 50 年代初，农场还处于初级社时就开始种玉米。当时玉米种植面积 3 万亩左右，一般年景亩产约 75 公斤。到 1957 年（成为高级社以后），全地区（含农场）播种玉米 3.67 万亩，平均亩产曾达 297 斤，总产玉米 1090 万斤。1958 年，玉米种植由原来以一年一茬春玉米为主的种植方式，逐渐过渡到以夏播为主。从 1962 年起，在全农场范围内进行了一系列的科学试验和三次大规模的更新优良品种推广工作。

品种更新过程为：1962—1969 年，以春播的"农大七号"双杂交种和从国外引进的部分杂交种为主；1970—1979 年，自育出一批新的单交种，如"白单二号""白单四号""丰收 101""丰收 103""丰收 105"等优良品种，后又育出"京早八号""中原单四号"优良品种；1980—1989 年，夏播"京早七号""京早八号""中原单四号"和少部分"京杂六号"，后又逐步过渡到"掖单四号""京黄 127"等新优杂交种。

在田间管理方面，通过合理密植，使用氮素化肥底肥、夏玉米免耕覆盖等技术措施，到 1989 年，农场玉米种植面积达到 32757 亩，平均单产 679.8 斤，玉米总产突破 2226.8 万斤，为农场实现"吨粮田"目标奠定了基础。

1998 年场乡体制改革以后，农业结构调整，原来的玉米种植改为青饲种植，直到 2017 年年底。

2018 年，由于牛场搬离，青饲无处销售，农管中心改种黄豆。到 2018 年年底，因产业结构调整，只剩下 570 亩大地，上半年种小麦，下半年种大豆，从此结束了玉米种植。

蔬菜种植温室大棚

第二节　蔬菜生产

南郊农场的蔬菜种植从 20 世纪 50 年代初开始，先后经历建场初期、场社合并、"文化大革命"、三中全会和场乡体制改革几个阶段。面积从开始的几百亩发展到 18400 亩，种植方式从单一露地种植逐步发展为露地与设施两种种植模式共存，亩产量和亩产值也大幅增加。

一、建场初期（1949—1957年）

蔬菜种植面积由45亩增到1200余亩，以露地种植为主，品种以大白菜为主，主要供职工自食和饲料用。

二、场社合并期（1958—1965年）

1958年，场社合并。1959年，蔬菜种植面积达到18400亩，总产量达6354万斤，供应城市商品菜5061.2万斤，是农场蔬菜生产的第一个高潮。

三、"文化大革命"期间（1966—1976年）

蔬菜种植面积、产量均大幅回落。1966年的种植面积最小，锐减到3130亩，总产量仅为2652.6万斤。

四、三中全会后（1978—1989年）

改革开放后，农场的蔬菜生产迎来第二个高潮。1979年，蔬菜种植面积14000亩（其中商品菜12000亩），总产量1.1亿斤，包括"北京106"大白菜、"佳粉一号"西红柿、"京丰一号"洋白菜、"津研4号"黄瓜等八大类20多个品种。

从1978年开始到1989年，农场共投入资金1080万元，建成温室大棚1293亩，相当于1978年的64.6倍，商品菜种植面积达11982亩，亩产值由1978年的330元增加到1833元，增长4.5倍。十二年间，累计提供商品菜6.5亿公斤，商品菜面积和产量均占市农场系统的1/3，分别占北京市近郊区的1/15和1/13。

1996年为农场蔬菜生产第三个高潮。为响应北京市提出的"菜篮子"工程计划，农场加大了蔬菜种植力度，大棚蔬菜平均亩产22266斤/年，亩产值9800元/年。其间，大棚秋番茄高产稳产栽培技术获"北京市科学技术进步三等奖"，节能型日光温室蔬菜综合配套栽培技术获"农业部丰收二等奖"和"北京市推广二等奖"，名优蔬菜（心里美萝卜）综合丰产技术获"农业部推广三等奖"，保护地滴灌节水技术获"北京市推广三等奖"。1987—1992年，南郊农场连续6年被评为"北京市蔬菜工作先进单位"，为首都"菜篮子"工程做出了重大贡献，这是南郊农场蔬菜生产最辉煌的时期。

五、场乡体制改革后（1998 年至今）

1998 年场乡体制改革以后，农场调整产业结构，取消了大面积蔬菜种植。目前，种植园约种植蔬菜 400 亩（含卢沟桥），配套都市农业，为学生提供科普基地，为市民提供农事体验平台。作为"北京市中小学生社会大课堂资源单位"和"北京市科普教育基地"，每年有 5 万名左右的中小学生到园区参加农事科普教育活动。此外，园区还规划出 1000 多块认养地块，供市民认养体验。

西红门的心里美萝卜　　　　　　　　瀛海庄的五色韭菜

第三节　花　卉

首农·紫谷伊甸园正门

1982 年，鹿圈一队彭绪敏开始养花，但是规模较小。她曾被评为"全国三八红旗手"、市劳模、种花状元。

2003 年 9 月，农管中心成立水培花卉试验场，试验场兴建水培花卉培育基地，占地面积 16983 平方米。基地各种建筑面积总计 6446.6 平方米，其中玻璃阳光大棚 3250 平方米，温室 1800 平方米。起初，试验场与广州华南农大联合，华南农大为试验场提供了已成功的 10 余个水培花卉品种，在基地进行培育销售。2006 年，水培花卉试验场成功研究配制了自己的营养液，成为完全自主经营企业。其水培花卉有三大种类，分别是木本绿植花卉、草本绿植花卉、沙漠类植物，总计 80 余个品种。业务由原来的单纯销售逐步拓展为水、土花卉培育，饭店机关租摆，临时会议租摆及假日场地租摆，年销售额达 300 万元。

2009 年，由于市场销售逐步下滑和企业结构调整，农管中心将水培花卉试验场并入金星园艺场。此后，仍然有小规模土培花卉销售及养护。2015 年 6 月，水培花卉试验场营业执照注销，花卉经营彻底终止。

2013 年，卢沟桥农场在永定河荒滩上开工建设首农·紫谷伊甸园，现对外开放 1000 亩。园区利用 400 亩地种植花卉，包括薰衣草、马鞭草、冰岛虞美人等 80 多个品种。

2015 年 2 月至 2016 年年底，紫谷伊甸园被网民评为"发现丰台之美·丰台美丽元素"最美自然景区第一名，被北京市乡村旅游等级评定委员会评定为"休闲农庄"并颁发证书，被北京市教委列为"北京市青少年校外实践大课堂教育活动基地"。紫谷伊甸园都市农业建设项目为首农集团的科技进步、经济建设做出了贡献，荣获集团公司科技进步一等奖。

游客在首农·伊甸园赏花拍照

第四节　果　　林

南郊农场的果树发展主要分为以下几个阶段：

一、传统栽培阶段

中华人民共和国成立前，鹿圈就有少量葡萄种植。中华人民共和国成立后，南郊农场开始成片种植果树。1951 年，技术员杨潞萍种植 26 亩果树，包括苹果、葡萄、桃树。1952 年，在园艺师詹则忠的指导下，果树种植总面积达到 200 余亩，其中，苹果 93 亩、桃 50 亩、葡萄 40 亩、梨 55 亩，地点在北牛场以东和饲料公司以南。到 1955 年，鲜果总产量达 3.3 万斤。1956 年，果树种植面积发展到 412.6 亩。1957 年，和义、六合庄、德茂等处开始种植果树。

二、初步发展阶段

1958—1979 年是初步发展阶段。1958 年下半年，南郊农场一些单位开始利用河滩沙地种植果树，农场果树种植得到快速发展。1959 年，果树种植面积达到 2450 亩，品种包括葡萄、桃子、梨、苹果，总产量达 25 万公斤。南郊农场、长阳农场和卢沟桥农场的果树种植面积达到高峰期时，南郊农场有 2450 亩，卢沟桥农场有 3482 亩，长阳农场有9000 亩。

三、稳步发展阶段

1979—1989 年，农场果树生产发展最快。1988 年，总场成立了"果林科"，各分场成立了"林业工作站"。全场有果树技术人员 10 人、农民技术人员近 100 人，果树种植上了一个新台阶。1989 年，种植面积达到 7945 亩，产量 837 万斤，且技术管理更加科学，果树品种得到很大改善。苹果品种有新红星、玫瑰红、乔纳金、红富士等。

四、场乡体制改革至今

1998年场乡体制改革后，农村分场移交大兴县管理，农场基本没有成片果林。

2003年，长阳永兴果林实验厂创建以樱桃采摘为主的450亩绿色生态园，其中樱桃种植面积250亩，辅以种植梨、葡萄、桃、李子、杏、草莓等。2015年，生态园的樱桃和梨均获得国家绿色食品A级认证。

2004年，农管中心金星试验场开始种植有机果园。经过不断发展，到2017年，有机水果采摘园占地500亩，共计1.8万棵果树，从果树培育研究所引进的高端树种有樱桃、杏、桃、李子、西梅、苹果、葡萄等9种，每个树种又分为早、中、晚熟，共计65个品种，每年的5月中旬到10下旬，是果品的采摘季。

2006年，金星果园取得有机产品认证书，至此，已经连续12年获得有机认证。2016年6月，举办了第一届红星集体农庄樱桃采摘节。2017年，第二届红星集体农庄樱桃采摘节共接待游客近5000人。

2018年，景观生态林建设共计2235亩，其中，长阳农场实施建设景观生态林1135亩，农管中心实施建设景观生态林1100亩。

2018年5月，长阳农场主办首农集团"美丽首农"系列活动——"首农有你·无限徜徉"樱桃采摘季活动。

第五节　青　饲

南郊农场的青饲种植从20世纪50年代初开始。奶牛养殖是南郊农场的重点产业，青饲料供给关系到畜群的质量和经济效益，因此，农场一直重视青饲生产。

1953年，农场只有1862亩饲料地，总产青饲料243万斤。1954年，农场确定"以畜牧为主，农牧结合，多种经营，为首都服务"的方针以后，畜群数量不断扩大，饲料种植面积也逐年上升。到1965年，饲料地面积达到24947亩，产量大幅增加，品种也日趋多样化，包括苜蓿、青燕麦、早青玉米、晚青玉米、薯类、甜菜、胡萝卜、多穗高粱、豆科作物等，实现了青饲料循环供应，延长了青喂期，从早春到初冬，奶牛都有青饲供应。

"文化大革命"期间，奶牛养殖数量大幅下降，1975年已经下降到3631头，青饲种植也随之减至21351亩。

粉碎"四人帮"以后，随着各种方针政策的落实，畜牧业又得到了恢复和发展。1980

年，农场提出"养殖业国营、集体、个人一齐上"的口号，奶牛养殖数量恢复到4647头，青饲种植面积增加到39556亩。特别是到1989年，青饲种植面积增至46434亩，总产青饲10450.2万公斤，为奶牛养殖业的发展起到了保障和促进作用。

随着场乡体制改革以及畜牧养殖业从南郊农场剥离出去，南郊农场的青饲种植面积锐减。

2017年，农场共种植青饲玉米2200亩，亩产3000公斤，其中农管中心800亩，长阳农场1400亩。

2018年，因为种植结构调整，南郊农场结束了青饲玉米种植。

第二章　养　殖　业

第一节　奶　牛　业

南郊农场是北京市饲养奶牛最早的农场之一，从20世纪50年代初到1989年，大体经历了三个阶段。

第一阶段为1951—1965年。1951年，农场还没有一个正式的奶牛场，只在敌伪的油弹库里饲养了20多头老残牛。这一时期发展很快，建成了9个国营奶牛场，奶牛头数从1953年的520头发展到4297头，增长了7.26倍。其中，成母牛从1953年的272头增加到2360头，增长7.7倍，总产奶量从1953年的93.5万公斤发展到1168万公斤，增长11.5倍，消灭了布鲁菌病、结核病等传染病，健化了牛群。

第二阶段为1966—1978年。"文化大革命"期间，农场奶牛生产受到了严重破坏，饲养奶牛赔本，牛场被迫卖牛。到1978年，奶牛总头数减少到3194头，比1965年减少了25.6%。其中，成母牛2124头，比1965年减少9%，奶牛总产量1169万公斤，同1965年持平。到1978年，除总产奶量略有增加外，奶牛总头数还未恢复到1965年的水平。

第三个阶段为1979—1989年。党的十一届三中全会以后，奶牛生产很快得到恢复，发展迅速，农场所属南郊牛奶公司已拥有10个国有牛场和27个集体奶牛场。70%以上的成母牛实现了机械化挤奶，其中金星牛场、亦庄牛场进入北京十大规范化牛场行列，并使用电子计算机对牛群进行管理，这在全国是第一家。到1988年，全场牛群总数已达到10354头，比1953年增长近80倍，成为全国唯一奶牛超万头的农场，牛奶总产量达到3694万公斤，比1953年的93.5万公斤增长38.5倍，占北京市牛奶总数的1/5，成为北京市重要的牛奶生产加工基地。

随着北京市场乡体制改革，原归属于各乡镇的集体牛场于1999年4月归属北京市大兴县。原国营牛场，在1999年之前全部归属北京市南郊牛奶公司管理。1999年4月20日，北京市农工商总公司组建"北京三元种业股份有限公司"，将南郊牛奶公司并入三元种业。2000年1月1日，南郊牛奶公司的人、财、物、土地整建制从南郊农场划出，正式划归北京三元种业股份有限公司管理。至此，南郊农场的奶牛养殖业彻底从农场分离出去。

规范化养牛场

一、建立国营奶牛场

1. 五里店牛场（即北牛场） 1950 年下半年，经农业部副部长兼农垦总局局长张省三介绍，杨潞萍从北双桥来到五里店牛场，着手筹备饲养奶牛的工作。1952 年 2 月，从北京农业大学毕业的郭实一来到五里店农场做畜牧兽医工作。

1952 年 9 月，由中央农业部投资，开始兴建五里店牛场，当时牛群总数 128 头，畜牧队长是杨潞萍，乳牛队长为刘俊杰。

1953 年 5 月，五里店牛场竣工交付使用。

1972 年，北牛场归属畜牧分场，逐步建立健全了各项管理制度，生产指标逐年上升。1981 年，企业进行了场区更新改造。

2. 德茂牛场 1952 年 5 月，西苑牧场组建；1953 年 4 月 1 日，转交北京市农林局，由农场管理科长东方亮接管，接管后划归德茂农场管理。接管时有 12 个牛场，牛群总数 359 头，头日产 12.82 公斤牛奶。

1953 年年初，德茂牛场开始筹建。场址在德茂庄东边的中立堂村，建牛舍和附属工程 13 栋，共计 2940 平方米。9 月，牛场建成并举行了成立大会。

1955—1956 年，德茂牛场陆续接收 100 多头奶牛，至此，德茂牛场发展到一定规模。

20 世纪 80 年代，牛群发展到千头，日产奶量达 1 万公斤，科学饲养管理达到一定水平。

3. 亦庄牛场 1955 年年底，亦庄牛场开始筹建，负责人是芦翠芝、崔元瑞。1956 年上半年，亦庄种公牛站首先建成，这是北京市第一家种公牛站。从德茂牛场和北牛场调去 5 头种公牛，实行人工采精、人工授精，工作人员有张月清、杨玉芳、刘世全。种公牛站于 1974 年迁往北郊农场。

1956 年 11 月，亦庄牛场建成，崔元瑞任场长，张邦辉任技术员。1972 年，亦庄牛场从亦庄大队划归畜牧分场，生产形势年年好转，牛群头数也不断增加，牛群总头数由 1978 年的 524 头增加到 1989 年的 1255 头，年总产量由 187.5 万公斤增加到 453.4 万公斤。到 1989 年，亦庄牛场已成为北京市十大规范化养牛场之一。

4. **金星牛场**　1958 年 4 月，建立第五分场畜牧队，由张槐、郭实一等负责，在振亚庄村南建成简易牛棚。1958 年 5—11 月，先后从北郊、东郊、西郊调入大小牛 200 多头。

1959 年秋，金星牛场开始兴建，1960 年 4 月 28 日竣工并投入使用。

1972 年，金星牛场从社队中分离出来，合并到南郊农场畜牧分场。

1989 年，以头单产牛奶 8353 公斤的好成绩获全国奶协三连冠奖。1988 年和 1989 年分别荣获北京市五金杯竞赛银杯奖。

1982—1989 年扩建新场，占地 187 亩，完成总建筑面积 2.5 万平方米（包含食堂、浴室等）。

金星牛场的鲜奶主要供应北京市广安门奶站。1989 年，头日产奶达 22.8 公斤，利润 144 万元。

1986—1988 年，在中国农业科学院能源研究所的帮助下，建沼气池一个，利用牛粪发酵，每天可产沼气 200 立方米左右。

5. **太和牛场**　1959 年，国家体委为解决运动员喝奶问题，在南郊农场投资 50 万元，建太和牛场。7 月，筹建工作开始，于德顺任场长，李景海任技术员，从北牛场调来欧阳恒任副场长，场址在海晏庄（四海村西）。8 月，建成简易牛舍，先从东郊牛场调入淘汰牛 50 头，只产 75 公斤奶，连喂小牛都不够，还要到钱庄子去拉奶喂小牛。

1960 年 5 月，太和牛场建成投入使用，先后从德茂牛场、海晏庄、南口农场调了一部分牛到太和牛场。

1973 年以后，牛群规模由小变大，牛群体质健壮，品种更新为黑白花，高产牛日产可达 45 公斤以上，牛只更新速度快，逐步向现代化迈进。

1989 年，太和牛场对简易牛场进行翻新改造。

6. **鹿圈牛场**　1959 年秋，农场决定每个大队建一个奶牛场，鹿圈牛场选址在鹿圈大队清合庄村，由靳希凌负责筹建。1960 年 10 月，牛场基本建成。

1961 年 2 月，陆续从亦庄牛场和德茂牛场调入成母牛、犊牛 100 多头，张同庆任场长。

1962年，建成具有饲养400头成母牛及200头后备牛的生产管理设施，总占地面积227亩，建筑面积8000平方米。

1974—1980年，开始对场房进行改扩翻新工作，改建、扩建成母牛舍3栋，建筑面积3800平方米。

到20世纪80年代，已发展到饲养730头牛。由于管理水平的提高，鹿圈牛场的产奶量也逐年提高，年产奶量由1980年的185万公斤提高到1989年的300万公斤，平均单产也从1987年的6640公斤增长到7200公斤。

1981年，鹿圈牛场被评为市级先进单位；1987年，荣获全国奶牛场高产评比二等奖；1988年，获全国奶牛场高产评比一等奖。

7. 杜庆牛场　1956年6月，由田为负责，在瀛海钱庄子（瀛海床单厂南）开始筹建钱庄子牛场，共建牛舍两栋150位。年底，牛场建成，田为任第一任场长。

1957年春，在公私合营中，北京城中三十几家个体奶牛户的大小奶牛共150多头集中到钱庄子牛场。

1957年年底，瀛海大队又在三海子南面建了桃园牛场，从德茂牛场调进130头成母牛。

1962年春，由田为负责筹建杜庆牛场。杜庆牛场共建牛舍4栋，每栋有84床位，还有其他附属设施，崔元兴任第一场长。1963年7月—1965年7月，桃园牛场、钱庄子牛场的210多头牛陆续迁入杜庆牛场，两个牛场的全体工人也一并调入。

1972年以前，杜庆牛场归瀛海大队管辖。1972年以后，由畜牧分场管理，到1989年，生产面貌发生了深刻变化，更新改造旧式场房4000多平方米，牛群总数由1972年的323头发展到750头，头日产量从14.23公斤发展到19.18公斤。1981年，杜庆牛场被北京市授予先进单位称号，职工王廷礼于1981年被评为北京市劳动模范。1984年，杜庆牛场牛奶总产达到548.2万公斤的历史最高水平。

8. 西红门牛场　1961年春，由万长恒负责筹建西红门牛场，至1962年9月竣工，共建了4栋牛舍，每栋50个床位，另有产房、犊牛棚等附属设施。竣工后，陆续从德茂牛场、太和牛场、杜庆牛场、北牛场等调入部分奶牛。

1972年，牛场划归畜牧分场管辖，划归后，生产有了很大的发展，尤其是1978—1988年，牛群从347头发展到461头，产奶量由121万公斤增长到169.34万公斤。

9. 南牛场　1963年春开始兴建南牛场，共建牛舍两栋，有100个床位，另外还有一个育成牛舍和其他辅助设施。同年秋，牛场建成后，从亦庄牛场调进奶牛开始饲养，刘德坤任场长，当时年总产奶47.25万公斤。1967年，头日产奶达到9.48公斤。

西红门奶牛场先进生产者留影（1977年）

1986年，南牛场建成我国第一套坑道式挤奶台，改变了30多年来的手工挤奶方式。

10. 和义牛场 1980年，农场提出"增牛保猪、服务首都"的发展方针，畜牧分场投资70万元，在和义猪场的基础上着手改建和义牛场，当时只有一栋106个床位的北大棚和一栋由猪舍改建的产房。1980年10月，牛场建成，崔元兴任场长。当年10月27日开始进牛，第一批成母牛来自德茂牛场、北牛场、南牛场、杜庆牛场、金星牛场和亦庄牛场，共95头。

1982年，对原猪舍进行改造，又建成了108个床位的育成牛舍一栋和48个床位的成母牛舍一栋，进一步扩大了生产规模，增加了牛群头数。1984年安装了管道式挤奶器。

11. 长阳牛场 1958年6月，从五里店牛场、东郊农场、外交部托儿所调来514头奶牛，建设长阳牛场，开始时饲料不足，采取放牧形式。

12. 稻田牛场、杨庄子牛场 1959—1961年，从东北旺农场、东郊五路居牛场、东北地区调购570头奶牛，陆续建立稻田牛场和杨庄子牛场。

13. 四大队牛场 1961年，建设四大队牛场。1962年春，从巨山农场调进荷兰奶牛787头。

14. 卢沟桥奶牛场 1958年，卢沟桥奶牛场开始奶牛养殖，年底奶牛存栏200余头。1960年年初，在三队八甲地区建起新奶牛场，并把五里店牛场迁至此处，年末牛场存栏奶牛282头，全年产奶量27.9万公斤。

1966年4月，位于十四区的奶牛场经过两年多的建设全部竣工，到6月，三队的奶牛场全部迁到新牛场。由于奶牛场设在永定河东岸大堤内，限定规模，不准新建扩建，存栏奶牛头数在400头左右。1978—1990年，平均每年有成乳牛213头，年产奶量为

105 万～154 万公斤。1990 年，存栏头数 406 头，有成乳牛 219 头，成乳牛头日产奶 19.7 公斤，年总产奶 160.3 万公斤。

1995 年年底，奶牛存栏 410 头，牛奶产量 170 万公斤。

2012 年，调整生产结构，牛场停止饲养经营。

二、集体养牛

1980 年，为了利用农村大队的资金、饲料、人员、场地等有利条件，农场提出"积极发展集体养牛，迅速扩大牛群，增加鲜奶供应市场"的方针。

为了做到有计划地从牛源、饲料管理、疾病防治、人员培训等方面帮助农村办好牛场，在畜牧分场设立了集体养牛站，由郝再炎、李景海负责管理集体养牛业。

好的政策有力地激发了集体养牛的积极性。从 1980 年第一个队办奶牛场——大粮台大队牛场，到 1987 年建成的寿宝庄大队牛场，全农场共建成集体乡、队牛场 27 个，累计投资 368 万元，7 年净增奶牛近 2000 头。

三、培养健康牛群

从 1951 年开始养奶牛到建场初期，南郊农场的牛只大部分来自外埠，品种混杂，牛群普遍感染了布鲁菌病及结核病，严重威胁着人畜健康，直接影响了牛奶的生产，若得不到控制，还会成为公共卫生的一大问题。

据有关资料记载，1953 年，五里店牛场在群的 249 头奶牛中，患有布鲁菌病、结核病的有 97 头，占全群的 40.25%。德茂牛场的 256 头牛中有病牛 108 头，占全群的 42.18%。

1954—1956 年，南郊农场淘汰的成乳牛有 80% 患有以上两种病，生产受到很大损失。

1954 年，农场开始着手制定全场性的布鲁菌病、结核病防治措施。通过大小牛场分群隔离管理，建立病牛区、犊牛站、中间站、假定健康区，以及定期检疫、扑杀病牛等一系列综合措施，健化牛群。

1956 年，在北京市、农业部及农科院的支持下，对假定健康牛群应用"布氏病 19 号"疫苗，取得良好效果，使假定健康牛群获得了巩固。1957 年 7 月，五里店、德茂两个牛场向新建的亦庄牛场调入第一批 175 头健康牛。

为了便于管理，1958 年 5 月，将北牛场改为病牛场，把全南郊农场各牛场的病牛全部集中饲养管理。

到 1965 年，全南郊农场共有奶牛 4817 头，其中成乳牛 2632 头，已全部实现健化。

1966 年 5 月，金星牛场开始进行牛场消毒，消灭了南郊农场最后一个病牛场。经过十年奋斗，牛群全部实现了牛群健化。当年建立起来的两病检疫制度在全农场大小 37 个牛场及全市奶牛系统沿用。

四、挤奶机的研制与应用

使用机械挤奶有省工、卫生、减轻劳动强度等优点。从 20 世纪 50 年代初至 1989 年，农场挤奶机的应用大致经历了 3 个阶段：使用苏式挤奶机时期（1954—1965 年），自行研究制作试用时期（1966—1978 年），普遍使用自制挤奶机时期（1979 年以后）。

1. 使用苏式挤奶机时期（1954—1965 年）　1953 年春，南郊农场历史上第一个奶牛场——五里店牛场（即北牛场）建成，投入使用后，即着手考虑引进使用苏式挤奶机的问题。

1954 年春，外派张振儒到双桥农场学习机械挤奶，归来后，在牛场的两栋牛棚（约有 100 头牛）安装挤奶机。

第二个使用挤奶机的是德茂牛场。1954 年年底，德茂牛场的苏式挤奶机安装完毕并开始投入使用。

1956 年 11 月，亦庄牛场建成，并于 1959 年秋开始安装苏式挤奶机，当年年底投入使用。

1963 年，太和牛场安装使用苏式挤奶机。1965 年，鹿圈牛场安装使用苏式挤奶机。从 20 世纪 50 年代末到 60 年代中期，由于中苏关系恶化，苏式挤奶机的零部件相继断档，致使以上 5 个牛场的苏式挤奶机相继停止使用。

2. 自行研制试用时期（1966—1978 年）　1966 年，"文化大革命"开始，南郊农场的奶牛生产滑向低谷，挤奶机的使用和推广也同样遭到了严重的干扰与破坏。

1972 年，美国专家寒春、阳早夫妇来到南郊农场着手研制新型挤奶机。

1974 年，农场投资在北牛场试制机械挤奶台，1975 年安装实验，同时研制"电脉动挤奶机"，这项研究当时在国内属首例。

3. 普遍使用自制挤奶机时期　1979 年 7 月，南郊农场组织 14 名专业人员到美国参观考察，回国后即成立了由寒春、阳早、杨有斌等 5 人组成的"挤奶机研制小组"。投资 30 万元在德茂牛场试制电脉动式管道挤奶成套设备，并于 1981 年研制成功，实现了管道自动洗涤消毒及奶罐的自动冷却。该科研成果在国内居领先地位，荣获农垦部科研成果三等奖。

1982 年，畜牧分场成立了奶牛机械科和机械安装队，推广这种新型挤奶设备。

1982 年，德茂牛场开始投入使用新设备。1983 年 7 月 20 日，金星牛场新设备安装完毕并投入使用。1984 年，西红门牛场、和义牛场投入使用新设备。除此以外，其他各国营牛场也相继进行了设备的更新或改造。

机械挤奶台

五、规范化牛场建设

牛场的规范化建设是奶牛事业发展的方向。从 1982 年开始，南郊农场畜牧分场即开始进行这方面的工作。1987 年，畜牧分场已经有金星牛场、亦庄牛场进入了北京市十大规范化牛场的行列，其他各牛场也正在朝着规范化方向发展。

1982 年 3 月，畜牧分场投资 430 万元，在金星牛场兴建高标准的规范化牛场，占地 187 亩。同年 7 月 20 日建成，新式挤奶设备一同安装完毕并投入使用。

1984 年，农垦局制定了农垦系统应用电子计算机发展规划，要求在北京市结合奶牛生产搞一个试点。经过反复论证，最后选定了北京市十个规范化牛场之一的亦庄牛场作为试点。1986 年 6—10 月，核工业部北京第九研究所 3 位高级工程师进驻亦庄牛场，开始系统分析和系统设计工作，1987 年 8 月开始试运行。亦庄牛场应用电子计算机对牛群进行管理，这在全国是第一家。

1987 年，由联合国投资 110 万元购置了有关机械和运奶专用的奶罐车。

1988 年购置了电子计算机，实现了电子化管理。1989 年，金星牛场已成为北京市规范化牛场之一，是本市乃至全国规模最大、设备最先进的现代化牛场。

1988 年，金星牛场的牛群总数达到 1266 头，年总产奶 507 万公斤，总产值 400 多万元。

1987 年，金星牛场荣获全国奶牛高产一等奖和农业部科学技术进步一等奖。

1988 年，金星牛场获得了国家科学技术进步一等奖和北京市农工商联合总公司的"银牛杯"奖。除此以外，还多次被评为北京市级文明单位。

六、奶牛管理机构

1954 年 10 月，南郊农场成立后，成立了直属畜牧队，队长杨潞萍，农场畜牧负责人雪慧（副场长）、冀焕如。

1958 年 3 月，农场下设 5 个分场，农场的各奶牛场下放到各分场具体负责。

1958 年 6—9 月，场、社合并及成立红星人民公社时，公社建立畜牧部，部长车铭甲，后为于潮凯。

1959 年 6 月，成立畜牧兽医研究所，郭实一任所长。

1963—1966 年，刘和任畜牧部长。"文化大革命"开始后，生产组织瘫痪。1972 年 10 月，建立公社畜牧组，下设畜牧分场，负责管理各牛场。

1980 年，总场建畜牧管理站，撤销畜牧组，郭实一任站长，各牛场仍由畜牧分场负责管理。

1981 年 1 月，为发展集体养牛，畜牧分场建立了集体奶牛管理站，由郝再炎、李景海负责。

1983 年 5 月，畜牧管理站改为畜禽公司。畜牧分场改为牛奶公司，屈子臣任经理兼党委书记。

1999 年 4 月 8 日，随着场乡体制改革，南郊农场的集体牛场以及原归属于各乡镇的集体牛场归属到北京市大兴县。

南郊农场的国营牛场，在 1999 年之前全部归属北京市南郊牛奶公司管理。1999 年 4 月 20 日，北京市农工商总公司通知组建"北京三元种业股份有限公司"，将南郊农场所属的南郊牛奶公司部分企业并入三元种业。2000 年 1 月 1 日，隶属南郊农场的北京市南郊牛奶公司的人、财、物、土地整建制从南郊农场划出，正式划归北京三元种业股份有限公司管理。至此，南郊农场告别了 40 多年的奶牛养殖业生产。

七、企业选介——北京市南郊牛奶公司

北京市南郊牛奶公司

北京市南郊牛奶公司又称畜牧分场，位于大兴旧宫德茂庄（德裕街 5 号），是以畜牧业为主的综合管理企业，隶属北京市南郊农场。

1972 年 10 月，随着农场对全民经济和集体经济的统一管理，为适应新形势，农场在原生产大队建制的基础上，对生产组织进行调整，设立 8 个农村分场，并将国有部分组建为畜牧分场和工业分场。畜牧分场以畜牧业为主，兼有农工多种经营。畜牧业下辖德茂、金星、亦庄、旧宫南、旧宫北、西红门、太和、鹿圈、杜庆、和义 10 个国有牛场，兼管南郊农场农村分场集体、个体养牛。2000 年年底，国有牛场奶牛总存栏 6460 头，其中成母牛 3866 头，总产奶 2907 万公斤；有金星鸭场、建新猪场、双桥门猪场、太和猪场等畜禽养殖企业。此外，还配有德茂、西毓顺、和义、小粮台、新村等农业种植队，以种植小麦、青储饲料、蔬菜为主，为周边牛场提供青饲料。南郊牛奶公司有耕地 18000 亩，1990 年粮食总产 350 万公斤，有青储饲料 5000 万公斤、蔬菜 400 万公斤。工业企业有南郊乳品厂、华升食品厂、五环联合食品厂等 13 家，产品分九大类 240 多个品种。其中，南郊乳品厂生产的奶粉、黄油、冷饮，华升食品厂的中西糕点、冷饮，五环联合食品厂的方便面、速冻食品等产品尤为畅销。

20 世纪 80—90 年代，南郊牛奶公司主动适应形势发展，投资兴建了德茂、和义加油站，组建飞翔出租汽车公司等新兴业态，并成立了大兴县第一家住宅合作社——大兴县住宅合作社南郊牛奶公司分社。利用自有土地，在德茂、和义、旧宫等地区开发职工住宅小

区，优惠出售或分配给公司职工和来场大学毕业生，改善了职工的住房条件，稳定了干部职工和人才队伍。

1998 年场乡体制改革后，集团公司实施专业化经营，按产业先后组建专业化经营公司。旗下的金星鸭场、建新猪场、双桥门猪场归属到了 1991 年 4 月成立的北京养猪育种中心；金星鸭场、太和猪场（鸭场）在 1998 年 4 月划归到了北京金星鸭业中心；2001 年 7 月，将奶牛养殖业整建制划归到新组建的北京三元绿荷奶牛养殖中心，南郊牛奶公司的牌子也归在三元绿荷养殖中心名下。此外，飞翔出租划归到了三元出租汽车公司，和义、德茂、亦庄加油站等也划归三元石油公司。

第二节 养 猪 业

过去，本地区以饲养河北定县猪为代表的华北黑猪为主。1953 年后，南郊农场由东北引进巴克夏、苏联大白猪等优良种公猪与本地黑猪进行杂交，产生的后代——花猪，发育快、耐粗饲料、适应能力强，受到当地农民的欢迎。通过多年培育、选育，1958 年，形成新的品种——北京花猪，分别称为北京花猪双桥系和南贺系。

在养猪发展过程中，逐渐形成以国营猪场为核心，国营、集体、户养一齐上的局面，成为为首都居民提供肉食和为华北一些地区提供优良种猪的重要基地。1974—1985 年，南郊农场国营猪场为北京和外省市提供北京花猪种猪 3 万多头，交售商品猪数量超过市农场局系统交售商品猪的 1/4。1958—1989 年，共上市商品猪 731802 头。

国营养猪场在 1999 年之前全部归属北京市南郊牛奶公司管理。1999 年 4 月，农工商总公司组建北京三元种业股份有限公司，将南郊农场所属的南郊牛奶公司部分企业并入三元种业。双桥门猪场、建新猪场、杜洛克猪场划出。

1999 年 4 月 8 日，随着场乡体制改革，原归属于各乡镇的集体养猪场归属大兴县管理。至此，南郊农场告别养猪业生产。

一、专业养猪场的建立

1953 年，农场确定"以畜牧业为主，农业为畜牧业服务，结合发展园艺，为城市服务"的经营方针。此后，南郊农场在五里店、大生庄、德茂、天恩庄等地先后建起一批国营猪场。1958 年，农场和周围高级农业社合并成红星人民公社（南郊农场）后，有北猪场（原五里店农场猪场）、双桥门猪场、三八猪场、建新猪场、万头猪场、大生庄猪场等 20 个猪场，还有许多队办猪场。这些国营、集体猪场以饲养种猪和部分育肥猪为主，将大批仔猪供给社员户育肥，形成国营、集体、户养一齐上的格局，促进了养猪业的发展，同时，为20世纪80年代养猪生产专业化、集约化奠定了基础。建新猪场、双桥门猪场还成为种猪场。

长阳农场于1959年建立篱笆房养猪场、军留庄养猪场、二大队养猪场。1960—1961年，建立四大队养猪场、稻田养猪场、南广阳城养猪场。

卢沟桥农场于1962年进行养殖业结构调整，各果树队建立猪场，采用干料饲喂法。1968年和1969年，推广以草粉中曲发酵饲料为主饲养的方式。为了节约粮食，1974年，果树二队把猪场建在河滩地区。

1988年，卢沟桥农场投资100余万元，从匈牙利引进一整套现代化猪舍设备，在老庄子建成现代化养猪场，占地1.3万平方米，年饲养3200头瘦肉型猪。其建筑全部用铝合金材料，实行工厂化管理，采用全价配合饲料喂养，父系品种为杜洛克（泰系、美系）、大白猪（法系、加系）、长白（丹麦系、加系），母系为大长风、长白、杜长北。

1995年，卢沟桥农场生猪存栏2000头，年销售商品猪2800头。1998年场乡体制改革，卢沟桥猪场划给老庄子乡。

二、猪的饲养管理

农户过去喂猪很简单，一般用泔水、刷锅水，加些菜叶子、糠等，管理粗放，主要为积肥。猪场建立后，养猪条件有所改善，以粉房、豆腐房等副业生产的下脚料——粉渣、豆腐渣、粉浆等为主，饲料成分多，还喂些玉米面等精料。猪圈一般是半敞开式"一字"型排列，有地炕和积肥坑之分，既有利于卫生条件的改善，又有利于积肥，比农户坑圈好。到20世纪80年代末，猪舍已建成有保暖、降温等设施的厂房式，猪圈十分干净，绝不再是"泥母猪"形象。在饲养管理上，一般按母猪、仔猪、育肥猪3个阶段，根据不同要求进行分群阶段管理。

1965年，南郊农场为适应畜牧业发展，建立饲料加工厂，供应农场各大猪场。加工厂的建立使猪饲料配比更先进，可根据不同阶段猪只所需，科学配方，在饲料中加入一些添加剂，如秘鲁鱼粉、骨粉、盐等。

猪场饲喂方式，在20世纪70年代后期发生变化。从前，猪场以脂肪型为主饲养肥猪，因此，饲料调配像腊八粥一样，猪食以精为主。随着人民生活水平的提高，市场发生变化，对猪肉需求由脂肪型变为瘦肉型。因此，饲养时以潮拌料为主，给以适当饮水，减少脂肪，增加瘦肉比例。过去，交售肥猪体量越重越能卖高价格，到20世纪80年代末，出售肥猪重量要求为 90～100 公斤，超过范围，猪价反而下跌。由于上述原因和饲养管理的改进，大猪场肥猪圈舍由过去的敞开大棚式改为封闭厂房式，且改为网上饲养，猪粪尿不再污染猪体。集中饲养也减少了猪的活动量，有利于猪的增重。20 世纪 80 年代末，大猪场肥猪出栏由过去 10 个月缩短到 6 个月，日增重平均在 500 克以上。中、小猪场及个体养猪户肥猪出栏时间也比过去有所缩短。

母猪的饲养管理由经验丰富、责任心强的饲养员负责。根据母猪生育条件，精料重点放在妊娠后期和第一个泌乳期内，这是仔猪出生体重大、断奶窝重高的重要保证。母猪在产前应注意钙、磷等矿物质的补充。在达到日粮标准情况下，前粗、后精，日喂三次，潮拌料，饮足够粉浆，妊娠后期单圈饲养。

仔猪的饲养管理，主要是加强哺乳仔猪护理。20 世纪 80 年代末，为了提高仔猪的存活率，产后仔猪均使用红外线保温箱，成活率比无保温箱提高 8％左右。为提高母猪的繁殖能力，双桥门等大猪场还推行早期补料、早期离乳的方法。

在养猪饲养管理上，主要成就有"仔猪早期断奶配套技术的应用与推广""工厂化养猪饲养工艺改革及配套技术的研究"等。

三、防疫治疗

20 世纪 50 年代初期，生产管理水平低，经济条件差，猪舍结构简单，猪场没有院墙等隔离设施，卫生条件很差，生产条件落后，防疫措施跟不上。1963 年，北猪场圈存 1000 多头猪，因防疫工作没有做好，发生猪瘟，死亡 800 头。类似这样的情况在其他猪场也有发生。

20 世纪 50 年代至 80 年代末，南郊农场曾多次培训防疫员，80 年代中期还有大学生被分配到猪场做兽医防疫工作，此外，还分批选送人到承德农技学校进修学习兽医专业，培养畜牧技术人才。随着养猪业的兴衰，防疫人员队伍也不断变化。全农场养猪业最发达时畜牧技术人员达到 100 多人，而到 20 世纪 80 年代末减少了许多，有的抽调到兽医站或其他技术部门，有的改行。除建新猪场、双桥门猪场技术力量雄厚、防疫条件跟得上外，其他猪场的前景均不乐观。

四、"北京花猪"品种培育

从 1953 年开始，国营猪场利用巴克夏、苏联大白猪等引进猪种与本地黑猪杂交，经

北京花猪

过多年选育，于 20 世纪 50 年代末形成"北京花猪"新品系。该品种适应性强，抗逆性好、产仔、成活、增重、适应性等方面均明显超过双亲的性能，肉质鲜美。

北京花猪在本地农村及北方一些省市很受欢迎。在 1960 年出版的《北京养猪学》中，北京花猪还被列为新品种猪向社会介绍推广。在三年困难时期，北京花猪也经受住了考验，存活了下来。

从北京花猪育成之日起，即向以大兴县为重点的京郊推广，后又向河北、山西、内蒙古、陕西、甘肃、河南等省推广，且生长情况良好。

在 1964 年北京市成立养猪育种组时，建新猪场是重要组员单位。

20 世纪 80 年代，为满足市民对瘦肉的需求，南郊农场与市农场局、北农大协作，从 1984 年起，制订选育方案，组建选育小组。由市农场局高级畜牧师于秀琦牵头，由北农大师守堃、李素芬任技术指导，在南郊农场建新猪场和双桥门猪场进行北京花猪 I 系选育。1987 年 12 月，通过北京花猪 I 系的技术鉴定。

北京花猪 I 系是我国自行选育的瘦肉选育配套母系新猪种，全身黑白花，体质健壮，结构匀称，适应北方饲养条件，抗病力强，繁殖力高，生长发育快，抗逆性强，饲料利用能力强，杂交效果好。该成果获 1988 年度北京市科技进步二等奖。1993 年 12 月，"北京花猪繁育体系的建立和生产技术的推广应用"荣获国务院颁发的国家科技奖二等奖。

1994 年，又培育成功"北京花猪 II 系"，其瘦肉率在 55% 以上。到 2000 年 11 月止，南郊农场建新原种猪场已向社会推广母猪 7174 头，其中"北京花猪 I 系"3806 头，在各地繁衍种猪 4.7 万头，生产商品肉猪 76 万余头，年产值 5.5 亿元，利润 6300 万元。该成果获 1994 年度北京市科技进步奖一等奖。

五、养猪业的发展与挫折

自 20 世纪 50 年代建立国营养猪场至 1989 年，农场养猪业历经峰谷，既有发展又有挫折。

1958 年场社合并，国家号召养猪，"猪多肥多"，目的是多产粮食。当年国营、集体猪场发展到 12 个，并号召社员积极养猪。到年底，共饲养 8497 头，1961 年存栏 12530 头，交售肥猪 7190 头，向京郊农村推广仔猪、种猪 39960 头。

1959—1961 年，在三年困难时期，"人减口粮猪减料"，农场养猪业元气大伤，三年共交商品猪 6152 头。

1965 年，养猪生产进入第一个高峰，饲养头数由 1958 年前的 13182 头上升到 52550 头，提高三倍多，有商品猪 20599 头。为适应畜牧业发展，农场成立饲料加工厂。

1966—1975 年，养猪业跌入低谷。养猪头数由 5 万头降至 3 万多头，交售商品猪从每年不低于 2.5 万头跌到平均每年交售 1.4 万头。1975 年养猪 75659 头，与 1966 年的 60396 头相比，十年间仅增长 25%，而且是户养猪居多，国营、集体仅增长 8%。

1975 年后，养猪业获得迅速发展，到 1980 年已达到 8 万余头，交售商品猪 4 万余头，比 1975 年增加 35%。1975—1980 年，国营、集体猪场交售商品猪增长 52%。1980 年，养猪生产出现第二个高峰，也是历史最高峰。

1980 年后，养猪生产连年下降，1987 年猪场数量由 124 个减少到 36 个，减少了71%；基本母猪减少到 1300 头，减少 67%；商品猪交售由 4 万余头减少到 2 万头，降低50%。其主要原因是饲料涨价，猪肉价偏低，经营无利。

南郊农场是北京市重要的副食品基地之一。1987 年，南郊农场成立养猪领导小组，在约一年半的时间里，建成 16 个百头母猪养猪场。到 1989 年年底，存栏已达 2 万余头，年出售肥猪 2 万余头，繁殖成活仔猪 2 万余头。1997 年 12 月 15 日，北京市农工商总公司组建"北京养猪育种中心"，南郊农场建新猪场、杜洛克种猪场被总公司调拨，与农场脱离隶属关系。

第三节　养鸡业

南郊农场的养鸡业是从五里店农场及德茂农场建立时开始的。

1952 年，五里店农场在大泡子建成的万只鸡场因经营不善而倒闭，德茂及其他一些小农场也养过少量的蛋鸡。到 1958 年场、社合并前，农场养鸡业作为一项副业，饲养员是老、弱、病、残，让这些人养鸡是对他们的一种照顾。因此，鸡场产值如何、盈利与否是不做过多考虑的。1957 年，钱庄子鸡场养鸡 500 只，1958 年 9 月前养鸡 2900 只。自繁自养雏鸡，分为笼养和平面养。产蛋开始时，公、母鸡按 1∶15 搭配，混合在一起饲养。这时，鸡圈养在院内或适当规模的鸡圈内，属散养状态。

1958 年秋，场社合并，养鸡业有了一定的发展。这时，公社（农场）成立了畜牧部，养鸡作为发展畜牧业的一项生产任务开始受到重视。到 1959 年，已经有了多个养鸡场。各鸡场的存栏数量为：新建鸡场 10899 只、德茂鸡场 26949 只、金星鸡场 2914 只、太和鸡场 2832 只、西红门鸡场 7889 只、瀛海鸡场 23870 只、鹿圈鸡场 2709 只、旧宫鸡场 7889 只、天恩鸡场 10253 只。与此同时，旧宫大队鸡场还有孵化机 4 台，孵化小鸡供应全公社（农场）各大队。鸡的主要品种是来亨、澳洲黑。

1959 年，畜牧业发展受到很大挫折，鸡场纷纷倒闭。从 1962 年开始，有条件的单位开始建小鸡场，养鸡业发展缓慢，饲养人员及饲养鸡的数量很不稳定，鸡雏主要从外地购入。当时，饲养设备简陋，技术落后，使养鸡成本偏高，影响了各单位养鸡的积极性。

针对上述情况，1970 年，农场建立科技站种鸡场，由常景畜负责。当时，外购 40 只种鸡，品种是芦花、来亨。鸡舍是简易的，饲养员大都没有经过专业训练，饲料很杂且没有保证。饲养员遇到饲料供应不足时，就去扫库底子粮食喂鸡。如此艰苦的条件严重影响了养鸡业的发展。1972 年，又从化工厂运来一台旧机器进行雏鸡孵化。

1973 年，集体养鸡开始有了一定的发展。当时，各村一般在集体猪场内专设一两个人负责养鸡，数量不大，饲养方法还是传统的农家散养。除喂一部分鸡料外，主要是让鸡吃猪的剩料和猪粪内没有消化掉的精料，成本不高。到 1973 年年底，这种小型鸡场已经发展到 80 个。

1974 年，农场投资 6 万元改善鸡的饲养条件，增加孵化设备，提高鸡雏的自给能力。科技站种鸡场十几年来孵化的品种有红玉、火鸡、白金油鸡、来亨、澳洲黑、巴来、罗道红、九斤黄、二八八等 10 多种，最后只剩红玉、来亨、罗来、巴来 4 个品种。

由于鸡场防疫措施跟不上，管理落后，对养鸡业重视不够，加之鸡蛋收购价格低等诸多因素，到 1981 年，社队部分仅剩下孙村、太和、大生庄、西红门 4 个乡办鸡场，国营部分只保留了科技站鸡场和德茂中队鸡场。

1982 年，市政府号召菜田养鸡（即一亩菜田十只鸡），由市粮食局提供饲料，每交售 1 斤鸡蛋返回 4.2 斤粮食。这一年，在 1981 年 6 个鸡场的基础上，农场建立了 63 个国营、集体鸡场，年存栏达 30.85 万只，当年交售商品蛋 248.3 万斤，比 1980 年的 57.22 万斤增加 4.3 倍，形成南郊农场历史上第一个养鸡高峰。

1982 年以后，各鸡场逐渐完善设施、提高管理水平，开始向规范化、科学化养鸡方向发展。到 1987 年年底，全农场各鸡场的蛋鸡已全部实现上笼饲养，雏鸡孵化也实现全部自给。全农场的养鸡场总数一直保持在 70～80 个，存栏鸡一般为 40 万～60 万只。

1988 年以来，农场的养鸡业开始出现场减鸡增的趋势，说明各鸡场的规模在扩大，管理水平在不断提高。

1989 年年底，全农场国营、集体养鸡场已经发展到 62 个，年末存栏 75.7 万只，产蛋 548.8 万公斤，有商品鸡 57.8 万只（其中肉鸡 2.6 万只）。社员户养鸡年末存栏 14.5 万只，产蛋 173.1 万公斤，有商品鸡 6.1 万只、商品蛋 152.9 万公斤。农场养鸡各项指标均达到历史最高水平。

第四节　养　鸭　业

一、北京鸭养殖

北京鸭是世界著名的优良肉用鸭标准品种，是闻名中外的"北京烤鸭"的制作原料。北京鸭采用强制人工填喂催肥的饲养方法，育肥快，肥瘦分明，皮下脂肪厚，鲜嫩适度，不酸不腥，是制作烤鸭的首选。

农场从 20 世纪 50 年代末开始饲养北京鸭。1958 年，农场投资在旧宫大队凉水河畔建成了一个鸡鸭场，瀛海大队在钱庄子和桃园牛场饲养肉鸭。1959 年年末，农场肉鸭存栏 13595 只。

1960—1962 年，农场先后建成了金星鸭场和新建鸭场，扩大了农场的肉鸭生产规模，饲养水平也有所提高。

1964 年，金星鸭场的活鸭开始销往广州。公社科技站的技术人员常景畲还先后到古巴、阿尔巴尼亚去援助饲养北京鸭。

1960—1970 年，农场的肉鸭生产一直处于较平缓的状态，既没有大规模的一哄而上，也没有因客观条件而一只不留。

1970—1980 年是农场肉鸭生产的大发展时期，十年间，先后建设了 7 个北京鸭养殖场。1970 年，建瀛海鸭场，年出售肉鸭 69194 只；1974 年，建立了西红门、孙村、鹿圈 3 个鸭场。

1972 年以后，由于肉鸭饲养量的增加，农场各鸭场除向首都各大中饭店销售北京鸭以外，也开始大量向广州、深圳出售活鸭。新建鸭场（1972年）、三海子鸭场（1973年）、东方红鸭场（1974年）、西红门鸭场（1975年）等外销数量最多时每年达25万只，每月要装20多个车皮。同时，有专人全程押送，负责在火车上饲喂。

1978年，随着肉鸭饲养数量的增加，农场在畜牧组设立了专人，负责鸭群的饲养管理工作。这一年，农场又新建了太和、团河2个鸭场。1978年，全农场共向市场出售肉鸭386758只。

20世纪80年代后期至90年代，金星鸭场、新建鸭场、西红门鸭场的生产规模逐步扩大，实现规模化养殖，年上市商品鸭200万～300万只，其他鸭场逐步退出北京鸭养殖。

1998年7月14日，北京市农工商联合总公司组建鸭业公司，南郊农场金星鸭场被总公司调拨，与南郊农场脱离隶属关系。

1998年年底，随着场乡体制改革，新建鸭场、西红门鸭场与农场完全脱钩。至此，农场肉用养鸭业全部脱离农场管辖。

二、麻鸭养殖

麻鸭也称"麻雀羽鸭"，为家鸭的主要品种，分肉用、蛋用和肉蛋兼用3种类型，国内原本主要分布在南方地区。南郊农场引进、养殖的麻鸭以蛋用型为主。

20世纪80年代以后，农场在稳定北京鸭养殖的基础上，开始着手发展蛋鸭，并加工生产松花蛋供应市场。

1982—1985年年初，农场从上海、无锡等引进部分蛋鸭（金定和康贝尔两个优良麻鸭品种），并在南郊农场进行了杂交改良。农场本着集体、个人一起上的方针，使鸭群迅速扩大。

据1988年年初的统计，全农场共有集体、个体麻鸭场221个，麻鸭总数突破10万只。全场5个松花蛋加工厂年加工能力可达200万公斤以上。这一年，农场共出售肉鸭87.6万只，当年存栏总数31.1万只，产蛋84.7万公斤。

1988年8月7日，南郊农场与市饲料公司联营，成立了"北京市松花蛋生产集团"，副市长黄超、秘书长铁英到会并讲话。至此，南郊农场成为北京市最大的麻鸭饲养基地。

松花蛋集团成立后，市粮食局和农场联合投资100万元，建立了一个大型麻鸭种鸭场。该鸭场有鸭舍2300平方米，可饲养万只鸭，孵化厅700平方米，年孵化雏鸭30万只。

到了20世纪90年代以后，由于生产成本、北方气候和品种退化等原因，南郊农场的麻鸭养殖场和养殖户逐步退出蛋鸭养殖，改为而由南方购入鸭蛋生产松花蛋和咸鸭蛋。

第五节 渔业及其他养殖业

农场渔场职工在进行渔业生产

一、渔业生产

南郊农场旧称"南海子"，由于地势低洼，河渠纵横，大小不一的坑塘遍布农场地区，水面总面积约3000亩，年平均降水量600毫米，每年6—8月水温20～30℃，光照时间较长，为南郊农场水产业的发展提供了有利条件。农场渔业生产的发展可分以下几个阶段：

1. **初期养鱼** 1954年以前，坑塘里有野生鱼类，非人工养殖，产量较低，每亩数十斤不等。

1955年以后，养鱼业逐步走上正轨，部分坑塘被改造成养鱼池。随着农业的发展和自然环境的变化，地下水位逐年降低，一些小坑塘及沟渠小河逐渐干涸，芦苇等野生经济作物逐年减少和消失，养鱼成为水产业的主要任务，农场逐步形成了专业养鱼队伍。

2. **建立专业养鱼队伍** 1955年，农场成立"水产研究所"。水产研究所开始与水产组合作放养鱼苗，鱼苗是从江西九江、湖北武汉、河北胜芳等地运来的。此外，还从江苏无锡、河北白洋淀等地请来郑玉才、夏大队、杨玉林等老师傅教授使船、养鱼、捕鱼的技术，但仍缺乏池塘养鱼的专业知识。

1963年，从北京市水产学校毕业的王润光、商杰、李文栋被分配到渔场，增加了技术力量，标志着水产养鱼开始由"土法"向着科学饲养迈进。1966年，农场自繁鱼苗技术获得成功，解决了几种家鱼的人工繁殖问题，实现了"自繁自养"。大泡子渔场和大有庄渔场经过几年的改造修整，成为比较规范的鱼池，还建成了70多处孵化专用的小鱼池，孵化设备不断完善，技术水平不断提高。两处渔场每年可生产鲤鱼、鲂鱼、草鱼、鲢鱼等各种鱼苗240万尾，生产水花纹鱼6000万～7000万尾，除了满足大兴县和本场自用外，还支援北京市十三陵、密云、怀柔水库40万～60万尾，为内蒙古、黑龙江等外地水产业提供水花纹鱼苗6000万～7000万尾。到1970年，农场的鲜鱼产量达到15万斤。由于运输条件的改善，农场除自繁自养外，陆续引进其他品种的鱼苗，也引进了南方的大鱼苗，提高鱼苗的成活率。

3. 建立精养鱼塘　1970年，中共北京市委号召大力发展渔业生产，要求农场"充分利用这几千亩水面，发展养鱼，服务首都，富裕农民"。农场党委决定发动群众，分期分批把原有的坑塘和低洼易涝地进行彻底改造，改变"荒塘粗放"的低产面貌，建成能排能灌、规格标准的精养鱼塘，安排赵维、李建堂等负责鱼池改造的勘测和施工准备工作。

1973年冬，农场采取国营、集体一起上的方针，开始大规模的鱼塘改造工程，副场长张文清任总指挥，组织几千名民工，大干了7个冬春，共投工51万个、动土160万立方米，改造了十几处旧坑塘，开挖精养鱼塘137个，折合纯水面1100多亩。在改建精养鱼塘的过程中，除三海子渔场、大泡子渔场等1000多亩国营鱼塘外，还动员各分场、各生产队因地制宜改建零散坑塘，连著名的团河宫眼镜湖也养起了鲤鱼。

由于鱼池面积的增加和生产条件的改善，鲜鱼产量猛增，1981年虽遇大旱，总产仍达到70.5万斤，占大兴县鲜鱼总产量的94%，成为京郊生产鲜鱼最多的农场（公社），为解决北京市"吃鱼难"做出了贡献。在此期间，亦庄乡养鱼专业户王玉海由于管理经营得法，亩产成鱼1560斤，每亩纯利润1000元，为专业养鱼户树立了榜样。

4. 科学养鱼　为做到科学饲养，各渔场积极采取措施：在渔场附近建起鸡场、鸭场、猪场和豆制品厂，用鸡鸭粪便和豆制品的下脚料喂鱼，实现"一次投饵，两次受益"；设置增氧机，平均11亩水面有一台增氧机；自制颗粒饵料；添置小型机动船等现代化设备；加强养鱼专业知识培训，水产站经常组织业务学习或参观学习，1981年，举办了专门的水产学习班，许多学员成为业务骨干。随着科学养鱼的推广，农场渔业相继出现"高产鱼组""高产鱼池"，有的单产超千斤。

改革开放以后，农场渔业生产实行承包责任制，极大地调动了职工的积极性，产量直线上升，1973—1988年，产量翻了五番半，1988年，总产量达到420.6万斤。

到 1989 年，农场共有养鱼水面 5590 亩；全场鲜鱼年总产达到 456.8 万斤，创历史最好水平；国营渔场有专业人员 150 人，集体渔场有专业人员 260 人。

5. **产业调整**　进入 20 世纪 90 年代以后，由于地下水位下降、城市化建设的开展、国内鲜活产品运输条件的改善和大量"南鱼北调"等原因，北京郊区渔业生产销售成本的劣势逐步凸显，农场渔业生产也不得不逐步调整。一些渔场由生产鲜活鱼上市，转变为主要依赖垂钓业务，甚至买来商品鱼放入池中供客人垂钓；有些渔场办起其他副业，并逐步向其他产业转变；有些鱼池因建设需要，被填埋占用。到 2000 年左右，农场渔业生产随着产业调整、体制改革的进行而基本停止。1966—1989 年农场水产鲜鱼情况如表 2-1 所示。

表 2-1　1966—1989 年水产鲜鱼情况

年份	1966	1967	1968	1969	1970	1971	1972	1973	1974	1975	1976	1977
总产量（万斤）	7.1	3	4.5	15	15.2	7.4	12.9	9.1	29.3	25.9	34.3	35.2
年份	1978	1979	1980	1981	1982	1983	1984	1985	1986	1987	1988	1989
总产量（万斤）	38.1	44	55.1	70.5	72.5	100.4	201.5	233.7	290.6	371.1	420.6	456.8

注：以上产量为国营、集体的合计数。

二、渔业生产管理机构

中华人民共和国成立后，北京市在北大红门设有"苇塘管理所"，所长隗福来，统管北京市的所有坑塘野生动植物，其中以芦苇等水生经济作物为主。

1954 年，管理所与和义农场合并，隗福来担任和义农场副场长。和义农场在原管理所的基础上成立水产组，有 20 多人，耿月川任组长，地点在南苑北边的大泡子。水产组主要经营芦苇、蒲草、藕，还有少量的菱角、鸡头米等。因是野生鱼类，水产组只管捕捞，不进行人工喂养，因此产量较低，也不稳定，捕捞的品种都是野杂鱼。1956 年，水产组还增加了储存天然冰的"窖冰"任务，冬天在坑塘里采冰窖存，天暖后供应市内饭店等单位，还远销郑州等地。

1955 年，农场成立"水产研究所"，和水产组一起建立专业养鱼队伍，管理指导渔业生产。

为加强对渔业生产的领导，1976 年成立南郊农场水产管理站，管理全场的渔业生产。水产管理站第一任站长李凤山；第二任站长王振伍；第三任站长张殿海；从 1976 年起，尹士清任水产站党支部书记，后任水产公司党总支书记兼经理。

1983 年农场组建红星农工商总公司时，下属单位相应调整机构，实行政企分开，原水产站改建为水产公司。水产公司下辖 6 个国营渔场和其他工副企业，同时指导全农场 34 个大队的渔业生产。

1994 年 8 月，农场成立畜牧水产科，负责管理全农场的养殖业，尹士清任科长；1995 年 6 月，农场将水产公司和畜禽公司合并成立南郊农场养殖生产中心；1997 年，畜牧水产科并入"大农办"。

1997—2000 年，在场乡体制改革和集团公司企业改革过程中，农场的水产业已基本消亡，"大农办"并入农场生产经营管理部，农场养殖生产中心解散。

三、其他养殖业

农场自成立以来，在大力发展牛、猪、鸡、鸭、鱼等养殖业的同时，按照不同时代的不同需求，也进行了其他小品类经济动物的养殖。马、兔、蜜蜂等养殖项目曾经得到一定发展。

历史上，南海子草丰水清，是牧养军马的好地方。中华人民共和国成立初期，这里仍延续养马传统，据说党和国家主要领导人在解放战争中所用坐骑也大都在庑殿（五里店农场）喂养送终。1962 年建鹿圈种马场，品种以苏联的苏重挽及伏拉基米尔和蒙古马为主，存栏最多时有种马 280 匹，主要任务是向全公社提供役畜，改良大牲畜并外销种畜，1965 年，农场良种场改成科技站时，划归科技站管理，后迁至庑殿附近的北马场，1980 年划归农场畜牧兽医管理站管理，20 世纪 80 年代初撤销。

20 世纪 70 年代前后，国营、集体、个人一起上，曾掀起过养兔高峰，农场曾在德茂建有德茂兔场。

改革开放以后，特种经济动物养殖也得到过发展，主要以集体和个体养殖户为主，养殖的经济动物种类包括獭兔、肉狗、香猪、狐狸、鹿、鸵鸟、鹧鸪、沼虾、甲鱼等，是农场养殖业的重要组成部分。

四、企业选介——南郊农场水产公司

1955 年，农场成立水产研究所，和原农场水产组一起建立专业养鱼队伍；1976 年成立南郊农场水产管理站，管理全场的渔业生产。

1983 年，农场改成红星农工商总公司时，下属单位相应调整机构，实行政企分开，

原水产站改建为"水产公司",水产公司下辖6个国营渔场和其他工副企业,同时指导全农场34个大队的渔业生产。

1976—1984年,水产管理站在原基础上相继建成6个渔场:继大泡子第一渔场和大有庄第二渔场后,1978年又在麋鹿苑外建立第三渔场和双泡子第四渔场,1982年建第五渔场,1984年建第六渔场。

水产公司广大干部职工大力开展科学养鱼,渔业生产水平直线上升,1973—1988年,渔业总产量从9.1万斤增长到420.6万斤,经济效益逐渐提高。为做好首都节日供应,让首都人民能在国庆、元旦和春节吃到鲜鱼,每到重大节日前夕,渔场工人凌晨4点就要拉网捕鱼,5点鲜鱼上车,7点就在市区各副食商场的水产柜台上待售,当时市里著名的饭店和菜市场都有南郊农场出产的鲜鱼。农场渔业生产曾多次获得市级先进单位称号;1979年获农牧渔业部的奖励;1987年参加市级比赛,夺得金杯、银杯各一个。

1980年,三海子渔场开展垂钓业务,受到广大垂钓爱好者的欢迎,吸引大量人员来此垂钓。

1989年,水产公司调整发展规划,不再扩大生产规模,执行"以渔为主、以副养鱼,渔牧并举,生产、加工、销售一条龙"的方针。为适应市场发展,建起北方最大的水产食品加工厂,搞深加工,增加产值。

1995年6月,农场将水产公司和畜禽公司合并,成立南郊农场养殖生产中心。1998—2000年,在场乡体制改革和集团内部企业改革过程中,养殖生产中心解散,部分企业留在农场,向其他产业调整转变,部分渔场被划转到三元绿荷奶牛养殖中心等系统内部单位。

第三章 水利、电力、农机

第一节 水 利

南郊农场位于首都南郊，属永定河与温榆河两水系冲积、洪积平原的交界处，从西北的大泡子、西部的双泡子到中部的三海子，直到东南部的四海子、五海子，为扇形洼地，总的地势是西北高、东南低。

农场领导在治河工地

一、自然水系

1. **一亩泉与凉水河** 一亩泉位于新衙门（今丰台区新宫）以北，据《北平史表长编》引《嘉庆一流志》记载："一亩泉发源南苑西北隅，大亩许，虽旱不竭，在流过德寿寺后，凉水河自西北入之……""乾隆三十二年重加疏浚，并添设闸座，以资蓄池。"

凉水河发源于右安门外之水头庄凤泉，乾隆《凉水河作》记载："凉水出凤泉。"注曰："东南流，循南苑缭垣而东，至小红门之西，入苑墙，东南流经沙底桥，折而南，历头闸至二闸，一亩泉之水自西来汇之。又南而东至鹿圈村，三海子以上之水自西南来注之，又东南流至五孔桥，出苑墙，经马驹桥迤东行至张家湾，入潞河。"

凉水河旧宫段

2. 凤河与团河　据《日下旧闻考》记载："团河之源旧称团泊，在黄村门内六里许，河南北旧宽六十余丈，东西五十余丈。乾隆四十二年重加疏浚，复拓开数十丈。"

凤河小龙河

凤河发源于团河，流出团河行宫南墙后，"东南流经晾鹰台，南过南红门，五海子之水自此注之，又东流出海子东南，是为凤河。"（乾隆《海子行》诗注），凤河自回城门东南流出苑墙，经凤河营出大兴县流入永定河，因"河形如凤"故名（《光绪顺天府志》）。

据《大清会典》卷九十七记："南苑之水出团河、一亩泉，潴为五海，各建闸以宣泄之。""河道苑承管闸十四，桥五十二，设闸军三百一十九名，每月给银一两，米一斛。"

二、水利建设

1. 疏挖渠道　南郊地区地势低洼，不同程度的盐碱地占耕地面积的 60%，1949—

1956 年，在上级有关部门的关怀与支持下，共疏挖了两条河及八大支流。

（1）两河。

①凤河：自团河至南大红门。

②凉水河：自小红门至鹿圈肖庄。

（2）八大支流。

①西凤支流：西毓顺至新建村入凤河。

②瀛北支流：南小街至同辛庄入凤河。

③安南支流：自忠兴庄至南宫村入凤河。

④姜凤支流：自姜场至凤河。

⑤四海支流：三海子水库排水闸至海晏庄入凤河。

⑥康凤支流：康庄至东五号东南入凤河。

⑦广常支流：广德庄至常庄子入凤河。

⑧双泡子支流：飞机场南至振亚庄入凤河。

（3）小龙河：南场经集贤、旧宫入凉水河。

以上这些工程土方量达 22679 立方米，基本上解决了红星地区的排涝问题，可使 7 万多亩地免受涝灾，为农业丰收打下了坚实的基础。排涝问题解决后，农场又着手解决农田用水问题，建立适合本地区经济发展的排灌网络。1957 年冬至 1958 年春，南郊农场掀起了一个大兴水利的热潮，仅用一个冬春的时间，就使两万多亩土地变成了水田。

（4）主要灌渠。

①东南郊灌渠：朝阳区窑洼湖至常庄子入凉水河。1957 年 12 月 13 日，灌渠正式开工，这是南郊农场与北京市东南郊等单位的合建工程。1958 年 2 月 21 日，东南郊灌渠全部完工放水。

②凉凤灌渠：源引凉水河，入凤河。这是南郊农场、红星集体农庄等单位在 1957 年冬至 1958 年春联合兴建的工程。灌渠长达 11 千米，纵贯海子南北，土方量 15680 立方米。灌渠建成当年，就使 1 万多亩旱地变成水田。

③李营灌渠，立凤灌渠。这两条灌渠是在 1958—1964 年先后兴修的。李营灌渠长 30 千米，经西红门、孙村、金星，入凤河。立凤灌渠从立垡经西红门、金星、德茂、瀛海，入凤河。

④东凤灌渠。1970 年秋，亦庄乡自旧宫至亦庄的碱庄兴修了一条十多公里长的灌水渠，新建了一座拥有大型设备的扬水站，形成一条贯穿亦庄全境的水利大动脉。

在疏浚旧河道、兴修新灌渠的同时，农场兴建了与之配套的扬水站、桥梁、涵洞等附属设施。

2. 水库

（1）红领巾水库。这个水库是少先队员们最早发起的，因而被命名为"红领巾水库"。水库工程计划修成 7 个条形水库连成一体，水库中开凿 130 个 7 米多深的自流井，喷水成河，蓄水灌溉，工程土方量达 130 多万立方米。1958 年 2 月 25 日，红领巾水库正式竣工，现该水库因水系调整和城市发展已不存在。

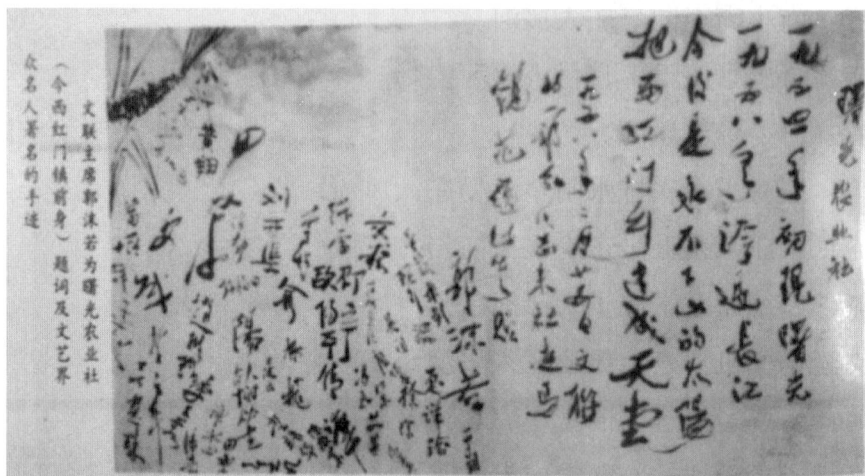

1958 年 2 月 25 日，中国文学艺术界联合会主席郭沫若祝贺红领巾水库胜利竣工，为曙光农业社（今西红门镇前身）题词，文艺界众名人也纷纷在诗稿上签名、作画，以示祝贺

（2）三海子水库。三海子水库位于鹿圈乡、瀛海乡的交界处，于 1959 年 11 月利用原三海子及部分低洼荒地改建而成。水库面积 0.47 平方公里，总库容 345.7 万立方米，工程土方量 72526 立方米，水源引自凉水河与凉凤灌渠。现该水库已不存在。

三海子水库

三海子水库的建成，使瀛海、太和的数万亩土地用水有了保证，3 万亩农作物免受水灾，也为以后渔业的发展奠定了基础。

3. 机井　中华人民共和国成立初期，南郊农场地区只有机井 15 眼，其中五里店 3 眼、六合庄 2 眼、和义庄 1 眼、德茂 2 眼、南同顺 3 眼、钱庄子 2 眼，天恩庄 2 眼。1955—1958 年年底，通过兴修水利运动，农场的电机井达 163 眼，另有竹管井 1310 眼、砖井 467 眼、一般水车 411 架、龙骨水车 131 架。

1963 年，农场成立打井队。1966 年，农场机井达 312 眼；1970 年，达到 365 眼。

南郊农场大规模地开发利用地下水资源始于 1970 年，当时三大灌渠的水已经不能满足农业生产的需要，开始采用地表水与地下水相结合的方法进行灌溉。通过"引、扬、井、蓄"的途径，解决农田用水。"引"指修渠引水；"扬"指扬水站扬水；"井"指打井取用地下水；"蓄"指利用坑塘、大河道建闸蓄水。1970—1980 年，农用机井由 300 多眼发展到 1192 眼，1989 年达到 1442 眼。

农场重点闸、桥、扬水站如表 2-2 所示。

表 2-2　重点闸、桥、扬水站

名称	地址	修建时间
大红门闸	大红门桥东	1957 年
集贤闸	集贤二队村西	1958 年
忠兴庄闸	忠兴庄村西	1959 年
亦庄渠闸	亦庄牛场北	1958 年
新三余闸	新三余村东	1969 年
大红门桥	大红门村东	1958 年
竹板社桥	竹板庄	1958 年
庑殿桥	庑殿村	1958 年
集贤桥	集贤村	1958 年
京济公路桥	大友庄村西	1958 年
瀛西桥	瀛海庄西	1968 年
排水工程桥	大生庄南	1969 年
四海支流桥	怡乐村东	1965 年
海晏庄桥	四海庄西	1965 年
东高地扬水站	东高地商场北	1950 年
太和扬水站	瑞合庄下十号村	1960 年
亦庄扬水站	旧宫东大桥北	1970 年
鹿圈扬水站	三海子水库内	1960 年
孙村扬水站	刘村东北	—

注：东高地扬水站 1958 年 6 月划归大兴县，后拆除。太和扬水站又名瑞合庄下十号村扬水站。

第二节　电　　力

1950 年，由中央农业部投资（8 万斤小米），接通了高米店村至天恩庄的高压线路——黄村路。电源引自新宫电站，其走向为高米店村—大生庄—南同顺—西毓顺—德茂—钱庄子—天恩庄。

1956—1957 年，黄村路改为金星路，电源引自邢各庄电站，线路走向为邢各庄—大生庄—南同顺—西毓顺—德茂—钱庄子—天恩庄。

南苑路电源是新宫电站，线路走向为南小街—集贤（旧宫部分地区）—南场—三台山—鹿圈—红星砖厂。

红星路电源是老君堂电站，线路走向为老君堂—小羊坊—大羊坊—双桥门—亦庄—富源庄—旧宫—红星化工厂。其中，双桥门—瀛海—忠兴庄—四海—瑞合—东和胜为红星路的一个分支，富源庄—鹿圈为红星路的另一个分支。

南苑路建设于中华人民共和国成立前后，红星路建设于 1958 年以后，这两条线路是当时南郊农场的主要供电线路。

1953 年，德茂牛场建成后，农场安装了第一台变压器，容量是 6.6 千伏安。

1975 年，建设忠兴庄变电站，输变能力为 35000 千伏安。

1982 年，忠兴庄变电站移交给大兴供电局。

1984 年 4 月 25 日，化工厂变电站建成投入使用，输变能力 20000 千伏安。

居民用电是 1960 年从南小街开始的，电源是混合用电。到 1963 年，红星地区的照明用电已经普及。

1958 年以前，农场主管生产的部门负责电管工作。同年，红星人民公社成立后，设立了水利部、机电部，负责全公社水、电的管理。1959 年 3 月，农场（公社）成立了临时高压安装队，负责全公社高低压线路的架设及各乡电工组的业务。1960 年 3 月 8 日，正式成立高压安装队。1963 年，高压安装队改成水电队，队址在南场温室。1964 年，在水电队的基础上成立了水电管理站，站址设在集贤闸东侧。全站 30 人左右，分水利组和机电组，分管全农场的水利和电力工作。1970 年，水电站迁到今馨德润酒店（旧宫）处。1973 年，迁到忠兴庄。1975 年，机电组分为打井组和电力组。1984 年 2 月，水电管理站解体，正式成立水管所、电管所，水管所址仍在忠兴庄，电管所址设在红星化工厂变电站（今兴南大厦）至今。1986 年 10 月，电管所又被命名为"红星区电管站"。

红星区电管站不仅负责全农场的电力网维修，还组织力量为农场培训电管人才。1994年，在原电管站的基础上成立了电力管理总站。

红星区电管站所在地

1998年场乡体制改革，电力管理总站成为法人企业。2001年，南郊农场出资50.6万元，公司全体55名职工共同出资369.4万元，共同成立北京市兴南电气工程公司（股份合作）。2001年年底，公司注册资本由420万元增加到820万元，2006年再次增加到1100万元，将股份合作制改制成有限责任公司。2017年7月，南郊农场将股份转让给职工个人，不再持有兴南电气股份。

如今，南郊农场已形成适合农场各业发展的电力网络，有高压线路256.2公里、低压线路447公里，农田变压器553台，总容量66557千伏安，还培养了一支拥有373名农业电工的电管技术队伍。

1955年11月29日，全国人大部分代表参观农场农机站

第三节 农 机

一、概况

南郊农场农业机械化经历了从无到有、从小到大、从购进到研制生产的发展过程，为把昔日的"皇家猎场"变成富足的"鱼米之乡"，成为首都重要的副食品基地、全国农垦系统的佼佼者，农业机械化扮演着一个重要的角色。

特别是改革开放以来，农场农机工作得到快速发展，自制联合收割机、青饲切碎机、精量播种机等一系列农业机械，彻底改变了农场传统落后的耕作方式，帮助农场迈进了现代化农业的大门。

（一）建场初期（1949—1957 年）

1949 年 3 月，华北农业部机械垦殖管理处在筹建国营五里店农场时，接收了 10 台美制"哈利司"拖拉机、4 辆汽车及配套农机具。3 月下旬，由曹泽远牵头组成临时机耕队，在六合庄、五里店进行了 3300 亩垦荒工作。同时，接收了 2 台美制"克拉克"和 2 台"福特"拖拉机。在此基础上，成立了京郊拖拉机站，由戎占峡兼任站长，商志龙任副站长，下设一个机耕队，由曹泽远任队长。拖拉机站不仅为南郊农场服务，还为京郊其他农场进行耕作服务。

1950 年，京郊拖拉机站首次进口苏联"纳齐"拖拉机 2 台、五铧犁 2 台，以及 41 片圆盘耙、棉花播种机、6 行点播机、24 行条播机、C-4 自走式康拜因收割机各 1 台，并培训了京郊第一批女拖拉机手崔淑琴等 37 人。

1954 年 10 月，在五里店农场的基础上组成国营南郊农场，当年又进口捷克、苏联拖拉机各 1 台，调进"斯大林-80"拖拉机 1 台，将农场机耕队改为机务队，下设德茂、亦庄两个机务分队。农场自办了第一期农机手培训班，培训学员 35 人，担负农场 2.9 万亩土地的耕作任务，初步形成了较为完善的规章制度和农机具安全操作规程，机耕覆盖面积达到 100％。

截至 1957 年，农场共有各类拖拉机 13 台、"康拜因"收割机 2 台、农机具 61 件，机务人员 69 人，形成了一支装备较为精良、技术过硬的农机队伍，为农场的发展奠定了基础。

（二）人民公社时期（1958—1978 年）

1958 年人民公社成立后，随着农场耕地面积的扩大和各类经济作物的种植，农业的机械应用也愈加广泛。集体经济的壮大需要大量的农业机械，为此，农场成立了农机修配厂，研制生产适合本地区的农业机械。

1. **拖拉机** 经过 5 年的发展，1962 年，农场已经拥有拖拉机 55 台、各类农机具 580 余件，各项农耕作业基本实现了机械化。到 1978 年，全场大中型拖拉机已发展到 300 台，有手扶拖拉机 492 台、各类农机具 3000 余件。

2. **收割机械** 1955 年，农场第一次使用收割机收割小麦，但是由于种种原因，没能得到推广，仍一直沿用老式轧场脱粒的方式，生产效率低，不适合"龙口夺粮"的形势。1971 年，农场农机修配厂自行设计制造了锥形脱粒机，极大地提高了脱粒效率，结束了老式轧场脱粒的历史。

1973 年 5 月，农场成立了农机办公室，组织农场修配厂人员开始研制"丰收-1100型"脱粒机。1974 年，农场生产了 20 台脱粒机并投入使用，取得了良好的效果。

1975—1976 年，农机修配厂共生产"丰收-1100 型"脱粒机 200 台，不但满足了南郊农场的需求，还推广到北京市其他农场。1976 年，国家农业机械部在莱阳召开农用收割机械鉴定会，农场引进生产的"丰收-1100 型"锥形脱粒机受到有关领导和专家的好评。

（三） 改革开放至场乡体制改革（1979—1998 年）

十一届三中全会后，农业实行联产承包责任制，激发了农民的积极性。种植面积的扩大、粮食产量的增加、多种农作物的套种使农业机械工作又面临新的挑战。

农场在大面积使用丰收-1100 型脱粒机后，又推广了牵引式 1100 型联合收割机。

二、汽车及其他配套农机

1984 年，农场成立南郊农场汽车驾驶学校，几年间，共培训合格驾驶人员 1163 人。

1986 年 1 月，南郊农场第一座加油站在旧宫村北落成，同年成立了联运站，对全农场的汽车、拖拉机实行统一管理。

1989 年，农场农机修配厂研制生产小麦秸秆捡拾粉碎机 50 台，解决了焚烧秸秆、秸秆还田的问题，取得了明显效果。1997 年又生产了 50 台。

1996 年，农场农机修配厂成功研制生产了小麦精量播种机 20 台。

1997 年，农场生产了小麦精量播种机 20 台。1998 年，农场又生产了 50 台，并远销江苏、安徽等地。

1998 年，农场研制生产了抛肥机、玉米移栽机、玉米免耕点播机、41 片圆盘升降平地机。

三、管理机构和管理形式演变

1958 年 9 月成立人民公社后，公社机电部统管农机工作，下设 6 个机耕队（按生产大队建立）。

1961 年，农场成立农业机械站，王福桥为第一任站长。

1966 年 8 月，农业机械站解体，农机管理由公社生产组代替。

1973 年 5 月，农场成立农机办公室（1974 年秋改称农机组），负责全农场的农机管理。

1978 年，农场成立农机管理站，程进章任站长，站址设在农机修配厂内，后迁到职工学校东侧。农机站下属 8 个机耕队：旧宫机耕队、亦庄机耕队、鹿圈机耕队、太和机耕队、瀛海机耕队、西红门机耕队、德茂机耕队、金星机耕队。

1975 年以前，农机战线上一直遵循"农机为农业服务，农机不能搞脱轨变形"的原则，农业机械只能为农业服务，生产队小集体不能发展大型农用机械。1973 年，虽有"耕者有其机"的口号，但也是以实用为原则的。自 1977 年开始，农场农机管理的性质开始由服务型向服务经营型转变。

随着国营、集体经济的迅速发展，农场的农业机械化程度提高很快。1982 年，全农场机耕、机播、机收的机械化程度分别是 91.3%、91.6% 和 45.7%。1979—1982 年的 4 年时间内，联合收割机数量增加了 2.4 倍，大中型拖拉机数量增加了 62.5%，汽车数量增加了 1.8 倍，农用机械总动力增加了 87.1%。其中，集体农业生产队的农机增长速度更快，联合收割机、汽车、大中型拖拉机分别增加了 29 倍、6.86 倍、1.22 倍。农场内由分场经营管理的机耕队改为机务队，农村生产队经营的农机队有 120 个，实行供应、修理一条龙的农机管理流程。

农田机械化节省了大量劳动力，发展了多种经营，对于保证农时、提高产量，特别是对夏收夏种、秋收秋种起到了决定性作用。截至 1989 年，全农场拥有拖拉机 866 台、收割机 209 台、汽车 1587 辆，形成了一支庞大的农机队伍。由于场乡体制改革、合乡并镇，各机务队等划归地方政府后，农场只剩少量农机。在农场的整个发展过程中，农业机械工作始终占有很重要的位置，为农场的经济发展立下了不可磨灭的功绩，被中央确定为"四化"（农业机械化、电气化、化学化、水利化）试点单位之一。

1998 年场乡体制改革后，随着农场的产业结构调整，只有新华机械厂仍从事农机生产和服务，除了服务农场生产，还生产精量播种机（小麦、牧草等）、玉米免耕播种机、揉粉机等。新华机械厂于 2003 年整建制并入德茂线材厂。

第三编

工业生产经营

中国农垦农场志丛

第一章 乳制品及其他食品加工业

第一节 乳制品加工

一、概况

随着奶牛生产的发展及牛奶产量的增加,农场从20世纪60年代中期开始利用鲜奶生产奶制品和相关食品,进行牛奶的深加工。1965年,农场从日本引进一套日处理鲜奶40吨的奶粉、黄油设备,建成了北京市南郊乳品厂,并于1966年开始投入生产,主要生产黄油、奶粉、甜炼乳等。

1985年,为了发展乳品冷饮食品,农场开始扩建南郊乳品厂的食品车间,正式组建北京市华升食品厂,相继引进了意大利的成套冰激凌生产线和民主德国的汽水生产线,年产冰激凌7000吨、汽水6000吨。除以上两个大型食品加工厂以外,1985年以后,德茂、亦庄、金星等牛场也相继开始生产奶制品。1985年7月,德茂牛场建成冰棍车间,日产冰棍10万只。同年,西红门牛场、亦庄牛场开始生产酸奶。1987年年底,旧宫南牛场建成酸奶车间,年生产能力达35万千克。1988年,亦庄牛场建成冰棍车间,通过对牛奶的深加工,增加了企业收入,缓解了"卖奶难",还丰富了首都市场。

华升食品厂冷饮车间

二、企业选介

（一）北京市南郊乳品厂

南郊乳品厂位于永外万源路，原南郊农场场部东侧，是全民所有制企业，隶属于南郊农场畜牧分场。1965年建厂，引进日本全套乳品生产设备，1966年5月投产，日处理鲜奶40吨，主要产品有脱脂淡奶粉、黄油，年产奶粉2000吨、炼乳1000吨，是农场系统第一个引进国外先进设备的企业。厂区占地面积3万平方米，建筑面积1.6万平方米，设有乳品车间、冷饮车间、鲜奶车间等。

1990年，乳品厂固定资产原值1081.8万元、产值2516.9万元、利润170.3万元。有职工559人，在生产旺季时招收季节工几百人，为附近村民提供了就业机会。

该厂还生产高蛋白酸奶、饮料和各式冷饮食品，产品行销国内20多个省、市、自治区。1986年，引进匈牙利酸奶生产线。1987年，"万年青"牌脱脂淡奶粉和黄油荣获"国家农牧渔业部优质产品奖"。1989年，企业荣获"农业部质量管理奖"，并被评为"中国农行北

南郊乳品厂奶粉车间喷粉塔

京市分行特级信用企业"。1990年，新建奶粉车间，采用国内领先的三效蒸发浓缩技术，日处理鲜奶达百吨，有效解决了周边牛场的鲜奶加工储存问题。1990年，该厂生产的黄油被指定为十一届亚运会运动员餐厅专用产品，高蛋白酸奶荣获"北京市优质产品奖"。

1993年，该厂与西班牙合资成立北京万年青乳品有限公司，中方占股49%、外方占51%，注册商标"力你特高"。后进行了股权转让，北京万年青变更为外商独资企业。2000年4月，北京万年青停产，在原址上开发房地产项目，建成万源北路2号院小区。

（二）北京市华升食品厂

华升食品厂位于大兴区旧宫镇庑殿路东，原为南郊乳品厂的食品车间，1985年独立核算，成立华升食品厂。厂区占地面积40663平方米，建筑面积17437平方米。

该厂主要生产糕点、饮料。1986年，引进6条意大利冰激凌生产线，1987年，引进1条民主德国汽水生产线，年产冰激凌3500吨、汽水190万瓶、糕点1000吨、面包200吨，产值1958万元，产品投放京津冀等地。熊猫雪人异形冰激凌是北京市首创产品，填

补了国内冷饮食品市场的空白，1987年获"全国儿童产品金鹿奖"，1988年获"首届中国食品博览会银奖"。"鹿牌"椰丝饼是1987年部优产品，"华升牌"橘子矿化水是1990年北京市优质产品。1990年亚运会期间，该厂生产的产品十分畅销，供不应求。

进入20世纪90年代末期，由于市场竞争激烈、冗员多、包袱重、管理水平不足等原因，该厂经营状况每况愈下，2000年前后被关停，2004年并入北京市广达源仓储中心，原厂址后来开发建设为润星家园小区。

异型冰激凌生产线

第二节　其他食品加工

南郊农场其他食品加工业从1958年起步，主要包括小型糖厂（以农场自产的甜萝卜作原料）、粉丝厂、酱油厂、蘑菇厂、酒厂，主要产品有饴糖、粉条、粉丝、淀粉、酱油、蘑菇罐头、白酒等。

1979年，随着国家实行改革开放和建立市场经济体制，南郊农场其他食品加工业也得到快速发展。

1982年，南郊农场金星鸭场从南京聘请专业技术人员制作盐水鸭，实现了从单纯养殖到产品深加工的转变。

1988年，南郊农场与北京市饲料公司联营成立了北京市松花蛋生产集团，加工生产松花蛋，供应市场。

1988年，南郊畜禽公司成立科力康烤制厂，加工生产烤鸭。

1989年，畜牧分场（南郊牛奶公司）所属五环联合食品厂建成投产，主要产品为油炸方便面、冷冻肉排。

第二章　工　　业

农场建场初期至 1958 年场社合并时，主要以农业、畜牧业为主，基本没有工业企业。直到 1958 年 9 月成立红星人民公社后，农场才开始兴办工业。农场首先建立的国营农场工业管理机构为"工业交通部"，开始对原有的手工工业进行整顿调整，建立规章制度。到 1978 年，经过近 20 年的发展，农机修造厂、红星化工厂、电工器材厂、南郊乳品厂、红星砖厂等工业企业初具雏形，工业总产值达到 5892 万元，利润 1206 万元。这一时期，农场工业的发展主要以自力更生、自筹资金为主，国家投资为辅。在办厂方针上，受"围绕农业办工业""一种二养三加工"等思想制约及"文化大革命"影响，发展路子较窄，建设速度较慢。

党的十一届三中全会以后，农场党委认真贯彻"调整、改革、整顿、提高"八字方针，通过企业整顿和完善落实经济责任制，农场的工业企业不断发展壮大，经济效益不断提高，形成农场、乡、队三级企业竞相发展、欣欣向荣的局面，工业逐渐成为农场的经济支柱。

1983 年以后，历经全面整顿、企业升级、技术革新、厂长（经理）负责制，企业活力不断增强。到 1989 年，农场有企业 360 家、职工 24335 人。

1990—1998 年，农场进一步解放思想、抓住机遇，相继出台了"深化改革十大系列文件"，提出"1868 工程"和"一开二改三个三"的方针，工业企业成为农场经济的坚实主导和重要支柱。到 1998 年，全场有大小企业 830 家，包括 37 个行业，能为国内外提供 2 万多种商品和经济技术服务项目。有 30 多个产品获国、部、市优称号，其中年产值超过 1000 万元、创利税 100 万元的企业有 20 多家。这也是农场工业最辉煌的一段时期。

1998 年场乡体制改革后，因农场主业重新定位、原工业企业的科技开发水平低下、规模不适应市场需要，以及国有企业机制的问题，农场工业企业逐步退出，所留部分企业告别昔日辉煌，被动关停转向资产经营。

第一节　南郊农场工业

一、领导机构

1958 年 6 月，农场增设了工副业组，负责农场内的工副业生产，并在原农场工副业组的基础上，建立了由 5 人组成的公社（农场）工业部（1959 年年初又改称工业交通基建部），主管公社（农场）工业的建厂和生产工作。1962 年 8 月，撤销了公社（农场）工业部，建立工副业大队，其任务除主管以上单位的生产外，还负责指导全场（社）的工副业生产。这种建制一直延续到 1964 年下半年，随后又恢复了原农场（公社）工业部的建制。1983 年，工业分场改为工业公司，统一领导和管理国营及乡、队工业企业。工业公司成立以后，负责管理原有的 8 个工业企业，对于分别属于畜牧分场、农机公司、饲料公司等单位的 19 个企业，8 个农村分场（也分别成立了公司）所属的 50 个乡办企业（分场办的）和 140 个队办企业，除仍隶属于原分场外，同时接受工业公司的业务指导及其在技术管理、培训、咨询等方面提供的帮助，基本上建立了专业化的管理体制。农场于 1984年 5 月成立红星区乡镇工业公司（将原工业公司二科与劳动服务公司合并而成），于 1985年 9 月设立了总场工业办公室。1987 年 3 月，总场又成立了以区长为首、有关科室负责人参加的工业领导小组，统管农场工业全局，加强工业企业管理。随着产业结构的调整，1996 年 9 月，工业公司撤销。

二、初创时期（1958—1966 年）

1958 年 6 月，南郊农场吸收附近农业社入场，到 1958 年年底，已建起各种小型工厂46 个，有固定工和季节工 895 人，其中包括在原拖拉机修理间基础上建起的农机修配厂（1960 年改称农机修造厂，是红星机械厂前身），左外积肥队建立的颗粒肥厂（1959 年年底改称左外化工厂，1978 年后改称红星泡花碱厂和红星建筑涂料厂）和糠醛厂（1958 年冬在瀛海老机务队处试制，1959 年年初，产出成品并建厂，同年 7 月迁至德茂改称德茂化工厂，是红星化工厂前身）。此外，还有一些小型的糖厂（以农场自产的甜萝卜作原料）、粉丝厂（粉房）、酱油厂、制酒厂、蘑菇菌丝厂、粮食加工厂、制砖（窑）厂、水泥厂以及缝纫、补轮胎、黑白铁、自行车修理等多种行业。1958 年完成工业产值（实际含副业）197.3 万元，实现利润 9.3 万元。

1959 年年底，正式列入农场工业的企业有农机修配厂、新建立的机电修造厂、铁工厂、轮胎翻修厂、德茂化工厂（糠醛厂于 1959 年 7 月迁往德茂扩建而成）、左外化工厂（由颗粒肥厂改建而成）、草绳厂、砖厂、制糖厂、粉丝厂等，共 9 类 19 个工厂。

1960 年，农场（公社）认真贯彻党中央提出的"社办工业首先为农业服务"方针，本着"农闲大搞，农忙小搞，农闲做工，农忙务农"的原则，开展了以粮、钢为中心的增产节约运动。

农场还遵照中共北京市委"关于城市工业支援公社工业"的指示精神，先后同北京绝缘材料厂、北京客车厂、宣武钢厂、胜利酱菜园、北京蜡制品厂、北京化工厂、211 厂等建立了协作关系，并得到了上述工厂在人力、技术、机械、设备、物资及转交产品项目等方面的大力支援。1960 年，不仅扩建了农机修造厂（又增建了翻砂车间）、化工厂（原德茂化工厂，增建了硫酸车间）、左外化工厂（增建了制蜡车间），还新增建了红星公社塑料厂（1960 年 7 月改称北京市南郊电工器材厂），同时还增建了鹿圈铸造厂、酱菜厂（设在西红门大队）、动物标本模型厂（西红门及金星各建两个厂，于 1962 年停办）和 1 座 18门轮窑砖厂（因设在旧宫大队的大有庄村，故名大有庄砖厂，于 1962 年停办）。到 1960年年底，全农场已有 5 个较大的工厂：农机修造厂、电工器材厂、化工厂、左外化工厂、大有庄砖厂，共有职工 1023 人，完成工业产值 407.9 万元，实现利润 83.7 万元。加上其他各小厂，共创利润 132.4 万元。

1961 年，在党的"大办农业，大办粮食"方针的指导下，农场在工副业生产上，认真贯彻中央指示，紧缩了工业生产，集中精力，抓好农业生产。年初，将农机修造厂并入农场（公社）农机管理站管辖，以利支农。同时，将公社化工厂（原属瀛海大队和农场共管）和左外化工厂、电工器材厂划为农场直属，继续维持生产，其他与农业无关的工副业单位都以支援农业为主。3 个大厂在原材料困难和农忙支农的情况下（职工人数已缩减为774 人），全年仍创工业产值 350 万元，完成利润 97.5 万元。

1962 年，国民经济进入调整时期。由于大部分工业产品没有纳入国家计划，原材料和销路都出现了极大的困难。因此，农场党委对工业提出了"没有原材料自己找，没有销路自己跑，没有技术自己钻，提高产品质量闯难关"的口号。当年，公社（农场）直属 3个大厂（总人数为 571 人）共完成工业产值 208.2 万元，实现利润 48.3 万元。

由于工业战线的调整，1963 年秋，农场又建立了季节性的农场轧花厂，归工副业大队领导。

1964 年 7 月，原属北京市建材局的鹿圈砖厂移交给农场（公社）经营，同时改名为红星砖厂。同年 4 月，经农场多次申请，瀛海辖区内原属大兴县的造纸厂（1962 年停办）

也划拨给了农场（公社），农场继续以本场的稻草为原料生产草板纸。1964 年 6 月，成立农场（公社）饲料加工厂。

为发展农场牛奶的深加工，1965 年 6 月，新建南郊乳品厂，投资 35 万美元，从日本引进了日处理 40 吨鲜奶加工成奶粉及黄油的全套设备，于 1966 年 5 月正式投产，利用农场 9 个奶牛场的鲜奶制作奶粉和黄油，供应首都市场。该厂是当时华北地区唯一生产黄油的厂家，独家供应本市的使馆、宾馆和各大商场，京、津、冀等省市各大食品厂所用的脱脂淡奶粉和黄油也大多由该厂供应。

1966 年年初，农场利用北京市标准件总厂的旧冲床，在农场基建队木工车间的旧址上增建红星螺母厂（即后来的红星标准件厂）。1966 年上半年，农场又在庑殿村北建起缝纫机机架厂，对北京市缝纫机总厂的缝纫机机架进行精加工，并于 1967 年投产。

三、"文化大革命" 时期（1967—1978 年）

1966 年 6 月，"文化大革命" 开始以后，工农业生产受到极大影响。1968 年 2 月，农场相继建起革委会和各职能机构，工业生产才逐渐走上正轨。1972 年 10 月，公社（农场）革委会根据《市革委关于北京市国营农场座谈会纪要》精神，实行"统一领导，统一计划，分别核算，各计盈亏"的管理原则，对农场的管理体制进行初步改革，将全民所有制经济同集体所有制经济彻底分开，实行了"分别核算，各计盈亏"的管理原则。同时，将农村 8 个大队改为 8 个集体所有制性质的农村分场，将国营企业部分分别组建畜牧分场和工业分场。同年，农场共有 9 个国营工业企业单位，即红星化工厂、左外化工厂、农机修配厂、南郊乳品厂、粮食加工厂、红星砖厂、红星螺母厂、缝纫机机架厂、南郊电工器材厂（该厂于 1972 年年底划回旧宫分场，为集体企业），职工总数 2182 人，主要工业产品有化工试剂、钾钠泡花碱、奶粉、甜炼乳、黄油、机制砖、光螺母、缝纫机机架、民用电器件等。当年工业总产值 2193 万元，实现利润 533 万元。

1973—1975 年，农场被迫将 1973 年正在建设的 4 个新厂（玻璃厂、塑料厂、缝纫机机架厂和皮革厂）砍掉、停建。其中，由于孙村皮革厂（即后来孙村乡的北京市第二联合制革厂）已经建成并投产，经再三申请和争取，才勉强保留下来。到 1978 年年底，农场工业总产值提高到 5892.7 万元，完成利润 1206.5 万元，其间，乡、队企业也有了较快发展，企业数量发展到 126 个，从业人员达 6160 人，工业产值 2401.6 万元，利润 587.9 万元。

四、快速发展时期（1979—1998 年）

至 1979 年年底，农场国营、乡办、队办工业企业已发展到 137 个，其中国营企业 9 个、乡办企业 30 个、队办企业 98 个。同年，实现工业总产值 6218 万元，同比增长 5.5％；利润总额 1374.86 万元，同比增长 13.9％。其中，国营工业部分（含化工厂、泡花碱厂、砖厂、螺母厂、粮油加工厂、印刷厂、农机修配厂、乳品厂及尚未投产的美术厂）完成工业产值 3817 万元，实现工业利润 692.86 万元；乡、队企业部分完成产值 2450 万元，实现利润 682 万元。

主要产品方面，在工业分场的 16 种主要产品中，有 13 种完成了全年生产计划，占 81.3％，其中硅酸钠、钾钠泡花碱、磷酸、硝酸钾、光螺母、红机砖、饲料、糠油等 11 种产品超历史最高水平；在 48 种可比化学试剂产品中，有 31 种产品的质量有所提高，其中有 19 种产品创历史最高水平；磷酸氢二钠、氯化钡、氯化亚铜、可溶性淀粉 5 种产品及工业磷酸达到了世界先进水平。

到 1982 年年底，农场工业企业发展到 217 个，从业人员达 1.6 万人，占农场总劳力的近 40％。工业总产值近 1 亿元，占农场工农业总产值的 60％，实现利润 2098 万元（其中包括队办企业纯收入 777 万元），成为农场利润和农场资金积累的主要来源。1982 年年底，农场共有 27 个国营工业企业，其中有 8 个工业分场所属企业，有职工 3200 人；共有乡办企业 50 个、队办企业 140 个，分别属于 8 个农村分场的工业办公室（于 1983 年都组建成为工业分公司）统一领导和管理。队办工业企业从业总人数 1.1 万人，占农村总劳力的三分之一，年产值 5800 多万元，占农场工业总产值的 58％。

1983 年 1 月，南郊农场进行机构改革，同时将南郊农场组建为"红星农工商总公司"，下设 10 个公司（工业分场改为工业公司），对全农场各项生产实行专业化、企业化管理。1983 年 6 月，中央农牧渔业部农垦局和市农场局对南郊农场所属的企业进行建设性的全面整顿工作。到 1984 年企业整顿结束，农场工业总产值已达 16230.6 万元，实现工业总利润 2704.2 万元，农场主要工业产品的生产能力也在逐年上升。

到 1987 年年底，农场实现工业总产值 27951 万元，乡、队两级企业实现产值 17310.8 万元，全场实现工业总利润 4094.3 万元，乡、队两级企业实现利润 2321 万元。

1996 年 9 月，红星区委、南郊农场决定撤销工业公司，红星化工厂改名为红星化工总厂，同时兼并塑料门窗厂、光源材料厂；左外化工厂改名为广厦化工建材总厂；红星砖厂并入养殖生产中心；将机械厂、标准件厂、防爆电器厂、方圆清洁器厂合并为红星机械厂。

五、转型调整时期（1999—2018 年）

1998 年下半年，根据中共北京市委、市政府的指示精神，全市 16 个国营农场进行了场乡体制改革，南郊农场的工业板块也在场乡体制改革中发生了巨大变化。其中，红星化工厂因连年亏损且不符合北京市绿化隔离带整体规划，于 2002 年 12 月宣布破产，并于 2004 年由原下属企业北京市大兴红星光源材料厂接管，转变成为资产经营型企业；北京市红星砖厂因北京地区禁止生产黏土砖，于 1998 年年底停产，并于 2003 年 3 月成立北京市广达源仓储中心；北京市华升食品厂于 2004 年并入广达源仓储中心；五环高级润滑油公司于 2000 年与原华润工贸公司分离，又因润滑油销售市场低迷，公司逐渐开拓仓储服务业务，并于 2001 年成立北京市五环顺通物流中心，后因润滑油经营逐年萎缩，企业逐渐转型为以冷冻储存、城市配送为主业的专业冷链物流企业；2002 年，红星塑料门窗厂并入北京市五环顺通物流中心；随着北京市工业产业结构调整，泡花碱的市场需求量急剧下降，北京红星泡花碱厂整合自身资源，于 2003—2004 年相继改制组建了以生产经营泡花碱为主的北京市红星广厦化工建材有限责任公司和以生产建筑涂料为主的北京市红星广厦建筑涂料有限责任公司，原红星泡花碱厂未参与改制的留守人员、资产并入广达源。

德茂线材有限公司的前身是成立于 1983 年的北京市红星线材厂，2015 年年初宣布停产，转为资产经营。2016 年 8 月，因受北京市环保政策等因素影响，北京市红星广厦化工建材有限责任公司停止生产；2018 年 6 月 8 日，北京市红星广厦涂料有限责任公司召开职工大会，全票通过《职工分流安置方案》。至此，南郊农场全部退出工业行业，原企业全部停产或转为资产经营。

企业退出情况：

1. 北京市兴红种子站　2012 年 8 月 10 日，南郊农场取得"企业国有产权交易凭证"，无偿受让北京南郊农业生产经营管理中心全资企业——北京市兴红种子站的全部产权，实现四级企业压缩。2016 年 9 月 20 日，南郊农场全面完成北京市兴红种子站工商注销及股权投资账务注销工作。

2. 红星冷冻公司　2017 年 4 月 30 日，北京市红星蔬菜食品冷冻有限责任公司关停制冷系统，公司正式停产。

3. 北京兴南电气工程公司　2001 年 4 月 26 日，南郊农场改革领导小组会议研究同意北京兴南电气工程公司改制为农场参股的股份合作制企业。2017 年 8 月 14 日，农场以减资的方式完成兴南电气国有股退出。

4. 北京华润工贸公司　1996 年 4 月 24 日，红星粮食饲料公司、农场物资站以及养殖中心的线路板厂整建制并入华润工贸公司，华润工贸公司为党委级的场直属企业。2000年 3 月 9 日，农场两套班子联席会决定对华润工贸公司分离重组，原华润工贸公司所属的五环市政公司、五环高级润滑油公司与华润工贸公司分离，3 个单位都作为农场二级单位并分别建立党支部。2002 年 12 月 25 日，北京泰宇物业管理有限公司吸收南郊农场资产入资和华润工贸公司员工现金入资，增资后，泰宇物业公司成为南郊农场控股企业，华润工贸公司并入北京市华升食品厂。2017 年 9 月 1 日，北京华润工贸公司完成工商注销工作。

5. 北京市华升食品厂　2004 年 7 月 13 日，华升食品厂并入广达源仓储中心。2017年 9 月 1 日，完成北京市华升食品厂的工商注销工作。

6. 北新仓农业（北京）有限公司　2014 年 3 月 19 日，南郊农场投资设立了国有控股公司——北新仓农业（北京）有限公司。2016 年 12 月 16 日，由于公司所在行业竞争激烈，公司流动资金紧张，自成立以来连续亏损，农场决定以产权转让的方式退出该企业国有股权。2017 年 10 月 16 日，完成北新仓农业（北京）有限公司 51％ 股权的国有股退出工作，10 月 25 日完成工商变更。

7. 北京南郊星红仓储中心　2005 年 9 月 9 日，北京南郊星红仓储中心注册成立，为农场二级企业。2016 年 11 月 9 日，农场决定将星红仓储中心并入五环顺通物流中心。2018 年 12 月 18 日，星红仓储完成清算注销。

六、企业选介

（一）国有企业选介

1. 北京市红星化工厂　北京市红星化工厂位于大兴区旧宫镇，隶属南郊农场工业公司，是全民所有制国家二级企业。其前身是建于 1958 年的糠醛厂，1959 年由瀛海迁址德茂，1965 年开始生产磷酸，1975 年兴建黄磷电炉。1987 年 6 月，在内蒙古卓资建立黄磷分厂，厂区占地面积 24045 平方米，拥有固定资产净值 1187 万元、职工 888 人。

工厂主要产品有磷酸、甲酸、试剂和磷酸制品，年产磷酸 600 吨，产值 2272 万元，产品畅销国内 29 个省、市、自治区，远销 23 个国家和地区。

1986 年，该厂获"北京市优秀出品企业"称号；1989 年 10 月，获北京市政府"北京市优秀企业"称号。

2. 北京市红星泡花碱厂　北京市红星泡花碱厂位于北京市左安门外左安路 21 号，隶属于南郊农场工业公司。其前身是始建于 1958 年的颗粒肥厂，生产蜂蜡制品、泡花碱、氯甲烷等。1980年开发泡花碱系列产品——无机建筑涂料，1984年正式建立红星建筑涂料分厂，厂区占地面积4万平方米，建筑面积8001平方米。

其主要产品有泡花碱、建筑涂料，年产值2302万元。1984年，该厂产品荣获"北京市政府建筑涂料金龙奖"，畅销国内20多个省、市、自治区；1988年11月，被评为北京市优秀企业；1990年被评为"重合同守信誉"单位。其产品"广厦牌"JH80-1、JH80-2无机建筑涂料于1990年荣获"北京市达到国际水平优质产品奖"。1999年4月，红星泡碱厂荣获"北京市标准化工作先进单位"称号。

2003—2004年，企业改制，两个大车间分别改制为北京市红星广厦建材有限责任公司和北京市红星广厦建筑涂料有限责任公司，成为农场控股企业，生产基地移至大兴长子营。2016—2018年，随着北京市疏解腾退和产业禁限政策，陆续停产清算。

2006年，红星泡花碱厂并入广达源，北厂区被拆迁开发，拆迁面积10905平方米。2012年8月，拆迁安置回迁商业楼交付（拆一还一），农场又增购7852平方米，合计18757平方米，即弘善家园108号楼，后与北京古玩城、正庄古玩城合作经营古玩城C座。

3. 北京市红星砖厂　北京市红星砖厂原属于北京市建材局，原厂址在丰台区南苑乡南苑村，占地200多亩，1962年迁至大兴鹿圈村南。1964年7月，北京市建材局把红星砖厂移交给南郊农场经营，其产品机制红砖是城市住宅建设和周边居民盖房的抢手货。

20世纪90年代，由于土源匮乏，直接影响了红机砖的产量和质量。1998年，北京市禁止生产黏土砖，红星砖厂于1998年10月底停产，开始尝试以厂房租赁和渣土回填获取收入。2002年4月，农场将农管中心所属的三海子渔场合并到红星砖厂。2003年3月，在北京市红星砖厂的基础上组建北京市广达源仓储中心，利用回填土地出租经营，重获生机。2011年下半年，原红星砖厂厂区2000余亩地被南海子公园建设征用。2017年年底，按照公司制改革要求，广达源仓储中心更名为北京市广达源科技发展有限公司。

（二）乡镇企业选介

1. 北京市星光照相器材厂　北京市星光照相器材厂位于大兴县西红门镇，隶属大兴县红星区西红门镇工业总公司，是队办集体所有制科技型企业。该厂始建于1979年，厂区占地面积6000平方米，建筑面积3000平方米，主要产品有电影、电视、电教、舞台照明设备，年产值600万元。1987年，该厂有3项产品获部优产品称号，5项产品达到国内先进水平，获"北京市科技进步一等奖"，生产的设备替代了进口产品，填补了我国电影、电视照明设备的空白，并向全国150多家电视台、电影厂、高等院校销售。在1998年场乡体制改革中，该厂随西红门镇一起划归大兴县西红门镇管理。

星光照相器材厂

2. 北京顺兴葡萄酒有限公司 北京顺兴葡萄酒有限公司厂址在鹿圈，是北京市 100 家规模较大、经济效益较好的食品工业企业之一，也是大兴区重点工业企业。其前身为 1983 年投产的南郊农场葡萄酒厂，1992 年，与北京市粮油食品进出口公司和台湾东顺兴业股份有限公司合资经营。公司占地面积 6.7 万平方米，建筑面积 2.7 万平方米，有中高级职称的技术人员 32 人，主要产品有"丰收"牌桂花陈酒和干红葡萄酒系列 30 多个品种。1989 年产值 7578.8 万元，销售收入 7165 万元，利税 2512.1 万元，利税额位居大兴县 20 个利税大户首位。

"丰收"牌精酿桂花陈酒于 1994 年、1995 年分别获"中国名牌产品"称号。1998 年，"丰收"牌起泡葡萄酒、桂花红葡萄酒获"大兴县新产品奖"；"千禧"牌干红葡萄酒，丰收干红、干白葡萄酒获"大兴县科技进步奖"。1998 年场乡体制改革后，公司划归大兴县管理。

顺兴葡萄酒有限公司生产线

3. **北京市南郊电工器材厂**　北京市南郊电工器材厂位于大兴旧宫镇，隶属于南郊农场旧宫分场，是场办集体所有制县一级企业。1960年建厂，由北京市交电公司扶持，以生产胶木电器为主。厂区占地面积1.6万平方米，建筑面积7300平方米。

该厂主要产品有日用胶木制品、低压电器元件、低压开关柜，年产值800万元，产品销往东北、西北、华北各省市。1998年场乡体制改革后，南郊电工器材厂划归大兴县管理。

4. **北京市旅行车股份有限公司兴京工厂**　北京市旅行车股份有限公司兴京工厂位于大兴县旧宫镇旧忠路西侧，隶属南郊农场旧宫分场。1985年，北京市旅行车股份有限公司和南郊农场联营建立北京市旅行车股份有限公司兴京工厂，为镇办集体所有制企业。厂区占地面积65268平方米，建筑面积27500平方米，拥有固定资产净值1213万元，全厂有职工400余人。

其主要产品有"630系列"旅行车底盘、"620B"旅行车、"1215"底盘，年产3300台件，产值4486万元，主要向北京市旅行车股份有限公司供应。1998年场乡体制改革后，该工厂划归大兴县管理。

第二节　长阳农场工业

1965年以前，长阳农场（公社）的工副业生产是由生产队、生产大队的工副业和公社直属副业加工厂组成的，主要从事农副产品加工、编筐、烧砖、制酒、打草绳、草垫等副业。1966年开始兴办工业生产，1989年开始出现经济滑坡，到1995年，工业企业亏损严重，1996年停产整顿，2002年12月成立长阳农场工业企业资产管理处，原工业企业的资产和人员并入资产管理处统一管理。

一、国有工业企业简介

1. **国营北京市长阳铸造厂**　国营北京市长阳铸造厂始建于1966年。1964年，基建队改为综合厂，从事综合经营。1966年5月开始办铸造业，派人去广安门铸造厂学习技术，利用长阳牛场的旧牛舍改建铸造厂房，土法上马。1966年8月建成，并开始投入生产。1967年国庆节前，吊起了冲天炉，淘汰了小土炉，成为长阳公社（农场）的第一个工业企业，主要产品为铸铁污水管。1988年10月，经北京市计委批准，投资1300万元，从瑞典阿卡斯公司引进离心铸管机一套，于1989年12月完成安装、调试工作，并投入试产。1995 年，企业经营状况开始变差；1996 年 9 月，根据《中华人民共和国破产法》依法宣告破产。

2. 北京市长阳农场化工厂　1966 年从综合厂分出，成立北京市长阳农场化工厂。2001 年 3 月 6 日，长阳农场化工厂改制为北京长阳振兴化工有限责任公司，与长阳农场脱离隶属关系。

3. 北京市长建兴旺建筑工程公司　北京市长建兴旺建筑工程公司成立于 1985 年 1 月，2001 年并入长阳农场资产管理二处，2010 年 6 月，公司债权债务并入北京市长阳工业公司。2010 年 6 月 17 日，根据市国资委、集团公司和南郊农场关于劣势企业退出的指示精神，长建兴旺建筑工程公司注销。

4. 北京仁和酒厂　北京仁和酒厂于 1976 年 7 月建成并投入生产，主要生产白酒，其生产的菊花白酒（宫廷用酒秘方）享誉京城。1981 年，长阳四大队酒厂改名为仁和酒厂；1996 年，经北京市政府经政农发〔1996〕第 48 号批准，进行停产整顿；2003 年 10 月至 2004 年 4 月，根据北京市政府（京改办发〔1997〕第 50 号）《关于中小企业改制的有关规定》和京三元集团发〔2004〕104 号《关于北京仁和酒厂改制的批复》，北京仁和酒厂改制为北京仁和酒业有限责任公司。

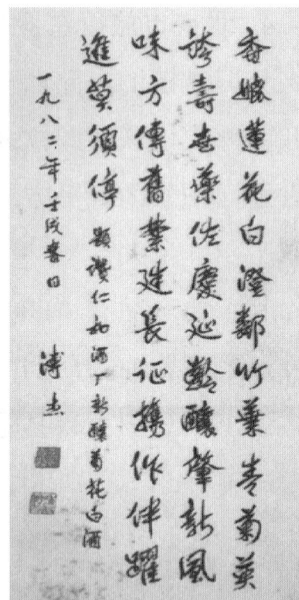

《菊花白》题词

长阳农场场长王庆英与溥杰（右一）在酒厂　　　　长阳农场仁和酒厂产品及获奖证书

5. 北京市长阳带钢厂　1981 年，农机修配厂扩大生产，建立表壳钢、阀条生产车间，1983 年正式由农机修配厂分出，建立带钢厂，主要生产普碳钢、高强带钢。1995 年，企业经营状况恶化，资产负债率高达 156％，亏损 166.3 万元。1996 年 4 月，长阳农场党委召开专题会议研究，向集团公司申请停产整顿。2007 年 11 月 8 日，长阳带钢厂注销。

二、集体工业企业

社办企业主要从 1977 年开始兴办，逐步扩大和增加生产项目，先后建有铸管厂、白砂砖厂、砂石厂、长阳鞋厂、电瓶车厂、炼铁厂、电镀厂、水磨石厂、稻田管件厂、稻田绣花厂 10 家企业。在 1998 年 10 月场乡体制改革中，集体工业企业划归长阳镇政府管理。

第三节　卢沟桥农场工业

卢沟桥农场最早的工业企业始建于 1961 年，是一个以高粱为生产原料的小酒厂，1962 年产酒 770 公斤，产值 2310 元，有 3 名工人。1963 年年初，因原料无货而停产。此后十多年来一直以种植业、养殖业为主。十一届 3 中全会以后，农场产业结构开始转向第二、三产业，先后办起了 20 多个工业企业。1998 年场乡体制改革时，天保营养口服液厂和集体工业企业划归丰台区管理，国有工业企业归农场管理。2000 年 1—4 月，国有工业所有企业改制为股份合作制企业，先后与卢沟桥农场脱离隶属关系。

一、国有工业企业

1981 年 3 月，在农场路 8 号成立北京市卢沟桥燕春针织厂，生产针织品、服装；1986 年 8 月，成立北京东宝羽绒制品厂，从事羽绒加工制造；1989 年 7 月 15 日，成立北京市特种劳保服装用品厂，生产绝缘手套、工作服等产品。以上 3 个企业一套班子。1987 年 6 月 18 日，原北京市副市长焦若愚来厂视察。1991 年，有职工 118 人，总收入 203.3 万元。

1978 年年底，成立蜂具厂，生产养蜂器具；1981 年 3 月，蜂具厂改名为日化厂，生产以蜂王浆为主要添加剂的"蜂王浆系列"化妆品，注册商标为"倩求牌"。1981 年 5 月，成立北京家用化学厂。1987 年 4 月，成立北京市三原建筑黏合材料厂，主要生产建筑防水涂料，后发展成为北京市名牌产品和企业拳头产品。以上 3 个企业一套班子。职工人数 102 人，1995 年收入 1665 万元。

1983 年 1 月，在农场路 1 号成立北京市卢沟桥金属结构加工厂，生产加工动物屠宰脱毛机等金属制品。1988 年有职工 37 人，年收入 119.6 万元。

1984 年 7 月，在小屯路成立北京市东方食品公司，生产烤鸭等肉食产品。1994 年有职工 155 人，年收入 1873.3 万元。1998 年 1 月 1 日，该公司划归北京市农工商总公司下属的北京鸭业有限责任公司。

1986 年 7 月 8 日，在小屯路成立北京市东方冷饮厂，11 月投产。1992 年有职工 140 人，年收入 386.1 万元。

1988 年 2 月，在农场路 1 号成立北京市天保营养口服液厂，生产蜂王浆口服液、鱼脑精口服液、解酒灵等产品。1995 年有职工 85 人，年收入 515.5 万元。

1992 年 1 月，农场接收了三环公司所属的无线电元件七厂；2000 年 4 月，改制为股份合作制企业，更名为北京轩泓工贸中心；2010 年 1 月，农场收回土地和房屋等资产，在职和退休人员并入卢沟桥农场管理。

二、集体工业企业

1978 年，农场建立绣花厂、绝缘板厂、鼓风机厂、砂石厂、水泥瓦厂、纸盒厂等小型工厂。由于缺乏专业技术人员，缺少经营管理经验，这些小型厂多数亏损，到 1980 年年底，除砂石厂等少数几个盈利企业外，其他工厂都相继停产或转产。

1980 年 1 月，在老庄子西成立卢沟桥长城构件厂，生产承重配套构件。

1980 年 5 月，在齐庄子村成立综合加工厂，生产木制家具。

1985 年 3 月，在老庄子村西成立北京市益康婴幼食品厂，与北京市婴幼儿食品营养研究所共同研制"富锌饼干"，被北京市经济技术委员会评为 1989 年"北京市优质产品"，并颁发了优秀产品证书，注册商标为"大福牌"。1989 年 7 月 8 日的《北京晚报》、7 月 21 日的《中国食品报》对此进行了报道。

1982—1984 年，先后在齐庄子大队、永合大队、老庄村西、丰台东河沿、北天堂村成立了砂石厂。

1990 年 2 月，在永合庄村成立彩色玻璃厂，生产加工彩色玻璃制品。

1990 年 2 月，在老庄子村成立工艺品厂，生产吹塑工艺品。

1991 年 4 月，在北天堂村成立特种焊接厂，从事金属特种焊接。

三、中外合资企业

1989 年 4 月 7 日，在北天堂村成立中日合资企业北京京日蔬菜加工厂。

1991 年 1 月 10 日，在农场路 1 号北成立北京市力奇玩具厂，2003 年因五环路施工占地停止经营。

1992年11月，与马来西亚灵芝仙有限公司合资开办北京灵芝仙礼品有限公司，主要从事针织玩具的生产经营。

1992年11月，与香港华润集团、德信行有限公司共同投资成立合资企业北京燕信食品有限公司。

中国农垦农场志

第四编

物流物产及服务业

中国农垦农场志丛

第一章　酒店餐饮业

第一节　酒店餐饮业概况

南郊农场酒店餐饮业起步于 20 世纪 80 年代，早期有南郊招待所、卢沟桥农场的闻香来餐馆、方园冷饮快餐厅等，后期有毛小青红星韶膳国际餐饮养生会馆。随着市场经济及餐饮行业的发展，中小餐饮企业逐步退出市场。南郊招待所通过自我变革，发展成了下辖两家分店的三星级酒店，截至 2018 年年底，经营面积共计约 2 万平方米，共有客房 200 间，还有两个中餐厅、两个主题餐厅，年收入突破 2600 万元。

南郊农场酒店餐饮业大体经历了 3 个发展阶段。

一、起步创业阶段

为了满足内部招待、培训等方面的需求，农场相继成立了几家餐饮企业招待所，初期的企业组织形式多以餐馆、招待所为主。

1983 年 4 月，卢沟桥农场下属莲花池鸭场在小屯路开办了农场的第一家餐馆，取名"闻香来"。

1984 年 4 月，南郊农场招待所成立并对外营业，客房面积 1161.4 平方米，餐厅、操作间、锅炉房面积 689.05 平方米，两层北楼 1192 平方米。

1987 年 4 月，卢沟桥农场投资 50 多万元，在石景山游乐园内建成"方园冷饮快餐厅"并正式开业，北京市顾问委员会主任王宪为餐厅题名。

这个时期的餐饮企业主要承担农场系统内的会议、住宿、用餐等接待工作，是农场内部企业的会议中心和职工活动中心，为农场的经济发展和精神文明建设做出了一定的贡献。

二、自我完善阶段

随着市场经济的发展，初期餐饮企业原有的规模和硬件设施已不适合市场需求，房屋设施老化，严重落后于行业标准和市场需求，卢沟桥农场的两家餐饮企业逐步退出市场。

在这样的形势下，南郊农场招待所拓展生存空间，不断寻求新的经营模式和发展思路，以应对日益增大的市场竞争压力。

2006年4月，农场招待所进行了第一次装修改造，力争通过内部变革实现企业新的突破和餐饮企业新的发展。装修改造于2007年年底竣工，改造后的招待所营业面积增加，硬件设施、对外形象均有所提升，以一个全新的形象展现在旧宫地区。

在老企业进行改造的同时，结合红星集体农庄的发展规划及目标，农场下属企业农管中心与毛泽东的侄女毛小青共同创办了毛小青红星韶膳国际餐饮养生会馆，于2007年12月25日正式对外营业，为农场的酒店餐饮业注入了红色文化的基因。

三、快速发展阶段

自2010年起，南郊农场酒店餐饮业进入了快速发展阶段，馨德润酒店的发展正是这个阶段的缩影和代表。

随着酒店餐饮行业突飞猛进的发展，招待所这种企业形式已逐步退出市场和历史舞台。

为顺应行业发展趋势和市场需求变化，南郊农场招待所更名为"馨德润酒店"，并再次装修升级改造，不断引进和培养专业化人才队伍，加大市场推广力度，持续努力，内抓管理、外塑形象，逐步提高硬件设备和软件服务，实现了从企业内部招待所到旅游委挂牌三星级酒店的质的飞跃。2015年6月，馨德润酒店亦庄店正式开业，实现了从单体酒店到连锁式经营酒店的转变。

在做好市场经营、打造自身服务品牌的同时，馨德润酒店积极做好系统内部的招待服务工作，为系统内企业的各类会议、培训、职工活动等提供专业化的场地和服务，成为农场对外接待的服务窗口和名片。

伴随国家改革开放的历程，历经30余年的发展，农场的酒店餐饮业也取得了长足的发展，为农场企业提供了各类会议及文体活动的场所，实现了与市场的稳步对接，为农场酒店餐饮业的进一步发展奠定了坚实的基础，逐步打造出了属于农场的持有型物业服务品牌。

第二节　企业选介

一、南郊农场招待所

1984 年 4 月，国营北京市南郊农场招待所从原水电管理站分离，正式成立并对外营业。

成立初期，招待所主要负责系统内部会议、住宿、用餐的接待，是南郊农场内部企业的会议中心和职工活动中心。

随着经济的发展和人民生活水平的提高，招待所的规模与硬件设施已无法适应市场的标准和需求。2006 年 4 月，招待所进行了翻建改造，工程于 2007 年年底竣工。

通过改造，招待所扩建成为集办公、会议、住宿、餐饮于一体的综合性项目，其中综合楼面积 3042 平方米，建有 40 个标准间、12 个套房、28 个写字间、3 个会议室，配备 KTV、茶室、台球室、乒乓球室、棋牌室等；餐厅面积 1542 平方米，配有包间、大厅散台、宴会厅等，菜系以川、湘、粤为主。

2008 年 4 月，投资翻建后的招待所正式对外营业。

二、毛小青红星韶膳国际餐饮养生会馆

毛小青红星韶膳国际餐饮养生会馆是农管中心与毛泽东的侄女毛小青共同创办的以红色文化为底蕴、毛家菜为特色的餐饮企业，是红星集体农庄的重要经营项目之一。

2007 年 12 月 25 日，毛小青红星韶膳国际餐饮养生会馆开业，毛小青任经理，毛泽东的女儿李敏出席开业仪式。

毛小青红星韶膳国际餐饮养生会馆地处北京大兴区红星集体农庄，总建筑面积 2 万平方米。中心广场耸立着高大的毛泽东雕像，馆内有 1∶1 的毛泽东韶山故居、1919 年毛泽东在北大红楼工作时在景山东街吉安左巷的旧居以及浏阳河水系微缩景观、毛泽东生前的一些生活场景，有近 2000 张反映毛主席不同时期工作、生活照片组成的照片墙。会馆拥有标准客房、豪华套房、礼堂和多个大小会议室，以推广毛泽东养生理念、展示毛家人独有的文化、经营毛家特色菜系为主导。会馆餐厅的包间以原南郊农场下属分场命名，凸显时代特色，如中朝厅、红星厅、瀛海厅、亦庄厅等，可以承接各种会务、婚庆等活动，为都市人回顾历史、体验田园生活，老知青追溯往事、青少年学习实践提供了场所。

2008 年 4 月 21 日，北京市原市长焦若愚（右三）视察南郊农场，
农场原场长管建国（右四）、原党委书记王发兴（右二）陪同视察

第二章　房地产开发及建筑业

第一节　房地产开发

一、概况

南郊农场房地产业始于 1992 年前后，曾先后有 5 家房地产开发公司，分别是（按时间顺序）北京市大兴县新兴住宅合作社南郊牛奶公司分社、北京红星房地产开发有限公司、北京懿麟房地产开发有限公司、北京三元德宏房地产开发有限公司、北京长阳世欣投资有限公司，先后完成德茂小区、和义小区、清欣园小区、上林苑小区、润星家园、幻星家园、一栋洋房、亲爱小镇、和义培训中心等项目，在建项目有广发实业共有产权房、南郊农场棚户区安置房等。南郊农场房地产业的开发建设先后经历了利用自有土地开发，以建设职工住宅为主，到合作建房，再到自主开发建设的竞争市场阶段，推动了农场的经济发展，改善了农场职工的居住条件。

2019 年 5 月 17 日，南郊农场棚户区改造项目安置房主体结构封顶

二、企业选介

（一）北京大兴县新兴住宅合作社南郊牛奶公司分社

北京大兴县新兴住宅合作社南郊牛奶公司分社成立于 20 世纪 80 年代初，注册资本

200 万元，位于大兴县德茂庄。其经营范围包括商品房销售、房地产开发咨询服务及住宅小区设施维修服务。该公司利用自有土地，在和义、德茂开发建设居民住宅区，是农场较早的房地产开发公司。

（二） 北京懿麟房地产开发有限公司

北京懿麟房地产开发有限公司成立于 2000 年 4 月 18 日，注册资本 1000 万元，位于北京市大兴区亦庄镇东部工业区。其经营范围包括房地产开发，销售商品房；销售机械电器设备（汽车除外）、建筑材料、装饰材料；投资咨询、房地产信息咨询（中介除外）。

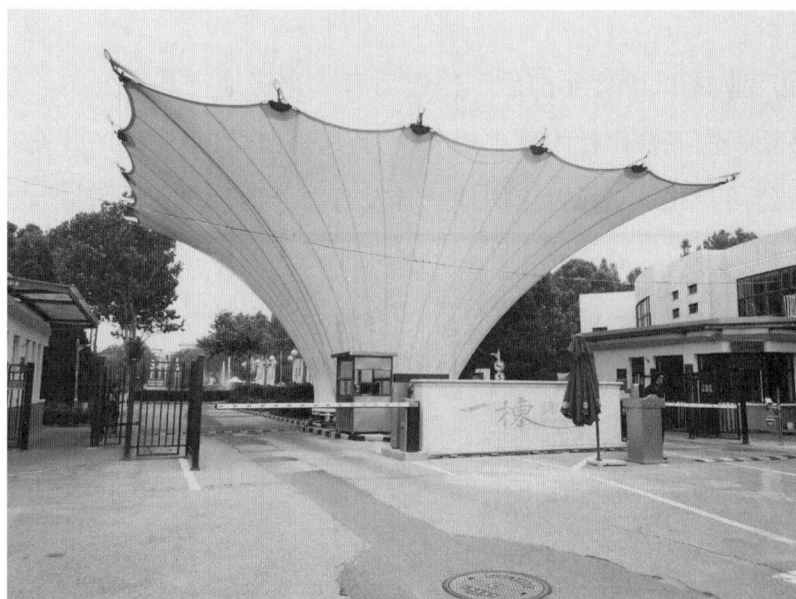

北京懿麟房地产开发有限公司开发建设的一栋洋房项目

三、北京三元德宏房地产开发有限公司

2005 年 11 月 28 日，由北京三元食品股份有限公司、北京市东风农场有限公司、北京市南郊农场有限公司 3 家国有企业共同出资成立北京三元德宏房地产开发有限公司。2013 年，注册资本金增至 20000 万元，经营范围包括房地产开发和销售商品房。公司现有员工 31 人，其中大学专科以上学历 24 人，拥有中高级专业技术职称人员 14 人。公司成立以来，已先后完成南海子郊野公园（一期）、南海子郊野公园居住用地土地储备项目、京台高速、北京市农工商联合总公司职工大学改扩建项目等。在建项目有广发实业共有产权房和南郊农场棚户区改造安置房及配套幼儿园项目等。

第二节 建 筑 业

一、概况

南郊农场自建场后，就有一支边生产边建设家园的队伍，随着建设任务量的加大和行业发展的要求，1958年，成立北京市长建南郊建筑工程公司，主要服务于农场系统内的企业开发建设。为了促进8个乡镇建筑行业的发展，1989年，又成立了北京市长建南郊第二建筑工程公司。两个建筑公司先后完成了德茂小区、和义小区、清欣园小区和四分场危改小区等近100万平方米的建设，工程质量合格率达100%，并获得北京市优质工程和北京市文明安全施工工地等荣誉。2001年，两个建筑公司整建制转入三元建设公司。

南郊农场土地、房地产大事记（1992—2007年）如表4-1所示。

表4-1 南郊农场土地、房地产大事记（1992—2007年）

序号	项目名称	时间	土地面积（亩）
1	北京经济技术开发区管理委员会征地	1992年12月29日	5745.24
2	原德茂小学产权变更到南郊牛奶公司	1998年10月15日	—
3	北京鼎泰房地产开发有限责任公司合建和义西区	1999年10月	21.8
4	南郊农场亦庄试验场土地使用权转让给北京经济技术开发区管理委员会	2000年3月27日	1427
5	北京懿麟房地产开发有限公司后买南郊农场开发区11号地块用于商品房建设	2000年6月	196
6	南郊农场转让土地给北京宣颐房地产开发有限公司	2000年10月16日	300
7	红星砖厂南沙坑与亦庄镇鹿圈旧头路39号置换	2000年12月	200
8	北京市宏基公司转让红星鸡场给南郊农场	2001年3月30日	184
9	南郊农场转让化工厂西侧土地给北京红星房地产开发有限公司	2001年5月2日	42
10	北京市永南路建设工程征地	2001年5月10日	109.48
11	南郊农场转让土地给北京世嘉房地产开发有限公司	2001年5月11日	55
12	南郊农场转让土地给北京红星房地产开发有限公司、北京世嘉房地产开发有限公司	2001年5月18日	300
13	南郊农场转让土地给北京美晟房地产开发有限公司用于商品房建设	2001年6月15日	300
14	和义农场与北京兴华大都商贸有限公司合建玉龙园展厅	2001年6月26日	16.50
15	黄亦路修建征用南郊农场土地	2001年7月18日	62
16	南郊农场土地使用权内部划转给北京三元石油有限公司	2001年12月13日	20.1
17	南郊农场转让土地给北京市隆田房地产开发有限公司	2002年1月30日	45
18	南郊农场转让土地给北京红星房地产开发有限公司	2002年2月5日	120
19	南郊农场转让土地给北京艺苑房地产开发有限责任公司	2002年5月28日	150
20	南郊农场转让土地给北京鹿圈一村苏华小五金厂	2002年8月19日	12

（续）

序号	项目名称	时间	土地面积（亩）
21	北京市红星砖厂收回团河砖瓦厂	2007 年 4 月 18 日	219.04
22	建设德茂派出所征地	2007 年 12 月 20 日	18.07
23	北京市人民政府农林办公室与北京市科学技术委员会决定建立南海子麋鹿苑	—	900

南郊农场棚户区改造项目施工现场

二、企业选介

（一）北京市长建南郊建筑工程有限公司

南郊建筑工程公司成立于 1958 年 12 月 31 日，系北京市长城建筑总公司下属的国有二级施工企业。在北京市城乡建设委员会及长建总公司的领导下，公司坚持走质量效益型发展道路，在改革中起步，在激烈的市场竞争中壮大，坚持"质量为本，用户为上"的服务宗旨。公司机关设有生产经营科、技术科、财务科、安全科和行政管理办公室，当时下设 8 个项目经理部，汇集建筑专业人才，有高级工程师、工程师、会计师、统计师、经济师等 32 人，有取得职称人员 153 人，技术工人全部持证上岗。

公司固定资产原值 1100 万元，大中型机械设备齐全配套，拥有资本金 1600 万元，固定职工 2173 人，年产值在 8000 万元以上，建筑业增加值 1600 万元，年开复工面积 14 万平方米，年竣工面积近 9 万平方米，工程质量合格率 100%，优良品率达 40% 以上。

1992—1994 年，公司曾连续被北京市工商局评为"重合同、守信誉"先进单位；1988 年，公司被中国建筑联合会和集体建筑业协会联合授予先进单位称号。

长建南郊建筑工程有限公司

（二）北京市长建南郊第二建筑工程公司

南郊第二建筑工程公司成立于1989年1月3日，注册资本1500万元，位于北京市大兴县南郊农场东（旧宫加油站西侧），有在职员工77名，主要经营土木工程建筑。

在"八五"期间，公司由小到大，迅速发展，成为南郊农场经济效益增长较快的企业之一。

1995年，公司总收入5000万元，比1990年提高了7.36倍，平均年递增54％；净利润170万元，比1990年提高了16倍；人均收入预计达15000余元，比1990年提高了6.5倍。

在激烈的市场竞争中，公司一班人善于抓住机遇，勇于开拓进取。由于采取了适合乡镇建筑队的一整套管理办法，乡镇建筑队迅速发展起来。1989年，各乡镇建筑队完成产值332万元，到1993年已达到5000万元，利润从6.9万元增至300余万元，一些建筑队已发展成为独立经营的企业法人。1994年，公司组建二个直属队，使公司直属单位的新增产值达到1000多万元，全公司人均收入达到13000多元。1995年年初，公司根据总场党委提出的"一开二改三个三"战略部署，大胆开拓了合作建房的新路子，没有资金靠引进，没有土地靠联合，确保公司效益稳步增长。公司曾被北京市集体建筑企业协会评为先进企业。

第三章　物业管理

随着农场域内职工住宅（宿舍）小区的兴建，相应的物业管理需求也相伴而生。南郊农场现有 2 个物业企业，一个是北京德茂物业管理有限公司，成立于 1998 年；另一个是北京泰宇物业管理有限公司，成立于 2001 年年底。到 2018 年年底，两个物业公司有员工近 600 人，物业管理面积已达 270 万平方米，年收入 1.05 亿元，实现利润 660 万元。

回顾农场物业企业的发展，分为以下两个阶段：

一、行政管理为主阶段

1962 年 12 月，农场成立居民委员联合总会，负责管理农场范围内的职工宿舍，具体包括旧宫后街、十排房、四分场、南平房、嘉禾庄、树桥及四分场两栋简易楼，管理面积只有 10 万多平方米。当时居委会对平房小区的管理，就是每月收取居民的房租、电费及进行简单维修。

随着农场经济效益的不断提高，各企业干部、职工的住宅需求越来越大，农场、企业加大了兴建住宅楼的投资力度，相继在红星楼、和义东里、德茂等地区建造职工住宅楼。1980 年 5 月，农场组建红星房管所，负责管理原居委会管理的平房小区及红星楼小区。红星房管所管理面积达到 22.3 万平方米，管理 2796 户居民。

1982—1984 年春，南郊农场及南郊牛奶公司相继在丰台区和义东里及大兴区旧宫镇德茂地区建造职工住宅楼。1984 年春，由牛奶公司在德茂小区兴建的第一栋职工宿舍楼投入使用。经过几年的发展和开发建设，各个小区初具规模，职工的居住条件得到明显改善。1991 年，南郊牛奶公司在和义东里成立了太阳城商贸公司，负责自建和义东里和德茂小区的物业管理。这是物业管理公司化的雏形。

1995 年 7 月，红星房管所与红星街道办事处合并，包括两个幼儿园（红星幼儿园、德茂幼儿园），组建了北京市红星物业管理中心。

二、企业化经营阶段

1998 年 10 月，随着场乡体制改革，原来的街道办事处所属人员从红星物业管理中心分离出去，划归到旧宫镇。1999 年，农场正式成立南郊农场物业一公司（原红星物业管理中心）和物业二公司（原太阳城商贸公司）。

2001 年 12 月，随着南郊农场所属北京红星房地产公司开发的第一个商品房小区——幻星家园小区竣工验收，成立了北京泰宇物业管理有限公司，当时的泰宇物业是农场控股、自然人参股的股份有限责任公司，管理面积 56000 平方米，年收入 5 万余元。

2004 年，物业一公司、鑫欣物业管理站、物业二公司 3 个物业管理单位合并重组，组建北京德茂物业管理有限公司。合并重组后，德茂物业公司的管理面积达到 150 万平方米，有员工近 600 人。当时设有红星楼、四分场、德茂、上林苑、鑫欣、清逸园、和义西里、和义北里物业 8 个管理站。

德茂物业先后创建了德茂、和义西里等优秀文明小区，荣获市先进供暖单位、首都精神文明小区等称号；曾经在一年内创多个市优，分别是：德茂物业公司再次被评为市级先进供暖单位，公司被评为市级爱国卫生先进单位，公司管理的上林苑居民住宅小区被评为"北京市金牌居住区"和"北京市优秀示范小区"。

2004 年年底，泰宇物业公司通过竞标取得了红星房地产公司开发的润星家园的物业管理权，后相继获得角湾危改 C 区、润龙家园、兴南大厦、灵秀山庄、秀水花园等小区的物业管理权。

2006 年，德茂物业继续深化企业内部改革，将原来的 8 个物业管理站按区域合并重组成 4 个物业管理站（德茂站、旧宫站、红星站、和义西站），并对机关进行了改革。2007 年，公司实行年薪制和百分考核制，并设立了 3 个奖励基金，即经理奖励基金、科学创新奖励基金和企业高效奖励基金。

2009 年 9 月，泰宇物业公司取得了二级物业资质；2017 年，完成了对公司自然人股东的股权收购，公司由原来的国有控股企业变为国有企业。

2017 年，旧宫镇政府与农场协商，由泰宇物业接管原旧宫物业管理中心所管理的旧宫新苑南北区（旧宫村村民拆迁回迁楼）、清乐园、康福园、清和园甲区、清逸园 1～6 号楼、美然家园南区，管理面积达到 120 万平方米。

第四章　服　务　业

第一节　从加油站到成品油销售公司

一、建立农场内部加油站

北京市南郊农场加油站由南郊农场投资兴建，位于大兴区旧宫镇旧宫东路55号，始建于1984年，1986年1月22日建成并投入使用。

南郊农场加油站是南郊农场建立第一个加油站，隶属于当时的南郊农场农机公司。其所供应的油品均是计划内的汽油和柴油，只供应南郊农场所属的旧宫乡、瀛海乡、太和乡、金星乡、鹿圈乡、孙村乡、亦庄乡7个乡和南郊牛奶公司、南郊农场工业公司两个公司，不对外开放。

20世纪80年代初，南郊农场加油站以旧宫加油站为主，属于计划体制内补贴性质。1989—1992年，陆续建立起德茂加油站、和义加油站和亦庄加油站。

1986年1月22日建成投入使用时，站内共有2个汽油罐、1个柴油罐，3个油罐的储油量合计150立方米。有加油机3台，其中2台汽油加油机、1台柴油加油机，仅有简易的站牌和罩棚，总占地面积不足2000平方米（约合3亩地），建筑面积144平方米，有5名员工。

北京市南郊农场加油站

二、扩大规模对社会开放

1989年，加油站向社会开放，向社会车辆供应汽油、柴油。1991年，为了满足市场需求，南郊农场加油站进行了第一次扩建：增加站房和罩棚，增添柴、汽油大泵，地下油罐由原来的3个增加到4个，储油量增至200立方米，油罐车由1辆增加到3辆。

1991—1997年，南郊农场加油站年售油量达1万吨以上。1995年，年售油量1.2万吨，其中汽油4800吨，占总售油量的40％，柴油7200吨，占总售油量的60％，总量占当年北京石油公司年销售量的1％。每年实现利润100万元以上，为南郊农场的经济发展做出了巨大贡献。

1994年，为进一步适应市场需求，南郊农场加油站进行了第二次扩建：销售门面房建到了10间，还建立了锅炉房、职工浴室、机井房等，建筑面积增至590平方米，增加4个地上油罐，储油量增加到350立方米，加油站的员工增加到24人。同时，南郊农场加油站固定资产由初建时的14万元增加到1998年的178万元，12年来，固定资产增加了11.7倍。

三、退出经营

随着改革改制工作的不断深化和市场经济的快速发展，集团公司对所属二级企业进行了优化组合，组建了专业化公司。2000年7月20日，集团组建了"北京三元石油有限公司"，2001年3月取得营业执照，集团以所辖二级单位33个加油站资产入资。在参与入资的33个加油站中，南郊农场加油站、德茂加油站、和义加油站和亦庄加油站4家加油站整建制并入三元石油，自此与南郊农场脱钩。

四、混合改制再创辉煌

2013年，由旺泰集团公司负责前期激活成品油贸易经营许可证手续，10月29日，南郊农场与民营企业旺泰控股集团有限公司共同出资成立北京市燕庆旺泰成品油销售有限公司，南郊农场占股51％，主要经营汽油、煤油、柴油、润滑油等。随后，公司进行多元化发展，业务不断扩大，目前主要经营品种有批发汽油、柴油、煤油，销售润滑油、节能产品、化工产品。

公司与多家零售商和代理商建立了长期稳定的合作关系。作为北京首农集团南郊农场控股企业，依托北京市属企业优势，公司与中石油、中海油以及山东地炼建立了稳定长期的资源渠道；与中石化签订了战略合作协议，实现央企和国企的强强联合。

公司销售收入呈现跨越式增长，2013—2018年，销售收入从3.8亿元增加到29.36亿元，增长了6.72倍，利润从137万元增加到1174万元，同比增长7.57倍。

北京石油公司与燕庆旺泰公司战略合作协议签约仪式

第二节　出租汽车公司及驾校

一、出租汽车公司

1998年场乡体制改革后，农场进行了企业调整，将农场内部原分属不同企业的红星汽车联运站、南郊汽车驾驶学校、德益苑汽车修理厂、南郊农场汽车运输队、北京市南海出租汽车公司、北京市飞翔出租汽车公司等汽车行业划归金轮汽车运输服务中心。

南海出租汽车公司成立于1993年2月18日，公司规模很小，只有10辆出租车，包括5辆昌河微型面包车和5辆夏利牌小轿车，属全民所有制企业。飞翔出租汽车公司成立于1992年4月，注册资金450万元，初期即拥有50辆出租汽车，其中包括昌河牌小型面包车25辆、夏利牌小轿车15辆、桑塔纳牌小轿车10辆，属全民所有制企业。至1998年年末，飞翔出租汽车公司的出租车增加到100辆。当时，这两家出租汽车公司是金轮汽车运输服务中心的骨干企业。

2000年12月12日，集团公司决定将系统内12家出租汽车公司的经营管理权统一移交给"北京三元出租汽车有限公司"筹建小组，终止各单位分散经营、各自为政的局面。南郊农场金轮汽车运输服务中心所属的飞翔出租汽车公司和南海出租汽车公司共110辆出租汽车及相关人、财、物自此划归至北京三元出租汽车公司旗下。

南郊农场出租车队

二、驾校

北京南郊汽车驾驶学校成立于1984年11月，隶属于南郊农场农机公司，于1994年归属南郊农场农业服务管理中心，1998年年底，归属南郊农场金轮汽车运输管理有限公司。2001年5月，驾校作为改制试点企业，脱离与南郊农场的隶属关系。北京南郊汽车驾驶学校拥有教练车56辆、职工72人，历年来培养汽车驾驶员约3万人、摩托车驾驶员近1.8万人。

第三节　旅游观光农业

一、概况

南郊农场位于北京南部，其所在区域自元明清以来就是皇家苑囿，史称"南海子"，"南苑"及"九门、八庙、四宫"是这里的重要文化遗存。现阶段，在南郊农场的土地上建成并对外开放的南海子公园、麋鹿苑重现了燕京八景之一"南囿秋风"等美景。区域内历史古迹众多，其中团河行宫、旧宫德寿寺正在修建中，建成后将对外开放，接待游人。

清末残破的行宫

德寿寺碑

昆仑石

团河行宫御碑亭

南郊农场观光旅游业发端于20世纪90年代。1992年，原工业公司成立红星旅游公司，最初主要负责接待上海农垦系统来京参观学习人员。随着业务的开展，公司逐步将业务范围拓展到系统外部，增加外省旅游路线，承接当时周边地区单位组织、个人、团体的旅游业务，成为农场旅行社发展的雏形。1995年6月，瀛海分场南宫村北普陀影视城正式开园。

农场历经20余年的不懈努力，按照城乡接合部的总体规划，围绕"一轴一路"，打造"两园三区"的空间布局，观光旅游业获得了长足的发展，逐步形成了集农事体验、休闲观光、运动健身、科普教育于一体的3家农业园区，以及可承接传统旅游、工业旅游、亲子研学、定制旅游等多项业务的枫叶春秋旅行社等多家园区和企业。

截至2018年年底，首农·紫谷伊甸园、首农红星集体农庄、长阳绿色生态农业庄园项目占地面积共计7756余亩，多次获得市区级荣誉，被北京市教委列为北京市青少年校外实践大课堂。南郊农场观光旅游业从业人员约130人，年均接待近30万人次，枫叶春秋旅行社年均接待境内外旅游3000人次，观光旅游业年均收入约1200万元。

现有的3个农业项目经营模式各具特色，经济发展保持良好开端。未来，南郊农场观光旅游业将进一步为建设"美丽首农"增光添彩。

二、企业选介

（一）麋鹿苑

麋鹿苑（北京麋鹿生态实验中心）又称南海子麋鹿苑博物馆、北京生物多样性保护研究中心，位于大兴鹿圈村西的三海子，占地面积960亩，其中沼泽300亩，天然草场320亩，池塘60亩，科研、生活管理区60亩。这里是第一座以散养为主的麋鹿自然保护区，是保存及展示国家珍稀一级保护动物麋鹿，进行环境科普教育和爱国主义教育的基地，包括室内展览和室外展览两部分。室内展览包括麋鹿沧桑展览和世界鹿类展览，介绍了麋鹿的历史和包括麋鹿在内的鹿类动物的特征；室外展览包括麋鹿生活区展、动物之家、诺亚方舟、北京濒危哺乳动物展、世界灭绝动物墓地、护生壁画等，处处体现了环境保护和生态伦理意识，堪为北京户外环境教育的典范。麋鹿角似鹿角、蹄似牛蹄、尾似驴尾、脸似马脸，为世界稀有珍稀鹿种，1865年被法国传教士阿芒·大卫发现，随后陆续运往欧洲。1900年，皇家猎苑毁于战乱，麋鹿在中国灭绝。1985年，英国乌邦寺主人塔维斯托克侯爵将38头麋鹿无偿送还中国，在当年麋鹿的灭绝之地——北京南海子修建了麋鹿苑，结束了麋鹿在中国消失近百年的历史。

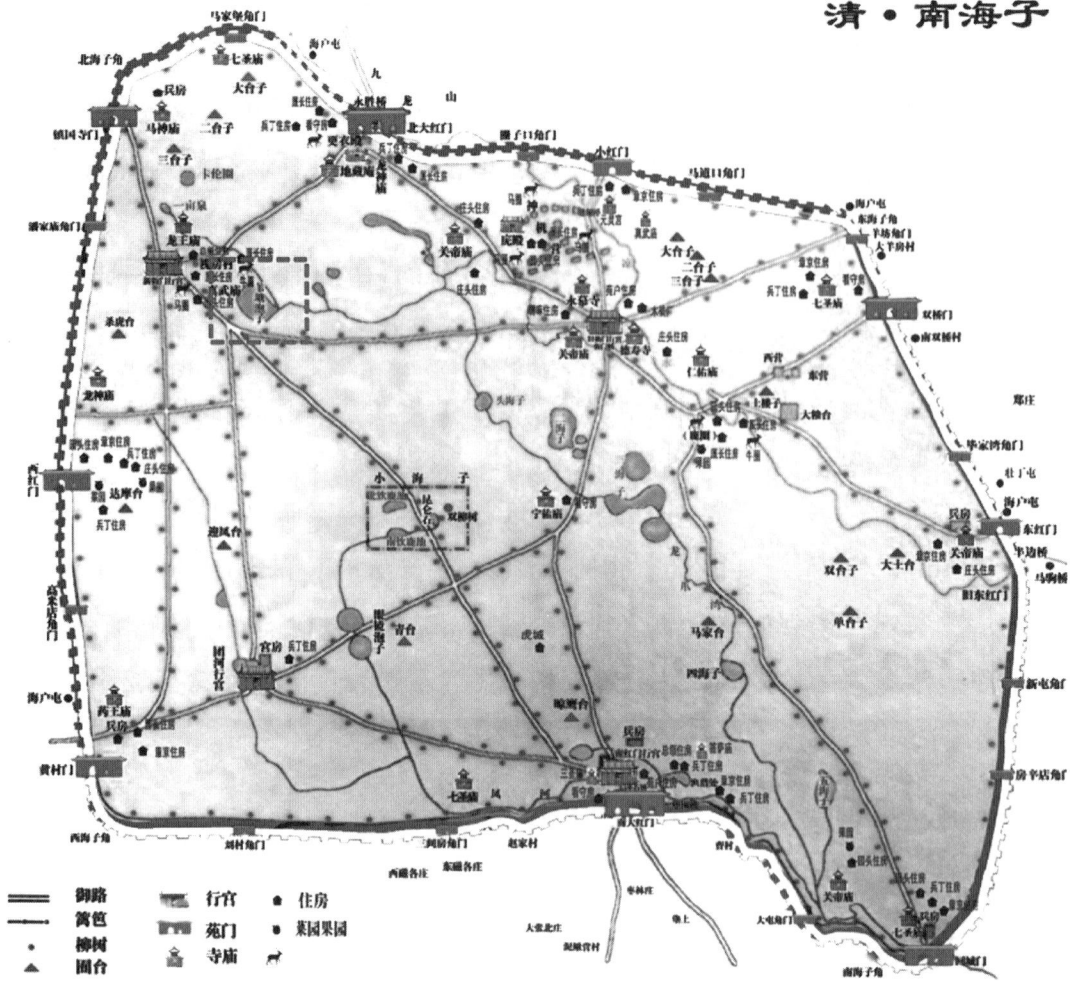

清·南海子

麋鹿苑所占土地由南郊农场无偿提供。2010 年 9 月，南海子郊野公园一期建成，麋鹿苑设在其中，作为景点免费对游人开放。

麋鹿苑一角

（二）北普陀影视城

北普陀影视城又名北普陀影视培训基地，为大兴区旅游景点，位于瀛海镇南宫村西，占地面积 30 万平方米，建筑面积 6 万平方米，1995 年建成，以明、清建筑风格为主调。清代时，此处建有南红门行宫，今在其旧址处建有北普陀寺、曹雪芹祠、明清三条街、农家村、南海湖及北普陀岛等 50 多个景点。

北普陀寺主殿的观音是由泰国名贵红花梨独木雕成的，高 5.8 米。曹雪芹祠为纪念清代文学家曹雪芹而建，相关建筑还有太虚幻境、红楼世家、十二金钗、曹雪芹坐像等。祠院南面为南海湖，占地 9 万平方米。普陀岛位于南海湖南端，建有十八罗汉、观音说法、西方三圣等，普陀塔位于岛中央，高 27 米，岛上饲养有丹顶鹤、孔雀、黑白天鹅等 10 多种珍奇动物。影视城西部建有明清三条街、农家院落等，《天桥梦》《男人没烦恼》《新龙门客栈》《康熙大帝》等 300 多部影片都是在此拍摄完成的。此外，还建有梅花山、水上游乐园和由 7 座仿古楼群组成的宾馆等。

北普陀影视城

（三）红星集体农庄

1952 年 10 月，在原有"穷八家"合作社的基础上，63 户农民组成了红星集体农庄。农庄共有土地 1500 多亩，包括 30 多个自然村，当年每户平均收入达到 685 元。收入情况一经公布，就产生了极大的吸引力，一个星期内，就有 460 多户报名要求入庄。到 1954 年秋天，红星集体农庄增加到 850 户，1955 年达到 1000 多户。

1955 年 10 月 30 日，《北京日报》刊登了中共北京市委农村工作部、北京市农林水利局联合规划工作组整理的《红星集体农庄的远景规划》。毛主席看了这个规划后十分高兴，当即就在报纸上写下了 170 余字的按语："这是一个全乡一千多户建成一个大合作社（他们叫作集体农庄，即是合作社）的七年远景计划，可作各地参考。为什么要有这样的长远计划，人们看一看它的内容就知道了。人类的发展有了几十万年，在中国这个地方，直到现在方才取得了按照计划发展自己的经济和文化的条件。自从取得了这个条件，我国的面目就将一年一年地起变化。每一个五年将有一个较大的变化，积几个五年将有一个更大的变化"。按语激励着一代代红星人奋发图强、拼搏奉献，在京郊大地上续写辉煌。

2005年，为了发展都市农业，农管中心决定挖掘红星集体农庄厚重的文化底蕴，并赋予其新的内涵，打造现代版的红星集体农庄。

红星集体农庄是农管中心都市农业发展的主要载体，是首都南城重点发展的都市农业项目，位于南中轴路与兴亦路交叉路口，中心文化广场矗立着11.8米高的毛主席雕像。农庄由果品观光采摘园、阳光农事体验园、红星韶膳生态餐饮园等功能区组成，是一个集旅游观光、农事体验、科普教育等多功能为一体的绿色生态庄园。

集体农庄有机水果采摘园占地500亩，有1.8万棵果树。农庄从果树培育研究所引进了高端树种，有樱桃、西梅、苹果、葡萄等9个树种。

采摘园一直严格按照有机认证管理规程进行操作，每年请有机果品认证公司对果树管理情况进行检查并进行水果检测。坚持"三不用"，即不使用化肥，只施用有机认证公司认证的有机肥（牛粪、鸡粪）作为肥料，保证水果品质；不使用农药，只使用有机认证允许使用的石硫合剂、波尔多液、生物药剂及黑光灯、粘虫板、性诱剂，对果树病虫害进行防治；不使用除草剂，果园内采用养鹅吃草、机械除草及铺设地布的方法解决草荒问题，同时，避免对土壤和环境的污染，使果园环境得到改善。

1955年5月1日，北京举行群众游行，庆祝"五一"国际劳动节。红星集体农庄的庄员们抬着增产粮食、棉花的计划图表行进在天安门前

（四）首农·紫谷伊甸园

卢沟桥农场的首农·紫谷伊甸园位于丰台区农场路9号。是以都市农业和绿色产业为核心的现代农业庄园。园区远期规划占地5400亩，现对外开放面积1000亩，是以休闲浪漫为主题，以花海景观为平台，集旅游观光、婚纱摄影、农事体验、萌宠亲子乐园、野外露营、学生校外实践、科普教育及组织开展各种户外活动等多种功能于一体的现代都市农业项目。

通过几年的建设和完善，首农·紫谷伊甸园已成为天蓝、水清、草绿、花美的农业新区，是继晓月湖、宛平湖、园博园之后永定河沿岸又一道靓丽的风景线，被广大网民评为"发现丰台之美·丰台美丽元素"自然之美景区。每年4—5月，一望无际的油菜花和二月兰等早春花卉竞相开放；6—10月，绵延如浪的薰衣草、马鞭草等几十种花卉争奇斗艳，吸引了大量游客参观游览。伴着喷泉、水车、风车等中西合璧的景观，漫步花海绿丛中，登临山水栈道上，驻足林荫曲径间……可以让人忘记城市的烦躁与喧嚣，感受天人合一、相互交融的浪漫与温馨。

首农·紫谷伊甸园

（五）阳光兴红农业种植园

阳光兴红农业种植园位于大兴区旧宫镇团忠路，占地800亩，由南园、北园和油菜花观光园三部分组成，主要经营农耕体验、蔬菜采摘配送等项目。

作为"北京市中小学生社会大课堂资源单位"和"北京市科普教育基地"，每年有5万名左右的中小学生到阳光兴红农业种植园参加农事科普教育活动、学习农业科普知识、体验农耕乐趣。园区设置了1000多块认养地块，供市民认养体验，使都市里的家庭有机会亲自体验种植绿色无公害果蔬的全过程。

阳光兴红农业种植园作为北京市农林科学院农业信息化示范基地和农业智能装备示范

基地，是专为市民搭建的"从田间到餐桌"的绿色食品桥梁，为北京市民提供蔬菜采摘和蔬菜宅配服务，让更多的市民吃上安全放心的蔬菜产品。

阳光兴红农业种植园有 400 多亩的油菜花观赏区，2017 年荣获"北京市十佳优秀农田景观点"称号，是北京市民春季出行的不二选择。

阳光兴红农业种植园

（六）北京枫叶春秋旅行社有限责任公司

北京枫叶春秋旅行社有限责任公司成立于 2007 年 6 月，注册资金 30 万元，由农管中心与自然人吴砚军合资设立，农管中心控股。公司主要经营国内外旅游、会议服务、车辆租赁、代订机票服务等业务，组织系统内职工旅游、度假。公司通过严格完善的内部管理和专业的职工团队，为客户提供质优价廉的旅游服务。

2014 年 11 月，枫叶春秋旅行社划归南郊农场，由北京馨德润饭店代管。馨德润饭店接管后，转变思路，由传统的团队旅游向亲子游、工业游、研学游拓展，积累了一定的客源，逐步打开了市场。2016 年，枫叶春秋旅行社扭亏为盈。

2017 年 5 月 31 日，枫叶春秋旅行社完成自然人股权转让，成为北京市南郊农场与北京馨德润酒店管理有限公司共同设立的有限责任公司，现公司注册地为大兴区旧宫镇迎宾路 2 号馨德润酒店院内。

第五章　商贸仓储业

第一节　商贸业

南郊农场国营性质的商贸业起源于部分企业产品销售的门市部。这些企业为了方便居民，利用本企业或农场范围内交通便利的临街房屋，开设一些销售门市部，并以此为基础，扩大经营范围。在 20 世纪 90 年代前后，农场各国营企业开办三产，国营商贸业得到了一定程度的发展。1990 年 8 月，农场成立商业科，指导农场商贸业等三产行业的发展工作。

农场水产公司成立的红星燕南商店是一个较为成功的农场国营性质的商贸企业。红星燕南商店成立于 1985 年 4 月，位于万源路原农场场部西侧，在中国运载火箭技术研究院礼堂对面。前期主要经营鲜活和冷冻水产品，后来逐步扩展经营范围，与广东嘉利电器合作，在北京地区代理销售"三角""容声"等品牌的电饭煲、电熨斗、电烤箱等多种小型家电产品，取得了较好的经营业绩。20 世纪 90 年代中期，转为个人承包经营，后搬至丰台和义。钮立平是红星燕南商店的第一任经理。

2004 年，南郊农场成立北京建元顺达商贸有限责任公司，经营办公用品、电子产品、包装食品等零售批发业务。2008 年开始，与新加坡协茂纸业股份公司合作，从国外引进高端特种纸张，在国内北方地区批发零售。特种纸张销售的客户相对专业，主要是出版商、印刷厂，商贸业态完全不同于农场原来自产自销的形式。建元顺达公司引进纸业项目后，销售收入连年增长，2010 年达到 1200 万元，成为农场商贸业务发展的新标杆。2012 年年底，建元顺达并入北京市广达源仓储中心，商贸业务逐步停止。

第二节　仓储物流业

一、概况

在不断发展的过程中，南郊农场适应市场需求，积极推进多元化经营发展模式。仓储物流业作为其中一个经济板块，得到了快速发展。

1989 年 10 月，南郊农场下属北京市红星蔬菜食品冷冻厂第一座仓库投入使用。2000 年 5 月，北京市五环顺通物流中心与吉百利（中国）食品有限公司建立了仓储物流业务，第一座 300 平方米的仓库投入使用，有运输车辆 1 部。2000 年 6 月，南郊农场斥资 3500 万元回购红华鸡场，建立以库房租赁为主的星红工业园区。2007 年，北京市大兴红星光源材料厂改建冷冻库房，建立红星光源工业园区。2007 年 5 月，北京五环金洲物流有限责任公司正式营业。2007 年年底，南郊农场仓储物流业务已形成规模，其中普通库房 109225 平方米、冷冻库房 8095 平方米，有运输车 6 辆、从业人员 227 人，形成了集仓储、运输为主的专业第三方仓储物流。

经过 10 年的快速发展，农场紧跟市场发展趋势，大力发展冷链物流业务，迎来了以冷链为主导的高速发展期，可为客户提供更加全面的第三方冷链物流服务。在发展过程中，与国内、国际数家知名企业建立了长期合作关系，获得行业内各项荣誉数十个，赢得了客户的一致赞誉。截至 2018 年 12 月，普通库房面积已达到 156923 平方米，冷冻库房面积 25750 平方米，有各类冷藏运输车 19 辆、协作车 200 余辆，从业人员 249 人。城市配送业务覆盖上千家门店，冷链委托运输业务覆盖全国，形成了集仓储、运输、配送、分拣为一体的专业冷链物流，年营业收入 1.07 亿元，利润 3745.69 万元。

二、企业选介

（一）北京市红星蔬菜食品冷冻有限责任公司

北京市红星蔬菜食品冷冻有限责任公司地处北京市丰台区南苑北里 3 区 25 号，占地面积 27.8 亩，其中有低温冷冻库房 30 个，总面积 3600 平方米。公司有从业人员 30 人，主要经营肉、禽、蛋、蔬菜、海产品等低温冷冻仓储服务。

红星冷冻公司的前身是北京市红星蔬菜食品冷冻厂。1985 年 10 月，农场为了支持首都"菜篮子"工程，解决蔬菜淡旺季调剂问题，向农场管理局提交了兴建蔬菜冷库的报告，占地 50.6 亩。1987 年 10 月，土建工程正式动工。1989 年 10 月，冷库竣工投入试运行。引进全套南斯拉夫设备，总投资 697 万元（国家计委补贴 210 万元），建成冷库 5 间、3800 平方米，其中低温库 3 间、保鲜库 2 间。

1991 年，绿化厂区环境，植树 300 余棵，种植花墙 200 余米，栽花千余株，埔设草坪上千平方米，厂区面貌焕然一新。同时，建立健全了各项规章制度，规范厂风厂纪，整顿劳动纪律，加强对职工的思想教育，开展"三爱一比"（爱红星、爱冷库、爱本职工作、比谁贡献大）活动，为冷冻厂的长远发展奠定了基础。

1991年，北京麦当劳美方代表看中了冷冻厂优美的环境和优质的服务，在冷冻厂厂区建立北京辛普劳食品加工厂。1992年10月，辛普劳投产落户冷冻厂，成为冷冻厂最大的客户，每年收入中的80%都来自辛普劳公司。

随后，福喜公司、百麦公司相继落户冷冻公司。随着三家合资企业的进驻及冷冻厂自有产品星悦牌速冻水饺销量的不断提升，冷冻厂也迎来了历史上的鼎盛时期。1997年，共有职工75人，人均年收入达到10757元，在南郊农场的下属企业中名列前茅。

2002年7月，冷冻厂改制成农场参股企业——北京市红星蔬菜食品冷冻有限责任公司，注册资本117.6万元，其中农场持有30%的股份，公司员工持有70%的股份。

自改制以来，红星冷冻公司共改、扩建冷库21间，增加库容1000平方米，改、扩建办公用房达500平方米。2008年，公司收入494万元，其中改制后改建、扩建的冷库收入达100万元，占总收入的20%。

2008年10月，农场启动"逆向改制"工作，委托广达源收购员工持有的70%的自然人股权。2011年7月，南郊农场完成回购自然人股东股份工作，农场占股54.25%，广达源占股45.75%。

2017年6月，公司响应北京疏解非首都功能号召，主动关停。2018年12月，并入和义农场。

红星冷冻厂厂区一角

（二）北京南郊星红仓储中心

北京南郊星红仓储中心位于大兴区旧宫镇西毓顺村东，占地184亩。

这里是历史上皇家猎苑双柳树、昆仑石所在地，前身是建于1975年9月的红星养鸡场，存栏鸡20多万只，在当时驰名全国，农业部原部长刘江曾担任场长。

2000年，南郊农场斥资3500万元回购养鸡场，经过几年的奋力开拓，整个园区环境面貌发生根本改变，过去低矮破旧的养鸡舍变成一栋栋高大明亮的厂房，扩大了经营面积。同时，加强精细化管理，逐年改进各种配套服务设施，员工最多时达1500人。园区内有国家中兵光电航天公司等国家重点企业，有法国投资的倩瑶服饰有限公司，还有"海归"高科技精密仪器加工企业，是一个高科技、现代化、都市型、花园式、和谐高效的工业园区。

2016年11月9日，根据南发〔2016〕24号文件，北京星红仓储中心并入北京市五环顺通物流中心。

星红仓储中心

（三）北京五环金洲物流有限责任公司

北京五环金洲物流有限责任公司是由南郊农场下属的农管中心和广达源仓储中心共同持股的物流园区，股比分别为55％和45％。公司位于黄亦路饮鹿池桥东，占地170亩，其中建筑面积47000平方米、停车场面积65000平方米。公司于2006年4月5日成立，注册资金100万元，2006年7月10日筹建，2007年5月正式营业，总投资达6500万元。

公司业务包括仓储服务、货运代理、分批包装、停车服务。园区内有超市、餐饮、住宿、洗浴、地磅、汽配、停车、安检、警务工作站等一系列基础配套设施，有商户300余户，货运专线辐射全国31个省、市、自治区。

2008年7月，公司荣获四川"5·12抗震救灾先进单位"称号；2008年10月，荣获"服务奥运先进集体"称号；2009年12月，荣获北京市停车场经营企业信用考核（2009年度）优秀企业称号；2012年，荣立北京市单位内部安全保卫工作集体二等功；2013年，荣获2013年度"全国道路运输百强诚信站场"称号；2016年，荣获2016年度"北京市交通与物流行业诚信体系建设诚信优秀单位"称号。

2018 年 5 月，为顺应北京发展新形势，公司全面展开疏解非首都功能工作，停止招商与续租。截至 2018 年年底，完成园区整体清退工作，为公司下一步改造升级做好前期准备。

北京五环金洲物流有限责任公司

中国农垦农场志

第五编

经营管理

中国农垦农场志

第一章　改革改制

第一节　企业改革改制

1998 年 8 月，经北京市人民政府市长常务会议，市长办公会、北京市委常委会讨论，确定了场乡体制改革的基本方案。

9 月 21 日，经农工商总公司决定，范为常不再担任南郊农场党委书记，马利生暂时主持农场党委日常工作。9 月 29 日，大兴县委、县政府决定成立大兴县红星地区工作委员会，同时撤销红星区委、区公所。

10 月 20 日，北京市场乡体制改革领导小组在南郊农场召开场乡体制改革验收会，会上按照中共北京市委市政府《关于北京市农工商联合总公司场乡体制改革的意见》（京发〔1998〕26 号）文件精神，经南郊农场、市农工商总公司同大兴县委、县政府协商同意，就南郊农场土地的划分达成协议：

（1）确权给南郊农场的土地共 192 宗，计 2358.33 公顷（35374.9 亩）。

（2）原南郊农场使用的国有土地划归大兴县的共 34 宗，计 27.56 公顷（413.45 亩）。其中包括：八个乡（镇）政府机关，占地 100.77 亩；八个乡（镇）农技站 89.47 亩；学校及校办厂用地 145.38 亩；八个乡（镇）卫生院 31.24 亩；居民办 0.80 亩；其他（敬老院、南郊电工器材厂、亦庄水电站）45.79 亩。

1998 年 10 月 19 日，经市委农工商总公司党委研究决定，对南郊农场党委班子和行政领导班子进行调整，成立了由马利生同志任党委书记、孔繁龙同志任场长的新一届领导班子。从 1998 年 10 月底到年底，南郊农场完成了内部组织机构调整、企业资产重组和农场机关机构改革。12 月 30 日，农场召开了南郊农场企业组织结构调整和机关机构改革总结大会。改革后的农场土地面积 1976.93 公顷（29654 亩）、耕地 1134.07 公顷（17011 亩），在册职工 6242 人。

1999 年 11 月 17 日，中共大兴县委、大兴县人民政府做出了关于撤销红星地区工作委员会的决定，延续 40 年的场乡体制终结。

场乡体制改革后，农场成立改革领导小组，通过改制，部分企业与南郊农场脱离隶属关系，通过关、停、并、转、破等形式盘活亏损企业闲置资产，南郊农场得以新的发展。

1999—2005 年，农场及下属企业相继组建成立了北京红星房地产开发有限公司、北京德茂兴工贸有限公司、北京市五环顺通物流中心，并以参股形式投资成立了北京懿麟房地产开发有限公司；也有部分企业通过改制重组，成为南郊农场参控股企业，如北京兴南电气工程公司、北京市红星蔬菜食品冷冻有限责任公司、北京泰宇物业管理有限公司、北京德茂线材有限公司、北京市红星广厦建筑涂料有限公司等。

2001 年 2 月，农场决定将北京市德益苑物资经销公司汽车修理厂、北京市南郊红星运输服务站和停车场 3 家企业改制成为 1 家由农场参股的有限责任公司——北京旺兴汽车修理有限责任公司。2007 年 8 月 7 日，经三元集团同意，南郊农场将北京旺兴汽车修理有限责任公司的国有法人股全部退出。

2003 年 9 月，农场改革领导小组审议通过北京市红星泡花碱厂改制及迁建方案，同意北京市红星泡花碱厂改制为农场控股的有限责任公司。2007 年 12 月，北京市红星泡花碱厂（未改制资产和人员）整建制并入托管单位北京市广达源仓储中心。

2004 年 7 月 13 日，农场决定将德茂物业管理有限公司与南郊农场物业管理中心合并，合并后的名称为北京德茂物业管理有限公司；在红星砖厂基础上组建了北京市广达源仓储中心，华升、天宇食品厂并入广达源仓储中心；耐火材料厂并入和义农场；组建农场控股企业北京建元顺达商贸有限责任公司；红星泡花碱厂外迁，分立为北京红星广厦化工建材有限责任公司和北京红星广厦建筑涂料有限责任公司。

2005 年年底至 2006 年，将北京红星塑料门窗厂、北京市红星物业管理中心、北京红星房地产开发有限公司、北京懿麟房地产开发有限公司注销。

2007 年 3 月 27 日，经三元集团党委研究决定，北京市南郊农场对国营北京市长阳农场（北京市长阳农工商公司）实行托管。2008 年 10 月 21 日，根据北京市人民政府国有资产监督管理委员会京国资产权字〔2007〕149 号文，北京三元集团有限责任公司将持有的北京市长阳农工商公司整体产权协议转让给北京市南郊农场。2010 年 4 月 20 日，集团公司将合资企业太阳葡萄酒公司划回，交由长阳农场管理。2015 年 7 月，南郊农场投资设立控股公司——北京长阳世欣投资有限公司并取得营业执照。公司注册资本为 1 亿元，其中南郊农场持股 51%，旺泰公司持股 49%。

2008 年 12 月，集团公司决定由南郊农场托管北京市燕庆能源供应公司。2012 年 8 月，南郊农场取得"企业国有产权交易凭证"，无偿转让北京市燕庆能源供应公司的全部产权。2013 年 4 月，集团公司同意对北京燕庆能源供应公司进行改制，改制后名称变更为北京市燕庆旺泰成品油销售有限公司，股权结构为南郊农场持股 51%，旺泰集团持股

49％。农场通过与旺泰集团合作，利用民营企业在业内的渠道和资源，将营业执照及"成品油经营许可证"激活，当年实现收入 3.8 亿元，实现利润 137.4 万元。

2009 年 7 月 6 日，集团公司党委决定将卢沟桥农场整体并入南郊农场，作为南郊农场的二级单位管理。2010 年 4 月，卢沟桥农场收回原绿野种植场（接收在职员工 15 人、退休人员 135 人），通过资产重组，成立了鑫桥农业中心、西南奶牛场、元件七厂。

自 2011 年开始，农场着手实施四级企业压缩，先后将农管中心所持有的北京枫叶园林绿化有限公司 60.5％的股权、农管中心全资企业兴红种子站的全部产权、北京长阳农工商公司全资企业北京市长阳铸造厂的全部产权无偿转让给上级主管单位。

2014 年 1 月，南郊农场与中佳安（北京）投资有限公司在馨德润饭店举行北京中科电商谷投资有限公司项目战略合作意向书签字仪式，力求打造南城新地标。

2015 年 5 月，德茂线材厂董事会做出企业停产、退出市场的决定。9 月，农场合资公司北京辛普劳董事会决定永久停止生产，启动清算程序。

2017 年年底至 2018 年 5 月，农场及下属 8 家企业完成公司制改革，南郊农场更名为"北京市南郊农场有限公司"，下属 8 家企业分别更名为"北京市大兴红星光源材料有限公司""北京市广达源科技发展有限公司""北京市南郊和义农场有限公司""北京市卢沟桥农场有限公司""北京五环顺通供应链管理有限公司""北京馨德润酒店管理有限公司""北京市长阳农场有限公司""北京南郊农业生产经营管理有限公司"。

第二节　合资企业

一、概况

1978 年，党的十一届三中全会后，南郊农场作为农垦企业的表率，率先敞开了对外开放的大门，对外活动由友好参观向经济合作转变。农场的工业企业产品逐步走向国际市场，实现出口创汇。

1979 年，红星化工厂的 24 种产品（如食用磷酸）进入国际市场，质量超过德国、美国和日本，远销 13 个国家和地区。

1988 年 4 月，农场成立外经办。1988 年 11 月，旧宫乡北京南郊服装厂与日本日创株式会社合资成立北京天盟服装有限公司，开启对外经济合作的先河。1989 年 9 月，旧宫乡大有庄建材厂第一次向韩国出口水磨石产品；旧宫二队神牛三轮车厂制造的"神牛"牌三轮车第一次出口坦桑尼亚，900 辆"神牛"跨入了非洲。1989 年年底，南郊农场工业公司的红星化工厂、红星泡花碱厂、红星标准件厂、红星水泥制品厂4个单位实现了产品出口，出口创汇2137.4万元。

进入20世纪90年代，南郊农场加大招商引资和外经工作力度，成果显著，1991—1995年，全场兴办三资企业（项目）92个，已投产企业（项目）51个，协议总金额2.62亿美元，注册总金额1.32亿美元，其中外资8670万美元，20个国家和地区的客商来南郊农场置业办厂。吉百利、麦当劳、百事可乐、松下等世界500强企业已有60多家落户南郊，促进了外向型经济的发展。1995年，全场出口商品总额达8000万元。顺兴葡萄酒有限公司生产的"丰收"牌桂花陈酒出口日本、法国、荷兰、比利时、香港等14个国家和地区，年出口创汇10万美元；星光影视设备集团公司生产的影视照相器材、灯具、霓虹灯等产品出口东南亚和欧美地区；广厦化工建材总厂生产的广厦牌多彩内外墙涂料出口到美国、新加坡等国。

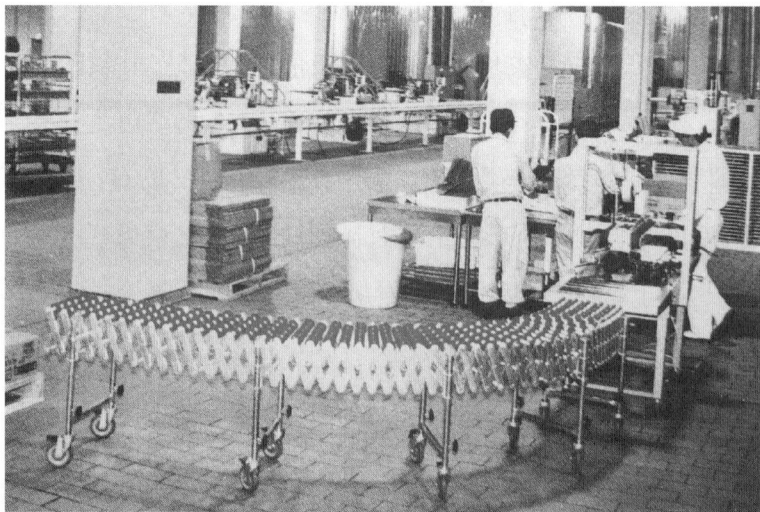

吉百利食品有限公司生产线

农场外贸工作平稳发展，出口商品总额1.01亿元。1997年外经外贸入资率、开业率明显提高，新设立3家外资企业，总投入96.5万美元。截至1997年年底，农场共有外资企业85家，投资总额1.5亿美元，入资率97%，开业率88%。

1997年10月，南郊农场机关机构改革，外经办撤销，职能合并到企业经营管理部。

1998年4月，在建设部举行了南郊农场广厦化建总厂与美国专威特公司和英属金利咨询公司合资建立北京专威特化学建材有限公司的合同签订仪式。截至1998年年底，南郊农场与外商合资的企业有11家。其中，南郊农场合资入股3家，包括北京辛普劳食品加工有限公司、北京百麦食品加工有限公司、北京吉百利食品有限公司；工业公司4家，包括北京星龙萃取工程有限公司、北京多彩化学建材有限公司、北京基成广厦防水建材有限公司、北京专威特化学建材有限公司；南郊牛奶公司合资入股 4 家，包括北京助元金钙力制品有限公司、北京富海食品有限公司、北京万年青乳品有限公司、北京爱森食品有限公司。

经过场乡体制改革和集团公司资产重组，南郊农场进行了一系列改革调整，进一步优化产业结构，突出主业，做优做强骨干企业。以辛普劳、百麦等合资企业为主的食品加工业经济效益逐年增加，成为农场四大经济板块之一。

2004 年，北京百麦食品有限公司以投资收益出资，成立北京百嘉宜食品有限公司，注册资本 1982.5 万元，投资总额 3765 万元，专注于拓展第三方客户（非麦当劳）业务。2008 年，北京百麦食品有限公司又以投资收益出资，成立了广州百麦食品有限公司，投资总额 4100 万元。2013 年，北京百嘉宜食品有限公司增加注册资本到 4982.5 万元。2015 年，中美双方股东合资成立东莞百嘉宜食品有限公司，注册资本 9300 万元，投资总额 2.8 亿元。2016 年，双方股东进行合资企业股权变更，南郊农场持有广州百麦食品有限公司及东莞百嘉宜食品有限公司 100％的股份。北京百麦食品加工有限公司及北京百嘉宜食品有限公司的股权占比由原来的中方 40％、美方 60％变更为中方 75％、美方 25％。

截至 2018 年年底，南郊农场食品加工合资企业实现总收入超过 5 亿元，利润总额超过 1700 万元。

二、企业选介

（一）北京百麦食品有限公司

1992 年 9 月 1 日，经北京市政府外经贸（京作字〔1992〕040 号）批准证书及市工商局批准注册，成立北京百麦食品有限公司。企业性质为中外合作，注册资本 77 万美元，中方是南郊农场所属的北京市红星蔬菜食品冷冻厂，持有 18％的股权，外方是美国百麦公司，持有 82％的股权。北京百麦公司是一家生产速冻食品的公司，主要产品有苹果派、菠萝派等各种风味派产品。公司产品供应的市场除了国内所有的麦当劳餐厅外，还出口香港、马来西亚、新加坡、韩国的全部市场以及菲律宾、日本的部分市场，是这些国家和地区麦当劳餐厅的唯一派类产品供应商。1995 年 12 月，公司进行增资，注册资本增至 640.8 万美元，中方股东变更为南郊农场，持有 40％的股权，外方为美国百麦公司，占 60％的股权，企业性质变更为中外合资，营业期限由 20 年变更为 50 年。2016 年，美国百麦公司出于自身发展战略调整的需要，减持其股份，12 月 30 日，集团公司同意（京首农发〔2016〕311 号）南郊农场以 4810 万元受让美国百麦公司持有的 35％的股份，受让后，南郊农场持有75％的股份，美国百麦公司持有25％的股份。2017年4月，完成股权收购，并取得政府相关部门批准，完成工商变更登记。

（二）北京百嘉宜食品有限公司

2003年11月25日，经大兴区外经贸委批准，设立北京百嘉宜食品有限公司，主营业务为开发、生产速冻面米食品（风味派、速冻面团）、糕点、裱花蛋糕等，经营期50年。注册资本200万元，其中南郊农场出资80万元，占40％，美国百麦公司出资120万元，占60％。2006年10月18日，合资公司总投资增至3765万元，注册资本增至1982.5万元，双方持股比例不变。2008年1月建成投产。2013年4月3日，大兴区商委批复同意（京兴商资〔2013〕17号）投资总额增至9765万元，注册资本增至4982.5万元，南郊农场和美国百麦公司持股比例不变。2016年，美国百麦公司出于自身布局调整的需要，减持其股份，12月30日，集团公司同意（京首农发〔2016〕312号）南郊农场以6040万元受让美国百麦公司持有的35％的股份，受让后，南郊农场持有75％的股份，美国百麦公司持有25％的股份。2017年4月，完成股权收购，并取得政府相关部门批准，完成工商变更登记。

（三）广州百麦食品有限公司

2007年12月11日，集团公司同意南郊农场和美国百麦公司在广州经济技术开发区共同投资设立广州百麦食品有限公司；12月，经广州市政府批准（商外资穗开合资证字〔2007〕0020号）；12月22日，领取企业法人营业执照，企业性质为中外合资。广州百麦公司总投资5500万元，注册资本2050万元。其中，南郊农场出资820万元，占注册资本的40％；美国百麦出资1230万元，占注册资本的60％。公司主营业务为开发、生产、销售食品，烘焙食品，经营期50年，2009年6月建成投产。2016年11月14日，集团公司同意（京首农发〔2016〕267号）南郊农场受让美国百麦公司60％的股权，按照北京市国资委核准的资产评估结果计算，受让价格为4145.25万元人民币。交易完成后，广州百麦公司变更为内资企业，同年12月28日，完成工商变更登记。

广州百麦食品有限公司办公楼

（四）东莞百嘉宜食品有限公司

2015年1月7日，集团公司同意（京首农发〔2015〕5号）南郊农场与美国百麦公司共同投资设立东莞百嘉宜食品有限公司；5月4日，经广州市政府批准（商外资粤东合资证〔2016〕0006 号），取得企业法人营业执照，产品为麦当劳汉堡包、松饼面包。公司总投资12000 万元，注册资本9340 万元。其中，南郊农场出资 3736 万元，持股 40%；美国百麦公司出资 5604 万元，持股 60%。2016 年 11 月14 日，集团公司同意（京首农发〔2016〕267号）南郊农场受让美国百麦公司 60% 的股权，按照市国资委核准的资产评估结果计算，受让

东莞百嘉宜食品有限公司

价格为 0 元。交易完成后，广州百麦公司变更为内资企业。2017 年 4 月，完成股权收购，并取得政府相关部门批准，完成工商变更登记。2017 年 12 月，工厂建成投入使用。

（五）北京吉百利食品有限公司

1993 年 2 月 23 日，北京市计委批准（京计农字〔1993〕第 0208 号）集团公司与澳大利亚吉百利—史威士食品加工有限公司合资建立北京吉百利—史威士食品加工有限公司；6 月，澳大利亚总理保罗·基廷访华期间，出席了北京吉百利食品有限公司建设奠基仪式并剪彩；10 月 25 日，北京市外经贸委〔93〕京经贸〔资〕字 1501 号文件批准北京吉百利合同、公

北京吉百利食品有限公司

司章程及董事会组成，北京吉百利由澳大利亚 CS 中国投资公司和集团公司合资设立。

公司厂址在南郊农场旧宫庑殿，经营范围是生产巧克力食品、糖果及工业巧克力。注册资本 1800 万美元，CS 公司占 75%（以现金入资），集团公司占 25%（中方以场地使用权折价及美元入资，共 435 万美元，其中含集团公司代持南郊农场的 20%）。1993 年 12月 10 日，北京吉百利取得企业法人营业执照，当晚，北京吉百利在中国大饭店举办庆典活动。1994 年 5 月 24 日，北京吉百利董事会同意投资总额由原来的 2900 万美元增至5400 万美元；10 月 12 日，北京吉百利举行奠基仪式。1996 年 5 月 28 日，北京吉百利举行投产典礼。1999 年 12 月 10 日，北京吉百利在新加坡召开董事会做出决议：总公司向澳大利亚 CS 中国投资公司转让其拥有的 25% 的权益，合资公司改为外方独资公司，外方支付的对价为中方初始投资额；12 月 21 日，北京市国资局批准（京国资农〔1999〕797号）集团公司向澳大利亚 CS 中国投资公司转让其持有的吉百利公司 25% 的权益，转让价格为 450 万美元。2000 年 1 月 4 日，北京市外经贸委批复（资字〔2000〕011 号）集团公

司，同意北京吉百利中方股东将其所持的 25％股权转让给外方股东。股权变更后，公司变成外商独资企业。

（六）北京万年青乳品有限公司

1993 年 7 月 29 日，集团公司同意南郊牛奶公司与西班牙豪华世纪有限公司合资建立北京豪华世纪乳品有限公司，项目总投资 400 万美元，注册资本 210 万美元，中方占注册资本的 49％，外方占 51％；12 月 28 日，合资公司取得企业法人营业执照。1994 年 8 月 22 日，集团公司同意南郊牛奶公司与新股东香港太平洋牛奶有限公司合资组建北京万年青乳品有限公司，总投资 991.4 万美元，注册资本 866 万美元，中方占注册资本的 49％，外方占 51％，合作期限 50 年。1998 年，金星牛场等 5 个国有牛场起诉北京万年青拖欠奶款。1999 年，法院强制执行，查封北京万年青的设备。2000 年 4 月 1 日，北京万年青停产；11 月 1 日，南郊牛奶公司、香港太平洋牛奶有限公司与华联国际有限公司签订了股权转让协议书，华联国际有限公司分别受让南郊牛奶公司 49％的股份、香港太平洋牛奶有限公司 51％的股份。2001 年 5 月，集团公司批准南郊牛奶公司股权转让申请。完成转让后，万年青公司变更为外商独资企业。

（七）北京星龙萃取工程有限公司

1992 年 4 月 30 日，北京市南郊农场与京泰农工商有限公司合资设立北京星龙萃取工程有限公司，注册资本 52 万美元，双方股东各持股 50％，经营范围为生产加工天然植物、动物萃取及工程承包、技术咨询。

公司采用超临界二氧化碳萃取技术，在 32 兆帕及 53℃左右的高压低温环境下加工动植物萃取物，不会破坏产品有效成分的活性物质，可实现自然灭菌。公司生产的天然沙棘籽油、沙棘果油、紫苏油及各种动植物提取物等产品，填补了我国这一领域内的空白。公司采用的国内第一套工业化规模超临界二氧化碳萃取生产设备，达到世界领先技术水平。

1998 年，公司获得卫生部颁发的卫食健字〔1998〕第 252 号批准证书、药监局良好生产规范（GMP）认证及美国食品药品管理局（FDA）的进出口免检证书。

1999 年，产品出口美国、加拿大、日本、新加坡等国家。

2009 年 11 月 25 日，公司完成工商注销登记。

（八）北京辛普劳食品加工有限公司

1992 年 7 月 1 日，北京市南郊农场、美国辛普劳太平洋公司、美国麦当劳公司合资设立北京辛普劳食品加工有限公司，主要产品有麦当劳薯条、薯饼，主要经营范围是向中国麦当劳餐厅提供优质的薯条、薯饼产品。公司投资总额 420 万美元，注册资本 210 万美元，南郊农场占股 47.5％，美国辛普劳太平洋公司占股 47.5％，美国麦当劳公司占股

5%，厂址在红星冷冻厂院内，于 1993 年建成并投入运营。1994 年 7 月 15 日，北京市外经贸委批准（〔94〕京经贸资字第 549 号）北京辛普劳的注册资本由原 210 万美元增至 315 万美元，各方持股比例不变。当年，公司年产量从 1993 年刚投产的 97 吨增加到 2000 年的 6900 吨，销售市场从长江以北麦当劳餐厅扩展到华南、西南部分市场，以及东北、华东、华北部分非麦当劳市场。公司发展持续稳定，累计净盈利 5000 多万元。2015 年 8 月 3 日，集团公司第一届董事会第五十九次会议审议通过南郊农场对北京辛普劳进行清算的议案；9 月 9 日，北京辛普劳董事会决定永久停止生产，启动清算程序。2016 年 3 月 2 日，经丰台区商委批准，北京辛普劳提前解散，成立清算小组，进入清算阶段。2017 年 9 月，南郊农场完成对北京辛普劳房屋资产的收购。

北京辛普劳食品加工有限公司

（九）北京爱森食品有限公司

1995 年 7 月 14 日，北京市南郊牛奶公司与联合发展有限公司（UDI）、以色列 OSEM 国际公司签订合资协议书，拟成立北京奥森食品有限公司。该合资企业注册资金总额 375 万美元，投资比例为总公司占 40%，联合发展有限公司占 30%，OSEM 占 30%。11 月 29 日，集团公司决定由北京市南郊牛奶公司为中方股东，并与 UDI 食品投资有限公司重新签订合资合同，建立北京奥瑟姆食品有限公司，注册资本 250 万美元，UDI 占 40%，南郊牛奶公司占 60%；之后，双方重新修订合资协议和公司章程，合资公司名称定为北京爱森食品有限公司，股权比例做新的调整。1996 年 1 月 3 日，公司取得企业法人营业执照，注册资本 308 万美元，实缴 250 万美元，南郊牛奶公司出资 100 万美元，持股 40%，UDI 食品投资有限公司出资 150 万美元，持股 60%，经营年限 30 年。公司主要生产销售膨化食品、休闲食品，地址设在华升食品厂内原冷饮车间。1998 年 4 月，总公司批准公司提前终止合营期限和解除合同，并进行清算；5 月 27 日，北京市外经贸委批准公司进行特别清算，同年年底停业。1999 年 11 月 30 日，完成公司注销登记。

（十）北京太阳葡萄酒有限公司

1997 年 5 月 22 日，总公司与法国合资的太阳葡萄酒有限公司产品上市庆典

1995 年 9 月，北京市农工商联合总公司及长阳农工商公司与法国太阳集团决定合资成立北京太阳葡萄酒有限公司。合资公司总投资 1600 万美元，注册资本 800 万美元，总公司及长阳农工商公司以仁和酒厂土地使用权、厂房、设备折合 400 万美元，法国太阳集团以技术、部分设备、葡萄种苗、葡萄原料酒及现金入资 400 万美元，双方各占 50% 的股份，合资期限 40 年。1996 年 6 月，公司开始销售进口法国原瓶葡萄酒。1997 年，从法国引进优良葡萄品种 13 个、种苗 10 万株，发展了 450 亩葡萄示范园。1998 年，利用繁育的种苗发展了 1000 亩葡萄基地，之后又发展了 1500 亩。当年，公司引进的意大利灌装设备试车成功，生产能力为 3000 瓶/小时，生产的干红和干白葡萄酒被评为中国十大名牌葡萄酒之一。1999 年，双方股东各出资 50 万美元，增加注册资本，公司注册资本变更为900 万美元。2000 年，种植基地的葡萄进入收获期，从此，公司开启了自酿葡萄酒时代。2004 年，公司通过了 HACCP 体系和 ISO9001 管理体系认证，并获得证书。2005 年，太阳干邑 XO 荣获"北京国际餐饮食品博览会金奖"。2010 年 4 月 20 日，集团公司将合资企业太阳葡萄酒公司划归长阳农场管理。2012 年，太阳金玫瑰葡萄酒荣获"《中国葡萄酒》杂志百大葡萄酒金奖"。但后来由于市场及管理等多方面原因，公司经营举步维艰，处于停产半停产状态，现被长阳农场托管。

第二章　经营管理

第一节　财务与统计管理

一、财务演变情况

计划经济时期，农场财务实行"统收统支"。

1972年，红星公社（南郊农场）开始实行"统一领导、统一计划、三级管理，国营与集体经济分别核算、自负盈亏"的管理办法。

1977—1995年，实行财务包干。

1977年，北京市国营农场管理局对南郊农场实行财务包干，一定三年不变。

1978年，农场内部改变了"收支两条线，利润全部上交总场"的制度，对下属单位实行利润包干。

1979年，南郊农场全场实行"超额提成"的办法，同时改革奖励制度。农场对基层企业实行固定资产和超占流动资金提取占用费的办法，控制基层企业投资方向。工业分场首先在本分场内推广红星化工厂经营管理八项指标分解，厂、车间、班组三级经济核算制及百分计奖的经验，改评奖为计奖。工业分场所属各单位普遍建立了各种核算制度，车间、班组择机实行了"六定一奖""五定一奖""四定一奖"考核计奖颁发。

1980年，农场调整了基层企业包干留成的使用比例，规定30％用于流动资金的不足，40％用于扩大再生产，30％用于职工集体福利事业。

1983年，北京市国营农场管理局对南郊农场下达三年财务包干指标，当年包干任务为1008万元。农场下属企业包干利润任务为1073.2万元。

1992年，农场总收入3.6亿元，应交利润330万元，财务包干结余864万元，上缴税金1517万元。

二、财务制度和会计核算的变化情况

1993 年 7 月 1 日，国家实行新的财务制度。新财务制度包括由国务院批准、财政部发布的《企业会计准则》《企业财务通则》及 13 个行业会计制度和财务制度，俗称"两则两制"。该财务制度的实施标志着我国财务制度与国际惯例基本接轨。

1999 年 1 月 1 日，《南郊农场内部财务管理办法》正式实施，原《南郊农场内部财务管理办法》及《南郊农场内部管理办法补充规定》同时废止。

2006 年 1 月 1 日，《南郊农场内部财务管理办法》再次修订实施。

2010 年 1 月 1 日，《北京市南郊农场财务管理及核算办法》正式实施，原《南郊农场内部财务管理办法》同时废止。

2017 年，为落实集团公司内控工作要求，农场全面修订了财务管理办法。

三、全面预算制度的建立及实施

2003 年，集团公司下发《全面预算管理方案》，规定从 2004 年起上报二级单位预算。自此，全面预算制度开始建立并实施，农场开始在每年年初向各单位下达全面预算管理目标，并将全面预算管理考核作为对下属企业绩效考核的重点。

四、财务电算化

2003 年，农场下属企业五环顺通（五环润滑油公司）开始试点财务电算化核算，安装了用友 U8 系统。2008 年，农场开始全面推广使用用友财务软件。2009 年，农场制定了《北京市南郊农场会计电算化管理办法》。2010 年，农场下属企业全部安装了用友 T3 系统，农场全面实行财务电算化。

第二节 审计监督及风险控制

加强对农场及所属企业财务收支、财务预算、财务决算、资产质量、经营绩效以及建设项目或者有关经济活动的真实性、合法性和效益性的内部监督与风险控制，保障农场财务管理、会计核算和生产经营符合国家各项法律法规的要求。

农场审计职能由财务部承担，以财务检查为审计工作的主要内容。2015 年 1 月 25 日，农场成立了审计部，审计部负责组织做好农场内部的审计工作，及时发现问题，明确经济责任，纠正违规行为，检查内部控制程序的有效性，防范和化解经营风险，维护企业正常生产经营秩序，促进企业提高经营管理水平，实现国有资产的保值增值。

第三节　土地房产管理

一、土地管理机构

1983 年 5 月，南郊农场（红星区）成立规划办。1998 年，场乡体制改革后，规划办取消。2002 年，成立土地房产部。2004 年，土地房产部取消，纳入农场企管部。2007 年，农场成立土地房屋管理部。

二、管理制度

南郊农场对农场域内的土地实行统一管理，企业的土地资产处置（包括转让、划转、抵押等）及其他土地利用事项由南郊农场上报集团公司审核批准。南郊农场对土地管理实行主要领导负责制。

下属企业对土地事务履行经营管理权，承担保护国有土地资产的职责，可以对土地资产处置（包括转让、划转、抵押等）及其他土地利用事项提出意向和方案，经南郊农场上报集团公司批准或授权后，负责具体运作。

农场土地房产部是农场房地管理的职能部门。下属企业设房地管理的专职管理人员，负责本企业房地管理事务。

农场土地房产部负责办理本企业及下属企业的土地权属登记工作，登记的土地使用权人有义务协助实际用地企业办理登记、变更及注销工作。不动产登记证书原件交由农场土地房产部统一管理，下属企业按照相关借用登记手续申请借用。

企业改制时，土地资产不进入改制企业的，土地使用权应从原企业上移至南郊农场；土地资产进入改制企业的，按土地资产及国有资产处置规定程序办理。

南郊农场对土地数据进行动态监控，下属企业按照南郊农场房地管理的有关要求，及时、准确报告或调整数据。下属企业要严格执行土地资产年报制度，南郊农场在土地资产年报中就本年度土地资产转让、处置等情况，向集团公司报告备案。

企业要按照国家税法规定，遵循"谁使用，谁缴纳"的原则，及时足额缴纳各项与土地有关的税费，未及时足额缴纳的，由实际使用企业承担相应损失和责任。

三、房屋管理

南郊农场房屋租赁管理工作设立工作领导小组，总经理任组长，主管副总经理任副组长，成员由土地房产部、安全综治办、企业管理部、法律事务部组成。各下属企业法定代表人及行政主要负责人（经理、厂长）为本单位场地房屋管理的第一责任人；分管场地房屋管理的负责人（副总经理、副厂长）为本单位场地房屋管理的主要责任人，对场地房屋进行直接谈判、签订合同；收取租金和日常管理人员为直接责任人。

四、土地使用类型及数量变化

南郊农场土地属国有划拨土地，使用类型分别为农用地和建设用地。1954年至今，随着农场建制及沿革的演变，辖区土地数量发生了重大变化。

1954年10月14日，中共北京市委、市政府将五里店农场、和义农场及南苑畜牧场等合并为国营南郊农场，土地面积2.9万亩。

1958年8月，五乡五社（红星乡红星集体农庄、旧宫乡旧宫社、鹿圈乡晨光社、金星乡金星社、西红门乡曙光社）与农场合并，组建起红星人民公社（即南郊农场）。土地面积160.9平方公里，东西19公里，南北15公里，耕地面积14.77万亩，有效灌溉面积14万多亩。

1998年，场乡体制改革结束了南郊农场40余年政企合一的管理体制，成为纯国有企业。原辖区土地面积160.9平方公里，耕地14.77万亩，场乡体制改革以后，国有土地面积2358.33公顷（35374.9亩），耕地1134.07公顷（17011亩）。

2007年4月9日，南郊农场对长阳农场实施托管。

2008年10月21日，长阳农场正式并入南郊农场，共接收土地469.19公顷（7037.81亩）。

2009年7月6日，卢沟桥农场整体并入南郊农场，共接收土地406.67公顷（6100亩）。

2016年，南郊农场接收集团公司下属三元种业移交土地19宗，移交面积共241.42公顷（3621.25亩）。

截至2018年年底，南郊农场共有土地189宗，土地总面积2005.9公顷（30088.51亩）。

五、城市建设规划中的重大建设项目

（一）三海子麋鹿苑建设项目

1985 年 8 月 24 日，在英乌邦寺主持人塔维斯托克侯爵和北京市政府、中国国家环保局及中英动物学工作者的共同努力下，38 头麋鹿回到了它们的祖先栖息的地方——北京南海子。

新建的"南海子麋鹿苑"坐落在南郊农场鹿圈村西的三海子，南郊农场无偿提供土地900 亩。

三海子麋鹿苑

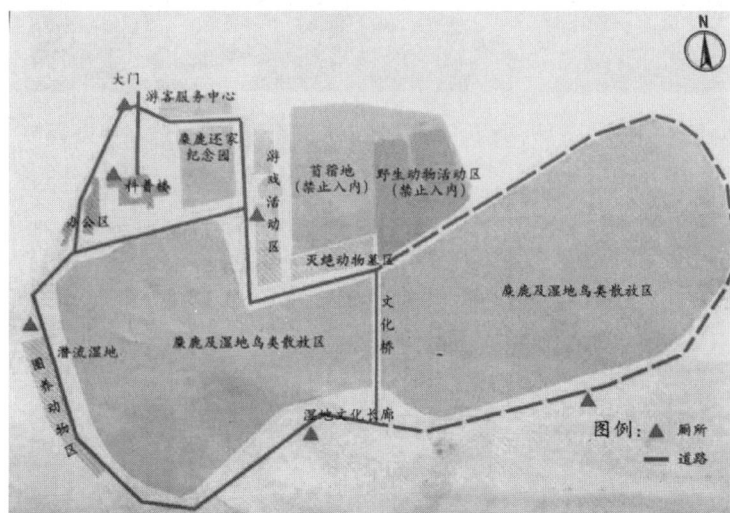

麋鹿苑导游图

（二）北京经济技术开发区建设项目

1988 年，南郊农场党委班子敏锐地意识到，京津塘高速路的开通及规划中的五环路会给亦庄地区带来特殊的优势。1988 年 12 月 13 日，南郊农场与台湾黄顺兴先生签订了在亦庄"建立外向型为主的经济开发小区"的意向书，并成立了工作小组，开始选址、土地测绘等方面的工作。

1990 年 9 月，正式完成了《红星（亦庄）经济技术开发区规划方案》。

1990 年 10 月 13 日，北京市政府工业领导小组一行到南郊农场召开论证会，并达成共识。

1990 年 11 月 3 日上午，北京市副市长张百发一行到亦庄地区进行实地考察，张百发"一锤定音"地说，来到这里我"一见钟情"。

1991 年 11 月 22 日，首都规划建设委员会批复同意"亦庄工业区总体规划方案"，一期起步区规划 15 平方公里，其中南郊农场贡献土地 12 平方公里。

1992 年 4 月 8 日，北京经济技术开发区举行隆重的奠基仪式。

同年 8 月 24 日，经北京市人民政府任命，马利生为北京经济技术开发区管委会副主任。

1990 年 10 月 13 日，区长马利生向市领导汇报亦庄开发区申办资料

1992 年 4 月 8 日，南郊农场有关领导参加亦庄开发区奠基仪式

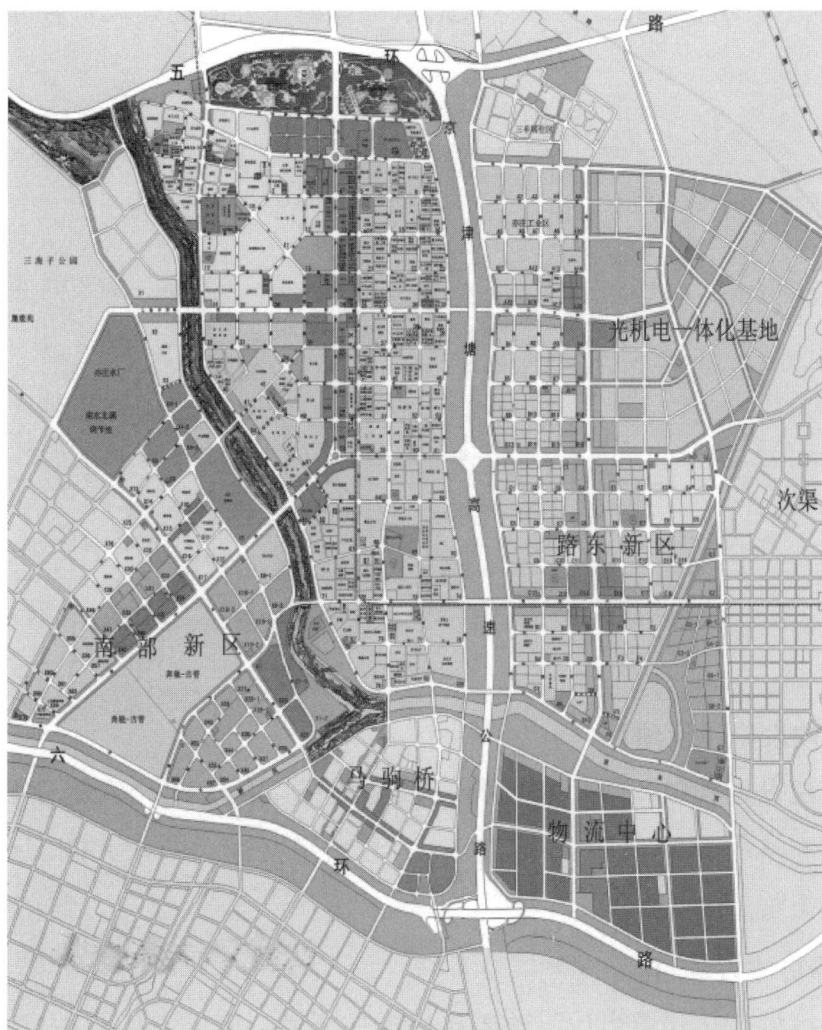

北京亦庄经济技术开发区

（三）南海子郊野公园建设项目

南郊农场全力支持大兴区政府南海子郊野公园建设，主动承担国企社会职责。2008—2010年，在南海子公园建设期间，农场自筹资金约30亿元，完成公园规划范围内农场所属企业的全部拆迁工作，为南海子公园建设腾退土地4820.7亩，其中公园用地2908.7亩、部队置换用地850亩、104国道东侧收储住宅用地1062亩，并将德茂104国道东侧公园规划范围

南海子郊野公园

内的 1062 亩土地上市出让，帮助大兴区政府解决南海子公园的建设资金问题。

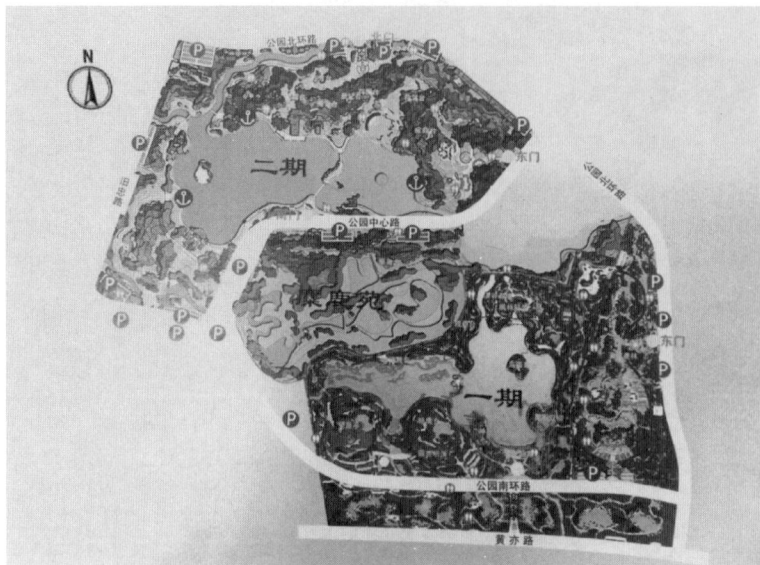

公园地图

（四）市政设施建设项目

在市政设施建设过程中，南郊农场始终顾全大局，积极配合实施建设，先后为南苑路、京台路、兴亦路、黄亦路、104 国道、8 号线轨道交通、南水北调、小龙河整治等工程供应土地 800 余亩。

（五）保障房建设项目

为加快大兴区城市化建设步伐，改善居民居住环境，南郊农场利用自有土地建设两个保障房项目。

1. 南郊农场棚改项目　该项目位于大兴区旧宫镇德茂庄，占地面积约 4.6 万平方米，总建筑面积约 15 万平方米，其中地上建筑面积约 9.4 万平方米。建设棚改安置房 1176 套，可安置棚户区居民 548 户。

2. 广发实业共有产权房项目　该项目位于大兴区黄村镇，占地面积约 2 万平方米，总建筑面积约 6.2 万平方米，其中地上建筑面积约 3.6 万平方米（共有产权房约 3.4 万平方米）。建设共有产权房 360 套，可优先解决大兴区符合条件居民的住房问题。

六、疏解非首都功能工作

2014 年，北京疏解非首都功能工作启动，南郊农场积极落实市委、市政府及大兴区政府关于疏解非首都功能、调控人口规模、治理"大城市病"的工作部署，肩负起"促一方发展、保一方平安"的国企社会责任。2014—2018 年，累计疏解拆除建筑 130 万平方米，腾退土地 4500 亩，清退企业 2000 余家，疏解人口 8.1 万人。

2016 年 10 月 13 日，时任中共北京市委书记郭金龙、市长王安顺率市领导及市相关委办局、大兴区等领导，在市国资委主任林抚生、集团公司总经理薛刚、副总经理马建梅的陪同下，到南郊农场实地调研拆除腾退工作。

2016 年 10 月 13 日，市委书记郭金龙、市长王安顺到南郊农场实地调研拆除腾退工作

在西毓顺、旧宫农业试验场拆除腾退现场，集团公司总经理薛刚介绍了南郊农场拆除腾退工作的进展及未来发展规划，市领导就企业产业升级、区域发展、农垦改革等问题进行了询问，薛刚一一做了解答。随后，市领导在首农·中科电商谷召开了城乡接合部重点地区综合整治工作座谈会，对首农集团南郊农场在综合整治工作不等、不拖、不靠，主动承担责任给予肯定。

第四节　安全管理

一、管理机构

1985 年 6 月，农场成立安全生产科（包括能源环保）。

1986 年 4 月，农场成立南郊农场交通安全委员会，区长马利生任主任。安全委办公室设在农机监理站，办公室主任王道明，后为高海深、王占有。

1994 年年初，农场劳资科代管锅炉安全，由米占元负责。

2008 年 12 月 15 日，农场机关设立安全综治办公室，孔庆云任主任，定编 3 人；2016

年1月，孙崇伟任主任。

二、工作职责

负责农场及二级单位的生产、交通、消防、内保、国家安全、食品安全等各项安全工作的文件发放、责任落实、日常检查、整改提高等日常工作；牵头负责全场员工的安全教育工作；负责协调管理农场各企业环境卫生和综合治理工作；负责监督各单位对流动人口的登记工作；负责管控和清理农场各类租赁中的"小、杂、散、乱"企业；协助农场进行违章租赁、违章建设清理整顿工作。

南郊农场安委会成员在"安全月"期间进行安全大检查

三、获奖情况

2010年8月，农场荣获北京市安全生产月活动组织委员会2010年"北京市安全生产月活动优秀组织奖"。此外，还荣获2008年度、2010年度、2011年度、2014年度、2015年度"北京市交通安全先进单位"称号。

第五节　品牌管理

南郊农场较早推出的自主品牌是1987年6月的"华升牌"异型冰激凌，该产品荣获全国儿童生活优秀新产品奖。同年年底，红星泡花碱厂生产的氯乙烷获"北京市优质产品"称号。1988年8月，华升食品厂"华升"牌异型冰激凌、"鹿苑"牌椰丝饼、宝宝乐生日蛋糕获"中国食品博览会银奖",南郊乳品厂生产的"万年青"牌奶粉及黄油荣获"中国食品博览会银奖";10月,旧宫乡旧宫二队党支部书记谢长春及"神牛"三轮车制造厂负责人刘仲出访坦桑尼亚,此后,"神牛"牌三轮车开始出口非洲。

2013年2月,农管中心在国家商标管理局申请的"红星"商标注册成功。2014年6月,北京市红星广厦建筑涂料有限责任公司"广厦牌"商标连续五届获得北京市工商行政管理局颁发的著名商标认证。2015年2月,卢沟桥农场收到国家商标局下发的"紫谷伊甸园"3类和39类商标注册证。2015年,馨德润酒店为了打出自己的餐饮品牌,申请了"润稼宴""润香得"商标。

2016年6月,五环顺通物流中心获得中物联冷链委颁发的(2015)中国冷链物流百强企业称号;11月,在中物联冷链委举办的第十届中国冷链产业年会中国冷链双年"金链奖"中,五环顺通物流中心获得优秀区域配送服务商奖牌。

第六节　信息化管理

农场的信息化管理始于南郊农场下属企业南郊牛奶公司,主要用于奶牛牛群的档案管理。1990年,农场总部成立计算机室,购置了两台286台式电脑。从1991年开始,农场总部陆续为劳资科等各科室管理人员配置办公电脑及各种硬件设备,并在旧宫西路办公楼铺设了局域网络,这是南郊农场信息化的网络架构雏形。

2000年7月27日,农场下发了《南郊农场关于建立INTERNET网站和企业上网的通知》(南农发〔2000〕7号文件),确定以租用中国企业网服务器的形式建立南郊农场网站,域名是www.nanjiao.com,标志着南郊农场信息化工作的开启。

通过此网站,对外介绍南郊农场的农业信息、工业信息、房地产信息、三产服务业信息、企业介绍、产品供求信息、招商引资、企业近期大型活动等相关信息,开启了对外宣传交流的窗口。

2003年,农场下属企业北京市五环顺通物流中心

四大经济板块之都市农业板块

南郊农场微信订阅号界面

财务部首次采用用友软件（单机版）作为财务管理软件，这是南郊农场信息化应用系统的起步。2006 年，农场总部财务部也开始采用用友软件，并逐年部署到各基层企业，逐步实现了全农场会计电算化。

2007 年 3 月 7 日，农场与北京普诺德科技有限公司签订网站制作合同。2007 年 7 月 27 日，南郊农场企业网站正式开通，网址为 www.synjnc.com，有效期限自 2016 年 11 月 29 日至 2018 年 11 月 29 日。该网站对农场各下属企业的网站进行了链接。自此，南郊农场有了自己的独立网站。

2006 年 10 月，农场总部搬迁至亦庄经济技术开发区国际企业大道 39 号楼的办公新址，为提高农场机关人员的办公效率，同年接入互联网专线，连接到每一台办公电脑，标志着机关总部进入信息化办公时代。

2014 年 3 月 26 日，与普诺德公司签订《南郊农场网站维护及培训服务合同》，保障农场网站的正常使用及安全维护。

2016 年 12 月 1 日，将上网速率由原来的 20M 提升为 30M，极大地提高了办公效率。

随着互联网技术的更新换代以及农场经济发展的转型升级，原有网站已不适宜对外展示农场的新形象，于是，农场决定对网站进行更新改版，网址为 www.bjnjfarm.com，有效期自 2017 年 11 月至 2027 年 11 月，原网站 www.synjnc.com 关闭。北京英才慧博网络科技有限公司负责新网站的后台数据开发制作，北京金风帆广告公司负责新网站的包装设计及手机版网页制作。

随着智能手机功能的增强，也为了更加方便快捷地对农场信息进行上传下达，2017 年 10 月 31 日，名称为"北京市南郊农场"的微信公众号（订阅号）正式运营。订阅号分印象南郊、旗下企业、新闻资讯 3 个一级栏目，主要推送农场的重要新闻，介绍旗下企业和南郊历史、发展规划等内容。

2018 年 7 月，按照京首农食品发〔2018〕62 号文件精神，农场着手建设视频会议分会场事宜，引入中国电信光纤传输，采用国产华为设备，同年 9 月正式启用。

为避免农场相关域名被恶意使用，影响品牌形象，农场对相关域名实行保护。2009 年 4 月 20 日，首次与普诺德公司签订了域名保护合同；2016 年 10 月 17 日、2017 年 11 月 10 日，分别与中万网络科技有限责任公司续签《中文网址合同》，保护 11 个与农场相关的域名。

按照市版权局和市国资委及集团公司的指示精神，2014 年，农场机关进行软件正版化推广工作。2014 年 10 月 16 日，与北京软件和信息服务交易所有限公司签订了购买合同，购买了 23 套 Windows 专业版和 23 套微软 Office 软件，共计花费 88550 元。同年，南郊农场被评为市属国有企业软件正版化先进单位，负责此项工作的郝磊被评为市属国有企业软件正版化先进个人。

2017 年 8 月，对机关的 51 台办公电脑进行了自查，并建立了管理台账。

2018 年 4 月和 6 月，又购买了 16 套微软 Office 软件和 1 套 Windows 7 专业版。

第七节　档案管理

南郊农场的档案材料始于 1954 年。农场成立了综合档案室，由农场办公室负责集中统一管理，并设兼职档案工作人员 2 名，各部室设兼职档案工作人员 1 名。

农场总部各部室和所属各单位的档案工作受农场办公室指导，农场总部档案室对所属各单位的档案工作业务进行监督、指导和检查。

农场实行文书档案部门立卷制度。档案室负责农场机关各部室文件材料的收集、整理、立卷、归档工作，并进行业务监督和指导。

档案室现有库房 50 平方米、档案柜 35 个、微机 1 台、复印扫描一体机 1 台、空调机 1 台，并配备了消防设备、防光窗帘等，完善了"八防"措施，保障了档案工作的顺利开展。

南郊农场档案全宗由文书档案、科技档案、照片档案、实物档案构成，会计档案、人事档案、纪检档案等专业档案由相应部室专人专库进行保管。

按照《中华人民共和国档案法》的相关规定，1990 年以前的档案已移交大兴区档案局。现室存文书档案 1081 卷，采用"保管期限—年度—组织机构"分类法，按保管期限单独排列；科技档案 99 卷，按工程性质—项目大流水编号；照片档案 76 件；实物档案 42 件；录音、录像 16 盘。

南郊农场现有文书档案全引、案卷目录 17 本，照片档案案卷目录 2 本。

第八节　信访工作

南郊农场的信访工作主要由办公室负责，与所属企业信访工作人员对接。1999 年 12 月 15 日，为进一步加强信访维稳工作，农场党委成立了信访工作领导小组，定期听取信访工作汇报，检查、指导农场直属各单位的信访工作。同时，建立了农场信访接待日制度，农场党政班子成员在信访接待日轮流值班。农场办公室负责日常接待、组织协调处理各项来访、信访及治安保卫等具体工作。农场纪委纪检监察部负责涉及违纪案件的处理，有关党纪、政纪的信访问题则由农场纪委部门负责。

农场总部及所属企业建立了信息收集、排查、报送制度和快速反应机制。农场制定了《南郊农场维稳工作应急预案》，建立维稳工作协调联动机制，确保可以迅速有效地处置综合治理突发事件，及时预防和妥善处置群体性上访事件。

每逢重大政治活动及节假日等敏感时期，农场都对所属企业进行信访排查，对排查出的问题，制定措施，落实责任，对于可能发生的群体性事件和苗头，党政一把手亲自抓，实行领导包案制，及时将矛盾解决在萌芽状态，化解在基层。同时，根据市委、市政府和市国资委党委、集团公司信访部门的相关工作要求，在重点时期动态排查，启动日报告制度，安排专人每天摸排各类矛盾纠纷，依法及时就地解决诉求反映。信访突出问题随发现、随报告、随化解。严格落实领导干部值班值守和应急值班制度，保持各类通信渠道的畅通。遇有紧急情况，第一时间向农场主要领导和集团信访部门汇报。

第六编

科技、教育、卫生

中国农垦农场志丛

第一章　科　　技

第一节　科技管理

一、科技管理体系的建立

1. **组织机构**　1957 年 1 月，农场场部设置了技术室，负责农场的科技工作。1958 年 9 月改组为科普会。1959 年 6 月，农场成立农研所，取消科普会，转由农研所负责全场的科技管理和科研工作。1965 年 10 月，农场决定将畜牧兽医研究所、水产研究所、农研所（良种场）解体，与种猪场、种马场、饲料加工厂、压花厂 4 个独立单位合并，组建党总支级建制的南郊农场科技站（站址设在原良种场，今旧宫科技路 19 号），并由科技站统领农场科技工作，站长史振东、郭实一。1972 年 10 月，农场成立科技组，1983 年 5 月升格为科技科，专职负责全农场的科技管理工作。1997 年 11 月以后，农场不再专设科技管理部门，将科技管理的职能纳入生产经营部。1999 年 5 月，由经营管理部接管，2006 年 8 月，农场机关机构改革，划归企业管理部负责至今。

2. **科研机构**　农场水产研究所成立于 1955 年，所长耿月川。农研所成立于 1959 年 6 月，所长史振东，1963 年 2 月扩建，改名为良种场。畜牧兽医研究所成立于 1959 年 6 月，所长郭实一。农业机械站成立于 1961 年，站长王福桥。

南郊农场科技站成立于 1965 年 10 月，1983 年 4 月撤销。科技站建站后，设置了作物组、土化组、植保组、生防组、单倍体组、气象组 6 个专业组和图书资料室、粮菜试验场、种鸡场、畜牧水产站，共 10 个部门。有供科学试验的场地 1650 亩，其中，稻田 367 亩、大田 867 亩、菜田 416 亩；畜牧水产站有鸡、鸭、猪、牛、渔场供实验使用；土化室、单倍体室、生防养蜂室、气象观察哨、图书室有完整齐全的仪器设备及书籍报刊等档案资料；种子库、农机具、各种试验仪器与器皿、植保病虫防治与监测预报技术在当时的条件下堪称全国农垦系统一流。科技站先后任职的站长为刘和、齐德明、周增宝，书记有刘和、刘先泰、罗保立。

二、科技服务网络

1. **农牧业** 农场科技服务体系的建立始于 20 世纪 80 年代中期，形成了农场、分场、生产队三级体系的科技服务网络。农场层级设植保、种子、农机、水产、畜禽和技术推广 6 个职能站；分场层级设农业技术服务公司和与农场相对应的专业站或专业组；生产队层级设科技组、专职科技员。科技服务体系的建立，使全农场实现了种植生产统一供种、统一测土施肥、统一联防病虫草害、统一"种管收"作业一条龙的"四统一"管理模式，帮助农场初步实现了设施现代化、网络体系化、技术配套化、人员精英化和成果产业化。

2. **水产业** 1976 年，农场成立水产管理站，李凤山任站长。1983 年 5 月，农场将 6 个国营渔场、34 个生产大队渔场，共计 2100 亩水面的鱼塘统归为南郊水产公司，尹士清任经理。公司设技术室，有标准化孵化专用池、鱼苗精养池、良种繁育池，渔场附近盖建鸡舍、鸭房、猪圈和豆制品厂，用鸡鸭猪粪便和豆制品下脚料喂鱼、肥水。

3. **工业** 1958 年 6 月，农场成立工副业组，由两名干部负责场内的工副业生产，9 月，又组成 5 人负责的工业部，吕广同副书记分管工业并兼任部长，许廷祯任副部长（1959 年年底任部长）。当时，工业科技的主要工作是化工企业建立实验室和新产品开发。1972 年 10 月，农场成立科技组，设一人专管工业科技。截至 1998 年年底，农场共有大小企业 830 个，涵盖了化工、建材、食品、机电、汽车、影视器材等 37 个行业，为国内外提供了 2 万多种商品和经济技术服务项目，与北京化工研究院等市内外 33 个大专院校、科研院所建立了外向型联合经济实体，各厂有独立的实验室和试生产车间或基地。

三、科技管理内容与职责

南郊农场科技工作总则是：紧密围绕农场经济工作主线，坚持以应用研究为基础，以成果引进、转化、应用为重点，以培养、使用、提升科技人员素养与技能为己任，以达到提高农场经济可持续发展的科技支撑目的。1983 年 5 月，农场制订了《科技管理条例》，并于 1999 年 1 月、2007 年 2 月和 2010 年 6 月进行了三次修订。《科技管理条例》第一章第三条确定：农场设科学技术委员会，领导和管理农场的科技工作。第二章第五条明确：为加强对科技工作的领导和管理，农场除分管领导外，各二级单位在领导班子中明确科技工作负责人。《科技管理条例》在 5 个方面做了具体规定，即科技工作主要职责、科技项目管理内容、科技奖励机制、科技人员管理、科技经费来源与管理。

南郊农场管委

下辖单位　　机关科技机构　　科研单位

分　场
1972.10—1983.5
旧宫　亦庄
鹿圈　瀛海
金星　太和
孙村　西红门
畜牧　工业

技术室
1957.1—1958.8

科普会
1958.9—1959.3

无设置
1959.3—1972.10

科技组
1972.10—1980.10

科教科
1980.10—1983.5

科技科
1983.5—1997.10

农研所
畜研所
农机站
1959.6—1962.1

良种场（1965年）
扩建成科技站
1962.1—1983.3

科技站解体成立
农业公司
蔬菜果林公司
1983.3—1984.3

农村分场
旧　宫
亦　庄
鹿　圈
瀛　海
金　星
太　和
孙　村
西红门
1983.3—
1989.12

专业公司
工　业
牛　奶
畜　禽
水　产
农　机
建　筑
1983.3
—
1989.12

农业公司
改建为农业技术服
务中心
1984.3—1994年春

科技科并入生产经
营部1997.10—1999.5

农业服务中心
1994年春—1998.12
农业生产经营管理
中心 1998.12 至今

长阳农场　卢沟桥农场
德茂物业　广达源仓储中心
五环顺通　光源材料
德茂线材　广厦涂料
广厦化工　辛普劳
红星冷冻公司　百麦

经营管理部设科技
1999.5—2006.8

企管部设科技
2006.8 至今

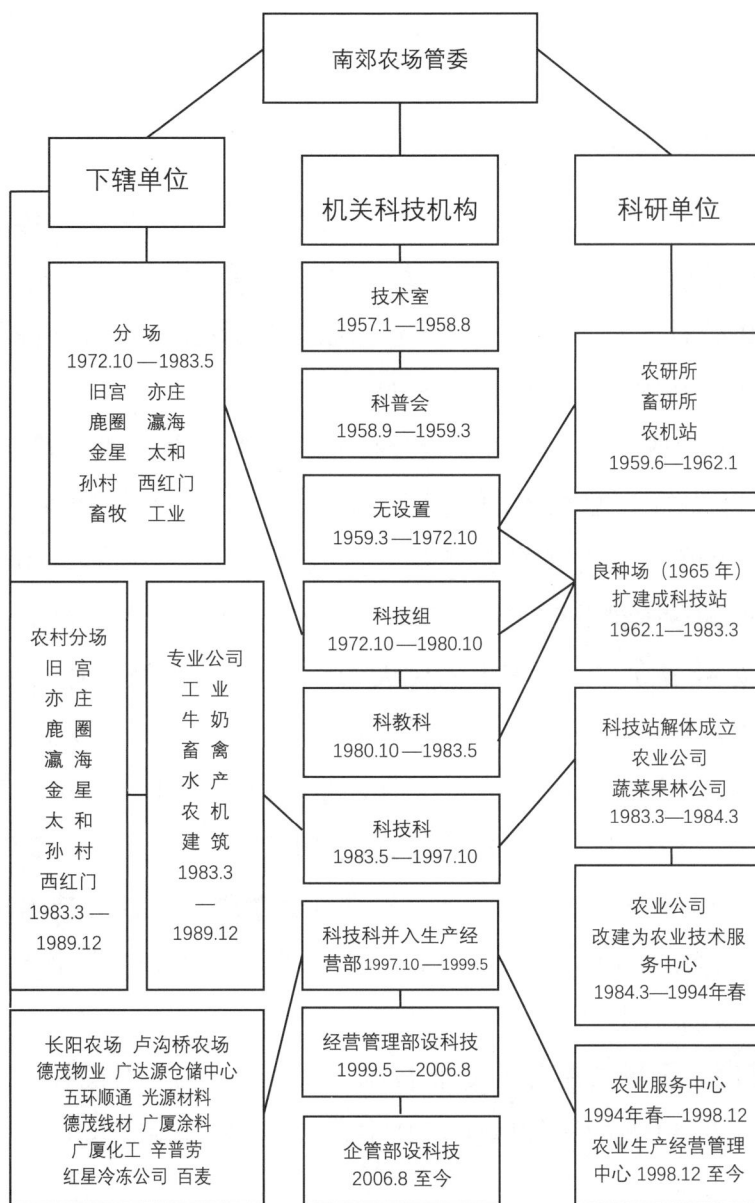

南郊农场科技管理体系

第二节　科技队伍

一、建场初期（1954—1957年）

1954年10月，由南苑畜牧场、五里店农场、和义农场、新华牛场4家农场合并成立国营南郊农场。当时有耕地2万亩，职工850余人，主要种植棉花、水稻，有少部分菜地和20多头奶牛。农场的技术人员是中华人民共和国成立前毕业的大学生，有史振东、郭实一、殷兆基、刘杰、常诚、王书善等 11 人。

二、红星人民公社时期（1958—1998 年）

1958 年 8 月，农场与社队合并，成立以工、农、商、学、兵为一体的红星人民公社。该公社拥有 9846.67 公顷（14.77 万亩）耕地、8235 户农户、3.9 万人口，是一家政企合一的全民所有制人民公社。自 1959 年 6 月起，陆续成立农研所、畜研所和农机站 3 个科研机构，技术人员仍是从国营南郊农场并入的郭实一等 11 人。

1965 年 10 月，公社成立科技站时，全公社有各类型专业技术人员 152 人，这些人员大多是 1959—1965 年先后分配来场的大中专毕业生。其中，30 位学习农学、植保、畜牧、兽医、农机专业的学生被分配到科技站，其余学习化工、机械、电器、食品、中医、医疗、计算机等专业的学生被分到工厂、医院、学校、分场机关等单位。

1975 年 5 月，公社成立"红星五七农民大学"；1983 年 6 月，更名为南郊农场职工中等专业学校。学校先后设置了农学、理论、蔬菜、医士、中医、兽医、农机、农村经济管理、工业经济管理等 14 个专业。1977 年 5 月，第一批毕业生 150 名，到 1983 年，共有 1375 名本地生源从该学校毕业，被分配到公社内各单位。

1985—1998 年，通过国家分配、公社引进和社会招聘到公社的技术人才达 500 多人。

1982—1985 年，经北京市、大兴县两级考核评审，公社 120 多个生产队中有 1516 名科技人员获得市、县级农民技术员职称。

截至 1998 年年底，全场共有各类专业技术人员 2044 人、农民技术员 1516 人，红星人民公社组成了共计 3560 人的科技队伍，其中，有 48 名技术人员在 1988 年的技术职务评定中晋级高级技术职称。

三、大南郊时期（1999—2018 年）

1998 年场乡体制改革后，南郊农场有国有、合资、参控股企业 18 家，土地面积 1980 公顷，在职员工 6242 人。2002 年，农场再次经历农工商总公司系统内资产重组的调整，企业减少到 15 家，有员工 1300 多人。2007 年，农场接收长阳农场；2009 年，接收卢沟桥农场。此时的南郊农场地跨大兴、丰台、房山三区，拥有 1533 公顷土地，下辖生产、加工、商贸、服务类二级企业 23 家，在职员工 1500 余人。历经 10 年的发展，到 2018 年，农场拥有都市农业、现代服务业、食品加工业、成品油贸易类企业 34 家，有员工

1975 人。

2005 年 9 月，农场科委共有专业技术人员 444 人、技术工人 273 人，占职工总人数的 55.2%。

第三节 科技成果与技术推广

一、建场初期到场乡体制改革（1950—1998 年）

1. **种植业** 南郊地区原称"苦海子""海子里"，地势低洼，地下水位高，土壤盐碱化严重，不仅十年九涝，而且地力贫瘠。20 世纪 60 年代初期，农场有耕地 14 万亩，由于大部分土地盐碱易涝、土壤贫瘠、杂草丛生、病虫为患，以水稻、小麦、玉米为主的粮食亩产不足 200 公斤；近万亩蔬菜的复种面积仅有 23%，单产 4000 多公斤；果树 400 多亩，单产不过 100 公斤。为改变贫穷落后的面貌，农场在农作物生产上实施了一系列技术措施，主要有：在低洼盐碱地种水稻，利用其需水量大且调节盐碱能力较强的生理特性，降低盐碱浓度。在全场推行水稻插秧前加种一茬生育期较短的油菜的方法，生态养地，疏松土壤，培肥地力。采用地面化控、飞机空防、天敌灭虫等植保技术，根治病虫草害。培育新品种、应用新技术、研制新机械，提高农产品的产量和品质。农场从 20 世纪 60 年代初开始治理 14 万亩盐碱地，到 80 年代末，拥有沃土良田 16 万亩，将 14 万亩农田生产的三大粮食作物平均单产提高到 380 公斤，1.2 万亩菜地生产的商品蔬菜单产达到 6154 公斤，0.8 万亩果园生产的水果单产稳保 527 公斤以上。取得的重大科技成果有：自主培育的冬小麦品种红良 4 号、红良 5 号，水稻品种红星 1 号、2 号、3 号，京红 2 号、3 号，无籽西瓜，水插玫瑰。独特产品有西红门镇"心里美萝卜"、瀛海乡"五色韭"、鹿圈乡"玫瑰香葡萄"、太和乡"北京酥梨"。优质蔬果有核桃纹大白菜、佳粉一号番茄、京丰一号洋白菜、津研 4 号黄瓜、之豇 228-2 豇豆、樱桃番茄、袖珍水果黄瓜、彩色甜椒。

2. **奶牛业** 农场奶牛养殖业始于 1951 年，从 20 多头老残奶牛开始，发展到 1965 年，已有奶牛 4297 头，十几年间，主要是人工挤奶。美国专家阳早、寒春夫妇二人自 1972 年起来到南郊农场工作，其间，陪同南郊农场干部到美国参观学习，并共同研制新型挤奶机。1979 年，南郊农场投资 30 万元在德茂牛场试制电脉动式管道成套设备，实现了管道自动洗涤消毒及奶罐的自动冷却，这项科研成果在当时居国内领先地位。1986 年，在规范化牛场建设中，农场又开发出了可用于生产计划、基础数据、牛群档案、定额奖惩、系统初始化、报表、饲料、财务、维护和数据信息查询 10 个方面的"现代化牛场管理功能的电脑管理系统软件",并在 10 个国营牛场和 27 个集体牛场应用。通过规范化牛场的建设,1998 年,农场奶牛总数超过万头,成为全国奶牛头数、产奶量最高的农场,其鲜奶产量占北京市的五分之一以上。

3. **养猪业**　为向首都市民提供优质猪肉,从 1953 年开始,农场技术人员利用巴克夏、苏联大白猪等引进种猪与本地饲养的黑猪进行杂交,经过选育和多年培育,于 20 世纪 50 年代末期形成了新的品系"北京花猪"。进入 80 年代后,人们对猪肉的需求由脂肪型转向瘦肉型,为此,农场科技人员与市农场局、北京农大联合协作,于 1987 年 12 月成功培育出北京花猪"瘦肉型母本猪",之后又选育出"北京花猪Ⅱ系",每年可向北京市场供应瘦肉型商品猪 2 万头。

4. **淡水鱼生产**　1954 年以前,农场没有渔场,渔业生产以河流及坑塘里的野生鱼、虾、河蟹等捕捞为主,产量很低,折合亩产不过十几公斤。1955 年农场成立水产研究所后,对自然河流、沟渠、坑塘进行改建,1963 年已有 70 多个比较规范的孵化专用小鱼池,有大泡子、大有庄两个渔场。通过鱼苗自繁自养试验,成功地解决了几种家鱼人工繁殖成活率低的难题,农场年可生产鲤鱼、鲂鱼、鲢鱼、草鱼等各种鱼苗 240 万尾,生产水花纹鱼 6000 多万尾。1990 年,水产公司推行在渔场里建鸭房、鸡舍、猪圈和豆制品厂,用鸡鸭猪粪便、豆制品、泔水喂鱼和肥水,采用这种方式喂出的鱼不仅鱼大肉鲜,且实现了"一次投饵、两次收益"的双赢效果。鱼品种也在"鲤鲫鲢"上又新添"鲂草鳜",年总产量 420.6 万公斤,占北京市场的十分之一。

5. **家禽生产**　经过 20 多年的创业发展,到 1988 年,农场鸡场已由 3 个发展到 16 个,年产量由 7 万多只提高到 62 万只、产蛋 439 万公斤,市场供应量占到 10%。鸭场由 2 个发展到 221 个,年存栏肉鸭由 1.4 万只增加到 87.6 万只,产蛋 84.7 万公斤,闻名世界的北京烤鸭的鸭胚就是由此提供的。

6. **工业**　从 1949 年建场初期至 1958 年场社合并,南郊农场主要以农业、畜牧业为主,仅有副业性质的小规模粉房 4 座,有职工和季节工 50 余人,根本没有工业。直到 1958 年 9 月成立红星人民公社后,农场才开始兴建工业企业。从 1958 年下半年起至场乡体制改革,40 年间,农场的工业发展主要经历了三个时期:兴办工业初期(1958—1978年),快速发展时期(1979—1989 年),鼎盛时期(1990—1998 年)。农场于 1958 年 6 月成立工副业组,年底建起各种小型工厂 46 个,生产的主要产品有淀粉、饴糖、酱油、制酒、粉丝粉条、蘑菇罐头、加工粮食、烧制青红砖和水泥等。到 1998 年年底,农场共有830 多个大小企业,生产各类产品 2 万多种,有 30 类产品获得国家、部级、市级优秀产品称号,28 项专利产品得到国家批准。自 1995 年以来,农场工业总产值均保持在 14 亿元以上，其中 22 项新技术、新产品年创利润 855 万元以上。

二、后农场时期（1999—2018 年）

场乡体制改革后，南郊农场经过近 20 年的发展，已成为北京都市农业的重要基地和窗口，拥有跨越房山、丰台、大兴三个行政区的 34 家企业，共有土地 2005.9 公顷，在岗职工 2500 余人，资产总额 71 亿元，赋有"大南郊"之誉的跨区型国有农场，使科技之花绽放，再现了农场辉煌。

1. **三个都市型农庄**　位于丰台区永定河畔的首农·紫谷伊甸园建于 2013 年，占地 360 公顷，是一处以休闲体验为主体的园林式新庄园，设有薰衣草花卉观光园、家庭体验园和林下休闲园，截至 2018 年年底，园区累计接待游客超过 121 万人次。位于大兴区中轴路南的红星集体农庄建于 2006 年，占地 100 公顷，是一处距都市中心最近，具有厚重红色文化底蕴，集观光、体验、休闲、科教于一体，风景秀丽的都市生态庄园。位于房山区的长阳绿色生态庄园建于 2008 年，占地 30 公顷，是一处以观光采摘为主的景观型庄园。

2. **快餐食品**　北京辛普劳食品加工有限公司是国内最早的大型薯条加工中美合资公司，专供麦当劳薯条、薯饼，年产值 5 亿元。辛普劳拥有年加工原料薯 6 万吨的生产线和分布在内蒙古锡林浩特、乌海及河北省坝上等地区的 1.2 万亩马铃薯生产基地。

北京百麦是国内生产冷冻派食品的中美合资公司，主要产品有苹果派、菠萝派、香芋派、红豆派，是麦当劳的专供商，年产值 5 亿元。生产的其他产品有各种冷冻面团、起酥派、比萨饼面坯和蛋糕。

3. **工业产品**　红星广厦化工建材公司"程斌创新工作室"自 2010 年创办以来，先后开发、研制出了 4 大类共计 16 个品种的新产品，包括无机纳米纺织浆料系列产品，用于防腐材料、焊条、保温等行业的高纯硅酸钾系列、高纯硅酸锂系列，以及用于水泥硬化的新型无机地面硬化产品和彩色水泥硬化剂、补缝黏结剂。红星广厦建筑涂料公司"刁艳燕创新工作室"有自主开发的老牌泡花碱系列产品透明泡花碱、改性泡花碱、速溶泡花碱、硅溶胶一代到三代等十几个产品系列，有 2012 年研制成功的环保低成本、双组分外墙柔性腻子系列新产品和 2013 年开发出的双组分膨胀聚苯板薄抹灰外墙外保温系统。北京德茂线材有限公司生产的"盘龙牌"系列产品（压力环、铜绞线、高效节能直冷式紫铜锻造铜瓦、水冷电缆、水冷补偿器、空冷补偿器）由工程师王宏志等人研发，于 2009 年获得国家实用新型专利。

4. 仓储物流业 仓储物流业是农场的四大主导产业之一，该产业依靠土地、房产资源，依托区位、交通优势，强化管理创新、技术创新，将五环顺通物流中心、红星冷冻公司、红星光源材料厂3家企业的冷藏产品做强做大。通过2005—2008年设施设备的技术改造，提升了冷藏产品的保存质量，完善了服务管理体系，已由最初的干货储存发展为常温储存、恒温储存、低温冷藏储存并举，外包服务、配套停车场等功能齐全，具有较强实力的仓储物流产业链。截至2018年年底，农场普通库房面积已达到156923平方米，冷冻库房面积25750平方米，有各类冷藏运输车19辆、协作车200余辆，从业人员249人，城市配送业务覆盖上千家门店，全国冷链委托运输业务覆盖全国。

南郊农场所辖企业标识

第四节 科委与科协

一、科学技术委员会

1. **职责** 南郊农场科学技术委员会负责领导和管理全场科技工作，其主要职责是贯彻落实国家关于科技工作的法律、法规、规章和政策，组织拟订农场科技发展中长期规划、年度计划并组织实施，会同有关部门对科技重大项目的实施进行方案论证、阶段督察和项目验收，负责科研成果的评定，科技人员的培训、职称晋级以及农场科技创新、科技服务体系建设等。

2. **机构** 农场科学技术委员会成立于1995年8月，由机关职能部门、下属相关企业的领导及科技人员组成。科学技术委员会每五年换届一次，明确规定：科学技术委员会主任由场长或党委书记级别的领导干部担任；秘书长由科技主管部门负责人兼任。科学技术委员会设办公室和科学技术成果评审委员会。

二、农场科学技术协会

农场科学技术协会是农场科技工作者的群众组织，建于1989年1月，郭实一当选主席。协会设立畜牧、水产、农机、工业、种植业（有大田、蔬菜、果树、植保学组）5个学科分会，拥有大中专学历会员2000多人，1996年1月划归农场科委建制。

场乡体制改革后，1999年3月，农场重新组建科学技术协会，主席是场长孔繁龙，设立了农学、植保、奶牛、食品、化工5个学科分会，拥有大中专以上学历会员259人，占职工总数的26.6％。

2005年换届选出的第三届农场科学技术协会委员会由11人组成，主席是高级农艺师、场长管建国，副主席是党委书记王发兴，秘书长由科委秘书长李卓平兼任。农场科学技术协会下设农学、食品、化工建材、物管物流4个专业学会，下辖18个企业作为科协分会，其中包括国有企业7个、股份制公司7个、中外合资公司4个。

三、主要业绩

成功申报国家级星火技术密集区。1995年农场科学技术委员会成立后，农场主管科技工作的副场长董雁军做的第一件事就是争取国家科学技术委员会在全国建立100家"国家级星火技术密集区"的星火科技项目，并于1996年5月8日获得批准。农场党委决定将每年的5月8日定为农场科技宣传日。经过3年的项目实施，农场共融资9.67亿元，其中自筹7.22亿元、银行贷款2.45亿元，建成了年可实现产值41.7亿元、创利税5.84亿元，包含农业、化工、机电、汽车、建材、食品加工六大产业的支柱产业群。1999年2月，经专家验收组实地考察，农场通过验收并被授予国家级星火技术密集区牌匾。

"七五"以来，农场组织实施了20项国家、部、市级重点科技项目计划。1995—2008年，共得到科技项目资金扶持680万元、科技贷款贴息1000多万元。

2005年，农场举办了"创新杯"科技征文演讲活动，历时4个月，有18家企业参加，共收到论文57篇。从中选出参加演讲的选手19人，2人获得一等奖、3人获得二等奖、5人获得三等奖。2006—2008年，农场科学技术委员会共收到科技论文181篇，从中评选出优秀科技论文 139 篇，其中一等奖 21 篇、二等奖 33 篇、三等奖 44 篇、优秀奖 41 篇。农场科学技术委员会将一等奖中的 19 篇论文选送到集团公司、北京市科学技术协会参评，其中 1 篇获得北京市科学技术协会颁发的优秀科技论文奖，8 篇获得集团公司优秀科技论文奖。

1990—2008 年，农场共有 25 名科技人员获得市科协颁发的荣誉称号。2006—2010 年，农场科学技术委员会连续 5 年在元宵节前夕举办科技人员联谊会。2008 年，农场科学技术委员会与人力资源部、团委联合举办了"农场企业理念演讲"和"科技创新主题论坛"，两次大型活动共有中青年知识分子 136 人次参加。

2006 年，农场科学技术委员会通过全国发行的市科委刊物《科技潮》，在 8—10 月连续三期刊登了"农垦战线的科技之星南郊农场"。2009 年，农场科学技术委员会组织全场 15 家企业制作了企业宣传 PPT。

2007 年 10 月 25 日，北京市科学技术协会在北京青云航空仪表有限公司对待定建立市级"科技工作者之家"的 6 家单位进行评议。通过建家汇报、答辩，南郊农场成为市科学技术协会在首农集团建立的市级"科技工作者之家"，农场科学技术协会将活动场所设在了红星集体农庄，2008 年 6 月被评为"先进科技工作者之家"。

2009 年 3 月，农场科学技术委员会、农管中心参加北京市科学技术委员会、科学技术协会组织的评选北京市 2009 年度科普基地活动，经专家组评审，南郊农场红星集体农庄阳光体验园被选为北京市科普教育基地，并于 6 月 25 日在北京市奥运村科普教育园区命名仪式上授牌。

第二章 教 育

第一节 学前教育

一、概况

1955年春，红星集体农庄为了鼓励更多的妇女下地劳动，决定办托儿所，以发动妇女参加生产。当年，全庄正式组织起6个托儿所，由7个保育员看管28个孩子，共腾出23个妈妈下地劳动，使农庄顺利完成了春播任务。托儿所还为年老、体弱的妇女找到了参加社会劳动的门路。到1984年，红星区托、幼园共计166所，在园幼儿共计3729人，其中，三岁以下1302人（一岁半以下366人）、三岁以上2427人。后厂办托幼机构陆续停办。

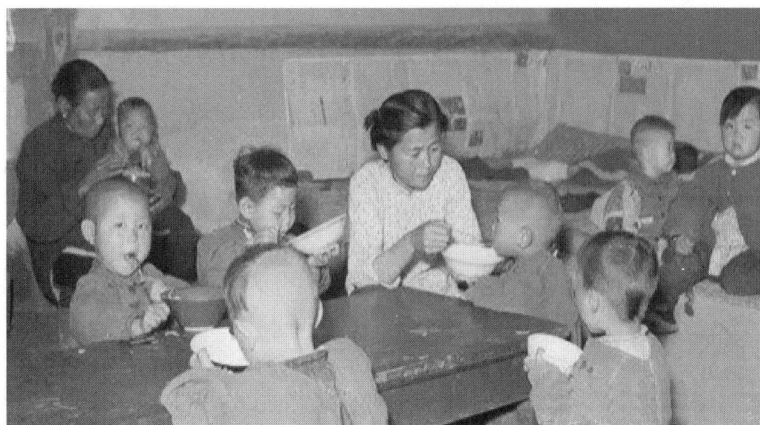

红星集体农庄托儿所

二、幼儿园选介

（一）德茂幼儿园

德茂幼儿园的前身是牛奶公司幼儿园，始建于1976年，地址在原牛奶公司后院。幼儿园建有13间平房，建筑面积840平方米，可看护100名幼儿，分设托儿班和大、中、小班。1983 年，公司党委开始为幼儿园筹建楼房，占地面积 4282 平方米，园内设有教学楼、运动场、花园及食堂，1986 年 4 月竣工投入使用，总投资 65 万元。幼儿园绿化面积 3285.5 平方米，绿化覆盖率 90%，栽培着多种观赏树和花卉，四季常青、三季有花，已成为一个花园式的幼儿园。该幼儿园现由德茂物业管理。

德茂幼儿园

1983 年 9 月，幼儿园招收内部职工子女 14 人，到三营门丰台幼儿师范学校进行代培，1986 年 7 月毕业，幼儿园师资水平得到较大提高。牛奶公司每年拨款十几万元补贴幼儿园。

幼儿园除招收本公司职工子女外，也向社会开放，解决了农场部分单位幼儿入托难的问题。

德茂幼儿园现有幼儿 350 人，有教学班级 10 个，其中，小班 4 个、中班 3 个、大班 3 个，全园有教职工 38 人。

教职工中，有本科学历的有 5 人，有大专学历的有 11 人；有高级教师 2 人、一级教师 6 人、二级教师 7 人。

德茂幼儿园的办园理念为：以德育教育、文化教育为引领，保教结合为中心，共筑家园共育桥梁，促幼儿达到德、智、体、美全面健康快乐发展。

每年"六一"儿童节、教师节期间，农场和工会领导都会来园慰问，送来礼物和慰问金。

（二）红星幼儿园

红星幼儿园成立于 1987 年，占地面积 4150 平方米，现有幼儿 336 名，教学班级 9 个，其中大班 1 个、中班 3 个、小班 4 个、托班 1 个，有教职工 39 人。幼儿园现由德茂物业管理。

红星幼儿园教职工中，本科学历的有 13 人，大专学历的有 7 人，中专学历的有 4 人；

有高级教师职称1人、一级教师8人、二级教师6人。

红星幼儿园办园理念为：创造机会，营造氛围，搭建平台，助推每一名幼儿健康快乐地成长。以解放思想、转变观念、外树形象、内抓质量为重点，以实施幼儿园新课改为契机，积极投身课程改革，不断加强幼儿园管理，提高师资整体水平，全面提高办园质量。

红星幼儿园

第二节　中 小 学

一、概况

据史料记载，早在清光绪七年（1881），鹿圈村后土庙（原鹿圈小学校址）就创建了"鹿圈义塾"，光绪八年（1882）又创建了西红门义学两所，这是最早出现在红星这块土地上的教育机构。

"文化大革命"前，农场（公社）设文教组，管理本地区内的小学校，组长为于长荣。"文化大革命"后，中小学全归文教组管理，组长有周鸿勋、杨甫堂等，后改为教育科，首任科长是房焕章。

1985年6月，红星区教育科改为红星区教委会，首任主任由时任红星区区长的马利生兼任。袁晓任区教委副主任兼区教委办公室主任，该办公室为红星区职能科室，主管全区的中小学全面工作。

到1958年红星地区从南苑区划归大兴县时，有初中校4所（红星、鹿圈、西红门、四海中学）、小学15所。到红星区建立时，已有12所初中校（旧宫中学保留高中部）和8个乡中心校以及四分场小学、德茂小学。全区共有学生10000多名、教师1000余名。这些学校在 1998 年年底随场乡体制改革划归大兴县。

1990 年大兴县（红星区域）中学情况如表 6-1 所示。

表 6-1 1990 年大兴县（红星区域）中学情况

校 名	建校时间	建筑面积（平方米）	在校生人数（人）	教职工数（人）	校 训
旧宫中学	1967.11	5137	592	105	爱校守纪进取成材
鹿圈中学	1956	2296	304	60	勤奋守纪文明健康
亦庄中学	1972	1539	238	44	尊重勤奋求实创新
金星中学	1958.8	1804	129	43	活泼理智理想进取
红星中学	1955	2336	274	51	严谨求实团结奋进
德茂中学	1970.2	2857	174	33	勤奋学习尊师爱校 团结互助遵纪守法
四海中学	1956.7	2133	142	34	正直有爱进取求实
太和中学	1968	1522	175	35	团结奋进求实创新
西红门中学	1956.6	2668	375	54	团结勤奋文明进取
孙村中学	1969.7	3101	289	55	诚实谦虚文明奋进

1985 年 6 月，红星区教育委员会成立

1953 年 9 月，红星集体农庄小学孩子们上课的情景

二、小学选介

（一）四分场小学

四分场小学原是红星区旧宫小学分校，校址在四分场路南，1968 年改为"四分场小学"，当时有学生 200 余人，1～5 年级共 5 个教学班，有教职工 10 人。

1971 年，校址由四分场路南迁至路北。1973 年 10 月，学校划归畜牧分场管理。1978 年 1 月 4 日，学校被定为县级重点小学。1985 年 11 月，划为红星区教育组直属。1987 年，恢复了县直属关系。1989 年划归旧宫乡管理，但仍享有县直属待遇。

自建校以来，学校广泛开展多种多样的教育教学活动，在教学改革方面勇于探索、不断创新，多次受到市、县的表彰。1976 年 4 月，日本参观团到校参观并观摩了音乐课。1979 年，学校统考成绩居全县第一。1982 年，开展青少年科技活动，受到市教育局和市科学技术协会的表彰，并被评为大兴县先进单位。1985 年 5 月，获北京市《少年科普报》智力杯竞赛第二名；同年 6 月，获大兴县文艺汇演合唱第一名，并参加了市优秀节目调演。

1990 年，学校 1～6 年级有 11 个教学班，在校生 361 人。有教职工 38 人，其中专职教师 25 人。在这些教师中，25 人为中专学历、13 人为初中学历；有 2 人为中学高级职称，11 人为小学高级职称，13 人为一级，6 人为二级。该校校训为：团结、进步、修德、立志。校长为倪化琛。

（二）西红门中心小学

西红门乡原有南、中、北三所小学，皆为破庙改建而成。1979 年，乡政府拨地 10 亩，新建校舍 67 间，称西红门中心校，当时 1～6 年级学生共有 1050 人、教职工 53 人。同年，创办校办工厂，学校的教学条件、校容校貌得到彻底改善。西红门中心校花木成行、绿树成荫，仿古角亭与长廊、办公室与少年宫交相衬映，校园内充满欢快、温馨、和谐的气氛，1989 年，该校被评定为市级花园式学校。北京电视台曾来校录像，并在教师节期间播放，《北京晚报》也刊登了学校的情况和照片。

历年来，学校重视学生课外兴趣小组活动的开展，并取得了可喜成绩：有 2 名学生获北京市美术作品二、三等奖。1985 年，在北京市中、小学田径传统项目短跑跨栏比赛中，获小组总分第二名。1986 年，被北京市命名为田径传统学校；同年，获北京市千只雏鹰奖比赛总分第一名。1987 年，被评定为国家体育标准传统学校；同年，3 名学生参加北京市小学田径运动会，获得三块金牌、一块银牌。1990 年，被北京市认定为"小足球试点校"，副市长黄超到校视察并题词留念。全国人大代表、市委党校干部、民进中央、少数民族代表团、市民委、市体委、美国留学生、东德教育代表团，先后到西红门中心校参观。

学校采取"走出去，请进来"的办法，努力提高教师的业务素质，积极鼓励教师进行教学改革研究。自 1984 年开始，在一年级进行"注音识字、提前读写""小学生能力的发展与培养"两项实验。到 1990 年，参加实验的班级达 7 个。该校在教育教学上，注重学生的德、智、体全面发展，成绩显著，曾多次受到市、县的表彰。

1990 年，学校 6 个年级发展到 29 个班，有在校学生 1032 人、教职工 85 人。该校校训为：文明、奋进、团结、活泼。校长为韩启庭。

（三）旧宫中心小学

旧宫中心小学的前身是私塾，建于 1945 年，由高峰山创办，聘请张道文为私塾先生，有学生十几人，校址在旧宫北小庙。

1945 年抗战胜利后，建立了小学，校名为保国民小学。1948 年，学生发展到 158 人。1949 年，更名为旧宫小学，有 3 个教学班、2 名教师、1 名事务员，校长倪树康。1951—1953 年，发展到 8 个班，有学生 320 人、教职工 14 人。1954—1958 年为南苑区第八中心小学，下辖庑殿完小和南场、集贤两个初小。1958 年划归大兴县管辖。1977 年迁至村南新校址，更名为旧宫中心小学。

学校重视少先队工作，1986—1989 年，连续获北京市"红五月歌咏比赛"先进集体奖。1989 年，少先队获市级"星星火炬"先进集体称号。1990 年，获《北京市未成年人保护条例》智力竞赛先进集体。

1990 年，旧宫中心小学下辖三个完小、一个初小，有 43 个教学班，共有学生 1150 人、教职工 103 人。该校校训为：文明，奋进，团结、活泼。校长为李德义。

三、中学选介

（一）红星中学

1952 年，南郊南海子南边的姜家场村成立红星集体农庄，接着建立红星小学。1955 年，在红星小学的基础上设立了 2 个初中班。1958 年，初中已有 6 个班（初一至初三）。自此，中小学开始分家，红星中学正式成立。红星小学校长安云霞主管中学，红星小学主任黄风池主管小学，但中小学仍在一个大院里。

1958—1963 年，红星中学的初中毕业生可以参加统考。每年毕业两个班，90 名学生中有 80 多名都考上了区、市的高中和中专。

1963—1966 年"文化大革命"开始前，政府规定农村中学毕业生主要为农村服务，学校的任务是培养为农村服务的人才。因此，学生只能报考黄村一中和师范学校，升学率降低，就业率增加。

1972 年，红星中学开始增设高中，到 1980 年，中学共有 20 个班。

（二）德茂中学

德茂中学位于大兴旧宫镇德茂庄，1970 年建初级中学，1993 年设职业高中班。校园占地面积 2.7 万平方米，建筑面积 9000 平方米，建有教学试验楼、学生宿舍楼，设有试验室、计算机房、语音室、图书馆、阅览室等，图书馆藏书 2.5 万册。学校有 27 个教学班，其中 14 个初中班、13 个专业职高班，在校学生 1121 人。有教职工 126 人，其中教师 94 人，大学本科学历占 43%，有 4 人有高级技术职称，教师合格率 100%。

建校初期，德茂中学只有 6 个教学班，学生不足 200 名，教职工仅 30 余名。校舍为十几间平房，属于农村基础薄弱初中校。为使学校各方面工作有较快发展，学校提出了"既要抓学生学习又要抓学生特长的培养，两手都要抓都要硬"的原则，并对领导班子成员及全体教职工提出明确要求：必须忠诚党的教育事业，严格按党的教育方针去培养学生，使学生德智体美劳各方面得到全面发展，全面提高学生的素质，使学校各方面工作步入大兴县先进行列。

1989 年，将在农场文化站工作的有音乐特长的于瑶调入德茂中学工作；10 月，组建了一支 60 人的校合唱队；11 月，获得县中小学合唱节三等奖，并获市先进集体奖。

从 1991 年始，开办民族乐器特长班，开设笙、笛、琵琶、二胡、唢呐等 8 种乐器课，聘请中央民族乐团演奏家任教，共培养合格加特长的初中毕业生 128 人。1993 年，学校被评为北京市艺术传统校；1996 年，获大兴县普通系统"全面育人，办有特色"学校和"教育效益先进单位"称号。

多年来，德茂中学在全面落实素质教育中取得了突出成绩，中考成绩连续多年在全区名列前茅，学校也连续多年获区教育教学办学效益一等奖，并先后获得大兴区实施素质教育先进校、大兴区中学教育示范校、北京市群众体育活动先进校、北京市文明礼仪示范校、北京市中学民乐艺术教育传统校、北京市初中工程建设先进校、北京市美育学会会员校等，受到了社会的广泛赞誉。同时，作为北京市艺术教育传统校，学校曾多次在市、区级艺术节及合唱节上荣获一、二等奖。学校民乐团的 8 名团员曾随江泽民主席参加庆祝香港回归五周年大型庆典。

（三）旧宫中学

旧宫中学原名东方红中学，建于 1967 年，校址在四分场北侧。该校是一所农村初级中学，当时招收 400 名新生，共 8 个教学班，有教职工 11 人。1973 年成为完全中学，"文化大革命"结束后改为旧宫中学。1978 年，被评定为大兴县重点中学之一。1990 年，学校有 6 个年级、18 个教学班，学生总数 592 人。有教职工 105 人，其中专任教师 79 人。在这些教师中，19 人有大学本科学历、37 人为大专学历、18 人为中专学历、5 人为高中学历。校训为：爱校、守纪、进取、成材。校长为王运平。

学校占地面积 26510 平方米，建筑面积 5137 平方米，有普通教室 36 个、专用教室 4 个，还有物理、化学实验室，电化教育室，阅览室，图书馆，教师家属宿舍，有教学仪器 2175 件，图书 14596 册。

旧宫中学重视培养学生德、智、体、美、劳全面发展。1970—1972 年被评定为对外开放单位，常有外宾参观。1974—1978 年，分别获北京市远郊县中学生女排第四、第三、第一名。1976—1977 年，获北京市远郊县中学生篮球赛第二、第三名。1978 年，有 4 名高中学生参加市高中各科知识竞赛，均获优秀奖。1990 年，获北京市远郊县中学生男子足球赛第三名、男子篮球赛第四名。学校的合唱团连续 9 年获市、县比赛第一名及先进单位称号。

1987 年，旧宫中学与旧宫乡、北京旅游车厂联合办起职业高中班，设汽车制造专业，招收学生 144 人，分 3 个教学班。1989 年，职高学生在北京市农村职高小发明、小论文比赛中共获奖 11 项，刘宝林老师被评为北方 11 省市农村职高科技小发明、小论文比赛园丁奖。

到 1990 年，旧宫中学共培养初中毕业生 2000 余人、高中毕业生 1300 余人、职业高中毕业生 47 人。该校曾 15 次获市、县级集体荣誉称号，该校教师有 24 人次获市、县级个人奖。

第三节　成人教育

一、概况

南郊农场的成人教育事业开始于 1973—1974 年，当时的各单位普遍建起了一元化领导的"五七农民政治学校"，以理论辅导员、宣传员等"八大员"为主，组织群众开展思想政治教育和群众文化活动。

1980 年 9 月，农场成立科教科，统筹管理全场科技研究、应用及职工教育。为了全面贯彻上级下达的"青工初高中文化补课"任务，农场又专门成立了工农教育科，几年中，完成了全场上下几万名青工补课的任务，后改名职工教育科，1986 年年初又改称成人教育科。直到 1988 年 4 月，成人教育科撤销，业务工作转至农场宣传部。

二、学校选介

（一）南郊农场职工中等专业学校

1975 年 5 月 26 日，南郊农场按照毛主席的"五七指示"，创办了"红星五七农民大学"，尹士清任校长，校址在科技站，有学员 150 名，学制为全脱产两年，设置了专业政治理论和农业技术两个班。政治理论班设中共党史、哲学、政治经济学、国际共运史等课程，以北京外贸学院政研室教授为师资；农业技术班设作物栽培学、植物保护学、土壤学、育种学等课程，以农场全体农艺师为师资。学校以"延安抗大"为榜样，以"团结紧张、严肃活泼"为校训，每逢"三夏""三秋"，都放假一个月，组织学员深入第一线实习，搞调研，返校后每个人都要写实习总结和调研报告。课余时间还组织写诗、踢球、看电影、办广播、画板报等活动。中共北京市委曾听取校长汇报办学情况，新华社社长吴冷西、美国专家阳早曾到校参观访问。1971 年 7 月，150 名学员全部以优异的成绩毕业，大多数毕业生充实到基层，挑起重担，出类拔萃的调入农场科技科或留校任职。

1977 年年底，"五七大学"第二期理论班和农技班开学，学员共 62 名，校址迁到了三海子。1979 年 8 月，学校改名南郊农场职工学校，校址迁回科技站，王大龙任校长。

1980 年 9 月，农场批准了职工学校关于开展"中专技术培训"的请示，设置了医师、中医、兽医、农学、蔬菜 5 个专业，学制两年半，面向社会招生，按考试成绩录取了 300 多名学员。1981 年 5 月，学校被命名为南郊农场职工中等专业学校。农场积极争取北京市成人教育局的支持，经严格审查考核，于 1983 年 6 月正式批准为国家承认学历的职工中等专业学校。1983 年 7 月，5 个专业的 300 多名学员经严格考试合格毕业，成为农场第一批获得国家正式中专学历的毕业生。随后，学校又根据农场需要，办起了多个财会专业班。

1985 年 5 月，农场党委决定将农场党校并入职工中专，学校设党总支，调任昊天为校长兼党总支书记。学校进一步拓宽办学思路，创办了两期（共 91 人）党政干部专修班，陆续开办了工业经济管理、农业经济管理、乡镇企业管理、农机管理、建筑工程管理、实用美术、电子技术和文秘等专业班，还为市农场局代培了统计专业班。1989 年，配置了计算机教室，学校专业最多曾达到 11 个，有校舍、教室 50 多间，设有专用的图书室、广播室和文体活动室等，具有高、中级专业技术职称的教职员工达 52 人。

1978 年改革开放后，国家教育事业迅猛发展，高中和大学教育逐渐普及，农场承接的成人教育工作逐渐减少。1994 年 9 月，农场将职工中专教职工缩编为 9 人，校址迁往招待所，并与各乡镇联办 6 个分校，同时面向社会办计算机考证班。1999 年 11 月 17 日，北京市教委宣布撤销南郊农场职工中专学校，其在校学生及部分教师职工并入北京市农工商联合总公司职工大学。

在南郊农场 25 年的成人教育办学历史中，共培养了非学历毕业生 252 人、中专学历毕业生 1123 人。

南郊农场职工中等专业学校

（二）北京市农工商联合总公司职工大学

20 世纪 80 年代初，总公司成立了干校、党校，设在南郊农场的旧宫分场，主要承办各类干部培训班，也承担一部分"双补"任务。为满足总公司对高层次管理干部的迫切需求，总公司党委决定创办本系统的职工大学。1980 年 10 月 9 日，经市政府农林办公室批准成立"北京市国营农场管理局干部学校"；1984 年 7 月 11 日，经市政府批准成立"北京市农工商联合总公司职工大学。"

1985 年，总公司投资建设职工大学新址，校址设在南郊农场和义农场，占地面积约30 亩，建成一座由办公楼、宿舍楼和教学楼组成的新校舍，配有食堂、浴室等生活设施，建筑面积约 7200 平方米。1992 年，投资建设语音教室；1995 年，建立计算机教室；图书馆藏书 30000 余册，电视、录像机等电化教学设备俱全。学校还具备一支热爱成人教育事业、精通专业的教师队伍，有专职教师 25 名，基本满足了职工大学、党校、干校等各方面教育培训的教学需要。

职工大学电教室

1992 年 4 月 4 日，总公司成立政策研究室，总经济师李仕雄兼任政研室主任；成立教育处，与总公司职大合署办公。7 月 20 日，总公司党委批准在总公司职工大学开办内部大专班。

1995 年，总公司职工大学被中共北京市农村工作委员会和北京市人民政府农林办公室授予"先进成人学校"称号。

1. **大学专科教育**　1983 年，总公司从本系统的一线干部中招收学生，开办了第一届大学专科班。这届大专班分为财会、企管、园艺、畜牧、农经 5 个专业，共 198 名学员，以脱产学习为主，为各级企业输送管理人才。"七五"后期，学校应农业部的要求，还为全国农垦系统的其他垦区培养人才。到 1990 年，培养了农经、财会、企管、园艺、畜牧、农学、乳品、畜禽等专业的 669 名大学专科毕业生。

进入 20 世纪 90 年代，职工大学党委提出学校的办学方向为"面向企业，服务企业"。1992 年，与顺义县成人教育局、市畜牧局、农机局等单位开展校外联合办学，扩大了招生规模，丰富了生源，也提高了职工大学的声誉。1991—1995 年，职工大学共培养大专生 477 人。

2. **大学本科教育**　总公司职工大学既是职工大学又是总公司的党校和干校。1994 年，总公司职工大学以党校的名义，利用自有的师资和条件，与北京市委党校函授走读部（后为成人教育学院）联合开办了大学专科升大学本科的学历教育，主要面向企业的领导干部。到 1995 年，已开办行政管理和经济管理 2 个专业，共招生 149 人，各农场、公司不具备本科学历的中青年场、处级干部都参加了学习。这类班的开办，极大缓解了企业对高层次管理人才的急需，它与原有的中专、大专教育接轨，形成了较为完善的成人教育体系。2012年市委党校本科学历教育停止招生。从1994年开办至2012年停办，18年来，共毕业学生近2000人。

3. 中等学历教育 北京市人民政府（1985年）厅秘字第083号文件批准总公司职工大学附设职工中专部，北京市农业广播学校和电视中专学校也先后在职工大学设立工作站。1987年，总公司决定将原宣教处承办的一部分中专学历教育移交职工大学中专部；1995年12月8日，职工大学中专部升级为总公司"职工中等专业学校"。截至1995年年底，中专部开设了农场企业管理、乳品加工工艺、淡水养鱼、果树栽培、畜牧、工业会计、工业统计、国营农场会计等专业，毕业生达1435人，这些学员主要分布在系统内各个农场和企业中。

各农场职工学校主要开展中等学历教育。它们挂靠在职工大学中专部的名下，在中专部的统一指导下办学，并按北京市主管部门的要求进行检查、监督和统考、抽考，实行严格的管理制度，保证了教育教学质量。

2012年，北京市委党校成人学历教育停止招生。4月17日，职工大学召开教职员工大会，宣布正式并入南郊农场。2013年10月，原职工大学与和义农场从原办公地址搬到和义公园新址。2014年1月，原职工大学改扩建工程启动，2015年4月破土动工，2018年秋竣工。

由原职工大学改造的和义科技文化产业园

职工大学历任领导为：

李洪春，1981年7月—1984年4月，任党委书记。

郭方，1984年4月，兼任校长。

朱锡录，1997年9月，任党委书记兼常务副校长。

黄明松，1999年1月，主持党委及行政工作。

张宇，2008年6月，主持党校和职工培训中心工作。

程藏，2012年8月，任校长。

第三章　医疗卫生

红星地区（农场）第一家医疗卫生机构为金星卫生院，成立于1953年，随后，又先后成立了旧宫卫生院、孙村卫生院、西红门卫生院、鹿圈卫生院、亦庄卫生院、瀛海卫生院、太和卫生院和红星医院，共9家，总建筑面积25980平方米，职工总数397人，有床位531张。1998年场乡体制改革，8个乡镇卫生院划归大兴县，当时8个乡镇卫生院共占地31.24亩。2003年7月，红星医院整建制划归大兴区。

另外，多数企业及农村生产队也建有卫生室或合作医疗站。

第一节　领导机构

1954年10月—1956年12月，南郊农场场部设医务室。

1958年9月—1959年3月，南郊农场（红星人民公社）管委设文教卫生部。

1959年3月—1959年6月，南郊农场（公社）管委设福利卫生部。

1959年6月—1962年1月，南郊农场（公社）管委设福利卫生科。

1972年10月—1980年10月，南郊农场（公社）机关设卫生组。

1980年10月—1983年5月，南郊农场（公社）机关设文教卫生科，科长果锐。

1983年5月—1989年12月，南郊农场（红星区）机关设卫生科，科长李长惠。

1989年12月—1999年6月，赵连仲任卫生科科长。

第二节　红星医院

红星医院的前身为南苑区门诊部。1958年9月，南苑区一部分划归大兴县，南苑区门诊部迁至瀛海乡三槐堂村西，建立红星人民公社医院。医院初建时，占平房18间，设内科、外科、妇科等。1959年增建平房22间，添置显微镜1台，北京协和医院支援X线机1台。1961年，医院迁至忠兴庄村，占用一幢楼房的四分之三。1968年，添置X线机1台。1970年，建成手术室。1975年，县卫生局拨给医院救护车1辆。1975年，南郊农场拨款 76 万元，建成门诊、病房综合楼，设病床 100 张。1983 年，添置 X 线机 1 台。1985 年，添置 B 型超声波诊断仪 1 台，与国家体育运动委员会训练中心联合办康复住院部，增加病床 100 张。1987 年，改称红星医院（又称南郊农场医院）。1989 年，农场拨款 11.5 万元，添置荷兰制超声心动仪 1 台。1990 年，与北京同仁医院建立合作关系，当时有工作人员 184 人，其中卫生技术人员 125 人，医院固定资产总值 125 万元，病床 200 张。建筑面积 6031.49 平方米。1995 年医院建筑面积扩大至 9519.96 平方米，人员总数 160 人，其中卫生技术人员 125 人，开设内科、外科、妇产科、眼科。2000 年，医院建筑面积 10830 平方米，员工总数 196 人，其中卫生技术人员 153 人，临床科室增设 CT 专业，病床增至 240 张。

2003 年 7 月 23 日，根据北京市政府推进国有企业分离办社会职能的要求，市农委下发京政农发〔2003〕67 号文件，决定将红星医院整建制划转大兴区。

第三节　分场（乡镇）卫生院

一、西红门分场卫生院

西红门分场卫生院的前身是 1957 年建立的西红门卫生所，所址在西红门镇三村，占地面积 200 平方米，建筑面积 150 平方米。1968 年，迁至西红门镇四村，占地面积 3156 平方米，建筑面积 1313 平方米。2000 年，迁至西红门镇二村，占地面积 8800 平方米，建筑面积 8000 平方米。

1991 年，卫生院职工总数 29 人，其中在编职工 25 人、临时工 4 人，设内科、外科、妇产科、中医科、中医骨科、口腔科、放射科、化验等临床医技科室，有病床 20 张。

二、亦庄分场卫生院

亦庄分场卫生院的前身为 1958 年建立的二分场医务室，地址位于亦庄牛场路东，建筑面积 50 平方米，全部为平房。1962 年更名为亦庄医务室，1965 年又更名为亦庄卫生所。1975 年迁至亦庄分场西侧平房，建筑面积 500 平方米，挂牌亦庄乡卫生院，1979 年又扩建 200 平方米。

1991 年，全院有职工 27 人，其中专业技术人员 25 人、中级职称 1 人，设综合门诊、妇科、中医科、肛肠科、骨科、放射科和检验科。

三、旧宫分场卫生院

旧宫分场卫生院的前身为 1953 年建立的南郊农场四分场医务室，位于南郊农场四分场。1958 年改为红星中朝友好人民公社旧宫大队卫生所，1975 年改为红星中朝友好人民公社旧宫卫生院。1991 年，院区占地面积 3708 平方米，建筑面积 1838 平方米。

1991 年，卫生院职工总数 23 人，其中卫生技术人员 22 人，全部为初级职称，当时仅设有内科、外科、中医科、放射科、检验科等科室。

四、瀛海分场卫生院

瀛海分场卫生院的前身为 1970 年创建的瀛海分场卫生所，1987 年迁入瀛海分场三槐堂村村南，占地 200 平方米，共 12 间平房。1996 年迁入 104 国道瀛海段西侧商业楼，占用三层楼房。1998 年更名为大兴县瀛海乡卫生院，占地面积 2500 平方米，建筑面积 1230 平方米，共 30 间平房。

1991 年，全院职工总数 10 人，均为中专以下学历，仅设有综合门诊、口腔科、妇科、防保科等科室。

五、金星分场卫生院

金星分场卫生院建于 1953 年 4 月，前身为公私合营的金星乡诊疗所。1956 年，昌平县大峪乡等 3 个乡的部分居民迁入新建乡，成立新建乡公私合营诊所。1981 年，新建乡改名为新建庄。1984 年，归属红星区金星分场管理，新建庄公私合营诊所并入金星乡诊疗所。1991 年，金星乡诊疗所更名为南郊农场金星分场卫生院，建制 13 人，隶属于红星区金星分场。1997 年，该院被评审为一级合格医院。1998 年，更名为大兴县金星乡卫生院。

1991 年，卫生院院址位于团河路金星庄西侧，占地面积 2600 平方米，建筑面积 2000 平方米。1997 年 11 月，迁入团河路金荣园小区对面，占地面积 2250 平方米，建筑面积 982 平方米。

1991 年，卫生院有初级、中级医师共计 16 人，设内科、外科、妇科、预防保健科、放射科、检验科、心电图室等科室，共有病床 21 张。

六、孙村分场卫生院

孙村分场卫生院建于 1956 年 7 月，前身是孙村乡卫生所，坐落于孙村大队，共有 7 间正房和东西各两间厢房。1965 年更名为孙村卫生所，隶属红星区孙村分场。1973 年更名为孙村卫生院。1975 年 5 月迁入孙村分场西侧新址，占地面积 2500 平方米，建有 380 平方米的平房。1993 年 3 月迁入孙村新风街 8 号，建有 800 平方米的两层单面楼房。1997 年，医院被评审为一级合格医院。

1991 年，全院职工总数 26 人，其中专业技术人员 16 人，大专学历 2 人，设内科、外科、妇科、中医科、牙科、放射科、检验科、心电图室、计划免疫科、妇幼保健科等科室，共有病床 20 张。

七、太和分场卫生院

太和分场卫生院建于 1977 年，位于大兴区瀛海镇四海村南。1991 年，全院职工总数 40 人，设内科、外科、妇科、预防保健站、化验室、药房、X 线等科室，开设瑞合、四海、东合盛、千顷 4 个社区卫生服务站。卫生院先后购置了半自动生化仪、血球计数仪、彩超、500 毫安 X 线机等仪器设备。

八、鹿圈分场卫生院

鹿圈分场卫生院建于 1957 年，前身为鹿圈乡卫生院，位于鹿圈村南侧旧头路 39 号，占地面积 3000 余平方米，建筑面积 1600 平方米。1991 年全院职工总数 30 人，设综合门诊、妇产科、中医科、检验科、影像科、B 超室、药房、计划免疫门诊、财务科、挂号室等科室，共有病床 21 张。

中国农垦农场志

第七编

职工队伍

中国农垦农场志

第一章　职工队伍及劳动管理

第一节　职工人数

南郊农场的前身是 1949 年 3 月成立的国营五里店农场。到 1953 年，海子里 3 个较大的国营农场，即五里店农场、南苑畜牧场、和义农场，共有职工 702 人。1954 年 10 月 14 日，市委市政府根据城市发展需要，将五里店农场、南苑畜牧场、和义农场及由市农林局接管的新华奶牛场合并，组建成立大型国营农场——南郊农场，当时农场拥有职工 1300 名。

据农场 1957 年的统计资料记载（即吸收农村社队入场前），农场职工总数为 1457 人。

1958 年，"五乡五社"加入南郊农场，农场实行以场带社。同年 9 月，在南郊农场的基础上建立红星人民公社。该公社是一个含工、农、商、学、兵大型政社合一的全民所有制人民公社，当时有 8235 农户、3.9 万人口。

1973 年之后，农场职工类别共 5 类，分别为国家干部、国家职工、市农林局批的社调工（上开支）、农场内部可以调动的公社社员工（下开支）、分场社员工（临时工，场乡体制改革后不再有分场社员工）。自 1973 年开始有记载起，社员工最多时有 4300 多人。1988 年年底，落实京政农 93 号文件，为 3584 名社员工转为全民所有制职工身份。

1983 年 10 月，农场实行党委领导下的政企分开，在原农场范围内正式建立大兴县红星区公所。自此以后，南郊农场形成了党、政、企分设，三位一体，党委统一领导，各司其职的领导体制。全区下辖 8 个乡镇（分场）、10 个专业化公司、15 个直属单位，总户数 23801 户，总人口 93110 人，其中职工 13114 人。

1998 年，场乡体制改革，将 8 个乡镇的党政企人事和工资关系整建制划归大兴县，改革后农场在册职工 6242 人。

2007 年 12 月，长阳农场划归南郊农场管理。2009 年 7 月，卢沟桥农场划归南郊农场管理。2012 年 3 月，职工大学并入南郊农场。

南郊农场 1960—1998 年户数、人口及劳动力情况如表 7-1 所示，1999—2018 年职工情况如表 7-2 所示。

表 7-1　南郊农场 1960—1998 年户数、人口及劳动力情况

年份	户数（户）	人口（人）	劳动力（人）	
			合计	其中：职工
1960	8323	36999	17012	2526
1961	9061	43114	19183	4806
1962	9089	45698	20074	5033
1963	11731	59075	26530	5066
1964	10941	52220	25645	4892
1965	11006	57923	26812	4841
1966	11303	54457	26103	4672
1967	11679	60952	28398	4612
1968	12315	61759	27885	3422
1969	13256	64991	33538	4518
1970	13500	62731	28821	3386
1971	13962	69861	30388	8484
1972	14253	67397	34948	9218
1973	14667	75563	34055	7638
1974	—	76898	38403	11070
1975	15638	80680	39189	10910
1976	16158	83159	40906	11199
1977	16259	83207	41387	11203
1978	16817	80228	42540	11012
1979	17217	78628	40795	9647
1980	19428	80712	42250	10704
1981	21382	89295	43331	11189
1982	22529	91202	44750	12870
1983	23801	93110	45268	13114
1984	23934	94591	46728	14164
1985	24239	93538	45008	14031
1986	26565	93521	43979	13292
1987	27889	92084	44370	13473
1988	29450	92370	44576	13028
1989	29049	93304	42589	13159
1990	31202	93532	40611	13135
1991	32308	93984	46876	16372
1992	32089	93825	45929	15854
1993	32770	92429	—	15146
1994	33053	92074	—	9327
1995	32276	92904	—	10891
1996	32838	93035	—	10902
1997	34158	—	—	10408
1998	—	—		

表 7-2　南郊农场 1999—2018 年职工情况

年份	年平均人数（人）	其中			离退休人数（人）
		在岗职工（人）	不在岗职工（人）	其他从业人员（人）	
1999	—	—	—	—	—
2000	—	—	—	—	—
2001	—	—	—	—	—
2002	—	—	—	—	—
2003	—	—	—	—	—
2004	1236	1081	124	31	—
2005	1233	1066	138	29	—
2006	1010	894	99	17	—
2007	1026	912	88	26	—
2008	1288	1044	81	163	—
2009	1316	1075	67	174	4029
2010	1371	1260	57	54	4245
2011	1367	1258	38	71	4257
2012	1430	1309	36	85	4298
2013	1452	1321	33	98	4608
2014	1402	1265	31	106	4740
2015	1435	1209	26	200	4695
2016	1406	1213	25	168	4507
2017	1416	1205	26	185	4422
2018（含百麦）	2063	1906	22	135	4354

第二节　分配制度和职工工资

1958 年，"五乡五社"并入南郊农场，农场实行以场带社。1959 年 5 月，农场（公社）第一届党代会决议，将社员分配制度改为"半工资半供给制"，供给和工资"四六开"，农场工人仍实行工资制不变。1961 年年初，取消了社员分配办法中的供给制部分，采取完全"按死级活分、评工计分"的办法。

1962 年，农场（公社）根据中央《关于讨论和试行农村人民公社工作条例修正草案的指示》，对公社的管理体制和经营管理制度又做出系统规定。分配政策是：农场工人仍实行登记工资制，对社员的分配政策改为"统一分配、计划工资、上死下活、评工计分、超产奖励"。上述分配制度一直沿用到"文化大革命"开始。

自 1969 年起，农场（公社）试行国营、集体两种所有制分别核算、各负盈亏的管理办法。1976 年粉碎"四人帮"以后，全社（农场）普遍推行生产责任制和企业"三定一奖"岗位责任制，职工恢复了奖金制度。1977年10月，在工资冻结十多年后，南郊农场根据上级指示精神，为64%的职工提了一级工资。到1989年，职工人均年收入为2232元，比1978年增长286%。

1987—2008年，农场工资总额与经济效益挂钩。工效挂钩是指企业工资总额同经济效益挂钩，工资浮动系数为1∶0.7。工效挂钩办法是国家对国有企业工资总额进行管理的一种形式。2008年之后，实行双轨制，工资指导线和工效挂钩并行。

1990年后，农场（红星区）首先加大了对所属国有企业的内部改革力度，为促进经济发展，采取了一系列改革措施。从制订劳动用工、工资分配制度入手，冲破各种阻力，率先打破"大锅饭"。1992年1月，全部冻结在册职工的等级工资，提出在工资增长比例低于利润增长的前提下搞活分配，企业全方位实行岗位责任制。1995年，农场完成劳动合同签订工作，并按照农工商总公司的安排完成工资套改任务。

1998年场乡体制改革后，农工商总公司开始资产聚大重组，先后将奶牛养殖生产管理中心、石油经营经销中心、汽车运输服务中心、建筑一公司、建筑二公司从农场划出。2001年，职工人均收入12377元，到2005年，国有及控股企业职工人均收入27017元，五年间，农场职工人均收入翻了一番。2008年，农场国有和国有控股企业在岗职工年人均收入40754元，2002—2008年，农场在岗职工人均收入每年平均递增19.15%。

2007年，南郊农场根据三元集团发〔2007〕190、191号文件精神，研究制定《农场机关及国有和国有控股企业负责人薪酬调整方案》（南农发〔2007〕5号）。农场机关人员薪酬与经营业绩挂钩，兼顾农场机关人员岗龄和职龄差异因素，取消原有效益工资和季度奖。农场国有和国有控股企业负责人基薪根据企业规模、收入、利润、上交管理费和经营难易程度划分档次，绩效年薪依据农场对该企业年度经营绩效考核确定。

第三节 保险及退休人员管理

1986年11月以前，农场退休人员由企业自行管理。1986年11月以后，全部退休人员参加北京市退休金社会统筹，差额缴拨，到1990年为全额缴拨。

根据北京市劳动局《关于企业职工个人缴纳基本养老保险费有关问题的通知》（京劳险发字〔1992〕703号）规定，自1992年10月开始，南郊农场为企业职工缴纳养老保险，建立社会统筹和个人账户相结合的养老保险制度。1994年，农场开始为职工缴纳失业保险。1999年，《住房公积金管理条例》（国务院令第262号）颁布，从1999年7月开始，农场为职工缴纳住房公积金，初缴比例单位、个人各5%。2001年，农场开始为职缴纳大病医疗保险；2004 年，开始为职工缴纳工伤保险；2006 年，开始为职工缴纳生育保险。2016 年，农场为职工缴纳保险总额为 3007 万元。

南郊农场离退休人员由各企业自行管理，执行北京市有关政策，2018 年离退休人员总数 4354 人。

第四节　企业年金

2012 年 8 月，南郊农场根据国家企业年金制度的有关政策规定，按照市国资委和集团公司企业年金计划的要求，建立企业年金计划。该计划经场长办公会决议一致通过；2012 年 10 月 25 日，正式经农场职工大会审议通过。

根据首农集团统一工作安排，企业年金计划从 2011 年起执行。2013 年 1 月起正式开始缴纳企业年金，同时补缴 2011 年企业年金。

参加年金计划的企业自建立企业年金计划后，按照国家及北京市的有关规定，不再购买任何形式的商业补充养老保险，同时取消企业年金制度以外的各种养老性质的福利待遇，不在基本养老保险统筹和企业年金之外再支付任何福利性项目。

第二章 干部管理

第一节 干部管理权限及任免制度

根据《集团公司企业领导人员管理办法》，在领导干部的选拔任用方面，主要采取组织选拔、社会招聘、内部竞聘等方式，也可以采取人才引进的方式。组织选拔企业领导人员一般包括动议、民主推荐、组织考察、党委集体讨论决定任免或提出推荐提名意见、任前公示和任职等工作程序。农场所属各企业的干部选拔任用由本企业参照农场干部管理办法进行管理。

第二节 干部考核奖惩机制

南郊农场干部考核管理分为绩效考核管理和民主测评管理。绩效考核管理根据《南郊农场国有及国有控股企业负责人经营业绩考核办法》执行。按照各二级企业的实际工作内容和特点，业绩考核分为关键指标和关注指标两大类，每年由农场绩效考核领导小组组织考核。

民主测评管理由农场组织部门牵头，纪检、工会共同参与，通过填写测评表、个别谈话等方式，对二级企业领导班子成员进行民主测评，主要从政治素质、廉洁自律、工作作风、决策能力、执行能力、合作意识、创新能力等方面进行测评。同时，对于机关部室正职，由二级企业领导班子对其进行评议打分，评议结果及时反馈。对于排名靠后的领导人员，农场党委书记逐一进行谈话，指出其存在的不足，提出改进措施。

第三节 后备干部管理及人才引进

为实现农场持续、健康、稳定发展，农场党委按照集团公司要求，重视后备人才培养，加强后备人才队伍建设。在后备干部选拔上，坚持"德才兼备、以德为先"的原则，注重在实践中培养、在培养中使用，为青年人才的成长搭建平台。

一是加强人才引进。根据农场发展战略规划，制订人才引进计划。采取校园招聘、公开选拔（社会化招聘）、内部竞聘、组织推荐选拔等多种方式，为企业引进所需人才。通过采取多渠道、多方式以及灵活的薪酬激励措施，吸引优秀人才。

二是加大人才选拔力度。农场党委根据企业领导班子的年龄结构，做好企业后备干部的选拔配备，注重把在实践中成长起来的良将贤才及时选拔到领导岗位上。开展人才工作目标责任制考核，加大人才选拔管理力度。建立完善"人才信息库"，掌握人才现状，为人才选拔提供依据。

三是加强人才培养。按照"引得进、用得好、留得住"的原则，加强人才培养。成立青年知识分子联谊会，通过搭建平台，关心关爱青年人才成长。建立和完善人才培养机制，通过"名家讲堂"线上线下学习教育、岗位培训、参观交流、岗位轮换、挂职锻炼等方式加强人才培养，有计划、有步骤地挖掘和培养后备人才，建立人才梯队，为企业持续健康稳定发展提供后备支持。

第四节　老干部管理

1983年发布离休政策后，同年1月，农场相应成立南郊农场老干部活动站，首任站长牛计章（离休干部），工作人员有杨东方（离休干部）、刘松林、周文会、王晓林。活动站归农场组织部领导，部长李春儒、副部长李龙海，设在原农场电影院东侧。活动站周一至周五下午对全农场离休干部开放；周二上午和周四上午为老干部活动站学习时间，主要向离休干部传达上级有关老干部的方针、政策和有关文件，学习上级领导讲话、当前政治形势。活动站的活动内容有麻将、象棋、扑克、跳棋、克朗棋、报纸杂志阅读等。

1986年，农场成立老干部科，活动站搬至农场大院北侧平房，首任农场老干部科科长杨书臣。老干部科负责全农场八个乡、两大公司、农场直属单位及机关离休干部共60多人，以及全农场科级以上退休干部的管理工作。

农场老干部科主要职能为：认真贯彻执行中央、北京市关于离休干部政治和生活待遇方面的方针政策，全面落实企业离休干部的各项待遇。组织政治理论学习、阅读文件，协调农场各单位离休干部党员过好正常的组织生活。做好离休干部生病的住院看望和节日走访慰问工作。配合家属子女和离休干部原单位做好离休干部的丧事处理，按政策规定办理离休干部去世后的丧葬费、抚恤费、无固定收入配偶和遗属的生活困难补助费及各项政策性费用。按规定组织离休干部参观考察工农业生产建设项目。组织离退休干部进行体检，举办保健知识讲座等活动。完成市农场局老干部处交办的其他工作。

1998 年场乡体制改革后，农场离休干部划归到原单位，进行日常管理。农场老干部活动站只负责农场机关 17 名离休干部和 70 多名退休干部的日常管理工作，农场老干部科负责全农场离休干部的宏观协调管理工作。

1999 年 7 月，农场党委下发《关于老干部工作管理范围的有关规定》（南发〔1999〕27 号）。同年，农场成立政工部，撤销农场老干部科，由农场政工部负责全农场老干部工作。

2006 年 10 月，农场机关迁址到北京经济技术开发区新址办公，原农场老干部活动站撤销。农场政工部和农场劳动人事部合并为农场人力资源部，农场人力资源部负责全农场的老干部工作。

2015 年 9 月 2 日，为庆祝中国人民抗日战争暨世界反法西斯战争胜利 70 周年，农场党委书记程藏等向李长惠等 7 名农场抗战老战士颁发"中国人民抗日战争胜利 70 周年纪念章"，并为每人送上 8000 元慰问金。

截至 2018 年 12 月，全农场共有离休干部 20 名，其中，农场机关 2 名、光源材料厂 2 名、农管中心 3 名、五环顺通物流中心 2 名、广达源仓储中心 3 名、德茂线材厂 1 名、长阳农场 4 名、卢沟桥农场 1 名、职工大学 2 名。

农场抗战老战士李长惠

农场机关老干部党支部在 1999 年和 2000 年被评为"北京市农工委和南郊农场先进党支部"。王晓林多次被评为"北京市农林系统老干部工作先进个人""北京市老干部工作先进个人"。

第八编

农场组织机构
及企业文化建设

中国农垦农场志

第一章　农场党组织

第一节　组织建制与党的建设

一、党的组织机构演变情况

1954 年 10 月—1957 年 4 月　党总支人事科

1957 年 4 月—1958 年 9 月　党委、设党委办公室

1958 年 9 月—1966 年 5 月　组织部

1966 年 5 月—1968 年 2 月　"文化大革命"期间，党委工作停滞

1968 年 2 月—1972 年 10 月　政治组

1972 年 10 月—1980 年 10 月　组织组

1980 年 10 月—1983 年 5 月　组织科

1983 年 5 月—1998 年 12 月　组织部

1998 年 12 月—2006 年 10 月　政工部

2006 年 10 月至今　人力资源部

二、党的宣传机构演变情况

1954 年 10 月，党的宣传工作由党总支代管；1957 年 4 月—1958 年 6 月，由党委办公室代管；1958 年 9 月，建党委宣传部；1968 年 2 月，建政治组代行党委、组织、宣传工作；1972 年 10 月，建党委、宣传组，负责党委宣传工作；1980 年 10 月，建党委宣传部；1983 年 5 月，恢复党委组织部；1998 年 12 月，建党委政治工作部，负责党委的组织宣传工作；2006 年 10 月，宣传工作由人力资源部转为农场办公室文秘室负责。

三、十一届三中全会以来南郊农场党组织状况

1979 年，下辖党委 11 个、党总支 11 个、党支部 290 个，有党员 3881 人。

1982 年，下辖党委 12 个、党总支 11 个、党支部 337 个，有党员 4126 人。

1997 年，下辖党委 13 个、党总支 7 个、党支部 369 个，有党员 6214 人。

2006 年，下辖党委 1 个、党总支 3 个、党支部 41 个，有党员 483 人。

2011 年，下辖党委 1 个、党总支 5 个、党支部 45 个，有党员 586 人。

2017 年，下辖党委 1 个、党总支 5 个、党支部 37 个，有党员 470 人。

2018 年，下辖党委 1 个、党总支 5 个、党支部 32 个，有党员 463 人。

四、发展新党员

农场党委十分重视党员队伍建设和发展党员工作，贯彻执行《中国共产党发展党员工作细则》，在思想教育、培养考察、发展流程上严格把关，有计划地进行发展党员的工作，并注重向企业一线优秀员工倾斜。

2018 年"七一"新党员入党宣誓

五、优秀党员、优秀党务工作者情况

农场各级党组织按照先进基层党支部、优秀共产党员和优秀党务工作者的评选标准，自下而上，优中选优，评选先进，"七一"前召开表彰大会，以激发各级党组织和广大党员争先进、学先进的热情，更好地为建设南郊服务。

历年优秀党员、优秀党务工作者获奖情况为：

2004 年

北京市国资委优秀共产党员：

刘艳林　南郊农业生产经营管理中心德茂农业试验场

南郊农场建场 60 周年文艺汇演

北京三元集团有限责任公司先进基层党组织：

南郊农场物业管理有限公司党总支

南郊农业生产经营管理中心党总支

优秀基层党支部（总支）书记：

刘艳林　南郊农业生产经营管理中心德茂农业试验场党支部书记

优秀党务工作者：

杜文振　南郊农场党委委员、政工部部长

优秀共产党员：

刘建波　北京南郊农业生产经营管理中心

孙俊铎　南郊农场物业管理中心

张振东　北京德茂物业管理有限公司

王青林　北京市五环高级润滑油公司

刘继树　北京市兴南电气工程公司

温少才　北京市大兴红星光源材料厂

任志有　北京市红星泡花碱厂

吕庆祥　北京市广达源仓储中心

王喜华　北京市南郊农场红星线材厂

2011 年

北京市国资委群众心目中的好党员：

张孝柱　北京市广达源仓储中心

北京首农集团群众心目中的好党员：

张孝柱　北京市广达源仓储中心

刘艳林　北京德茂物业管理有限公司

刁艳燕　北京市红星广厦建筑涂料有限责任公司

杨德良　北京市南郊农场机关土地房产部

北京首农集团优秀党支部书记：

高建柱　农管中心德茂农业试验场党支部书记

褚　杰　长阳农场工业公司党支部书记

2012 年

北京市国资委创先争优优秀共产党员：

吴连勇　北京市长阳农工商公司

北京首农集团创先争优先进基层党组织：

北京市五环顺通物流中心党支部

北京辛普劳食品加工有限公司党支部

北京首农集团创先争优优秀共产党员：

吴连勇　北京市长阳农工商公司

张贺明　北京市卢沟桥农场

孔庆云　北京市南郊农场综治办

王　林　北京源馨德润饭店

孙彦利　北京德茂物业管理有限公司红星楼管理站

2016 年

北京市国资委系统优秀共产党员：

王林　北京源馨德润饭店经理

2017 年

北京首都农业集团有限公司"聚力首农梦　党员率先行"模范党支部：

南郊农场农管中心西毓顺农业试验场党支部

"聚力首农梦 党员率先行"先锋党员：

李全成　北京市南郊和义农场场长

张孝柱　北京南郊农业生产经营管理中心总经理

2018 年

首农食品集团支部规范化建设先进示范基层党支部：

北京五环顺通供应链管理有限公司

首农食品集团优秀基层党组织：

北京五环顺通供应链管理有限公司

首农食品集团优秀共产党员：

张贺明　北京市长阳农场有限公司党总支委员、经理

杨德良　北京市南郊农场有限公司土地房屋管理部部长

首农食品集团优秀党务工作者：

井江华　北京南郊农业生产经营管理有限公司党总支书记

六、南郊农场党代会

南郊农场（红星人民公社）自 1959 年 5 月 28 日召开第一届党员代表大会，到 2016 年 12 月 28 日，共召开九届党代会。历届党代会情况如表 8-1 所示。

表 8-1　南郊农场历届党代会

届　次	召开时间	党委书记
第一届	1959 年 5 月 28 日	郭方
第二届	1961 年 8 月 29 日	郭方
第三届	1965 年 7 月 12 日	夏阳
第四届	1970 年 7 月 24—28 日	赵建奎
第五届	1975 年 9 月 12—14 日	吕春林
第六届	1982 年 5 月 7 日	刘长明
第七届	2002 年 10 月 12—13 日	郑立明
第八届	2012 年 12 月 24 日	程藏
第九届	2016 年 12 月 28 日	程藏

中国共产党北京市南郊农场第九次党员代表大会代表合影留念

七、出席全国人大、北京市党代会

1975 年 1 月 18 日，红星公社（南郊农场）党委副书记兼大白楼大队党支部书记赵俊桢当选第四届全国人民代表大会代表。在这一届全国人大会上，他还被选为人大常委会委员。

1997 年 12 月 12 日，红星区委书记范为常在大兴县党代会上当选出席中共北京市第八次党代会代表。

八、历次主题教育活动

1. **"三讲"学习教育活动**　2001 年，按照集团公司党委的总体安排，农场党委组织开展"三讲"学习教育活动，即讲学习、讲政治、讲正气。

2. **"三个代表"学习教育活动**　2003 年，按照集团公司党委的总体安排，农场党委组织开展"三个代表"学习教育活动，即我们党要始终代表中国先进生产力的发展要求、要始终代表中国先进文化的前进方向、要始终代表中国最广大人民的根本利益。

3. **"保持共产党员先进性教育"活动**　2005 年，按照三元集团党委的总体安排，农场党委组织开展"保持共产党员先进性教育"活动，并健全完善了党员目标管理制度。

4. **"忠诚"主题教育活动**　2007 年，在开展"忠诚"主题教育活动中，各级党支部结合行业特点，将教育融入实际岗位中，通过学习，进一步提高了领导班子成员的遵纪守法意识，增强了全面履行党风廉政建设责任制的自觉性，使党员干部充分认识《党章》的地位和作用，严格按《党章》办事，认真履行义务。

5. **学习实践"科学发展观"活动**　2009 年 3 月，农场按照集团公司关于深入开展学习实践科学发展观活动的工作部署，从 3 月开始至 8 月结束，历时 5 个月，在全场范围内开展学习实践科学发展观活动。

6. **"党的群众路线教育实践"活动**　2013 年，农场为深入贯彻落实党的十八大精神，突出抓好作风建设，按照集团公司"党的群众路线教育实践"活动总体部署，开展以"为民、务实、清廉"为主要内容的党的群众路线教育实践活动。

7. **"三严三实"专题教育活动**　2015 年，为贯彻落实全面从严治党的要求，持续深入推进党的思想政治建设和作风建设，按照集团部署，农场深入开展"三严三实"（严以修身、严以用权、严于律已，谋事要实、创业要实、做人要实）专题教育。结合农场工作实际，制订《北京市南郊农场关于开展"三严三实"专题教育的实施方案》。农场于2015年6月召开"三严三实"专题教育党课暨启动大会，并于下半年开展了3个专题学习研讨，组织召开"三严三实"中心组报告会。

通过"三严三实"专题教育活动的开展，进一步加强了干部队伍建设、作风建设和基层党组织建设，以严的标准要求干部、严的措施管理干部、严的纪律约束干部，切实提高了领导干部践行"三严三实"要求的思想和行动自觉。

8. "两学一做"学习教育活动　2016年，为深入贯彻落实中央、市委、市国资委、集团公司党委关于在全体党员中开展"学习党章党规、学系列讲话、做合格党员"学习教育的总体部署，农场全面推进"两学一做"学习教育，为企业转型提升提供了坚强的思想保证。

第二节　纪检监察工作

一、组织沿革

1958年9月，农场成立监察委员会。

1959年5月—1965年7月，农场第一届至第三届党代会召开，监委会延续。

1966年5月，"文化大革命"开始，监委会编制暂停。农场军管后成立南郊农场革命委员会。

1970年7月，恢复南郊农场（红星公社）党委建制，成立"一打三反"（打击反革命破坏活动、反对贪污盗窃、反对投机倒把和反对铺张浪费）办公室。此建制一直延续至1980年10月止。

1980年11月，南郊农场（红星公社）成立党委、纪委筹备组，党委副书记高惠方兼任纪委筹备组组长。

1982年5月，成立南郊农场（红星公社）纪律检查委员会，高惠方任纪委书记。

1983年10月，设立大兴县红星区。

1984年，高惠方兼任红星区纪律检查委员会书记，庞万江担任常务副书记。

1988年，陈广纪任南郊农场（红星区）纪检委书记。

1990年7月—1994年6月，庞万江任南郊农场（红星区）纪检委书记。

1991年，结合各乡党委换届选举，建立各乡（公司）纪律检查委员会，各总支设专职或兼职纪检委员，各支部也要设纪检委员。

1994年7月，王明通担任党委副书记兼任纪委书记。

1995年，成立南郊农场（红星区）领导干部廉洁自律领导小组，组长为农场党委书记范为常。

1996年，南郊农场（红星区）制定《党风廉政建设责任制考核意见》。

1996年12月，南郊农场（红星区）各乡镇纪委完成换届选举。

1999年5月，南郊农场党委发布21号文件，王明通为纪检委书记。

1999年，农场设党风廉政领导小组，党委书记郑立明任组长。

2002年10月，农场纪委第七届换届选举，王明通当选纪委书记。

2009年6月，程藏担任农场党委副书记兼纪委书记。

2011年9月，农场党委按照上级部署，成立纪检监察部。

2012年12月，农场纪委第八届换届选举，程藏当选纪委书记。

2016年12月，农场纪委第九届换届选举，杜秀莲当选纪委书记。

二、落实责任制情况

农场严格落实党风廉政建设责任制，坚持党委统一领导、党政齐抓共管、纪委组织协调、部门各负其责、职工群众参与的领导体制和工作机制，形成主要领导亲自抓，一级抓一级，层层抓落实的工作格局。党风廉政建设工作纳入领导班子议事日程，与经济工作同部署、同落实、同检查、同考核。2010年，结合中央关于实行党风廉政责任制的文件精神，农场党委制定出台了南郊农场《党风廉政建设责任制检查考核实施办法》。

从2013年开始，农场逐级签订党风廉政建设责任书，党政主要领导每年年初与基层企业正职领导签订《党风廉政建设责任书》，领导班子其他成员与分管部室负责人签订《党风廉政建设责任书》。2015年起，农场党风廉政建设责任制重点突出党委主体责任和纪委监督责任的落实，行政领导严格落实"一岗双责"。农场纪检监察部门认真履行监督职责，结合集团公司党委关于落实"两个责任"工作保障制度实施意见，制定农场对基层企业党风廉政建设工作的检查考核办法及年度责任制检查考核评分细则。2017年，对所属企业开展党风廉政建设责任制落实情况进行专项检查，重点考核所属企业党组织落实主体责任情况、纪检组织落实监督责任情况。党风廉政建设责任制度经过多年实践，已经成为农场提升管理、规范运营的重要方式。

三、"三重一大"制度落实情况

2010年7月，中共中央办公厅、国务院印发《关于进一步推进国有企业贯彻落实"三重一大"决策制度的意见》，按照首农集团的工作要求，农场于2011年制订《南郊农场落实"三重一大"决策制度的规定》，2016年结合实际工作，又进行了修改完善，形成《南郊农场"三重一大"实施细则》，这项制度在农场经营管理工作中得到了全面的贯彻执行。

四、廉洁从业教育

农场认真贯彻落实上级有关党风廉政建设工作的要求，开展廉洁从业教育，将日常教育与专题教育相结合，强化企业领导人员的廉洁自律意识。一是纪律教育明底线。结合"两学一做"学习教育常态化要求，组织学习《党章》《中国共产党纪律处分条例》《关于新形势下党内政治生活若干准则》《中国共产党问责条例》等党规党纪，增强党员干部的党章意识、纪律意识和规矩意识，筑牢拒腐防变思想防线。二是警示教育知敬畏。发放《结合案例学党纪》，组织观看《作风建设永远在路上》《人民的名义》等专题片，警示党员领导干部知敬畏、守底线、严禁触碰党纪国法高压线。三是廉洁教育树新风。认真抓好《国有企业领导人员廉洁从业若干规定》的落实，创新教育形式与载体，把廉洁从业教育融入生产经营活动中，利用微信、QQ等网络平台，积极组织开展岗位廉洁教育和腐败风险教育，教育企业领导人员树廉洁之心、行廉洁之事、做廉洁之人。

五、作风建设情况

一是认真贯彻落实"中央八项规定"精神，坚决纠正"四风"问题。严禁领导干部用公款搞相互走访、送节礼、宴请，禁止大操大办婚丧喜庆事宜，禁止公款旅游，禁止参与高消费娱乐健身等活动。农场各企业严格执行节假日公车封存入库制度，杜绝公车私用等违反"八项规定"的情况发生，促使农场党员干部切实做到自重、自省、自警，不断加强领导干部作风建设。

二是强化监督职责。围绕农场中心工作，在调整结构、转型升级、疏解整治等重点工作和重点建设项目中发挥监督职能，防范廉洁风险；在农场干部选拔任用中，纪检监察部门出具廉政证明，开展任前廉洁谈话制度，防止问题干部"带病提拔、带病上岗"。把握运用"四种形态"，抓早抓小，对党员干部的一般性、苗头性和倾向性问题，进行谈话提醒、教育诫勉，营造懂规矩、守纪律、重程序、讲法治的良好氛围，推动全面从严治党深入开展。

三是重点问题专项治理。2017年开展"三重一大"决策制度执行情况监督检查、履职待遇业务支出自查自纠、"为官不为、为官乱为"专项整治、严肃查处群众身边的不正之风和腐败问题专项检查，对违规公款购买消费高档白酒问题进行集中排查整治。2018集中开展了违规乘坐飞机头等舱问题、企业领导班子成员办公用房面积超标问题的排查整治清理工作，进一步督促领导干部正确履职用权。

四是严格监督执纪，信访案件处理及时到位。把完善信访办理机制作为履行监督执纪职责的重要抓手，认真受理群众来信来访与案件查处工作。学习贯彻《中国共产党纪律检查机关监督执纪工作规则（试行）》，提高纪检监察干部履职能力，严格执行调查反馈制度，及时稳妥处理投诉信件。对涉及职工切身利益的重要投诉做到件件有落实、事事有回音。不断提高监督执纪问责工作实效，维护企业和谐稳定的发展环境。

第三节　统战工作

在农场党委的正确领导下，农场以党建带统战，进一步加强了统战工作的领导体制和工作机制，增强"大统战"意识。全面贯彻党的统一战线方针政策，围绕农场发展目标，服务大局，充分调动党外知识分子的积极性和创造性，努力发挥资源优势，积极组织党外知识分子开展"爱岗位、献良策、做贡献"主题活动，发挥他们的人才优势和智力优势，为农场发展建言献策、争做贡献。

农场充分调动民主党派人士、大专以上和中级职称以上知识分子在经营管理、企业发展建设等方面的积极性与创造性，本着立足基层、找准定位、注重实效、创新发展的原则，开展了各项有益活动。党外知识分子立足岗位、深入实践、建言献策，在企业发展建设中发挥了重要作用。

农场民主党派人士蔡彬毕业于首都经贸大学工商管理学院，是中国民主建国会会员，曾任北京五环金洲物流有限责任公司总经理，获得了2011—2012年度北京市国有企（事）业"爱献做"活动先进个人称号。

第二章　工　　会

在农场党委领导和行政支持下，工会充分发挥自身的组织优势和桥梁纽带作用，履行"两个维护"职责，落实企业民主管理和民主监督，开展职工思想政治素质和文化技能素质教育，建立健全劳动技能竞赛和经济技术创新长效机制，落实评优创先和劳模先进选树工作，紧紧围绕农场工作重心，组织职工完成生产和工作任务。按照"维权要到位，服务要做实，发展要全面"的工作要求，开展职工维权、送温暖和职工群众文化体育建设等工作，创建和谐企业。

第一节　组织建制

1957年7月31日—8月3日，农场召开首次职工代表大会，选举产生由17名委员组成的第一届工会委员会，陈嘉珠当选工会主席。会议期间，农垦部部长王震、地质部副部长兼党组书记何长工和中共北京市委农工部部长赵凡等领导到会祝贺并讲话。1959年秋，红星公社召开首次妇女代表大会，选举李玉芬为妇联主任。为理顺农场工会女工委员会与红星区妇联的关系，自1990年5月起，红星区妇联具有双重职能，对总公司是农场工会女工委员会办事机构，对大兴县是红星区妇女联合会，女工委员会主任和红星区妇联主任由女性工会主席或副主席兼任。

农场工会下设工会委员会、工会经费审查委员会和工会女职工委员会。工会委员会负责工会日常管理工作，工会经费审查委员会负责工会经费的收支预决算审查管理，女职工委员会负责女工工作。工会制度建设不断完善，到2018年，工会陆续建立了《实行厂务公开加强民主管理实施办法》《工资集体协商工作管理办法》《民主管理和职工（代表）大会实施细则》《劳动模范日常管理工作细则》《职工董事和职工监事管理办法》《工会工作管理办法》及内控和考核制度。农场机关及所属13家企业均设立工会，接受农场工会的领导和监督。

农场职工会员代表大会情况如表8-2所示。

表 8-2 农场职工会员代表大会情况

届次	召开时间	会议内容
一	1957 年 7 月 31 日—8 月 3 日	正式成立工会，选举陈嘉珠为工会主席
二	1960 年春	选举牛小庆为工会主席
三	1973 年 4 月 26—28 日	选举吕广业为工会主席
四	1980 年 6 月 6—7 日	选举吕广业为工会主席
五	1983 年 5 月 10—11 日	选举吕广业为工会主席
六	1985 年 12 月 27—28 日	选举牛占山为工会主席
七	1990 年 5 月 10—11 日	选举牛占山为工会主席
八	1995 年 12 月 29 日	选举王大龙为工会主席
	1998 年 11 月 26 日	委员扩大会选举王明通为工会主席
	2001 年 11 月 29 日	委员扩大会选举任俊英为工会主席
九	2002 年 7 月 15—16 日	会员代表大会选举任俊英为工会主席
十	2005 年 4 月 8 日	会员代表大会选举任俊英为工会主席
	2007 年 7 月	委员扩大会选举王发兴为工会主席
	2010 年 3 月 4 日	委员扩大会选举程藏为工会主席
十一	2011 年 11 月 1 日	会员代表大会选举程藏为工会主席
	2013 年 1 月 28 日	委员扩大会选举杜秀莲为工会主席
十二	2015 年 12 月 25 日	会员代表大会选举杜秀莲为工会主席

第二节 企业民主管理

工会是职工代表大会的管理机构，负责职代会的日常工作。农场民主管理厂务公开工作领导小组下设资产经营管理审查组、职工权益保障审查组、干部廉洁自律审查组、民主监督检查组 4 个专项工作组，对农场所属企业的民主管理厂务公开工作履行领导、指导、监督、检查的职责，办公室设在工会。

1957 年 7 月，农场召开首次职工代表大会，讨论场长工作报告和工会工作报告。《中国农垦》1957 年第 4 期刊登了《国营北京市南郊农场召开职工代表大会工作总结》和农垦部的按语，肯定了南郊农场落实中央关于扩大企业民主管理、试行常任制职代会制度的做法，为全国农垦起到了示范作用。此后，农场企业民主管理逐步完善，职工代表大会是农场职工行使民主管理权力的机构，是企业民主管理的基本形式，每届任期 3～5 年，与经济工作会一同召开，每年 1～2 次。

农场所属公司制企业依法建立了职工董事和职工监事制度，职代会对职工董事、职工监事及参加平等协商谈判的职工代表享有选举权、更换权。2005 年 11 月，农场在五环润滑油公司开展集体合同试点工作，此后，农场陆续开展签订集体合同、工资集体协商、女职工专项保护协议的推进工作，逐步实现全覆盖，坚持集体合同三年续签和工资集体协议一年续签制度，对促进农场职工工资增长机制的建立、维护职工合法权益和劳动保护的改善起到极大的促进作用。

第三节　劳模管理

1950年12月，南宫村青年团支部书记高淑珍在挖凤河工程中表现突出，被评为北京市劳动模范，这是农场建场以来的第一位劳动模范。

1952年4月1—4日，北京市第一届农业劳动模范大会在劳动人民文化宫召开，大会树立了郊区各方面的旗帜，并号召发起爱国增产运动。十一区鹿圈村霍凤岐互助组、庑殿村郑福田互助组被评为北京市模范互助组及北京市农业劳动模范；瑞合庄村高顺起被评为"北京市棉花丰产模范"；南小街村寇顺义被评为"北京市模范干部"。

植棉能手——霍凤岐

1957年2月18—26日，首届全国农业劳模代表大会在北京召开，农场养牛工人张振儒被评为"全国农业劳动模范"，寇顺义被评为"全国劳动模范干部"。

自建场以来，农场各个时期涌现出许多劳动模范，为农场的建设发展做出了突出贡献。农场工会每年4—12月为劳模安排健康体检，2016年起，每年坚持开展省部级以上劳模全员走访慰问活动，了解劳模的工作生活状况，送去慰问金和慰问品。

南郊农场全国、市级、部级劳动模范名录如表8-3所示。

表 8-3　南郊农场全国、市级、部级劳动模范名录

姓　名	荣誉称号	授予时间
高淑珍	北京市劳动模范	1950 年 12 月
霍凤岐	北京市农业生产模范	
高顺起	北京市棉花丰产模范	1951 年
寇顺义	北京市模范干部	
霍凤岐　高顺起　寇顺义　郑福田	北京市农业劳动模范	1952 年
霍凤岐　寇顺义　齐东海	北京市劳动模范（二级）	1953 年 12 月
张玉山　贺尚志　高顺起　邵金生	北京市农业劳动模范（三级）	1953 年 12 月
崔淑琴　赵尚贤　张振儒　孟庆山　董淑华　李仲三 王好贤　李恭华　王明发　王保恒	农业部劳动模范	1954 年 2 月
于潮凯　何元成　赵淑珍　张凤岐　齐东海　冯天祥 寇顺义　王振伍　霍凤岐　韩德亮　李敬林　李宝发 于泰明	北京市农业劳动模范	1954 年 12 月
寇顺义　霍凤岐　于潮凯　王振伍　庞　有　赵淑珍 高顺起　齐东海　冯天祥　何元成　刘永成　丁淑凤 董志隆　徐吉荣　李桂林　张红军　裴德泉　栗淑敏 马德春　苏树业　张玉生　李宝发　杨明远　杨占泉 张振儒　于泰明　王志强　胡长富　田玉林　白老太太	北京市农业劳动模范	1955 年 12 月
于潮凯　武凤岭　赵淑珍　刘柱奎　寇顺义　霍凤岐 徐吉荣　王振伍　庞　有　许绥再　魏成俊　何元成 高顺起　李桂林　王元道　吕惠君　王志强　于泰明 李宝发　杨明远　杨占来　张振儒	北京市农业劳动模范	1956 年 12 月
张振儒	全国农业劳动模范	1957 年 2 月
于潮凯　武凤岭　王振伍　刘柱魁　寇顺义　苏树业 霍凤岐　王德青　徐吉荣　庞　有　李福田　丁淑凤 刘永恒　刘　江　白广福　何元成　藏金泉　冯东海 魏　兴　赵喜来　王元道　王志强　杜德元　王金明 张秀岐　马泉盛　万喜芝　李宝发　崔元兴　刘汉祥 郭宝君　赵来喜	北京市农业劳动模范	1957 年 12 月
戎起胜　黄淑香　刘永恒　杜长顺　何元成　马良民 李德生　郭长水　崔元兴　赵春来　郭保君　刘汉祥	全国农业社会主义建设先进个人	1958 年 12 月
张桂花	全国劳动模范	1959 年 2 月
马良民	北京市劳动模范	1962 年 4 月
王文柱　刘福祥　王振学　李德生	北京市劳动模范	1963 年 4 月
张汉清	北京市劳动模范	1964 年 3 月
李天林　霍凤岐　朱广清	北京市劳动模范	1965 年 4 月
戎起胜	北京市劳动模范	1982 年 1 月
甄富荣　刘新民　李冠杰	北京市劳动模范	1985 年 2 月
王连恒	北京市劳动模范	1984 年 4 月 1988 年 4 月
张洪涛　张文清　孙宝海　耿大纯　吴永祥	北京市劳动模范	1989 年 4 月
郭锡才	北京市优秀思想政治工作者	1991 年 3 月
刘英章　郑良珍　刘权来	北京市劳动模范	1995 年 4 月

（续）

姓　名	荣誉称号	授予时间
董丽	北京市劳动模范	2000 年 4 月
钮立平　张国英　孙崇伟	北京市劳动模范	2005 年 4 月
刁艳燕	北京市劳动模范	2010 年 4 月

第四节　和谐企业建设

工会认真贯彻落实农场发展理念，以"企业增效、职工增收、共建共享、合作共赢"为目标，以农场重点工作为核心，开展职工经济技术创新活动。2016 年以来，陆续开展了"班组建设成果"征集活动，农场农业观光采摘、酒店餐饮住宿、旅游等项目在北京市12351 服务平台线上推广活动，"合理化建议月"、岗位练兵和劳动技能竞赛等活动，以及配合农场重点项目建设和安全隐患"大排查、大清理、大整治"专项行动，开展"匠心之美大家谈、高质量发展大家议、存在差距大家找"主题征文等活动，提升职工技能素质，促进企业经济发展。

女职工是农场职工队伍的重要组成部分，在农场各岗位发挥着重要的作用。2018 年年底，农场女职工占职工总数的 35％，《女职工专项保护协议》确保女职工特殊权益受到保护。

1957 年 12 月，农场粮食产量超过《全国农业发展纲要》"过黄河"的指标，被评为"全国农垦先进单位"，国务院总理周恩来为南郊农场亲笔书写奖状。1958 年 1 月，农场向全国国营农场发出倡议书和竞赛条件，争取提前达到《1956 年到 1967 年全国农业发展纲要》所提出的指标。1959 年，农垦部召开北京、上海、天津三市农牧场生产竞赛评议会，农场与其他 4 个农场参加竞赛，取得了北京市总成绩第一名的好成绩，获得了由农垦部颁发的优胜奖旗。1960 年，农垦部召开北京、上海、天津三市国营农牧场参加的供应城市副食品商品生产竞赛评比会议，农场在猪的繁殖饲养方面成绩较好，被农垦部评为先进农场，并获得红旗奖。

农场先后创建了以劳动模范刁艳燕、程斌为带头人的工作室，开展劳动竞赛活动，被市总工会授予"职工创新工作室"称号。2005 年 4 月，南郊农业生产经营管理中心被市总工会授予"北京市群众性经济技术创新优秀企事业单位"称号。

2005 年 5 月，农场工会被全国总工会授予"全国模范职工之家"称号。

2011 年 6 月，中国农林水利工会授予南郊农场"全国农林水利系统劳动关系和谐企

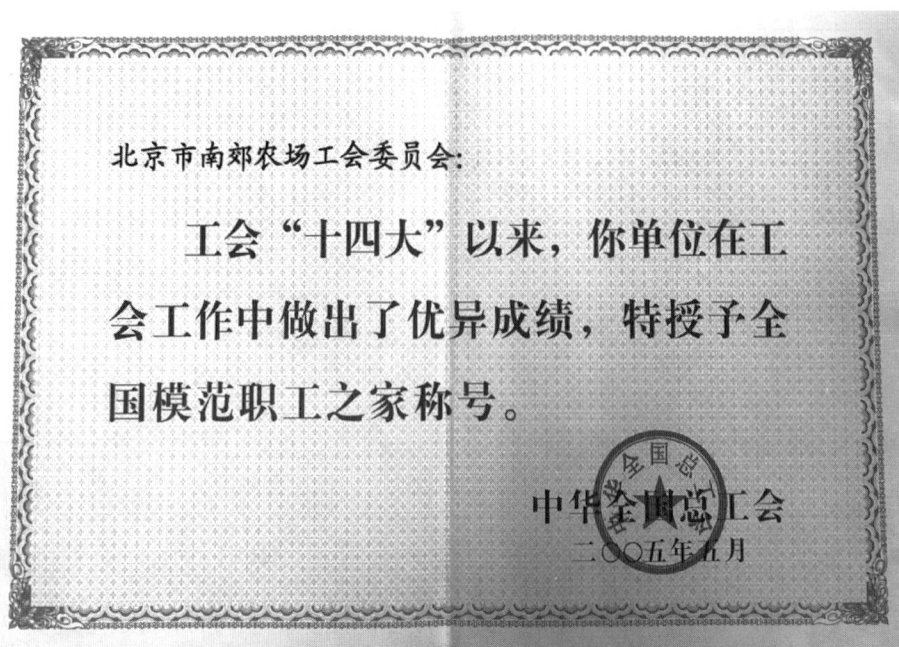

"全国模范职工之家"证书

业"称号。2013—2015 年，农场落实集团工会《关于进一步加强和创新集团公司系统
"职工之家"建设提高服务职工能力的意见》的文件要求，用 3 年时间完成农场"职工之
家实体化建设"全覆盖。2014 年 11 月，长阳农场首批通过市总服务工会"职工之家实体
化建设"达标验收。2015 年 3 月，农场获得 2012—2014 年度"首都文明单位"称号，同
年 12 月，农场职工周友芳、李春花、特胜利、刘宝旺、花艳辉、周宝祥、王京会、贾宝
树被北京市老龄委授予"孝星榜样"称号。2017 年 11 月，农场参加集团公司以"践行十
九大精神，落实安全管理，传播首农文化"为主题的"安康杯"竞赛活动，荣获消防实操
比赛第二名。

自 2003 年起，农场工会陆续加入在职职工住院津贴互助保障活动、在职职工住院医
疗互助保障活动、在职女职工特殊疾病互助保障活动、在职职工医疗互助保障计划、非工
伤意外伤害及家财损失综合互助保障计划等北京市总工会在职职工互助保障计划。2009
年，"北京市温暖基金会首农职工专项温暖基金"发起成立，农场行政、工会和职工共同
捐资加入。"在职职工互助保障计划"和"专项温暖基金"为农场职工和家庭疾病医疗及
因突发事件或意外灾害造成的生活困难提供临时应急救助。2016—2018 年，农场工会累
计办理各种互助保障赔付和温暖基金申领 2694 人次，赔付金额总计 102.9 万元。2016
年，农场工会建立了大病职工慰问制度，每年对生大病职工进行慰问救助，累计慰问 47
人次，发放慰问金 23.6 万元，缓解了职工因病或家庭意外致困的压力。2017 年起，工会
开展"两节送温暖""暑期送清凉"和重点项目一线职工全员慰问活动。

农场工会按照"五亮六有"(五亮:工会亮牌子、干部亮身份、工作亮家底、服务亮责任、社会亮形象,六有:有依法选举的工会主席、有独立健全的组织机构、有服务职工的活动载体、有健全完善的制度机制、有自主管理的工会经费、有会员满意的工作绩效)实体化建家标准,持续开展职工之家建设。所属企业按照一室多用的原则,普遍建立了职工活动室、减压室、劳动争议调解室、职工书屋或读书角。2017年12月,北京市总工会授予五环顺通物流中心"职工书屋示范点建设单位"称号。2018年,全场有职工活动室28个、职工图书室14个、篮球场7个、足球场2个、羽毛球场2个、健身房3个,可满足不同职工群体的活动需求。

第五节　职工文体活动

农场一直重视职工文体活动。1984年3月15日,农场举办首届工人农民体育运动会;1987年3月29日,举办第二届工人农民体育运动会;2008年5月10日,举办"迎奥运"职工健身运动会;2010年10月17日,承办首农集团首届职工运动会田径、趣味项目比赛。

农场职工文体活动注重对外学习和比赛交流。1974年秋,庄则栋率领北京武术队和排球队到太和大队四海中学进行表演。1975年3月8日,南郊农场(红星公社)太和管理区女子长跑队获北京市"三八"国际劳动妇女节接力赛乙组(大中学校学生组)第一名。1975年12月,太和乡被评为全国群众体育活动先进单位。1986年5月,为推动农场乒乓球运动的开展,邀请国家乒乓球队教练郗恩庭,率江加良、慧钧等运动员来农场饲料公司进行表演赛;8月,牛奶公司女子篮球队参加全国"丰收杯"比赛,获山西赛区第三名;10月,南郊牛奶公司、西红门分场(乡)、鹿圈分场(乡)、太和分场(乡)派出运动员参加北京市首届农民运动会,女篮获冠军,足球获亚军,武术获全部8项比赛的7块金牌、3块银牌。1987年4月,牛奶公司(畜牧分场)女子篮球队参加全国亿元乡农民篮球邀请赛,荣获第三名。1997年4月23日,农场荣获市总工会颁发的1994—1995年度北京市职工体育工作先进单位荣誉证书。2006年4月22日,南郊农场参加三元集团职工运动会,获团体总分第三名、拔河比赛女子第一名、乒乓球比赛男子团体第四名,并获得体育道德风尚奖和贡献奖。2008年5月10日,农场在北京农业职业学院举办"迎奥运"职工健身运动会,农场所属企业470余名职工参加比赛。2011年5月22日,农场参加首农集团首届职工运动会,获得团体总分第三名,并荣获运动会组委会颁发的优秀组织奖、精神文明奖、贡献奖。2013年8月22日,农场广播操代表队参加首农集团第九套广播操展示交流赛，获得第一名。2014 年 10 月 24 日，农场篮球队参加集团公司"和谐杯"篮球赛，获得第三名。2015 年 12 月 6 日，农场台球队代表首农集团参加市总工会举办的"北京市职工台球比赛"，获得团体第五名。2017 年以来，农场先后成立了羽毛球队、乒乓球队、篮球队，坚持业余训练，参加比赛交流活动。2017 年 6 月 28 日，集团乒乓球选拔赛在石景山体育馆举办，农场获得女子组第五名、男子组第九名的成绩；11 月 4—5 日，集团工会在石景山体育馆举办羽毛球选拔赛，农场代表队获得女子双打第二名、男子双打第六名和男女单打第七名的成绩。2018 年，北京市职工"和谐杯"乒乓球比赛（首农食品集团分赛区）在石景山体育馆举办，农场代表队荣获团体第六名、女子常青组单打第二名的成绩。

1987 年 3 月 29 日，南郊农场举办第二届工人、农民体育运动会

2013 年 8 月 22 日，参加首农集团第九套广播操展示交流赛，获得第一名

职工文化活动蓬勃发展。农场不定期组织迎新春职工联欢文艺演出活动，上演职工自编自演的文艺节目。2009 年 10 月 20 日，在首农集团举办的职工歌咏比赛中，南郊农场荣获二等奖。

南郊农场 2007 年迎新春联欢会

庆祝首都农业集团（北京农垦）成立六十周年职工合唱比赛

第三章 共青团

第一节 组织建制

1954年11月9日，南郊农场成立团总支委员会，下设6个团支部，共有团员126名。

1959年5月24日，红星人民公社（南郊农场）第一届团员代表大会召开，选举产生了南郊农场团委第一届委员会，团总支升格为团委。

1961年9月2日，召开红星人民公社（南郊农场）第二届团员代表大会。"文化大革命"期间，团的工作处于停滞状态。

1971年5月21—24日，红星公社（南郊农场）召开第三届团员代表大会，恢复了因"文化大革命"而中断的团组织活动。

2016年10月10日，南郊农场召开全体团员大会，选举产生南郊农场新一届团委会委员。

第二节 青年工作

截至1999年，南郊农场有团员331人。农场党委于2001年3月19日成立了南郊农场青年工作委员会，指导全农场的青年工作，办公室设在政工部。2007年2月6日，为进一步加强青年知识分子的管理，农场党委成立了"青年知识分子联谊会"，由农场人力资源部牵头，农场团委、科委共同领导和组织联谊会的各项工作。"五四"青年节，农场团委组织团员青年到系统内外进行交流学习，开展座谈，举办演讲比赛等；中秋节，农场"青年知识分子联谊会"组织了"七夕联谊"活动。多年来，团委先后组织开展了青年知识分子科技创新论坛、青年人才发展论坛、青年人才金点子活动，组织参与策划两届"首农青年文化节"活动等，为青年人的成长搭建平台，挖掘青年人才潜能，关心青年、服务青年，在工作岗位中发挥青年先锋作用，为农场发现、输送了大量后备人才，成为农场人才成长的摇篮。

多年来，农场团委在农场党委和集团公司团委的领导下，认真贯彻"党建带团建"的工作要求，围绕党的中心工作，全面推进团的思想建设和组织建设，结合团员青年特点，以提高综合素质、发挥青年先锋作用、促进人才成长为目标，激发团员青年的积极性和创造性，增强团组织的凝聚力和向心力。

农场团委先后荣获多项荣誉。2010 年，农管中心团支部荣获北京市"五四红旗团支部"荣誉称号；2011 年，农场团委书记庞燕在北京市共青团"达标创优"竞赛活动中荣获优秀团干部称号；2016 年，农管中心张来喜获得"北京市青年岗位能手"荣誉称号。

按照"党建带团建"的工作要求，农场不断加强团组织建设，目前所属单位均成立了团支部和青年工作小组，使团组织建设覆盖到每一名青年。

2018 年，农场共有 6 个团支部，有 35 岁以下青年 220 名，其中团员 64 名。农场团委作为党委的助手和后备军，是联系党组织和青年职工的桥梁与纽带。

2018 年 3 月，工会、共青团拓展活动现场

南郊农场历任共青团干部如表 8-4 所示。

表 8-4　南郊农场历任共青团干部

姓名	职务	任职时间
王海莲	团总支书记	1954 年 11 月
吕广业	团委书记	1959 年 5 月
"文化大革命"期间，共青团工作处于停滞状态		—
曹振忠	团委书记	1971 年 5 月
邢焕楼	团委副书记（主持工作）	1975 年 12 月
牛占山	团委书记	1979 年 2 月
李广林	团委书记	1983 年 5 月
王国才	团委副书记（主持工作）	1984 年 1 月

（续）

姓名	职务	任职时间
范洪霞	团委副书记（主持工作）	1985 年 7 月
刘有志	团委书记	1990 年 7 月
鲁大春	团委书记	1992 年 5 月
周昭平	团委副书记（主持工作）	2001 年 4 月
王海燕	团委副书记（主持工作）	2005 年 12 月
庞 燕	团委常务副书记（主持工作）	2007 年 3 月
庞 燕	团委书记	2010 年 7 月
韩璐	团委书记	2016 年 10 月

第四章　企业文化建设

第一节　群众文化

一、概况

南郊农场的群众文化活动从农场成立初起，始终与农场一起成长、一起发展、相互促进。

1950年冬，团河村在抗美援朝期间首先发展了"爱国日"活动，并组织30多名团员青年利用业余时间搞宣传，排练《刘胡兰》《白毛女》《送炮弹》等文艺节目，为群众演出。1951年，为了配合党的工作、活跃生活，西红门镇政府决定成立"虹光剧团"，由十几名热心青年组成，排演的文艺节目有《小女婿》《小二黑结婚》《白毛女》等剧目。

1953年2月，红星集体农庄成立后，率先办起了有线广播站，通过农庄村口的大喇叭，每天广播三次，利用各种形式宣传合作化运动。

1954年，国营南郊农场组建完成。1955年10月，毛主席为《红星集体农庄的远景规划》题写按语后，南郊农场掀起了合作化运动的浪潮。同时期的许多有识之士和城市知识青年响应党"到农村去，到边疆去，到祖国最需要的地方去"的伟大号召，纷纷来到南郊农场各基层分场，不仅为农场增添了新生力量，更为农场带来了知识和文化，使农场的业余文化活动异常活跃起来。他们利用有线广播和黑板报等形式，宣传农场涌现出的好人好事，并在业余时间编排文艺节目，为农场职工演出。每到节假日，还组织农场职工进行游艺活动，把农场的文化生活搞得丰富多彩。

1956年3月29日，中共中央、国务院颁布《关于扫除文盲的决定》。农场迅速掀起了"扫盲"热潮，建起了民校和识字班，干部、社员利用业余时间积极学习文化知识，很多人摘掉了文盲"帽子"。

1957年冬天，海子里掀起了兴修水利的高潮。中国文联艺术家李和曾、袁世海、侯宝林、李少春等在田汉的率领下，兴致勃勃地到西红门曙光社水库工地参加义务劳动，并冒着−20℃的严寒，表演了节目。1958年2月25日，中国文联主席郭沫若率领100多名艺术家为竣工的"红领巾水库"道贺,其中包括冰心、赵树理、刘开渠、周立波、艾芜、邵宇等,郭沫若在庆功会上为修水库立功的社员颁奖并题诗,100多位艺术家纷纷在诗稿上签名、作画,上海京剧院还演出了《三岔口》《拾玉镯》《玉堂春》等当场助兴,参加演出的有俞振民、言慧珠、李玉茹等。

1958年春天,红星集体农庄在海子里各高级社中首先购置了电影放映机,并在所属各村轮流放映电影,丰富庄员的业余文化生活。

据说,在1958年群众诗歌创作高潮中,当时的孙村乡还荣获过周恩来总理亲自署名签发的"诗歌之乡"奖状。

1958年9月7日,在庆祝红星人民公社成立大会上,群众演出京剧助兴。1960年4月,"北京人艺"郑榕、朱旭、黄宗洛等带着作家李醒根据西红门抗涝争丰收事迹创作的话剧《凤水东风》来到西红门为群众演出,他们与社员同吃、同住、同劳动,体验生活,还吸收辅导村里一些年轻人参加了演出。

1960年8月11日上午,在"红星中朝友好人民公社"命名大会上,瀛海、天恩等大队的社员们演出了大鼓、唢呐等文艺节目。

1962年9月,著名电影演员张良、张瑞芬、仲星火等到南郊农场亦庄牛场参观,并与社员联欢,表演节目。

1963年4月7日晚上,中央人民广播电台文艺部和《诗刊》杂志社在西红门组织了一次"诗歌朗诵演唱会"。诗人肖三、臧克家、光未然、袁水拍、李学鳌,相声大师侯宝林、郭全宝,演员凌元、殷之光等20多人表演了节目,西红门青年耿静、陈淑英、洪广新等也朗诵了诗歌。后来,同样的活动也在公社大院举行。

为响应毛主席"文艺为工农兵服务"的伟大号召,部分首都文艺工作者和著名艺术家来到南郊农场,在深入生活的同时,送文化下乡,给南郊农场的群众文化活动带来了新的气象。据不完全统计,1952—1976年,首都文艺工作者多次来到南郊农场,一边深入生活,一边送文化下乡,多达上百次。来过南郊农场的文艺团体有中国文联、中国文化部艺术局、北京人民艺术剧院、中国京剧院、中央音乐学院、北京京剧团、中国戏曲学院、人民美术出版社、中国社会科学院、北京中国画院、中国音乐学院、《诗刊》杂志社等。

众多艺术家们送文化下乡,不但活跃了农场的文化氛围,还通过举办各种专业学习班,为农场培养出了文学创作、舞蹈声乐、乐器演奏、书法美术等一批文化骨干力量,也为南郊农场的群众文化活动可持续开展打下了坚实基础。

1970年9月,南郊农场正式组建成立了"红星公社业余文艺宣传队"。宣传队的队员来自农场各基层单位，都是能歌善舞、能演会奏的文艺骨干。宣传队实行农闲时集中排练演出，农忙时回原单位工作的组织形式，节目大都是以歌颂农场新面貌为主题的，由队员们自编自演。宣传队队员每年要骑自行车到全农场基层单位进行数十场演出，还参加每年"五一""十一"在北京各大公园举行的游园庆祝活动演出。特别是南郊农场（红星公社）被定为"社会主义新农村"的对外窗口后，每年都有大量的对外接待任务，而与外宾举行联欢或为外宾演出常常是接待的重要形式，所以，农场文艺宣传队还要承担外事接待方面的演出任务，多次得到外交部和对外友协的高度赞扬。

1971年4月，农场建起了正式的"红星公社文化站"（在今旧宫物美商场后，隶属于农场宣传部），成为农场正式在编的直属单位，专门负责组织全农场的群众文化活动。从此，群众文化工作在本地区纳入党委的正式工作议程。文化站由文艺宣传队、文化创作组、美术创作组、图书馆和农民画展览室5部分组成。一直到20世纪70年代末，农场文化站始终围绕"用社会主义思想占领农村文化阵地"开展工作，通过文艺演出、办画展、文学和诗歌创作及图书阅览等，开展丰富多彩的文化活动，组织和带动全农场群众性文化活动的开展，成为北京市开展群众文化工作的一面旗帜。

1972年6月下旬，北京京剧团到农场双桥北队支援麦收劳动并与社员联欢，演出了《杜鹃山》《沙家浜》等，参加演出的有谭元寿、杨春霞、赵燕侠、周和桐、马永安等。

20世纪70—80年代，作为群众文化先进单位的南郊农场，由红星文化站参与组织了大量活动。当时中国文联所属各文艺团体经常下乡演出和体验生活，大多是文化站经手操办的。如中国音乐家协会、音乐出版社李焕之等曾到红星采风，引用农民诗人姜连明的10余首儿歌谱曲，编辑出版了一本《儿童歌曲集》；中国美术家协会、人民美术出版社邵宇及姜维朴等经常来红星写生，还派编辑耿守忠长驻文化站，组织业余作者编写脚本，请画家作画，在《连环画报》出版，培养了一批业余作者；北京画院的潘洁兹、娄师白、杨达林、张松鹤等还曾几个月吃住在文化站，给公社的美术爱好者讲课辅导，培养了一批美术人才；中国作协著名作家姚雪垠的长篇《李自成》一、二、三部，都在这里召开过征求意见座谈会；中国社科院诗人何其芳也在这里召开过"毛泽东诗词解析"座谈会。

1979年7月，南郊农场将场部后的大礼堂装修改建为"红星影剧院"，正式对外营业。北京古文月评剧团等曾来此演出，朝鲜一些访华文艺团体也曾来这里与农场职工一起联欢并为其演出。

1989年12月，由于改革开放形势的需要，南郊农场文化站与红星影剧院合并为"南郊农场工人俱乐部"，隶属农场工会管理。虽然变换了形式，但南郊农场的群众文化活动始终没有停止。畜牧分场和工业分场把全农场的文艺骨干重新组织起来，分别成立了"畜牧分场文工团"和"工业分场文工团"，继续承担为农场职工群众演出的任务，一直坚持到20世纪90年代初。

1995年，农场工会以原农场范围内的书画人才为班底，成立了御苑书画院。2002年11月，又成立了御苑诗社。自2000年起，农场每年都结合年终总结组织春节团拜会，各单位排练的文艺节目经选拔后参加春节会演，通过这种形式，锻炼和发现了一大批职工文艺骨干和文化青年，丰富和活跃了企业职工的文化生活。

二、剧院及文化活动团体选介

（一）红星影剧院

南郊农场的电影文化事业始于1955年春天，南郊农场购置了电影放映机，轮流到所属各社放映电影。1958年，在海子县各高级社中，红星集体农庄首先购置了电影放映机，并在所属各村轮流放映电影，丰富社员的业余文化生活。随着人民公社的成立和南郊农场的发展壮大，这种流动电影放映形式很快扩展到整个农场（公社）的200多个单位和村庄，受到了广大职工社员的热烈欢迎。

为满足人民群众对文化生活的需求，1976年，农场将南郊乳品厂北墙外的大仓库改造装修成"红星影剧院"。农场举办的许多大型活动和会议都在这里举行。

十一届三中全会之后，广大群众对文化生活的需求不断提高。1979年7月，红星影剧院正式对外开放营业，李凤山任党支部书记兼经理。除了经常放电影，剧院还陆续增添了录像放映厅和录像带租赁业务，观众除了农场各单位各分场的职工社员外，相当一部分是外地来京务工的民工。除此之外，影剧院还配合农场举办了一些大型活动和会议，如1982年7月，农场科教科邀请无臂书法家刘京生以"做一个有明天的人"为题给农场青年工人做报告；农场工会邀请著名古文月评剧团来此演出；朝鲜许多访华文艺团体也多次来此演出，与农场群众联欢。

1989年12月，"红星影剧院"与"红星文化站"合并，原文化站的图书馆也一同并入，对外开放借阅。

1998年年底，农场完成场乡体制改革，南郊农场"红星影剧院"（南郊农场工人俱乐部）也结束了22年的历史使命。

（二）御苑书画院

1971年4月，南郊农场自成立"红星文化站"后，培养了一批书画爱好者，曹广基、马海方、于永茂等就是当时的佼佼者。改革开放以后，相关人才队伍发展壮大，1995 年，由农场工会牵头正式成立"御苑书画院"。多年来，画院组织了数次采风写生活动，八达岭、龙庆峡、十渡、爨底下，甚至洛阳、五台山等著名风景区，都留下了他们的足迹，创作了大量的作品。画院还经常组织公益活动，如为农场会议室、接待室以及各单位会议室等创作书画作品；"八一"建军节到东营房驻军慰问并赠送书画；国庆节到西营房礼炮部队与官兵举办联谊笔会，当场为战士们挥毫泼墨；1998 年 5 月 30 日，20 余名书法家在农场招待所举办了"向希望工程捐赠书画笔会"活动，北京市希望工程领导小组副组长、团市委副书记王宁等代表受助儿童接受了 30 余幅精心之作，并向书法家们颁发了纪念卡和荣誉证书。

向希望工程捐赠书画笔会

2014 年 10 月，首农集团在南郊红星集体农庄举办了"和谐杯"职工书画展评选活动，南郊农场共选送 20 余幅作品，其中，2 幅作品获一等奖，3 幅获二等奖，5 幅获三等奖。

（三）御苑诗社

2002 年 11 月 12 日，南郊农场成立了御苑诗社。在成立大会上，北京诗词学会会长段天顺、副会长李凤祥到会祝贺并讲话，接收御苑诗社为北京诗词学会第 35 个会员单位，当时诗社成员有 13 人。

十几年来，诗社在历届农场领导的指导和大力支持下，开展了一系列活动：曾在《北京诗苑》多次刊登诗社作品专辑和数十首有代表性的会员作品；邀请北京诗词学会领导及编辑部成员来农场参观团河行宫和麋鹿苑；邀请农场御苑书画院、大兴区老年诗书画研究

北京御苑诗社成立三周年联谊活动留念

会、西红门文学社、亦庄开发区书画协会等举办"迎新春联谊笔会";与亦庄镇文体中心联合举办"九九重阳诗会";先后编印《御苑诗草》10余期等。

2010年10月13日,农场党委进一步加强了对诗社的领导,完善了组织,丰富了活动内容。2010年11月2日,组织诗社成员到房山贾岛墓参观采风;2013年8月,组织诗社成员到房山马致远故居游览采风。2013年,诗社成员已逾20人,陆续编印了《御苑诗社作品选》《南海联吟》《御苑诗社旅游作品选》以及《印象南郊》;配合"城南行动计划"重点项目南海子公园开展了一系列公益活动,并编辑出版《南海子古诗选》《南海子现代诗词选》。2018年3月16日,农场工会请诗社副社长倪化珺为会场70多名诗词爱好者做诗词创作知识培训。

第二节　企业文化

1995年是毛主席为红星集体农庄题写《按语》40周年。在中央工艺美术学院的大力支持下,几经筛选,数易其稿,北京南郊红星农工商集团徽章正式确定。其正视图形与"红"字的汉语拼音"H"相似,图案由镰刀、斧头、圆形和"三"组成,象征一二三产业全面发展的红星农工商集团。整个图案象征着红星农工商集团上下一致、团结奋进,象征工农联盟牢不可破,具有很强的思想意义和美学价值。

在全场干部职工达成共识后,北京南郊红星农工商集团的企业精神正式确定为"继承红星传统,事争农垦一流"。红星传统的内涵是:艰苦奋斗的创业精神,科学严谨的求实精神,敢为人先的开拓精神,服务首都的奉献精神。为了推动南郊农场的企业精神传播,

编辑出版的相关书籍

农场宣传部精心撰写印发《企业精神赞》，并摄制电视片《今日红星》，又增发中华全国总工会农林工会会刊《农林工会——红星特刊》。

1998年场乡体制改革后，农场经历农工商总公司聚大重组，奶牛、鸭业、出租车、加油站等一大批优良资产被划出。农场审时度势，提振士气，提出"立足发展、开拓进取、振兴农场经济"的指导思想。

2006年8月，农场组织干部职工开展向蒙牛学习的活动，通过参观学习，各单位领导都书面总结了学习体会，农场召开汇报会，编印《蒙牛文化学习心得汇编》。经过不断酝酿、提炼，在2007年年度工作会上，正式提出了南郊农场的企业理念。

南郊农场印刷的宣传企业理念的资料

企业理念演讲比赛

经营理念：以人为本，效率优先，依法治企，合作共赢。

企业精神：创新发展，团结奋进，友爱互助，赶超一流。

企业使命：创造财富，富裕员工，回报社会，造福人类。

企业愿景：人尽其才，物尽其用，和谐企业，幸福生活。

员工准则：勤劳好学，守法诚信，忠诚企业，超越自我。

2008 年，农场各单位认真宣贯了这一新的企业理念，组织企业理念演讲，印发《南郊农场企业理念论文汇编》。2016 年，农场第九届党代会后，在疏解腾退的大背景下，新一届领导班子又提出"勇担当、善作为、敢碰硬、争一流"的南郊精神，提出建设产业优良、环境友好、职工幸福的现代化都市农场的愿景。

南郊精神文化墙

第三节　内刊及外宣

一、内刊

"文化大革命"后期，农场办有《红星简报》，当时由农场政治组的皮桂荣负责，用打字机打印。1969 年 7 月，改由姜连明负责，采用刻蜡纸，手推油印，隔天一期，每期 100 份，直到 1972 年结束。

1989 年年初，农场宣传部委托农场文化站创办《红星》小报，这份报纸以"红星"的历史文化为主要内容，每期时间不固定，到 1990 年 9 月 25 日，共发行了五期。

2003 年 5 月，在"非典"肆虐的非常时期，农场政工部创办《南郊农场通讯》。5 月 15 日，第一期出版，为 A3 纸单面黑白单色小报。从第四期（2003 年 6 月 10 日）开始改为 A3 纸双面彩版。

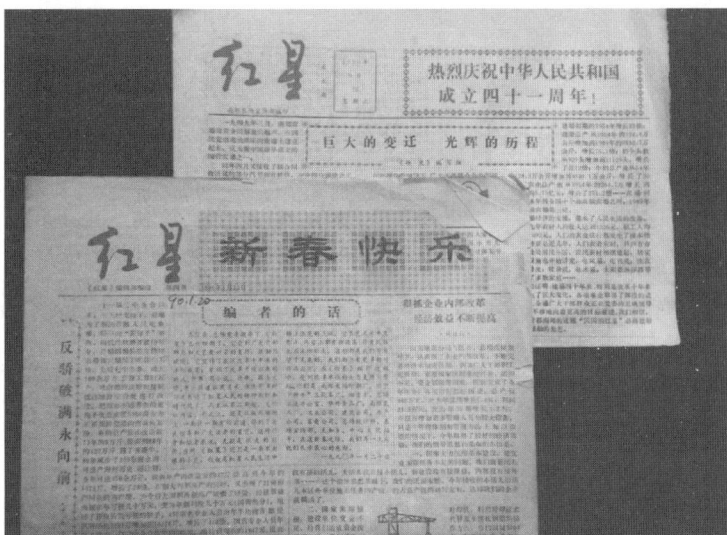

《红星》小报

从 2007 年 12 月 26 日第 23 期起，《南郊农场通讯》改为《三元南郊》，规格为两个 A3 纸大小的双面彩色胶印。

2009 年 6 月 15 日，第 43 期更名为《首农南郊》，每年 8～10 期。到 2018 年年底，已出版 136 期。

《南郊农场通讯》《三元南郊》和《首农南郊》

二、外宣

外宣工作主要是指在农场以外的新闻媒体上宣传报道与农场有关的新闻或事件。

这项工作从 1969 年开始，由农场宣传部门负责，定有专人，从农场到各分场都称宣传干事。

据时任农场（红星公社）通讯报道组成员姜连明个人保存的简报记载，从 1969 年 4 月 19 日到 1974 年 7 月 23 日，农场（公社，含各分场）在《人民日报》《光明日报》《北京日报》共发表各类新闻报道 98 篇，这个时期的主要撰稿人有姜连明、郝葵、胡天培、陈长兴、袁宝生、陈英、邢焕楼等。

据曾负责农场外宣工作的陈长兴回忆，从 1995 年 12 月 26 日—1996 年 12 月 3 日，农场在市级以上报纸杂志上共发表文章 41 篇，在中央和北京电视台播出新闻稿 20 篇，在广播电台播出 12 篇。

左起：陈长兴、姜连明、袁宝生、王振信、白啟哲、邢质斌、邢焕楼、张友才、胡天培

2017 年，南郊农场代表首农集团参加市国资委第二届微电影大赛"评委会特别奖"

第四节 有线广播

南郊农场的有线广播从 1954 年开始，这年的春天，红星集体农庄首先在京郊办起了有线广播站，在所属村架设了高音喇叭。

1958 年秋，农场机关从旧宫北大门迁至忠兴庄（原红星医院红楼），当时，农场（公社）就建立了广播站，并通到各个村（乡）。

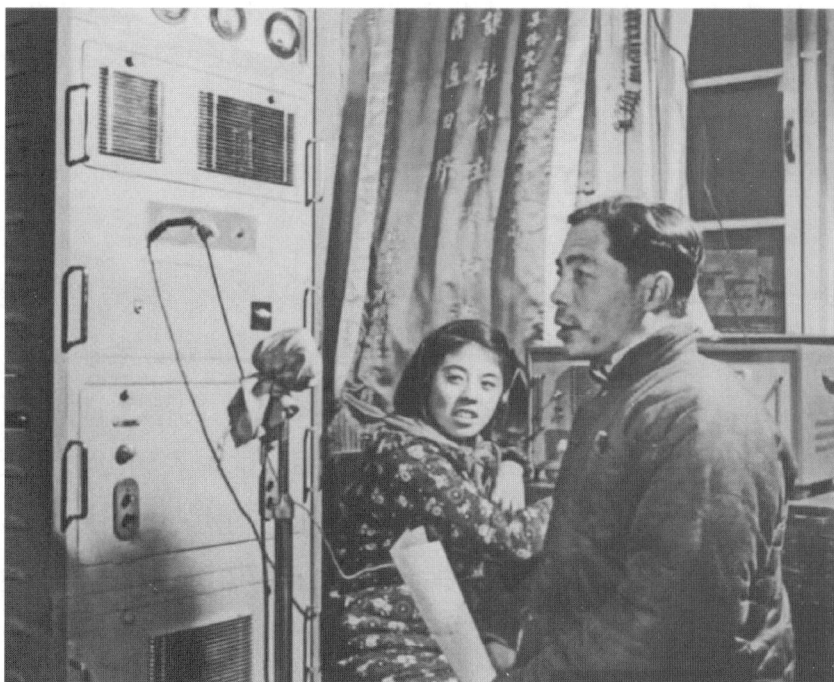

农庄主席于潮凯在广播站讲话

1961 年年底，场部迁至东高地万源路（原北京林校旧址），有线广播停办。

1968 年年底，军宣队驻场，在电话室外间建了一个简易的广播室，并通过电话线开通通往各分场及各村的有线广播。1969 年 6 月 18 日，广播员张玉玲调入农场机关，开始广播工作。

1971 年，邢质斌从鹿圈分场调入农场机关任广播员。每天中午、晚上广播两次，开始曲是《东方红》，结束曲是《大海航行靠舵手》，广播稿件除自己采编外，多来自各分场（乡）、各单位通讯报道组。每天的广播内容要填写广播日志。

20 世纪 70 年代，农场（公社）连续几年在"三夏"时办"战地流动广播车"，在农场（公社）的 120 多个生产队（村）巡回广播，当时的播音员就是邢质斌。

此后，农场在电话室西侧新建广播站，将串线改为专线，提高了传输质量。亦庄分场张友才利用分场广播，连播长篇小说《金光大道》《艳阳天》，受到广大社员的欢迎，新华图片社在全国做了相关报道。

1987 年春，农场在原址建起办公大楼，同时在二楼东侧建了新的广播（隔音）室。

1997 年 10 月 20 日，农场机关进行机构改革，职能科室从 26 个改为 15 个，此后，广播站停办。

1998 年 10 月，红星区居民楼闭路电视网络开通并投入使用。

亦庄分场张友才广播长篇小说

第五节　史志工作

南郊农场的史志工作从 1988 年开始。4 月，组建《场史》编写组，经过查阅农场近 40 年的文书档案，召开各类座谈会几十次，走访有关老领导、老同志近百人，终于于 1989 年 8 月完成《南郊农场史》征求意见稿。这本场史的上限是 1949 年，下限到 1989 年，经广泛征求意见后，于 1992 年 8 月正式印刷成书。这本农场史包括大事记、自然地理、区域演变、经济等 7 个部分，全书 29 万字，是农场建场 40 年以来第一本综合性史书。但由于条件所限，该书只重点反映了农场经济方面的概况，没有涉及党建、文化、教育、卫生、科技等方面的内容。

2009 年，为纪念农场建场 60 周年，农场党委决定组织编写《南郊农场史》续篇，续写 1990—2009 年间农场 20 年的历史，这本场史于当年 11 月初成书印刷，在 2009 年 12 月 16 日建场 60 周年庆典上进行了首发。

在编写《南郊农场史》续篇的同时，还对《南郊农场史》（1949—1989 年）进行了充实完善，并与《南郊农场史》（1990—2009 年）统一规格和封面，再次印刷，形成了两册《南郊农场史》，即前 40 年本和后 20 年本。

2015 年秋，在农场原党委书记马利生的策划下，一本由时任农场场长钮立平任编委主任、党委书记程藏任主编的《印象南郊》刊印出版。《印象南郊》共 8 个部分，包括领袖足迹、人物风采、科技之花、企业文化、对外窗口、继往开来、花絮集锦和诗词歌赋，全书约 30 万字。该书的作者除部分在职工作的同志，大部分是农场已经退休的老同志，各类回忆文章多数都是他们的亲身经历和所见所闻。

2015 年 6 月 25 日，根据集团公司的要求，南郊农场召开了《北京市南郊农场大事记》

编写工作专题会，党委书记程藏任主任，这次大事记在原《南郊农场史》前60年（1949—2009年）大事记的基础上进行了部分修订和补充，形成了《北京市南郊农场大事记》。

2017年8月21日，首农集团下发《关于印发〈北京农垦志〉编写计划书的通知》（京首农党发〔2017〕33号）。2017年10月，农场成立以党委书记程藏为主任的修志工作委员会，确定了编写内容和分工表，制订编写进度表。志书上限为1949年3月，下限为2018年12月，计划完成时间为2019年10月，在建场70周年成书。

除上述几本史志资料以外，1995年10月26日，农场召开"纪念毛主席为红星题写按语40周年庆祝大会"；1999年11月10日，召开纪念农场建场50周年大会；2009年12月16日，召开庆祝南郊农场建场60周年庆典。

南郊农场史志资料

第六节　对外交流

南郊农场的外事活动从1949年3月开始。1949年3月，在旧宫庑殿接收了"联合国救济总署农垦处河北分处"的拖拉机、大汽车、小吉普及配备农机具近20台件；6月，美籍专家韩丁（William Hinton）调到农场工作。1950年、1952年和1954年，多次进口苏联、捷克等国的各种农机具10余台件。1954年1月，农场青年团干部董志龙代表北京青年随慰问团赴朝鲜慰问朝鲜人民和中国人民志愿军；7月，五里店牛场首先使用了苏式提桶式挤奶机；10月，农场接收了俄侨石金的奶牛场及奶牛150头。1955年6月，越南胡志明主席来农场参观，场长郭子清、总支书记耿希贤（女）负责接待。

20世纪60年代以后，为展示中国新农村面貌，发挥国营农场的"窗口"作用，经外交部、对外友协、中共北京市委市政府等研究批准，在京郊农场系统先后命名了6个对外友好人民公社（农场）。1960 年 8 月，南郊农场被命名为"红星中朝友好人民公社"。1971 年 11 月 7 日，长阳农场被命名为"中柬友好人民公社"，周恩来总理、李先念副总理陪同西哈努克亲王出席了命名大会，并在长阳农场院内栽种了 5 棵翠柏。

20 世纪 60 年代到 20 世纪末，农场的外事接待工作一直由专职的"外事接待组"负责，主要以接待朝鲜党政、经济、文化、军事等各界友好代表团为主，同时也接待其他国家（地区）党政、经济、文化、军事等各界友好代表团以及各国著名友好人士的参观访问。由于外宾很多，有时一天来两三个团，接待室不够用，只好采取错时接待或直接引到参观地点的办法。直到 1987 年春节，南郊农场新盖的办公大楼竣工，增加了两个贵宾接待室，才缓解了接待压力。

外事接待工作非常重要，规定很严，要求很高，对上级来电通知、参观时间、参观地点、接待规格、陪同人员、离场时间等，都有严格规定，并要详细记录在《外事工作日志》上。除上级要求农场领导陪同外，一般都是由接待组工作人员陪同，参观地点由上级和农场共同研究选定，计有农机修造厂、红星幼儿园、金星鸭场、亦庄牛场、董场村等10 余个单位。据不完全统计，农场每年都要接待 100 多批、近 3000 人次的来访，1960—1989 年，共接待外宾 10 余万人次。

第七节　南郊农场与朝鲜宅庵农场的友好往来

1958 年 2 月 19 日，周恩来总理应邀访问朝鲜，在金日成主席的陪同下，访问了平壤北郊的翔杨合作农场。朝鲜政府于 1959 年 9 月 28 日将该农场命名为"朝中友好宅庵合作农场"。作为友好回应，在朝鲜人民解放 15 周年前夕，1960 年 8 月 11 日，外交部、对外友协、中共北京市委市政府研究决定，将南郊农场命名为"中朝友好人民公社"。

1960 年 8 月 11 日，农场举办了盛大的命名庆祝大会，农场旧宫礼堂装饰一新。会场上彩旗招展，马路边搭了 4 个五彩牌楼，数千群众敲锣打鼓，迎接来宾，800 名公社社员参加了大会。公社书记郭方、主任赵彪、中朝友好协会会长李德全、北京市副市长吴晗、朝鲜驻华大使李永镐、朝鲜朝中友好协会代表团团长金中恒等出席并讲话，观看了瀛海、天恩庄社员们表演的大鼓、唢呐等节目。会后，来宾们参观了农机修造厂、塑料厂、种马场及和义的稻田等。

20 世纪 60 年代至今，朝鲜贵宾经常来中朝友好人民公社（南郊农场）参观访问。1963 年 6 月，朱德委员长陪同朝鲜崔庸健委员长来访。1975 年 4 月 20 日，叶剑英副主席陪同金日成主席来访，并栽下友谊树。

　　2008年2月18日，为纪念周恩来总理与金日成首相访问朝中友好宅庵合作农场50周年，朝鲜对外文委、朝中友协、宅庵农场在平壤大月江外交会馆举办纪念大会，中国驻朝大使刘晓明及夫人率大使馆馆员出席，朝鲜对外文委代理委员长文在哲、宅庵农场管理委员会委员长郑明哲、刘晓明大使发表讲话，共叙中朝友谊。会后放映了周恩来总理访朝和与金日成首相交往的纪录片。2009年10月6日，温家宝总理访问朝鲜，与金正日主席会谈后，特意到宅庵朝中友好合作农场参观。

朝鲜平壤万寿台艺术团演员金文英为中朝友好人民公社的社员们演唱歌剧《卖花姑娘》的插曲

　　每逢朝鲜国庆日、中朝友好合作互助条约签订日、中朝友好人民公社命名纪念日等，公社都邀请朝鲜驻华大使和馆员以及来访的朝鲜贵宾举行庆祝大会。朝鲜万寿台艺术团、平壤歌剧团、国立交响乐团、人民军协奏团等众多文艺团体多次来公社参观访问并演出，与社员联欢。中朝友好人民公社（南郊农场）的历届党委书记、主任（场长）也都先后随同各级各类访朝代表团赴朝鲜访问，并专程到宅庵朝中友好合作农场参观。

　　1973年5月21日，朝鲜平壤万寿台艺术团访问北京市红星中朝友好人民公社。

中国农垦农场志

第九编

人　物

中国农垦农场志丛

第一节　历任农场主要领导干部

历任农场主要领导干部名录（党政正职）

党总支书记	任职时间
耿希贤（女）	1954.1—1955.9
王友新（女）	1955.9—1956.12
袁言庸	1956.12—1957.4

党委书记

袁言庸	1957.4—1957.7
郭　方	1957.7—1965.4
夏　阳	1965.4—1968.2
赵建奎（军）	1970.9—1971.12
张进霖	1971.12—1975.2
吕春林	1975.2—1980.7
刘长明	1980.7—1983.10
刘伦祥	1983.10—1984.9
赵东升	1984.9—1985.4
苏本英	1985.4—1993.4
李仕雄	1993.4—1994.6
范为常	1994.6—1998.10
马利生	1998.10—1999.8
郑立明	1999.8—2004.2
李凤元	2004.2—2004.9
王发兴	2004.9—2010.3
何　冰	2010.3—2012.10
程　藏	2012.10至今

场长（主任）

郭子清	1954.10—1955.9

赵　彪	1955.9—1968.2
石义德（军）	1968.2—1969.10
韩　薪	1969.10—1973.4
吕春林	1973.4—1976.10
邢春华	1976.10—1983.1
刘伦祥	1983.1—1983.10
苏本英	1983.10—1985.4
赵喜英	1985.4—1998.10
孔繁龙	1998.10—2001.7
管建国	2001.7—2012.3
钮立平	2012.3—2016.3
刘建波	2016.3—2016.9（主持全面工作）
刘建波	2016.10 至今

红星区区长

杨学志	1983.10—1984.9
马利生	1984.9—1998.10

第二节　劳动模范（市级以上）

张桂花

姓名：张桂花

性别：女

出生年月：1937 年 10 月

政治面貌：中共党员

文化程度：初中

工作单位：北京电信工程公司第一装机队

职务：机务员

荣誉称号：全国劳动模范

荣获时间：1959 年

简要事迹：

张桂花于1958年8月参加工作，在北京电信工程公司第一装机队担任机务员。她在第一装机队工作期间，参加过多次市话机械安装工程和人民大会堂译音风工程，先后去长春、杭州、抚顺、济南、哈尔滨等地参加装机工程。

作为一名女同志，张桂花一贯积极肯干，成为工程中的绞线能手。在她的影响下，全班组工作有了很大进步。她不怕吃苦，听党的话，党指向哪里就干到哪里，从来不计较个人得失。她关心群众，和大家打成一片，群众威信非常高，在各项工作中都起到了模范带头作用。同时，她还担任工会工作，也表现得非常出色，圆满完成了各项艰巨的工作任务，得到大家的一致好评。在业余时间，她用心学习，积极钻研技术，不断进步。思想上积极上进，使自己的政治觉悟和工作能力有了很大提高。1959年2月，张桂花加入共青团，并于同年加入中国共产党。由于一直表现很好，她曾多次被评为公司的红旗手，并于1959年被评为"北京市先进生产者"，同年获"全国先进工作者"称号，与时传祥等全国劳动模范一起出席了全国群英会，被授予100克英雄金笔一支，《毛泽东选集》一、二、三卷一套。

1962年6月，张桂花由北京电信工程公司调入北京红星公社瀛海大队担任广播员。

张振儒

姓名：张振儒

性别：男

出生年月：1929年12月

政治面貌：中共党员

文化程度：初中

工作单位：南郊农场南牛场

职务：场长

荣誉称号：北京市劳动模范

荣获时间：1957年

简要事迹：

张振儒于1949年参加工作，他认真贯彻执行党的路线、方针、政策，不断提高自身的思想政治素质，大力提倡和树立一心为公、无私奉献的共产主义思想观念，反对自私自利的个人主义，并坚持开展技术学习培训，为职工不断提高业务素质和思想政治水平做了大量的工作。

张振儒先后在通县农联农场、五里店农场畜牧队工作，始终坚守在奶牛养殖一线，由一名普通的工人迅速成长为技术员、畜牧队队长。对待职工，他平易近人，设身处地为职工着想，对待他们犹如自己的兄弟姐妹，职工遇到困难他也及时伸出援助之手。工作中，他重视抓好奶牛乳房炎的防治工作，不怕脏、不怕累，任劳任怨，从不计较个人得失，在场里总能看见他忙碌的身影，职工都称他为"以场为家闲不住的人"。

他对奶牛养殖行业有着深厚的感情，通过多年的工作，他积累了丰富的奶牛饲养经验。除此之外，他还熟练掌握手工挤奶和机器挤奶技术，和技术员一起制作玉米青贮、豆科类青贮和发酵饲料、碱化饲料等。由于突出的工作表现和优秀的工作业绩，1952年，张振儒获得"农业部五里店农场劳动模范"称号，1954年获得"北京市劳动模范"和"农业部劳动模范"称号。

崔淑芹

姓名：崔淑芹

性别：女

出生年月：1928年5月

政治面貌：中共党员

文化程度：初中

工作单位：南郊农场物资站

职务：副站长

荣誉称号：农业部劳动模范

荣获时间：1953年1月

简要事迹：

崔淑芹于1946年11月参加革命工作，1950年3—10月在双桥机校学习驾驶技术。在学习期间，她刻苦学习拖拉机构造原理，不仅练就了熟练的拖拉机驾驶技术，还掌握了拖拉机日常保养和维修知识，是中华人民共和国第一代女拖拉机手。

在北京南郊五里店农场担任拖拉机手期间，由于当时农场平整土地的机具很少，为了保证农作物能够及时收种，崔淑芹驾驶拖拉机奔波在农场的各个农田。拖拉机出现故障，她主动利用休息时间加紧抢修，保证第二天所有的拖拉机能够正常使用。每年农忙时节，她很少有休息的时间，为了抢农时，经常白天黑夜连轴转，渴了喝一口井水，饿了啃一口随身带来的干粮，困了就在田间地头打个盹儿，然后抖擞精神地继续奔波在农田里。拖拉机陷入泥泞，她二话不说，挽起裤腿挥舞铁锹进行清理，经常干得满头大汗。由于长期劳累，她患上了关节炎，手指关节都变了形，但是，她从来不因自己是一名女同志而要求特殊照顾。经过努力，她成为农场拖拉机队技术最全面的女拖拉机手。

王志强

姓名：王志强

性别：男

出生年月：1936 年 2 月

政治面貌：群众

文化程度：小学

工作单位：南郊农场南猪场

职务：技术员

荣誉称号：北京市劳动模范

荣获时间：1955—1957 年

简要事迹：

王志强对待工作几十年如一日，兢兢业业、任劳任怨，每天起早贪黑，大大小小的活儿他都抢着干，不怕脏、不怕累，吃苦在前、享受在后，虽然患有高血压，但他总是和其他职工一样奋战一线，甚至休息日和节假日也经常加班，为的是提前完成工作计划，提高效率。王志强在工作中一贯坚持实事求是的作风，他深知兽医应在查明症状后谨慎地对症下药，稍有不慎就可能危及牲畜性命。多年来，他坚持真理，一丝不苟，始终以执着的精神对待兽医工作，在工作中从未出现误诊误断，他的严谨作风让身边的每一个人都佩服不已。工作期间，他还积极学习技术，有着很强的钻研精神，为场里解决了很多技术难题。他不仅业务精湛，还利用业余时间把自己所掌握的技术传授给场里的其他技术员。在他的带动下，全场职工都勤奋好学起来，场里效益连年提高。他待人谦和、善解人意，场里职工有了困难，他千方百计地为人解难。在场里，王志强是大家公认的榜样，每每谈起他，大家都伸出大拇指。1955—1957 年，王志强连续三年被中共北京市委、市政府授予"北京市劳动模范"荣誉称号。

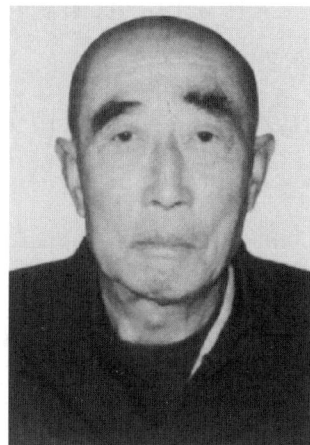

马良民

姓名：马良民

性别：男

出生年月：1922 年 12 月

政治面貌：中共党员

文化程度：大专

工作单位：长阳农场

职务：场长

荣誉称号：北京市劳动模范

荣获时间：1958 年、1962 年

简要事迹：

马良民于 1958 年任良乡人民公社副主任，主管农业生产。1960 年大公社分家，调到长阳农场任场长（人民公社主任）、党委副书记，主管农牧业及财务工作。在生产工作中，马良民同志认真贯彻执行"以农业为基础、以粮为纲、农牧并举，多种经营，大力发展副食品生产为首都服务"的方针，做到以农养牧、以牧肥农、农牧结合，把农场建设成为一个渠直、路直、树成行、地成方的农业格局。

按规划，在畜牧业发展上建成奶牛场 4 个、猪场 7 个，以及鸡场、鸭场等。农牧紧密结合，畜牧业为农业生产提供大量优质肥料，对改良土壤、提高农业生产水平发挥了重要作用。农业为畜牧业提供大量的饲草饲料，经过干部员工的共同努力，粮食实现高产稳产。昔日夏天一片水、冬天一片白，风沙四起、茅草横飞的不毛之地，变成了以水稻为主的高产稳产的米粮仓。牛奶产量也实现突破，1961 年，畜牧业牛奶产量比 1958 年增长 3.2 倍。同时，农场还向首都市场提供了大量的猪肉、鸡蛋、肉鸡、肉鸭，供应量逐年提高，成为首都副食品供应基地。

在他的带领下，长阳农场于 1961 年和 1962 年连续两年被评为"北京市农业社会主义建设先进单位"。

王文柱

姓名：王文柱

性别：男

出生年月：1934 年 1 月 12 日

政治面貌：中共党员

文化程度：小学

工作单位：卢沟桥农场一队

职务：队长

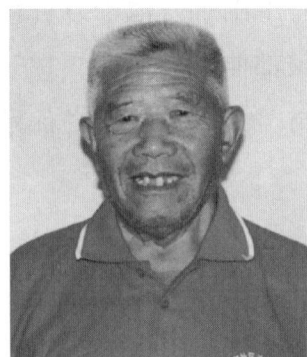

荣誉称号：北京市劳动模范

荣获时间：1963 年

简要事迹：

王文柱在卢沟桥农场一队担任队长。工作中，他雷厉风行、大刀阔斧，事事以身作则，严格要求自己，敢于挑战，勇于克服困难，不断取得优异成绩。他带领全队职工种菜、种果树，和大家一起钻研技术，学习管理技能。一队的生产条件很差，他们因地制宜，攻克了一个又一个难关，平整了土地，修建了灌水渠，改善了生产条件。在工作中，他处处做表率，带头钻研种植技术，以最快的速度掌握了果树剪枝、病虫害防治和果树高产技术。在他的领导下，一队的蔬菜生产和果树管理都取得了好成绩，蔬菜、果品的产量和品质在当地都是一流的，年年超额完成农场下达的各项任务指标，受到领导和群众的一致好评和赞扬。

王文柱思想活跃，积极进取，实事求是，不怕困难，密切联系群众，是卢沟桥农场不可多得的基层一线干部。在多年的基层领导工作中，通过实践，他总结了一套"当好兵头将尾"的经验，给卢沟桥农场其他的基层领导起到了榜样作用。

张汉清

姓名：张汉清

性别：男

出生年月：1935 年 2 月 13 日

政治面貌：中共党员

文化程度：小学

工作单位：西山农场

职务：养蜂员

荣誉称号：北京市劳动模范

荣获时间：1964 年 3 月

简要事迹：

张汉清政治坚定，思想品德高尚，始终把党和人民的利益、集体的利益放在第一位，为大家舍小家，努力工作，时刻严格用共产党员的标准要求自己。他在西山农场家禽场养蜂队工作，长期在野外作业，条件非常艰苦，但他不怕苦、不怕累，为了养好蜂，生产出更多更好的蜂蜜，他起早贪黑，迎风战雨，吃苦耐劳，从不计较个人得失。

张汉清为人谦和，作风朴实，工作踏实，不断进取，在养蜂工作中，他心细如发，每

一箱蜂一天都得看几遍，发现问题及时解决，使蜂群发展得越来越好，规模越来越大。他割蜜技术高超，割的蜜是全企业质量最好、数量最多、产量最高的，为企业创造了良好的经济效益，受到领导和群众的好评。

1978 年 11 月，张汉清调入卢沟桥农场。

戎起胜

姓名：戎起胜

性别：男

出生年月：1933 年 6 月

政治面貌：中共党员

文化程度：小学

工作单位：南郊农场北猪场

职务：场长

荣誉称号：北京市劳动模范

荣获时间：1981 年 4 月

简要事迹：

戎起胜于 1951 年起在南郊农场北猪场从事养猪工作，历任饲养员、场长。他几十年如一日，把全部心血倾注在养猪事业上，1959 年被授予"北京市全国青年积极分子"称号。他体弱多病，平时大家都说他是"一条腿，半个腰"，只有小学文化的他，凭着对养猪事业的热爱和勤勤恳恳的精神，刻苦钻研养猪技术，通过不断实践，摸索总结出了一套科学的养猪方法。饲料紧缺，他带领大家改进饲料配方，增加青饲料 10 万余斤，保证猪能够常年吃上足够的饲料。他还带领大家实行分段饲养、分区作业，改变过去散养的做法，缩短了出栏时间，降低了饲养成本。工作上，他总是早来晚走，脏活累活抢着干，猪生病了，他经常整夜守护。通过长期观察，他摸索出了一套科学的防疫管理方法，大大提高了猪的成活率和育成率。在他的带领下，北猪场积极引进优良种猪，自繁自育，养猪规模逐年扩大。

他担任养猪场场长以来，一直保持勤勤恳恳的优良作风，每天最早来到猪场，最后一个离开。养猪是个又脏又累的活儿，他总是能够率先垂范，最脏最累的地方总能看到他的身影。在他的带领下，北猪场所有员工干劲十足，每年都能超额完成生产任务，利润年年增长。

李冠杰

姓名：李冠杰

性别：男

出生年月：1937年3月

政治面貌：中共党员

文化程度：高中

工作单位：南郊牛奶公司农机管理站

职务：站长

荣誉称号：北京市劳动模范

荣获时间：1983年

简要事迹：

李冠杰对工作认真负责，在实践中摸索出一套完整的农机管理方法，改变了农机站的面貌，使多年亏损的单位一跃成为市局系统先进单位。他大胆改革、勇于实践，建立和完善以提高经济效益为中心的管理体制和岗位责任制度。1982年担任站长以来，他总结了过去"包定奖"的办法，借鉴先进单位的经验，制定了较完整的第一个包含农机标准化管理条例、联系作业质量、农机管理安全和经济效益等内容的"一包三联"责任制，调动了干部职工的积极性，减少非生产人员，出勤率达99.25％。1983年拖拉机总工作量为486624亩，1984年1—9月为496565亩，总耗油量下降了3000公斤，亩耗量降为0.34公斤，创全国农垦低耗油标准亩成本0.64元和亩投费0.90元两项全国农垦最优服务指标，总产值也由1983年的78万元上升到1984年的92万元。

他广开门路，搞活经济，在实行经营管理改革的同时，还依靠技术力量，向社会承接推土、运输和维修加工等业务，扩大了农机管理站的业务量，1984年1—9月，仅此一项就获纯利20万元，职工分配水平上升到1700元，递增率为40％。全站青工补课合格率为100％，总场工种技术考核评分为97.5分。

刘新民

姓名：刘新民

性别：男

出生年月：1946年5月

政治面貌：中共党员

文化程度：中专

工作单位：亦庄牛场

职务：厂长兼党支部书记

荣誉称号：北京市劳动模范

荣获时间：1984 年

简要事迹：

刘新民在亦庄牛场担任党支部书记期间，带领牛场干部职工大力发展生产，使亦庄牛场的生产几年来稳步提高，利润逐年增加。1984 年总产奶达 740 万斤，头日产奶 39.7 斤，全场利润超 90 万元，比 1983 年的 68 万元增加 22 万元，人均创造利润 3000 元。1982 年、1983 年，亦庄牛场连续两年被评为市、县、局的"先进单位"和"先进党支部"，1984 年被评为总场的"文明单位"。

刘新民工作作风扎实，他总是想方设法完成领导交办的一切工作和任务，同时，和同志们搞好团结，虚心听取他人意见并积极采纳，保证了生产的顺利进行。他接受新事物快，学习先进技术，重视科学试验活动，1982 年，育成牛早期配种试验成功，获得局"优秀成果奖"。在工作中，他带头参加劳动，身体患有疾病，仍坚持在第一线。在刘新民的领导下，亦庄牛场党支部在群众中威信很高。他从不吃请受贿，凡送礼到他家，一律退还，同时严格要求自己的亲属。他虚心好学、勇于开拓进取的精神值得人们赞扬和学习。

耿大纯

姓名：耿大纯

性别：男

出生年月：1943 年 2 月

政治面貌：中共党员

文化程度：大专

工作单位：北京市红星泡花碱厂

职务：厂长

荣誉称号：北京市劳动模范

荣获时间：1989 年 4 月

简要事迹：

耿大纯在改革开放中勇于开拓、善于经营，积极推进企业的配套改革，开展优化劳动

组合，促进企业进步。企业管理工作扎实推进，内部经济责任制明确健全，产品质量、物质消耗、经济效益均达到市内同行业的先进水平。在他的带领下，企业工业总产值由1983年的994.4万元增长到1988年的2050.57万元，利润由1983年的235.7万元增长到1988年的450.12万元，连续七年年利润递增率在10％以上，企业效益不断提高，规模不断壮大。同时，不断拓展涂料生产的新领域，从外墙到内墙，从地面到屋顶，从防水到防火，从薄层到中厚层，从无机到有机与无机交合的产品系列化，产品得到社会广泛认可。其中，JH80-1、JH80-2涂料于1983年荣获国家经贸委颁发的"优秀新产品奖"，1984年荣获"全国建筑科技成果双交会优秀项目奖"，1985年荣获"城乡建设环境保护技术进步奖"和"市优质产品奖"。该厂于1987年通过国家计量二级企业认证，1988年跨入北京市级先进企业行列，企业影响力不断扩大。

此外，耿大纯还担任中国厂商联会常务理事、朝阳区人大代表等职，多次荣获总公司及大兴县优秀厂长、优秀企业家的光荣称号，1989年4月荣获"北京市劳动模范"。

孙宝海

姓名：孙宝海

性别：男

出生年月：1943年7月

政治面貌：中共党员

文化程度：初中

工作单位：长阳农场林场

职务：书记兼场长

荣誉称号：北京市劳动模范

荣获时间：1989年4月

简要事迹：

孙宝海于1980年任林场书记兼场长。为实现企业经营目标和发展方向，他先后进行了领导班子和组织机构的调整，重点加强生产、劳动、财务和技术管理，并大胆培养实用技术人员。同时，建立健全了一系列严格的规章制度。1987年，林场实行场长负责制，在林场实行定岗定编，对在岗职工实行定员精简及劳动优化组合，职工采用任用制，调整了企业内部工资，改革了公费医疗制度，8年改革使林场发生了很大变化。

他大力推进基础设施建设，新建、翻建职工宿舍，新建办公室、库房、实验室、会议室等，使林场的基础设施有了很大的改善。他发展果树，更新品种，自筹资金在沙地上种

植果树 700 亩，成活率达 99%。由于管理得当，部分幼树亩产水果 1200 公斤以上。他努力提高果品产量，总产由 1981 年的 50 万公斤发展到 1987 年 115 万公斤，苹果亩产由 985.5 公斤提高到 1987 年的 2745 公斤，创造了北京市沙荒地上第一个高产稳产园。林场产值逐年提高，1981 年实现产值 29 万元，1988 年为 119 万元，1981 年实现利润 7 万元，1988 年达 34 万元。人均收入稳步增长，1981 年人均收入 2000 元，1988 年为 5979 元。在孙宝海的带领下，林场连续被评为"市农场局先进单位"，他本人连续被评为"先进工作者"，1987 年，他被评为"市农场局优秀企业家"。

张洪涛

姓名：张洪涛

性别：男

出生年月：1934 年 3 月

政治面貌：中共党员

文化程度：大学本科

工作单位：长阳农场畜牧科

职务：科员

荣誉称号：北京市劳动模范

荣获时间：1989 年 4 月

简要事迹：

1961 年，张洪涛大学毕业后即以长阳农场为家，有较强的事业心。1982 年，他接受了国家科委一项攻关项目——黄淮海地区奶牛优质饲料的开发研究。为了完成这个项目，他给家里去信，说服妻子和母亲，放弃了回老家工作的机会，决心在长阳农场搞一辈子奶牛饲料事业。经过自身的努力，他在研究推广奶牛饲料上取得突出成绩，成功地推广了丽欧高粱和京多一号多穗玉米作为奶牛青饲料，受到市农场局和北京市政府的奖励。他成功地发展苜蓿生产，使长阳农场在畜牧生产上取得效益，并引起有关部门的重视。1988 年，中国农业电影制片厂以长阳农场和张洪涛本人为主角，拍摄了一部有关苜蓿的电视科教片在全国放映。通过与辽宁省农科院开展合作，张洪涛还成功完成早熟沙打旺品种选育及应用的研究，获得部级奖励。不仅如此，他还广泛参与社会活动，担任多个学术团体的职务，他编辑刊物、著书，不计报酬，获得同行们的赞赏，并在社会上起到一定影响。几十年来，他始终如一的艰苦奋斗的精神深刻影响了周围的同志，为他人树立了榜样。

郭锡才

姓名：郭锡才

性别：男

出生年月：1942 年 12 月

政治面貌：中共党员

文化程度：初中

工作单位：大兴县太和乡

职务：党委书记

荣誉称号：北京市优秀思想政治工作者

荣获时间：1990 年

简要事迹：

郭锡才在太和乡工作期间，大力抓经济、抓生产，并且注重职工的思想教育工作。

在经济工作方面，他领导乡、村大力发展乡镇企业，在短短几年内，乡镇企业收入大幅提高。在农业方面，积极落实中央农村经济发展政策，集思广益，因地制宜，推广联产承包制，并根据本乡所处的地理位置，动员农民种植适合本地区气候的经济作物，如桃、梨等，既满足了首都市民的日常生活，又增加了百姓的收入。郭锡才同志的工作成绩得到县、乡领导的肯定和好评。

1994 年 12 月，郭锡才由太和乡调入农业服务中心（农管中心的前身）。

刘英章

姓名：刘英章

性别：男

出生年月：1947 年 3 月

政治面貌：中共党员

文化程度：初中

工作单位：北京市红星线材厂

职务：车间主任

荣誉称号：北京市劳动模范

荣获时间：1995 年 4 月

简要事迹：

1982 年，刘英章成为南郊牛奶公司线材厂的一名技术工人，后担任该厂维修车间的车间主任。十几年来，他在工作中取得了突出成绩，先后改造和自制了各种机器设备 39 台，约占现有设备的 75%，总计为企业节约资金 65 万余元，增加产值 450 万元，为企业的发展做出了突出贡献，得到党和政府的多次嘉奖。他对技术改革极为重视，并积极提出合理化建议。在技术改进活动中，他的主要成果有：设计制造了一套共 9 台铜绞线生产设备，使打线工序到合股工序形成流水线，节约设备购置资金 40 万元，提高工作效率后共增加产值 300 万元；设计制造了各种型号的拔丝机 18 台，节约资金 10 万元，使年产量由过去的几十吨增加到 300 多吨，共增加产值 100 万元；仅用 5000 元就设计制造了一套 3 台生产铜绞线用的包装轴设备，每年共生产包装轴 800 个，共节约资金 16 万元；改装电阻热处理炉丝挂钩，年节约修理费和电费 2 万元。这些成果极大促进了全厂技术革新活动的开展，帮助线材厂提高了产量和质量，扩大了产品品种，经济效益逐年增长，逐步使企业发展成为年产值 1000 万元、年创利税 150 万元的单位。企业主要产品铜绞线被评为"北京市优质产品"。

郑良珍

姓名：郑良珍

性别：男

出生年月：1925 年 2 月 17 日

政治面貌：中共党员

文化程度：小学

工作单位：卢沟桥农场加油站

职务：站长

荣誉称号：北京市劳动模范

荣获时间：1995 年 5 月

简要事迹：

郑良珍思想进步，作风朴实，善于钻研，勇于创新，带领全体职工努力工作，奋发向上。在他的领导下，单位取得了良好的经济效益。1978 年，郑良珍被评为"市农场系统先进个人"，1984 年被评为农管局的"先进推销员"。1988 年，郑良珍从农场副场长的岗位上退休后，根据工作需要，又被返聘为卢沟桥农场加油站站长。他不计较个人得失，踏踏实实、积极工作，在他的领导下，加油站细化、创新管理，建立了严格的企业规章制度和员工劳动制度。在抓好企业经营工作方面，郑良珍着重加强制度建设，确保加油站管理

规范、到位，职工们的工作态度积极向上。工作上，他始终勤勤恳恳、大公无私、精打细算，始终保持艰苦奋斗的作风，他的模范行为和奉献精神得到职工的一致认可。在他的带动下，加油站职工时刻以顾客至上，秉持良好的服务态度，细致地为顾客服务，赢得了顾客、赢得了市场，取得了较好的工作成绩。

董　丽

姓名：董丽

性别：女

出生年月：1965 年 8 月

政治面貌：中共党员

文化程度：大学

工作单位：南郊汽车驾驶学校

职务：校长

荣誉称号：北京市劳动模范

荣获时间：2000 年 4 月

简要事迹：

董丽于 1994 年 1 月在南郊汽车驾驶学校工作。她是一个工作起来冲劲十足的人，全身心地扑在工作岗位上。不论在哪里工作，她勤奋、好学上进、爱岗敬业、不怕困难、乐于奉献的精神，以及她严于律己、宽于待人的做事风格都给同事们留下了十分深刻的印象，得到了职工们的普遍赞扬和尊敬。平时，无论酷暑严寒，她总是提前半小时上岗，处处干在别人的前面。她严格遵守交管部门和驾校的各项规章制度，处处为集体利益着想，为驾校的发展出谋献策。对于驾驶车辆，她认真维护保养，靠自己娴熟的业务，每年仅车辆开支一项，就为学校节约了 6 万元以上。在该驾校所有教练员中，她保持着单车耗费最低、带学员最多、学员一次通过率最高的全校纪录，为驾校树立了良好的形象。每当各种利益发生碰撞时，她始终能够做到先人后己，以大局为重。在她的影响和带动下，南郊驾校在竞争激烈的形势中，仍然创造了良好的经济效益。

钮立平

姓名：钮立平

性别：男

出生年月：1956 年 2 月

政治面貌：中共党员

文化程度：研究生

工作单位：北京三元石油公司

职务：总经理

荣誉称号：北京市劳动模范

荣获时间：2005 年 5 月

简要事迹：

在担任三元石油公司总经理期间，钮立平在规范企业管理
制度、创新企业经营思路、营造企业和谐发展等工作中做出了突出贡献。在他的带领下，
企业经济效益连年大幅度增长，员工收入不断提高。2004 年，公司成品油销售量 12.18
万吨，比 2001 年增长 112.9%；实现销售收入 45052 万元，比 2001 年增长 110.4%；实
现利润 1234.5 万元，比 2001 年增长 252.6%；员工人均收入 27711 元，比 2001 年增长
78.8%；单站出库量为 4511 吨，超过本市平均水平。2002—2004 年，企业连续 3 年被评
为"首都文明单位"，2003 年和 2004 年被农行北京市分行评为 AAA 级信用企业；2004
年获得"首都劳动奖状"，并被市总工会评为"北京市模范职工之家"等。钮立平也获得
了"北京市优秀共产党员""北京市经济技术创新标兵"等市级荣誉称号，成为引领企业
改革发展、创新进取的时代领跑者。

2012 年 5 月，钮立平由三元食品调入南郊农场任场长。

张国英

姓名：张国英

性别：女

出生年月：1962 年 10 月

政治面貌：中共党员

文化程度：大专

工作单位：长阳农场工会

职务：副主席

荣誉称号：北京市劳动模范

荣获时间：2005 年 4 月

简要事迹：

张国英品德高尚，爱岗敬业，无私奉献。在担任农场工会副主席期间，她积极协助农

场党委开展民主管理和厂务公开工作，制定了"长阳农场实施企业民主管理及职代会细则"和"厂务公开"等各项制度，并积极推进落实。在企业改制过程中，她扎扎实实地做好各项工作，积极维护职工合法权益。多年来，她深入实际调查研究，下大力气帮助特困职工排忧解难，切实为他们解决实际困难。她努力做好安康互助保险和住院医疗互助保险续保工作，努力为职工办好事、办实事，使职工权益得到充分保障。

从1986年开始，张国英同志20多年如一日，照顾农场离休干部、孤寡老人王德山夫妇。她不辞辛苦，像女儿一样细心照料两位老人的生活。老人身患支气管炎、哮喘等多种疾病，张国英在做好本职工作的同时，每周坚持前往照顾老人3～4次，从饮食起居到看病住院，她任劳任怨。王德山老人去世后，她仍然继续照顾83岁的遗孀王大妈，让其生活无忧。她的无私付出得到了群众的肯定，曾荣获"北京市学雷锋志愿服务先进个人""全国农林水利工会先进女职工工作者""北京市贴心人服务队先进个人"等荣誉称号。

孙崇伟

姓名：孙崇伟

性别：男

出生年月：1967年4月

政治面貌：中共党员

文化程度：大学本科

工作单位：南郊农场红星线材厂

职务：销售科长

荣誉称号：北京市劳动模范

荣获时间：2005年4月

简要事迹：

孙崇伟曾任南郊农场红星线材厂业务员。他爱岗敬业，锐意进取，不断开拓，为企业发展付出全部热情和辛勤汗水，不断创造新的业绩，销售收入连续多年排名企业第一，多次荣获"销售状元"的美誉。近年来，孙崇伟积极配合企业新产品开发工作，行万里路、爬千座山、进百家门，为企业开发新用户50多家，完成销售收入2900多万元，占全厂近几年销售总额的近70%，创造建厂以来个人销售收入的最高纪录。他主要负责山西、陕西、内蒙古等地的销售工作，客户大都位于崇山峻岭之间，他不畏艰难，克服个人困难，常年奔波在外地开展销售工作，多少次吃不上饭、住不上店，经常深夜一两点还在货场接

货。近年来，他每年外出都在 200 天以上。孙崇伟曾荣获"北京市经济技术创新标兵""首都劳动奖章"等荣誉称号。

刁艳燕

姓名：刁艳燕

性别：女

出生年月：1963 年 3 月

政治面貌：中共党员

文化程度：硕士研究生

工作单位：南郊农场红星广厦建筑涂料公司

职务：总工程师

荣誉称号：北京市劳动模范

荣获时间：2010 年 5 月

简要事迹：

刁艳燕作为红星广厦建筑涂料公司总工程师，一直负责公司工艺质量管理和新产品开发工作。多年来，刁艳燕根据公司实际，结合市场环境，立足技术研发岗位，努力寻求技术创新的途径和时机。通过工艺创新，优化产品配方，在保证产品质量的前提下，降低了生产成本；通过产品创新，开发出十几个符合市场需求的新品种；通过市场创新，为公司发展寻找到了新的突破口，创造出新的经济增长点。在 2008 年奥运会来临之际，为更好地服务奥运，刁艳燕经过不断摸索和反复试验，结合她多年积累的工作经验，终于在最短时间内研制出了奥运专用涂料，成功应用于奥运工程。这不仅为公司带来了可观的经济效益，也为美化首都、服务奥运做出了贡献。2009 年，在全球金融危机的冲击下，她主持研发的水性木器漆产品成功地经受住了市场的考验，销售量保持平稳增长，为公司抵御金融风暴做出了巨大的贡献，起到了规避风险的作用。在刁艳燕的带领下，她和她的集体屡获表彰。她研制的外保温系统被三元集团评为科技进步三等奖；2005 年撰写的《氟碳树脂涂料的应用》获南郊农场创新杯征文一等奖；2006 年，她被南郊农场评为"优秀共产党员"；2007 年被北京市总工会评为"经济技术创新标兵"，被南郊农场评为"十佳忠诚"党员；2008 年，她所在的技术部被南郊农场评为"经济技术创新先进班组"。

第三节　高级知识分子

南郊农场高级知识分子名录如表 9-1 所示。

表 9-1　南郊农场高级知识分子名录

姓名	性别	工作单位	职称/专业	评审时间
庞　谨	男	南郊农场机关	高级工程师/化工	1989.1.10
孙荣坦	男	南郊农场机关	高级工程师/电气	1989.1.10
俞懿勤	女	南郊农场机关	高级工程师/化工	1989.1.10
宗士娜	女	南郊农场机关	高级工程师/化工	1989.1.10
刘建波	男	南郊农场机关	高级工程师/园林	2005.11.16
郭实一	男	南郊农场机关	高级兽医师/兽医	1992（退休后）
韩银莲	女	南郊农场机关	高级畜牧师/畜牧	1988.12.16
刘荫芳	男	南郊农场机关	高级农艺师/农艺	1988.12.16
杨家林	男	南郊农场机关	高级农艺师/农艺	1988.12.16
陆百成	男	南郊农场机关	高级农艺师/农艺	1988.12.16
殷肇基	男	南郊农场机关	正高级农艺师/农艺	1987
詹则忠	男	南郊农场机关	正高级农艺师/农艺	1992（退休后）
吴德正	男	南郊农场机关	正高级农艺师/蔬菜	1991
刘玲丽	女	南郊农场机关	高级农艺师/果树	1988.12.30
邵舒林	女	南郊农场机关	高级农艺师/农艺	1989.5.5
张洪军	男	南郊农场机关	高级会计师/会计	1989.4.2
李华祥	男	南郊农场机关	高级经济师/农经	1989.7.29
苏本英	男	南郊农场机关	高级经济师/农经	1989.7.29
薛　艳	女	南郊农场机关	高级经济师	2013.5
马月红	女	南郊农场机关	高级经济师 高级政工师	2017.10 2018.11
何淑玲	女	南郊农场机关	高级会计师/会计	1992
周延年	女	南郊农场机关	高级农艺师/农艺	1988
于　敏	男	南郊农场机关	高级农艺师/农艺	1996
赵连城	男	南郊农场机关	高级农艺师/农艺	1996
朱兴华	男	南郊农场机关	高级农艺师/农艺	1996
肖忠海	男	南郊农场机关	高级农艺师/农艺	1997
管建国	男	南郊农场机关	高级农艺师/农艺	1998
李新春	男	南郊农场机关	高级政工师/政工	2001
郭宝和	男	南郊农场机关	高级政工师/政工	2001

（续）

姓名	性别	工作单位	职称/专业	评审时间
任俊英	女	南郊农场机关	高级政工师/政工	2002
杜秀莲	女	南郊农场机关	高级政工师/政工	2014.11
庞燕	女	南郊农场机关	高级政工师/政工	2016.11
梁莹	女	南郊农场机关	高级政工师/政工	2017.11
李卓平	女	南郊农场机关	高级农艺师/植保	2003
程藏	女	南郊农场机关	高级政工师/政工	2006
黄增藩	男	南郊农场农业公司	正高级农艺师/农艺	1988
孙树珍	女	农管中心	高级农艺师/农艺	1988.12.16
陈淑纯	女	农管中心	高级农艺师/农艺	1988.12.16
黄延德	男	农管中心	高级农艺师/农艺	1988.12.16
刘南皆	男	农管中心	高级农艺师/植保	1988.12.16
张文儒	男	南郊农技站	高级工程师	1997
马占禄	男	南郊农技站	高级工程师/农机	1997
王忠基	男	南郊科技站	高级农艺师/农艺	1997
朱景生	男	南郊牛奶公司	高级工程师/计算机	1989.11.30
郝再炎	男	南郊牛奶公司	高级兽医师/兽医	1988.12.16
张全兴	男	南郊牛奶公司	高级会计师/会计	1989.4.2
贺士诺	男	南郊畜禽公司	高级兽医师/兽医	1988.12.16
蔡南山	男	南郊畜禽公司	高级畜牧师/畜牧	1988.12.16
王凤	男	南郊工业公司	高级工程师/电气	1989.1.10
戴志成	男	南郊工业公司	高级工程师/化工	1989.7.12
李淑萍	女	南郊工业公司	高级工程师/农机	1989.5.30
孙德志	男	南郊职工中等专业学校	高级工程师/电气	1989.3.20
刘家玉	男	南郊职工中等专业学校	高级工程师/化工	1989.1.10
于淘浧	男	南郊职工中等专业学校	高级讲师/计算机	1989.1.12
陈世忠	男	南郊农场红星医院	副主任医师/中医	1988.6.11
伍兆新	男	南郊农场红星医院	副主任医师/外科	1988.6.11
饶畹人	男	南郊农场红星医院	副主任医师/儿科	1988.6.11
王之标	男	南郊农场红星医院	副主任医师/耳鼻喉	1988.6.11
李新刚	男	南郊农场红星医院	主任医师/内科	1988.6.16
赵幼敏	女	南郊乳品厂	高级工程师/乳品	1989.1.10
吴凤玉	女	南郊乳品厂	高级工程师/乳品	1989.1.10
张桂芝	女	南郊乳品厂	高级经济师/农经	1989.7.29
刘淑珍	女	南郊塑料门窗厂	高级工程师/化工	1989.5.30
黄水燕	女	南郊四达工业公司	高级工程师/电气	1989.7.12
梁振东	男	南郊红星泡花碱厂	高级工程师/机械	1989.3.20

（续）

姓名	性别	工作单位	职称/专业	评审时间
李德荣	男	南郊红星计算机厂	高级工程师/电气	1989.3.20
耿殿清	男	南郊旧宫分场	高级工程师/机械	1989.1.10
杨学铨	男	南郊旧宫分场	高级农艺师/农艺	1988.12.16
颛孙奉祖	男	南郊孙村分场	高级农艺师/农艺	1988.12.16
苏本渭	男	长阳农场	高级工程师	1989
谢昌明	男	长阳农场	高级工程师	1991
曹奇雄	男	长阳农场	高级工程师	1993
张洪涛	男	长阳农场	高级农艺师	1988
郑九成	男	长阳农场	高级政工师	1991
孙凤森	男	卢沟桥农场	高级政工师	2007
张澍	男	卢沟桥农场	高级政工师	1992
任良友	男	卢沟桥农场	高级政工师	1992
郑月华	女	卢沟桥农场	高级政工师	2011.11
刘玢	男	卢沟桥农场	高级畜牧师	1988
宗寿林	男	南郊农场水产公司	高级会计师	1987
耿大纯	男	红星泡花碱厂	高级工程师	1989
张中	女	红星泡花碱厂	高级工程师	1993
张志弘	男	红星泡花碱厂	高级工程师	1993
宋振芳	男	红星泡花碱厂	高级工程师	1992
姜文寿	男	红星机械厂	高级工程师	1991
邓寿林	男	红星泡花碱厂	高级会计师	1999
石玉磊	男	红星泡花碱厂	高级工程师	1989
王春晓	女	南郊红星光源材料厂	高级工程师	2002
王禄堂	男	南郊红星光源材料厂	高级工程师	1996
魏国忠	男	南郊红星光源材料厂	高级工程师	—
李兵	女	南郊五环顺通物流中心	正高级经济师	—
王瑞印	男	南郊五环顺通物流中心	高级统计师	1993
刘莹莹	女	南郊五环顺通物流中心	高级政工师	2013.11
刁艳燕	女	南郊广厦建筑涂料公司	高级工程师	1998
李锡林	男	南郊兴南电器公司	高级工程师	1997
刘浩远	男	南郊百麦食品公司	高级工程师	2005
王秀梅	女	三元德宏	高级会计师	2009.2

第四节 曾在南郊农场任职的区、县、局级领导干部

赵建华

1945—1948 年，任大兴县海子区区长；1948 年 12 月，任南苑市市长；1957 年春，任红星集体农庄党委书记；1958 年 10 月—1962 年，任南郊农场党委副书记；1962 年调中共中央华北局任行政处处长。

戎占峡

1949 年 3 月—1951 年，任北京京郊农场管理局局长兼南郊（五里店）农场场长；1949 年 10 月—1952 年 9 月任京郊农场管理局局长兼北京市郊区工作委员会委员；1952 年 10 月调出，曾任北京市建设委员会办公室主任、北京市市政设计院技术研究所所长、市政设计院顾问（正局级）；1982 年 6 月离休。

李恭文

1949 年 8 月，参加接管钱庄子地主 1500 亩土地，为筹建钱庄子农场加入南郊（五里店）农场做准备工作；1950 年 4 月，调五里店农场任场长；1953 年 4 月，调农业部工作；后曾任农垦部生产局副局长。

芦翠芝

1952 年 5 月 1 日，受团中央委派，到五里店农场任办公室秘书兼北牛场队长；1955 年调亦庄分场任场长；1959 年到蒙古国任援外专家组组长；1963 年调北京市农场局、畜牧局，后又调农垦总局、农垦部，均任援外工作处副处长；1986 年为农牧渔业部副局级干部。

郭子清

1953 年 4 月，任五里店农场场长；1954 年 10 月 14 日，北京市政府决定将五里店农场、南苑畜牧场、和义农场和新华奶牛场合并，组成一个大型农场，定名南郊农场，郭子清任场长；1955 年 9 月，调广西壮族自治区农垦局任首任局长。

耿希贤（女）

1954 年 10 月，任南郊农场党总支书记兼副场长；1955 年 9 月调出后任农业部国营农场管理总局政治处副处长、农垦部人事宣教局干部处处长、畜牧生产局种畜处处长；1978 年 4 月调到中央组织部；1979 年 8 月任部机关第九届党委专职副书记（正局级）；1983 年 9 月离休。

李振荣（女）

1954 年 10 月—1957 年，任南郊农场副场长；1957 年调出，曾任辽宁省农业局副

局长。

赵　彪

1955 年 9 月，任南郊农场场长；1957 年 4 月—1968 年 2 月兼任南郊农场党委副书记；1968 年 2 月调出后，先后担任北京市延庆县革委会副主任、副县长，北京市农场管理局副局长、北京市水产局局长。

郭　方

1957 年 7 月，任南郊农场党委书记；1965 年 4 月调出，曾任农场管理局党委副书记。

刘　明

1958 年 9 月，以市农工委工作组的身份兼任南郊农场党委副书记；1959 年 4 月调出后，先后任北京市延庆县委书记、顺义县委书记、北京市水产局局长、北京市农场管理局局长。

牛小庆

1958 年 10 月—1968 年 2 月，任南郊农场副场长；1959 年 10 月—1968 年 2 月，任南郊农场党委副书记；调出后曾任大兴县政府顾问。

刘国娟（女）

1960—1970 年，在南郊农场亦庄分场任农业技术员，1964 年，当选为第三届全国人大代表；1970 年，调到北京市革委会农场调查组工作；1986 年，任农工商联合总公司副局级总农艺师，兼任总公司科委负责人、科协主席；1994 年年底离休。

夏　阳

1965 年 4 月，任南郊农场党委书记；1968 年 2 月调出，曾先后任北京市大兴县教育局局长、北京市崇文区区委副书记。

邵　炜

1965 年 4 月—1968 年 2 月，任南郊农场党委副书记；调出后曾任北京市乡镇企业局副局长。

尹恒丰

1965 年 5 月—1968 年 2 月，任南郊农场副场长；调出后曾任北京市农办副主任，兼任乡镇企业局局长和党委书记。

刘世奎

1965 年 7 月—1968 年 2 月，任南郊农场副场长；调出后先后任国家农垦总局、农垦部、农业部财务处副处长，财务司副司长。

王凤吾

1969 年 9 月—1971 年 12 月，任南郊农场党委副书记；1972 年调出后曾任中国人民解放军营房设计院物资财务处处长；1985年，任中国人民解放军离职休养干部建房办公室副主任（正师级）；1988年离休。

韩 薪

1969年10月，任南郊农场革委会主任，1970年9月兼任南郊农场党委副书记；1973年4月调大兴县人大，1978年任大兴县人大常委会副主任。

赵建奎

在1970年7月24—28日召开的南郊农场第四届党代会上，以军代表身份被选为南郊农场党委书记；1971年12月，赵建奎调中国人民解放军总后勤部工作，曾任中国人民解放军后勤学院副院长，中将；1998年7月离休。

于作民

1970年9月—1971年12月，任南郊农场党委副书记；调出后任中国人民解放军后勤学院高级教师。

张进霖

1971年12月—1975年2月，任南郊农场党委书记；此前曾任共青团北京市委副书记、市长助理；1975年2月调出，曾任北京市政府农办主任、市长助理。

刘志毅

1972年8月—1978年1月，任南郊农场党委副书记；1972年8月—1978年3月，任革委会副主任；1978年3月调出后，先后任大兴县副县长、县委书记，北京市农工商贸易总公司党委书记。

王家凤（女）

1972年10月—1972年12月，任南郊农场党委副书记；调出后曾任北京市水产局党委副书记。

白仙畔（女）

1973年1月—1973年12月，任南郊农场副场长；1974年调出，曾先后任大兴县副县长、县委副书记、县纪委书记、县政协主席，市农工委副书记（正局级），北京市政协委员。

吕春林

1973年4月—1976年10月，任南郊农场革委会主任，兼任党委副书记；1975年2月—1980年7月，任南郊农场党委书记；1976年1月—1979年6月，任大兴县党委常委、县革委会副主任。

邢春华

1971年12月—1976年10月，任南郊农场革委会副主任；1973年4月—1983年1

月，任南郊农场党委副书记；1976 年 10 月—1983 年 1 月，任南郊农场革委会主任；1983 年 1 月调出后，曾先后任北京市房山县县长、北京市农场局副局长、市农场局局长、北京市政协常务委员。

赵俊祯（女）

1973 年 5 月—1977 年 11 月，任北京市革委会副主任、团市委书记兼大白楼大队党支部书记；1974 年 10 月—1977 年 12 月，任南郊农场党委副书记、第四届全国人大代表、人大常委会委员。

徐继光

1973 年，任南郊农场太和分场党委副书记、南郊农场万头猪场党委书记；1976 年调出后，任北京市畜牧局万头猪场党委书记、北京市畜牧局常务副局长。

吕淑英（女）

1974 年 10 月—1981 年 8 月，在南郊农场宣传部（1974—1979 年）、旧宫分场（1979—1981 年）工作；1981 年 8 月调到北京市人大常委会；2002 年 4 月，任市人大农委副巡视员；2009 年 5 月，任市人大常委会办公厅副主任。

王振信

1975 年 12 月—1981 年，先后任南郊农场革委会副主任、副场长；1981 年，任北京市委办公厅副主任、市信访办主任。

刘长明

1980 年 7 月—1983 年 10 月，任南郊农场党委书记；调出后，先后任北京市大兴县县长、北京市畜牧局总畜牧师。

苏本英

1983 年 1 月—1983 年 10 月，任南郊农场副场长；1983 年 10 月—1985 年 4 月，任南郊农场场长；1985 年 4 月—1993 年 4 月，任南郊农场党委书记兼大兴县人大常委会副主任。

赵东升

1984 年 9 月—1985 年 4 月，任南郊农场党委书记；1985 年 4 月，任北京市农场管理局副局长。

马利生

1984 年 9 月—1998 年 10 月，任红星区区长；1998 年 10 月，任南郊农场党委书记；从 1992 年 8 月起，任北京（亦庄）经济技术开发区管理委员会副主任。

邵桂林

1986 年 5 月，任南郊农场党委副书记；调出后，任北京市三元集团总公司党委副书记、工会主席。

李仕雄

1993 年 4 月 7 日—1994 年 6 月 18 日，任南郊农场党委书记；1994 年 6 月调出后，任北京市农场管理局总经济师。

邢焕楼

曾任南郊农场团委副书记、农场办事组组长，北京市计划委员会副主任、总经济师，京能集团公司总经理。

郑立明

1996—2003 年，任南郊农场副场长、党委副书记、党委书记；调出后，先后任三元集团经理助理兼三元食品党委书记，首农集团公司副总经理、办公室主任、工会主席，首农食品集团党委常委、工会主席。

严治国

1987 年 4 月，任南郊农场财务科副科长；1991 年 12 月，任财务科科长；1994 年 7 月调出后，曾任北京市农场管理局财务处副处长；1998 年 4 月，任局资产部部长；2009 年 1 月，任首农集团总会计师。

张邦恢

曾任南郊农场种公牛站技术员；调出后，曾任北京市农场管理局副局长、总畜牧师。

长阳农场

吕 镒

1969 年 9 月—1976 年 6 月，任长阳农场（长阳中柬友好人民公社）党委书记；调出后，曾任房山县县长、北京市水利局副局长。

李庆余

1972 年 10 月—1973 年 8 月，任长阳农场（长阳中柬友好人民公社）党委副书记；1973 年 8 月调出后，曾任房山区区长、区委书记，大发公司党委书记。

马向凤

1976 年 7 月—1983 年 4 月，任长阳农场（长阳中柬友好人民公社）党委书记；1983 年 4 月调出后，曾任房山区人大常委会副主任。

王庆英

1983 年 4 月—1985 年 4 月，任长阳农场场长；1985 年 4 月调出后，任北京市农工商联合总公司副总经理。

刘景平

1989 年 4 月—1992 年 9 月，任长阳农场场长；1992 年 9 月调出后，任北京市城市生产服务合作总社副总经理。

范学珊

1986—1989 年，任长阳农场宣传部副部长、仁和酒厂党总支副书记；1989 年调出后，任三元集团总公司副总经理、首都农业集团党委副书记。

卢沟桥农场

秦瑞仁

1984—1991 年，任卢沟桥农场党委书记；1991 年调出后，任北京市农场局党委副书记、书记。

第五节　文联各协会会员（市级以上）

中国美术家协会

白启哲　于永茂　田子昌　王　林

中国书法家协会

曹广基

中国老年书画研究会

陈长兴　杜文振　闫宝成　姜连明

中华诗词学会

倪化珺　陈长兴

北京美术家协会

张秀华　牛志晔　田子昌　王　林

北京书法家协会

倪化珺　王绍明　杜文振　闫宝成

北京作家协会

胡天培

中国舞蹈家协会、北京舞蹈家协会

金淑云

北京诗词学会

马利生	王明通	杜文振	陈学忠	倪化珺	王绍明
杨甫堂	姜连明	李祥义	曹振声	平文会	陈长兴
张　宇	张振东	薛　艳			

第六节　文化名人

南郊农场所在地在历史上就是名胜之地,从元明清起就是皇家苑囿,人杰地灵。尤其是中华人民共和国成立以后,在中国共产党的领导下,这个地方发生了翻天覆地的变化,成了首都有名的农副产品基地,是举足轻重的"米袋子"和"菜篮子",为国家的社会主义建设做出了巨大贡献。与此同时,这块神奇的沃土也哺育和造就了数不清的人才精英和劳模先进。在精神文明文化艺术方面,南郊农场同样人才辈出,贡献巨大,可圈可点的内容甚多。下面我们就把几十年来出自南郊农场并在社会上颇有影响的文化艺术名人择要做一个简单的介绍:

邢质斌,1948年出生,祖籍河北,北京生人,高中毕业。她的名字不但为南郊农场的人们所熟悉,在北京、全国乃至全世界都闻名遐迩。她1974年7月被调到中央电视台新闻联播栏目任播音员,在这个岗位上一干就是30多年,为宣传我国社会主义建设的辉煌成就做出了巨大贡献。邢质斌于20世纪60年代高中毕业后来南郊鹿圈隆盛场村插队,先是在分场广播站当广播宣传员,不久就调到南郊农场广播站当宣传干事兼播音员。她五官端正、态度严谨、声音甜美,人们都说她的声音好听,而且吐字特别清晰,字字入耳。后来,她和著名播音员赵忠祥一起成为《新闻联播》的金牌搭档。

胡天培,1940年出生,河南项城人,北京作家协会会员。1965年5月,他就和在北师院上大学的弟弟胡天亮在农场亦庄牛场业余创作了由作家出版社出版的歌颂回乡青年艰苦奋斗改变家乡面貌创造美好生活的30万字长篇小说《山村新人》,当年连印数次,达35万册,受到群众的广泛欢迎。当时的市委书记、市长彭真在1965年7月陪同缅甸总理奈温来农场参观时,还接见过他。之后,胡天培还有传记文学《国共密使张子华》问世。近年来,他在《北京晚报》《中国文艺》《芳草地》等报刊发表过多篇名人特写通讯;2008年2月,他的又一部20多万字长篇小说《重逢》出版;2008年5月,《山村新人》又被人民文学出版社纳入"中国当代长篇小说藏本丛书"再版。

白启哲,1935年出生,祖籍山东,北京生人,是国画大师白雪石的长子,"白派山水"的传人。1978年的改革开放给了他一展风采的机会。由于家学深厚、父教严格,再加上曾入中央美术学院国画系深造，他在继承传统、不断创新的国画艺术上做出了不凡的成绩。20 世纪 80—90 年代，他的作品作为南郊农场的礼品，为南郊农场内引外联经济发展做出了贡献。此后，他加入北京美术家协会、中国美术家协会，作品多次获奖，出版过多部专集。他们父子的作品，悬挂在国家机关礼堂，还作为国家领导人出访礼品赠送多国外宾。2006 年，他在中国美术馆举办了个人画展；在 2008 年的人大、政协"两会"上，他的作品和介绍文章登载在《中国政协》杂志上，随"两会"送到了国家领导人和与会代表手中。

曹广基，1941 年出生，河北河间县（现为河间市）人，中国书法家协会、北京书法家协会会员，著名书法家。20 世纪 60 年代在南郊农场瀛海分场当拖拉机手时，他就喜欢书法，带头组织了书画小组，勤学苦练，中央电视台曾对此事予以报道。后来，他参加了"御苑书画院"，成为骨干。1981 年，他先后担任大兴书协理事长、主席；1983 年加入北京书法家协会；1987 年加入中国书法家协会。其作品多次获奖，他的书法既扎根传统，又不断创新，具有鲜明的个人风格。2007 年 8 月，在文化部有关部门运作下，曹广基的作品和军旅书法家李铎的作品联合出版了《中国名人家·李铎、曹广基书法集》，为李铎撰写介绍文章的是启功，为曹广基撰写介绍文章的是文怀沙。

马海方，1956 年出生，北京大兴西红门生人，中国美术家协会会员，人民美术出版社《中国书画》杂志编辑。他自幼喜欢绘画，中学毕业后多次参加红星文化站美术学习班，1977 年考入中央美院国画系，打下了扎实的基础，为他以后用没骨画法画老北京风情、成为有名的京味画家创造了条件。1990 年至今，他的古都风情画屡次获奖、多次出书，多家媒体对此进行了报道，其作品享誉海内外。他曾出访多个国家，画了许多速写，有"异国风情"作品集问世。

于永茂，1952 年出生，北京大兴鹿圈乡人，中国美术家协会、北京美术家协会会员，中国山水画研究院副院长，《中国山水》杂志副主编。20 世纪 70 年代初，他以一幅表现"农村大娘为知青补衣服"为题材的作品被红星文化站吸收为美术干事，后师从王明明，求教于白雪石、何海霞、李可染诸大师，80 年代入中央美院进修。其作品多次参加全国各类大展并获奖，北京电视台、中央电视台以及多家报刊多次对其作品进行报道，已出版多部专集。他还曾应邀赴马来西亚写生、办展，许多作品被中国美术馆、美院美术馆、中南海、抗日战争纪念馆和马来西亚、日本等专业机构，以及国际友人、收藏家收藏，其艺术成就被编入《中国当代艺术家名人大辞典》《中国当代艺术界名人录》等数十部丛书典籍。

张友才，1949 年出生，北京大兴亦庄人，北京民间文艺家协会会员。1973 年年初，

农场亦庄分场利用有线广播由张友才说评书，播讲《艳阳天》《平原枪声》《渔岛怒潮》等
14 部小说和几十个革命故事，丰富了人们的业余文化生活，受到了当地群众的欢迎。为
此，新华社记者专门为"红色故事员"张友才和红星文艺宣传队的《挤奶舞》拍了彩色照
片，发行全国，广为宣传。之后，由人民文学出版社派诗人、编辑郭宝臣帮助红星文化站
编辑出版的群众创作诗歌集《红星新歌》也正式出版发行，当时，《人民日报》《北京日
报》等对此都有报道，影响较大。张友才对南海子的历史文化情有独钟，重视对南海子皇
家苑囿历史的挖掘与研究，相继完成了《南海子宸迹》《南海子春秋》《南海子探幽》《南
海子故事》及《南海子古诗选》等南海子系列丛书的编著。

附　　录

毛主席为《红星集体农庄的远景规划》 题写按语

在中华人民共和国历史上，党和国家领袖高度重视农业问题，因为农业问题决定着社会经济的总体发展走向。作为中华人民共和国最高领导者的毛泽东同志为《红星集体农庄的远景规划》写下的按语，是一篇标志性的文件，时至今日仍然产生着巨大影响。这样的一篇宏文是如何诞生的呢？

"穷八家"合作社

全国土改后，各地合作化运动开展得很快。在北京南部郊区，虽然在土地改革时期把大量的土地分给了佃农，但是有一些没有分完的土地暂时"伙种"（数户农民伙在一起种田）。这些前期的农业合作实践为在此地建立更大的示范基地提供了有利条件。1952 年春，中立堂（今德茂地区）办起了以共产党员刘询为首的"穷八家"合作社。

1952 年 8 月，市委派出以刘明同志为首的工作组，来到中立堂、钱庄子、姜场、三槐堂 4 个自然村，以"穷八家"初级合作社为基础，吸引周边农民扩大合作规模。工作组白天干话，晚上串门，在地头、炕头讲合作化的好处，逐渐解除了大家的顾虑，合作社进一步扩大有了思想基础。

红星集体农庄

有了大块土地、大批穷人和有一定规模的合作社，根据这些有利条件，北京市委决定学习苏联的先进经验，在这一地区试办一个集体农庄，为北京市郊区办高级社创造经验、树立榜样。

经过一系列的考察之后，1952 年 11 月 11 日，红星集体农庄在大兴正式宣告成立。农民们自己选举领导人，自己制定纪律。党员于潮凯、刘洵分别被选为农庄管理委员会的正、副主席，并通过了《红星集体农庄章程》，办公地点就设在姜场村。农庄下设 4 个生产队、1 个大车组和 1 个饲养组。农庄在工作分配上按劳取酬、评工记分、多劳多得。翌年 2 月 28 日，农庄召开了成立大会。

红星集体农庄成立以后，发展非常迅速。农民们有了自己的组织，劳动热情高涨，当年秋天就获得了大丰收！成立当年年终算账后，每户收入 685 元，63 户中有 57 户比上年增加了 25％的收入。这么好的经济效益，自然对周围群众产生了巨大的吸引力，许多人要求入庄，一周内就有 460 多户前来报名。到 1954 年，农庄从 523 户增加到 850 户，1955 年达到 1000 多户，发展迅速且形成了规模。

远景规划

在当时，集体农庄还是个新鲜事儿，原来是一家一户、耕地分散的自然经济，现在是集体化了，以后怎么发展下去呢？从 1953 年开始，中国开始实施第一个五年计划，农业生产要改变"靠天吃饭"的局面，如何安排生产计划缺乏现成的经验。1955 年，北京市委农村工作部、北京市农林水利局联合规划工作组经过实地考察，依据红星集体农庄距离城市近的特点及现有的生产条件，起草制定了《红星集体农庄的远景规划》，确定了"逐步发展畜牧业，发展高产作物，实行农牧结合，经营多种作业，供应城市需要"的发展方向。这个规划刊登在 1955 年 10 月 30 日的《北京日报》上，给京郊农业的发展作为参考。

正是这份规划，吸引了毛泽东同志的注意力。

领袖情结

毛泽东同志与京郊农业和国营农场事业有着特殊的渊源。1952 年 3 月 22 日，他就将罗马尼亚人民共和国政府部长会议主席格罗查赠送的两台拖拉机转交农业部双桥机耕学校。1953 年 11 月 9 日，毛泽东同志曾经到旧宫村巡访。1954 年 8 月 17—23 日，北京市第一届人民代表大会召开第一次会议，北京国营农场农业生产能手寇顺义、安云霞、霍凤歧出席会议并受到中央领导人的接见，在接见时，毛主席亲切地同寇顺义握手。

可以说，京郊农村的发展始终就没离开过毛泽东同志的视线，领袖始终关心着在这片热土上发生的变革。

所以，当他在《北京日报》上看到这篇《红星集体农庄的远景规划》之后，非常兴奋，当时就题写了按语。

按语

"这是一个全乡一千多户建成一个大合作社（他们叫做集体农庄，即是合作社）的七年远景计划，可作各地参考。为什么要有这样的长远计划，人们看一看它的内容就知道了。人类的发展有了几十万年，在中国这个地方，直到现在方才取得了按照计划发展自己的经济和文化的条件。自从取得了这个条件，我国的面目就将一年一年的起变化。每一个五年将有一个较大的变化，积几个五年将有一个更大的变化。"

按语的历史意义和影响

毛泽东同志这篇按语的意思是，一个集体农庄的建立，标志着以下几个方面：

第一，改变了几十万年人类的生产方式，由私有变为国有（大集体所有）。

第二，改变了经济模式，由自然经济到计划经济。

第三，过几年会有大发展，充满了希望。

第四，以后各地社会主义农业怎么发展，都仿照这个模式来。

当年 12 月，《红星集体农庄的远景规划》和毛主席亲笔所写《按语》被编入《中国农村社会主义高潮》一书，向全国发行。红星集体农庄的建立，改变了中国农业的发展历史，指明了全国农业的发展方向，开拓创新了社会主义的农业发展模式，红星集体农庄由北京市的榜样一夜之间成为全国学习的典型，产生了巨大影响。

几十年来，红星集体农庄（后来发展成红星人民公社）一直是中国农村社会主义道路上的一面旗帜。在 20 世纪 90 年代初的全盛时期，辖 8 个分场、10 个专业化公司、15 个直属单位，总户数 23801 户，总人口近 10 万人，土地面积 160.9 平方公里，总收入 3.6 亿元。农林牧副渔各业得到全面发展，成为首都重要的副食品生产基地，在全国农垦系统各项指标排名第一，在全国发挥着新农村的示范作用。

进入 21 世纪，现在的红星集体农庄已经转型成一个多功能的休闲娱乐农庄，但是在农庄内依然矗立着一座毛主席的雕像，雕像的基座上，还有 1955 年那篇毛主席的按语。

附：《红星集体农庄的远景规划》原文

红星集体农庄的远景规划

中共北京市委农村工作部

北京市农林水利局　联合规划工作组整理

红星集体农庄（以下简称农庄）在北京市南苑区的东南角，农庄的面积包括原来瀛海、怡乐、四海 3 个乡的 30 多个自然村（现在是红星乡）。这个地区是永定河中游的冲积平原，地势低洼，地下水位很高，土壤盐碱性很大，不仅十年九涝，而且地力贫瘠，棉、粮作物产量很低。中华人民共和国成立以前，棉花每亩仅收籽棉五六十斤，粮食每亩才打七八十斤；中华人民共和国成立初期，产量虽然有所提高，但是一般农民的生活仍然很困苦。也正因为这种情况，这里农民互相合作的积极性很高，1952年就试办了两个半社会主义性质的农业生产合作社，同年秋天又在这两个合作社的基础上成立了一个社会主义的集体农庄。农庄成立第一年，在生产上即表现出了巨大的优越性，农庄的组织也迅速地扩大了，入庄的农户由原来的63户发展到现在的850多户。今冬明春计划发展到1400户，占全乡总农户1621户的86.36%；耕地增加到28560亩，占全乡总耕地面积的86.5%。到1956年冬，将实现全部合作化，耕地将增到33000多亩。农庄离北京农业机器拖拉机站很近，目前40%的土地已经使用机器耕种，大部分小麦从播种到收获已经全部机械化了。但是，由于农庄内村庄分散，道路弯曲，地块零乱、不规则，不但影响了拖拉机的耕种效率，而且茬口很难实行合理轮换，影响着作物的产量。农庄附近的排水沟少，并且缺乏统一安排，不能及时排除雨水，形成大雨大涝、小雨小涝的现象。今年虽然风调雨顺，但是农庄仍有内涝地4000多亩。农庄过去只单一经营农业，劳动的季节性很强，春、夏、秋太忙，冬天太闲，没有做到人尽其用。上述的问题是农庄前进的绊脚石。怎样把这些绊脚石搬开，便成了今后农庄发展中的关键问题。

农庄全面规划的内容

1954年春季即开始了农庄的四年（1954—1957年）全面规划工作，今年秋季又在原规划的基础上做出了七年（1956—1962年）全面规划方案。逐步实现这个规划，就能有步骤地解决上面所说的问题，创造出大规模农业生产所需要的条件，使农庄走向胜利发展的大道。下面是全面规划的具体内容：

一、土地利用的规划

1. **土地连片**　在做农庄的规划的时候，不能孤立地进行。农庄与周围的村、镇和农户的土地，都有联系，所以首先就要做农庄外部的规划。

农民原来经营的土地，村与村之间的"插花地"很多，规划工作一开始，就进行了调整土地的规划。把农庄范围内的国营农场和鹿圈乡农业生产合作社的土地，按照等价交换的办法，调换了800多亩。经过调整以后，农庄的土地连成了大片，便于机械耕作和采用新的农业技术，达到了充分利用土地、改良土壤的目的，也就更加便于进行农庄的内部规划。

2. **确定农庄办公室和居民区的位置**　农庄办公室原来设在姜家场，由于农庄逐年向南发展，办公室的位置已经很不适中：往南距本庄南宫村有 8 里①多，往东距四海庄有 6 里多，但是往北距离北界仅 1 里多。为了利于指挥生产，在规划中便确定交通方便、人口集中的三槐堂为办公室。农庄自然村分布得很分散，多是"自立村庄，自立门户"，在农田旁边盖房成村，结果是两三户人家就成村庄，分散在农田里，影响机器耕作。同时，对于各方面建设，如修路、装电线、文化娱乐设施也不经济。根据便于生产、有利农庄建设的原则，规划中把农户太少、太分散的佛林庄、六合庄、海晏庄等自然村逐渐取消，并且在旧房塌坏、农民自愿和可能的条件下，逐步合并，建成瀛海庄、四海庄、四合庄、三槐堂等 11 个庄员住宅区。

3. **划定轮作区**　轮作区的规划就是土地利用的规划，是整个农庄规划的主要内容。根据土壤性质、沟渠道路和劳动力的调配等条件，计划把全农庄土地分成 14 个轮作区，按照土壤性质的 4 个类型，因地制宜，种植不同的作物。局部地块低洼、自然排水力不好、盐碱轻的土地，实行棉花、小麦（麦收后种晚玉米）和春玉米三种作物轮作；地势高、土壤肥的土地，实行棉花、谷子、小麦（麦收后种晚玉米）、春玉米和薯类五种作物轮作；地势低洼，肥力中常、盐碱轻的土地，实行棉花、高粱、小麦三种作物轮作；爱涝地势低洼、盐碱重、肥力差的土地，暂时种植耐碱的高粱，待土壤改良后再作轮种。此外，将有灌溉条件的 1400 亩地改为菜田，大力发展冬季作物"盖韭"，使冬季农闲的时候劳动力有活干。把地势高、地下水位低的六百多亩土地改成果园；把低洼、盐碱重、产量低的 1300 亩土地改成产量高而生产稳定的稻田。轮作区的地块形状，结合排水沟和道路林带的规划，多半为平行四边形，克服了规划前地块小、不规则，影响机械作业的困难，提高了机械作业的效率。

土地经过规划，能够合理地利用，以后再加精耕细作，增施肥料和采用新的农业技术，农作物的单位面积产量可逐年增加。到 1957 年，估计由于疏浚了排水渠道，减轻涝灾的威胁，玉米每亩就能产到 300 斤，比今年每亩预计产量 108 斤增产 177.7%；棉花每亩能增产 13.3%。到 1960 年，估计由于逐年大量施肥，实行轮作和机器深耕，土壤肥力将会提高，盐碱程度将会降低，棉花每亩能收 215 斤，比 1955 年增产 43.3%，玉米每亩能产 420 斤，丰产田每亩要产 900 斤。到 1962 年，即第二个五年计划结束的时候，农庄的护田林已经长起来，对于农作物已经有保护作用，将减轻春旱影响播种的威胁，玉米每亩要产 500 斤，比 1955 年的产量提高 363%，棉花每亩要达到 250 斤，蔬菜、盖韭和其他农产品也将要逐年提高。

----

① 里为非法定计量单位，1 里＝0.5 千米。——编者注

4. **排水沟渠的规划**　规划以前，农庄附近的凤河虽经疏浚，但是排水系统没有加以整理，雨后积水成灾，村与村之间的水利纠纷不能彻底解决。为了解决这个生产上的严重威胁，规划中规定增加鹿凉、姜怡、西凤 3 条支流（主要的排水渠），同时把旧渠加以整理疏浚，把一些不必要的小沟填平。主要支流在今年秋收以后的农闲季节就要动工修建。以上工程完工以后，农庄的低洼土地就可以减轻涝灾的威胁，而且村与村之间的水利纠纷也将得到解除。

5. **道路**（公路、干路、农用辅助道路）**和林带**（主林带、边界林带、道路林带和居民区造林等）**的规划**　在服从国家公路规划的原则下，农庄根据生产需要和计划，在旧有道路基础上，新修从公路横穿怡乐乡到四海庄、横穿姜家场到钱庄子和直通瀛海庄居民区的 3 条主要道路，以及 12 条辅助道路，以利农庄对内和对外的交通。

根据农庄沟渠多的特点，防风护田林带的规划大部是沿着排水沟渠和道路网栽植树木。规划结果：在 1958 年以前，要利用沟边、道旁、房舍周围的废地营林 1000 多亩，营建主林带 7 条、辅助林带 5 条；到 1962 年，树木长起来以后，就能防护农田，减轻旱风的侵袭，产大量的木材，供给庄员使用，出产大量枝条编筐作篓，生产紫穗槐沤制绿肥。

二、发展养畜业规划

农庄过去对发展养畜业没有通盘的规划。养猪没有计划，有小猪了就多养，没有就少养。对饲养乳牛更是没有经验。这次规划，选择了 5 处地势较高、交通方便、距离饲料基地很近的地方建设牛舍，自 1956 年开始饲养乳牛，到 1962 年，全农庄将拥有大小乳牛 1900 头；同时集体饲养种猪 325 口，专门繁殖仔猪，农庄猪秧能够自繁自养。大队和庄员共饲养肥猪 6000 口，比现有肥猪多 10 倍以上，并且积攒猪粪 7400 万斤（不包括积攒其他肥料）。另外，还要发动庄员家庭大批养鸡、养兔。

三、培养技术干部的规划

由于农庄扩大、经营种类增加，特别是由于乳牛和养猪事业是新的经营内容，过去的饲养方法远远赶不上今天发展的需要，因此，为了保证全部生产指标的实现，必须培养一批熟练的技术人员，采用新的农业技术来指导生产。

规划中规定，1955—1962 年，在这 7 年的时间内，选择有生产特长、政治可靠、思想进步和有一定文化水平的庄员，通过实际工作和参加市、区举办的各种训练班的办法，把他们培养成具有中等技术学校毕业水平的人员。计划培养畜牧兽医人员 40 名、养牛技术人员 20 名、养猪技术人员 19 名、农业技术人员 45 名（粮、棉作物技术人员，要在每个生产小队和基层生产单位配备一人）、果树技术人员 7 名、蔬菜技术人员 8 名，使他们能独立地指导各生产单位采用新的农业技术，制定生产技术措施，进行选种、繁育良种和简单的试验。培养林业管理技术人员 3～4 名。另外，要对全庄庄员不断进行农业科学知识的宣传，并且加强各个副业部门培养技术人员的工作。

四、文化福利设施的规划

农庄范围内现有小学 4 处（包括 1 个初中班）、卫生医疗站 1 处、供销社 3 处。由于地面广大，再加上过去分布的很不合理，因此现时南宫村七八岁的小孩每天要跑十几里路，到姜家场去上学，南宫庄员要跑四五里路，至怡乐庄买油、买盐、买日用品。为了改变这种不合理现象，适应庄员文化发展的需要，1956 年计划在中心区三槐堂建立中学 1 处，同时把南宫村的小学适当扩大，把供销合作社分布均匀。此外，各大队自 1956 年起，建立托儿所、阅览室和小型俱乐部各 1 处。

在农庄 6300 多人口中，有青壮年（15～45 岁）2290 多人，其中有 73.4% 是文盲，非文盲的青壮年仅有 610 人，干部中也有文盲。为了适应大生产的发展，必须先在干部中扫除文盲。计划 1957 年以前，在主要干部 43 人、一般干部 190 人和青年庄员 433 人中，全部扫除文盲。扫盲采取业余学习和部分主要干部脱产学习的办法。到 1962 年，农庄干部要达到初中的水平。为不断提高文化水平，自 1962 年开始，试办业余高级中学。

发掘了潜力，增强了信心

过去有很多人认为这个农庄地区的土地盐碱重、地势洼、地力太薄，没有什么发展前途。成立农庄以后，生产增加了，又有人认为增产到家了，不会再有多大奔头了。也有人认为，这样低洼的地区根本不能养乳牛，也不能栽种果树，因而生产信心不高。但是经过实地勘察和具体规划，摸清了底细，打破了那些保守思想。这个农庄不是没有发展前途，而是发展前途很大。通过合理利用土地和土壤改良，十年九涝的景象可以解除，粮、棉作物的产量可以大大提高，并且有大量的空地可以造林，而且在规划过程中，找出了可以养牛和适宜栽种果树的土地。人们将会看见，到 1962 年，农庄就能生产粮食 1200 万斤，比今年提高 276%；生产棉花 250 万斤，比现在多产 65%；把能种蔬菜的 1000 多亩地开成菜园；600 多亩高地种植果树，每年就能生产水果 80 万斤；每年能供应城市鲜奶 745 万斤，供应猪肉 141 万斤。到 1962 年，农庄将成为一个五谷丰收、牲畜成群、农牧结合、多种经营的集体农庄。随着生产的发展，庄员的收入和生活水平将不断提高，平均每户的收入要由 1955 年的 400 元增加到 1277 元，即增加两倍多，农庄的经济条件也就要大大改善。因此，农庄副主席张凤歧说："像这样的规划，使我们领导心里有了底，庄员们也有了奋斗目标。"

怎样进行规划

根据农庄距离城市近和现有生产条件，确定农庄的发展方向是：逐步发展畜牧事业，发展高产作物，实行农牧结合，经营多种作业，供应城市需要。这就是进行这个农庄全面规划的主要依据。

规划工作开始以前，对怎样进行规划有两种不同的意见：一种是主张不顾一切，把耕作区划成方块，居民区要"集中建设"，认为这样"便利"；一种是主张完全按照现在条件，不是从发展上去进行规划的偏于保守性的意见。这样规划的结果，前者要废除旧路、修筑新路、填旧沟、挖新沟；后者要造成土地零散，地块不整齐，不利于机械作业。经过一番争论，批判了前面两种不正确的想法，决定农庄规划工作要结合现状和发展可能性进行长远规划的方针。

规划工作开始，采用了实地勘察、召集农庄干部和有经验的老农座谈等方法，搜集、整理了农庄的现状资料。特别是对于土壤性质和土地利用的资料，是在没有设备、缺乏条件和时间短促的情况下，通过实地观察、反复座谈，才大体确定分成四类，作为规划轮作区的基本材料的。另外，还调查了耕作习惯、轮种（倒茬）制度、各种农作物的种植比例，作为规划时确定轮作次序和土地利用的依据；调查了各村庄社会情况和劳动力的分配数字，作为划分耕作区的依据；调查了树木分布生长情况，作为规划林带和决定采用适合的树种营造林带的依据。对于当地自然气象、水文资料、病虫害、农业技术和文化福利设施等现状资料，也进行了搜集整理。

农庄的全部规划是在有了上述比较充分的现状资料和确定了规划范围的基础上进行的。开始由于步骤方法混乱，缺乏进度程序，曾发生道路切断耕作区和居民区，以及居民区与居民区之间互相没有道路往来等现象。经过实际工作，总结出进行农庄内部规划的步骤应当是：第一步，根据土地多少、土壤性质、地势和水位高低等规划出土地使用的区划，包括农业区、菜园、果园、畜牧场、苗圃、副业生产用地、农庄管理委员会办公地址、庄员住宅区、各生产大队部地址等用地的位置和数量。第二步，根据需要和具体条件，规划出交通道路和排水、灌溉系统。第三步，配置护田林带。最后，绘制规划示意图，编写规划说明，便于今后逐步实现。在土地利用规划确定以后，再根据农业轮作的实际需要与可能，确定逐年的种植和生产计划，这个生产远景就是全体庄员的奋斗目标。然后，再把这个规划方案提交给全体庄员讨论，根据大家的意见进行修改和补充，经过庄员代表大会通过，制定出农庄的全面规划。

南郊农场（部分年份）主要经济指标

年份	资产总额（万元）	营业收入（万元）	利润总额（万元）	户数（户）
1954	604.30	—	52.30	—
1958	1195.80	—	89.00	—
1967	—	352.40	−145.20	23
1978	—	4906.60	1283.30	20
1980	—	6007.50	1041.50	16
1995	100800.00	70398.00	4974.00	—
1997	104613.00	66201.00	1018.00	—
1998	111149.00	48570.00	518.00	35
1999	—	35577.00	−348.00	—
2000	97312.00	39165.00	172.00	25
2010	312303.60	30513.20	5834.20	16
2016	637437.99	292026.99	15423.50	26
2017	700526.20	359249.20	17525.60	29
2018	913946.30	446235.01	18675.98	29

注：户数只统计下属二级单位个数。

南郊农场科技成果奖励名录

序号	年份	项目名称	完成单位	奖项类别 级别	奖项类别 等级	主要完成人
1	1980	超声多普勒检测法从阴道诊断奶牛早期妊娠研究（利用多普勒效应探测奶牛早期妊娠）	长阳农场	北京市科技成果	二	一
2	1982	乳牛瘤骨（胃）酸中毒	南郊农场	农垦部科技成果	三	肖定汉
3	1982	牛奶管道自动洗涤与消毒	南郊农场畜牧分场	农垦部科技成果	三	寒春、阳早、杨有斌等
4	1982	北京黑白花奶牛主要数量性状遗传参数的估测	奶牛研究所和南郊、北郊、西郊、东风、长阳、东北旺农场合作	农垦部科技成果	三	一
5	1982	牛奶管道自动洗涤与消毒	南郊农场畜牧分场	北京市科技成果	二	寒春、阳早、杨有斌等
6	1982	用多菌灵拌种防治小麦黑穗病	南郊农场科技站	北京市科技成果	三	刘南皆
7	1982	超声多普勒检测法诊断母猪早期妊娠	北农大兽医系与长阳农场合作	北京市科技成果	二	一
8	1984	甘蓝型油菜做绿肥养地效果试验	总公司生产处、总公司农业科学研究所与南郊农场合作	北京市科技成果	三	一
9	1985	"丰收5号"高产栽培法的研究	南郊农场农技站	北京市科技成果	三	一
10	1985	杂交水稻旱播制种技术	南郊农场种子站	北京市科技成果	三	一
11	1985	冬小麦新品种长丰1号选育	长阳农场科技站	北京市科技成果	三	一
12	1986	高温锻件测温仪研制	红星计算机厂	北京市科技进步	三	李玉玲
13	1987	北京鸭球虫病的综合防治	南郊畜禽公司	北京市科技进步	三	张国彦、詹燕祖、贺士诺、范士康
14	1987	异型冰激凌新产品开发	华升食品厂	北京市技术开发	三	王学蕊、骆元明
15	1988	三大作物秸秆还田（机械化）技术推广及肥效研究	南郊农场	农业部科技进步	三	黄延德、秦温厚、曹自强
16	1988	2D型折叠式散光灯研制	星光照相器材厂	农业部科技进步	三	陈瑞福、赵铭

（续）

序号	年份	项目名称	完成单位	奖项类别 级别	等级	主要完成人
17	1988	北京花猪Ⅰ系选育	南郊牛奶公司	北京市科技进步	二	郭实一、郝再炎、常广来、孔繁生、惠新安
18	1988	变性玉米淀粉粘结剂的研制	瑞和淀粉厂	北京市科技进步	三	曹昆、曹安民、邓学径
19	1988	图案水磨石和仿花岗石水磨石产品研制	红星建材厂	北京市技术开发	二	王兴飞、王修、尹涛
20	1988	影视折叠式散光灯、天幕灯、地排灯的研制	星光照相器材厂	北京市星火优秀	三	陈瑞福、赵铭
21	1988	全自动补气式全压生活、消防供水设备的开发	德茂供水厂	北京市星火开发	三	王励成、曾雪华、尹吉山
22	1989	北京奶牛业持续稳定高产全面丰收	南郊牛奶公司	农业部丰收奖	一	郝再炎
23	1989	"北京106"大白菜综合高产栽培技术推广	南郊蔬菜办公室	农业部丰收奖	二	吴德正
24	1989	名优蔬菜综合丰产技术示范推广（心里美萝卜）	南郊蔬菜办公室	农业部丰收奖	三	吴德正
25	1989	奶牛生产技术经济电脑管理系统开发	南郊牛奶公司	农业部科技进步	三	杨甫堂、马方、周士磐
26	1989	夏玉米免耕覆盖精播机械化配套技术与国产第一代精播机的研制	南郊农场、北农大、总公司、东北旺农场、北郊农场、永乐店农场合作	北京市科技进步	二	—
27	1989	北京花猪 HL-87 杂交猪生产配套技术推广应用	南郊牛奶公司	北京市科技进步	二	郭实一、郝再炎、常广来
28	1989	全自动变频调速恒压节能生活供水设备开发	德茂供水厂	北京市星火开发	二	王励成、曾雪华、尹吉山
29	1989	大棚秋番茄高产、稳产技术研究	南郊农场蔬菜科	北京市科技进步	三	周延年、吴德正、詹则忠
30	1989	QJ 系列曲轴箱通风节油阀的研制	南郊汽车电器厂	北京市技术开发	三	贺学信、王风桐
31	1989	高效电子节能灯研制	翔大电器厂	北京市技术开发	三	何祥大、刘永生、封永红
32	1990	池塘养鱼大面积高产综合技术研究	南郊水产公司	农业部丰收奖	二	张国良、尹士清
33	1990	QJ 系列曲轴箱通风节油阀的研制	南郊汽车电器厂	北京市星火科技	三	贺学信
34	1990	DT1千瓦、2千瓦透射式聚光灯研制	星光照相器材厂	北京市技术开发	三	陈瑞福、赵铭、丁庆玉
35	1990	明花、暗花、套花水磨石新产品开发	红星建材厂	北京市技术开发	三	王兴飞、王兴华、王修
36	1990	复原再生 PS 版产品开发	福原器材厂	北京市技术开发	三	李国安、衡月增、胡运生
37	1990	水稻机播旱育苗的研究	南郊农业公司	北京市科技进步	三	陈淑纯、焦九代、张全亮、刘荫芳

（续）

序号	年份	项目名称	完成单位	奖项类别 级别	等级	主要完成人
38	1990	奶牛围产期饲养管理技术推广	南郊农业公司	北京市 农技推广	一	课题组
39	1991	北京鸭工厂化网上饲养	卢沟桥农场所属莲花池鸭场和市农业机械研究所合作	国家 星火科技	三	一
40	1991	婴儿配方奶研制	南郊乳品厂	北京市 科技进步	三	吴凤玉、刘冬英 等
41	1991	DZG800 型追光灯研制	星光照相器材厂	北京市 科技进步	三	陈瑞福、赵铭、丁庆玉等
42	1991	奶牛青饲 M-81E 甜高粱的引种及应用	农场畜牧分场 市农场局生产处	北京市 科技进步	三	王钧睦、王永等
43	1991	一次性定量取血管研制	红星碱南玻璃制品厂	北京市 星火科技	二	刘俊宝、刘玉辉、陈金
44	1991	DSR800×4 型和 DSY36×4 型影视灯具的研制与开发	星光照相器材厂	北京市 星火奖	二	陈瑞福、赵铭、甄维利
45	1991	YE-1 型装饰织物阻燃剂试验	红星瀛海精细化工厂	北京市 星火科技	三	吴念华、谢宝光、张福顺
46	1991	北京鸭工厂化网上饲养	卢沟桥农场所属莲花池鸭场和市农业机械研究所合作	北京市 星火科技	二	一
47	1991	仔猪早期断奶配方技术的应用与推广	农场畜牧分场	北京市 农技推广	一	惠新安等
48	1991	多效唑在果树上应用推广	南郊农场果林办 市农场局果林处	北京市 农技推广	二	李丰仁、刘建波等
49	1991	夏玉米"京黄127"良种良法配套推广	南郊农场农办 市农场局生产处	北京市 农技推广	二	黄汉章、于敏、高建柱等
50	1991	建筑水磨石制品 Q/N1400-91	红星建材厂	北京市 科技标准	二	王新正、王素兰
51	1991	一次性定量取血管京 QN02K7303-90	红星碱南玻璃制品厂	北京市 科技标准	二	刘俊宝、刘玉辉、李冬梅
52	1991	GS1000 光束灯 京 QN02K7303-90	星光照相器材厂	北京市 科技标准	二	陈瑞福、丁庆玉、宗士娜
53	1991	婴儿配方鲜奶（宝宝奶）和奶粉	南郊乳品厂	北京市新产品设计	二	吴凤玉、张庆贵
54	1991	36 伏超级节能电子霓虹灯电源研制	红星东广德灯泡厂	北京市 新产品设计	二	周复兴、白相甫、吕京健
55	1991	901 强力补新产品开发	北京五环联合食品厂	北京市 新产品设计	三	孟宪昌、郭卓一、于先贵
56	1991	水晶木质地面板	红星建材厂	北京市 新产品设计	三	王兴飞、王新华
57	1991	新式全塑隔膜自来水嘴	金星塑料制品厂	北京市 新产品设计	三	张国栋
58	1991	节能快速烙饼锅	太和福利金属厂	北京市 新产品设计	三	李铁良、刘道振、周留所

（续）

序号	年份	项目名称	完成单位	奖项类别 级别	等级	主要完成人
59	1991	PVC 护墙板	红星塑料门窗厂	北京市 新产品设计	三	朱志广、孙翠华、魏国忠
60	1991	北京新Ⅱ号大白菜新品种推广与管理项目	卢沟桥农场	北京市 燎原计划	一	—
61	1992	奶牛综合配方新技术推广	南郊牛奶公司 市农场局	国家 星火奖	一	张邦恢、熊汉林、郝再炎
62	1992	DSR300×4 型和 DSY36×4 型影视灯具的研制与开发	星光照相器材厂	国家 星火奖	三	陈瑞福、赵铭、丁燕等
63	1992	北京花猪繁育体系的推广应用	农场畜牧分场	北京市 星火科技	二	郭实一、常广来、惠新安
64	1992	组织、协调、实施"星火计划"的管理，为振兴红星经济做贡献	南郊农场科技科	北京市 星火科技	三	陆百成、王宝林、白金生
65	1992	优良蛋鸡品种及关键技术的推广	农场畜禽分场 市农场局畜牧处	北京市 星火科技	三	刘学鲁、韩银连等
66	1992	影视灯具研制与开发	星光照相器材厂	北京市 星火科技	二	—
67	1992	GZH 组合吊杆 WX 卧式行车	星光影视器材厂	北京市 技术开发	二	陈瑞福、甄维利、赵铭等
68	1992	DZG800 型追光灯 Q/N02009-92	星光影视器材厂	北京市 科技标准	二	陈瑞福、陈淑文、宗士娜
69	1992	DSR800×4 型双反射式柔光灯 Q/N0211-91	星光影视器材厂	北京市 科技标准	三	陈瑞福、陈淑文、王素兰
70	1992	油炸方便面 Q/NI7002-91	北京五环联合食品厂	北京市 科技标准	三	李晓红、陈锡升、孟宪昌
71	1993	北京市红星（亦庄）经济技术开发区选址设计规划及可行性研究	国营北京市南郊农场	北京市 科技进步	三	赵喜英、马利生、罗保立、苏本英、郝宝苏、胡如彪、马连忠
72	1993	京津廊晚播冬小麦与下茬作物热量配置对提高复合产量潜力研究	南郊农场推广站 市农场局	国家 科技进步	三	黄增藩等
73	1993	北京花猪繁育体系的建立和生产技术的应用	南郊牛奶公司 市农场局	国家 星火奖	二	郭实一、常广来、张创贵
74	1993	大中城市奶牛青饲料综合增产技术——奶牛用小黑麦示范推广	南郊牛奶公司	农业部 丰收奖	二	张玉玲、赵龙、刘家琴
75	1993	GIH 组合吊杆的研制	星光影视器材厂	农业部 科技进步	三	陈瑞福、冯建国、赵铭等
76	1993	鲤鱼夏花当年育成食用鱼综合配套技术的研究推广	农场养殖中心 市农场局水产处	北京市 星火科技	三	盛泰聪、柳奎常
77	1993	GSP 水平吊杆和 GCZ 垂直吊杆的研制开发	星光影视设备厂	北京市 星火科技	三	韩鹤春、陈瑞福、冯建国
78	1993	NL-F1-5 型环氧系列防腐涂料产品开发	红星防腐涂料厂	北京市 星火科技	三	李宝林、李家园、姜秀珍

（续）

序号	年份	项目名称	完成单位	奖项类别 级别	奖项类别 等级	主要完成人
79	1993	农用稀土——"常乐"益植素在大白菜上的应用及推广	南郊农场推广站 市农场局蔬菜处	北京市 农技推广	三	张长虹、许树坡等
80	1993	NL-F1-5 型系列防腐涂料	红星防腐涂料厂	北京市 技术开发	三	刘振泽、李宝林、吕景维
81	1993	多功能方便服装剪裁尺	太和金属制品厂	北京市 新产品设计	三	周吉庆
82	1993	新型塑料系列制品	东升塑料制品厂	北京市 新产品设计	三	王卫东、王伟清、刘宝琴
83	1994	瘦肉猪新品系"北京花猪Ⅱ系"选育	农场建新种猪场	北京市 科技进步	一	惠新安、张创贵、孔繁生
84	1994	IFTM-4 型覆盖免耕多品种化肥深施机研制	南郊农场 市农场局生产处	北京市 科技进步	三	张文儒、卞鸿余等
85	1994	BST-60 型数字控制调光柜研制	星光影视器材厂	北京市 科技进步	三	黄卫平、韩鹤春、陈瑞福
86	1994	专用复混肥的研制与推广应用	鹿圈复合肥厂 市农林科学院	北京市 星火科技	一	成春、张有山、刘广全
87	1994	西红门镇星火技术密集区管理	西红门镇科委 大兴科委	北京市 星火管理	一	黄维荣、张万全、张桂起
88	1994	稻麦两茬高产高效配套技术体系研究与应用	农服中心推广站	北京市 星火科技	三	黄增藩等
89	1994	BST-60 型数字控制调光台研制与应用	星光影视器材厂	北京市 星火科技	三	黄卫平、陈瑞海、韩鹤春
90	1994	SDXQ 轻型挂式行车研制与应用	星光影视器材厂	北京市 星火科技	三	苏华凯、韩鹤春、陈瑞海
91	1994	奶牛细管冷冻精液人工授精配套技术推广	南郊牛奶公司 市农场局奶牛处	北京市 农技推广	二	王瑛珍、王运亨等
92	1994	"毛粉 802"番茄新品种推广	南郊蔬菜办公室	北京市 农技推广	二	葛长存
93	1994	机械化挤奶制冷罐配套技术推广	南郊牛奶公司 市农场局奶牛处	北京市 农技推广	二	娄立华、谢运等
94	1994	保护地蔬菜塑料软管灌溉节水栽培技术	南郊蔬菜办公室	北京市 农技推广	三	吴德正
95	1994	农抗 120 防治水稻纹枯病应用技术及推广	南郊农场植保站 北京市植保站	北京市 农技推广	三	藏君彩、李卓平等
96	1994	BST-60 数字控制调光柜	星光影视器材厂	北京市 技术开发	二	黄卫平、于成龙、陈瑞海
97	1994	SDXQ 轻型挂式行车	星光影视器材厂	北京市 技术开发	三	苏华凯、韩鹤春、陈瑞福
98	1995	北京节能日光温室蔬菜综合栽培技术推广	南郊蔬菜办公室	农业部 丰收奖	二	葛长存
99	1995	ZBT-700 型憎水复合硅酸盐保温涂料研制开发	北京冠君新型节能材料开发公司	北京市 星火科技	二	刘传章、王志义、刘立新

（续）

序号	年份	项目名称	完成单位	奖项类别 级别	奖项类别 等级	主要完成人
100	1995	低光泽环氧粉末涂料产品开发	北京高斯威粉末涂料公司	北京市星火科技	三	钱义明、马传安、周益杰
101	1995	便携式 TRANSER-12 数字调光硅箱研制开发	星光影视器材厂调光设备公司	北京市星火科技	三	严峰、翁正灵、高峰等
102	1995	SVNSHINE2400/4800 中文电脑调光台研制	星光影视器材厂调光设备公司	北京市科技进步	三	严峰、瓮正灵、高峰等
103	1995	北京黑白花奶牛良种选育高产配套技术推广	南郊牛奶公司市农场局	北京市星火科技	一	张邦恢、郝再炎
104	1995	夏玉米免耕覆盖精播机械化配套技术	南郊农场市农场局生产处	北京市农技推广	二	李宝升、张文清、马占禄
105	1995	北京节能日光温室蔬菜综合栽技术推广	南郊蔬菜办公室	北京市农技推广	二	葛长存
106	1995	TRANSER-12 数字流动硅箱	星光影视器材厂调光设备公司	北京市优秀新产品	三	赵博南、丁海楼
107	1995	影视照明灯具	星光影视器材厂	北京市十佳新产品	二	严峰、翁正灵、高峰等
108	1995	采用国际通用土壤分类系统进行土壤分类制图及土壤数据库系统的建立	农场技术推广站市农场局生产处	市农业资源计划奖	三	施学敏、王焕文等
109	1996	WE7566 型前列腺组织内消融治疗仪	北京奎园高科技电子研究所	北京市科技进步	三	王洪奎、李景春、张秉恒
110	1996	YID-BXG 系列全自动供水设备研制与开发	北京义力达通用机械公司、航天一院十五所	北京市星火科技	一	朴龙奎、尹义、郑贵昌、符锡理、钟国荣
111	1996	DNG 系列回光灯具研制与开发	星光影视器材厂	北京市星火科技	三	陈瑞福、韩鹤春、王晓红
112	1997	PS-1 荧光增白剂	北京中光化工公司	北京市星火科技	一	张国林、雷义雄、王广峰、云宏年、魏赶良、胡庆渝、张麟华、韩菁
113	1997	"妇复春"药品开发应用	北京蕾波科技开发中心	北京市星火科技	二	高寿征、孙念怙、于淑惠、章荣强、黄昌顺
114	1997	DSR-1 系列三基色柔光灯的研制	星光影视设备厂	北京市星火科技	二	陈瑞福、许永梅、韩鹤春、王晓红、陈瑞海
115	1997	DTGJ（XG-2000）透射高效聚光灯的研制	北京星光大宇影视舞台灯具厂	北京市星火科技	三	陈义刚、杨卫国、陈辉、杨振燕、田福兰
116	1997	KB 型柜式抽油烟机产品开发	北京科宝机电设备开发公司	北京市星火科技	三	蔡先培、蔡明
117	1997	环氧粉末涂料系列产品开发	北京高斯威粉末涂料公司	农业部乡镇科技奖	三	钱义明、马传安、张佩华、周益杰、国世伟

（续）

序号	年份	项目名称	完成单位	奖项类别级别	等级	主要完成人
118	1997	大棚春黄瓜稳产高产综合配套技术推广与应用	农工商总公司蔬菜处南郊农场	北京市农技推广	二	许树坡、周延年等
119	1998	猪优良新品种及配套集约化增产技术	总公司畜牧兽医总站、南郊农场	农业部丰收奖	三	谢运、张创贵等
120	1998	北京地区冬小麦精播机具及高产综合配套技术体系的研究与应用	农工商总公司生产处南郊农场	北京市科技进步	三	李宝升、贾文君
121	1998	耕耘图文动画特技字幕制作系统产品开发	北京市耕耘电子产品研制中心	北京市星火科技	三	曹安民、杨天良、杨晓兵、周晓燕、于树华
122	1999	红星区"国家级星火技术密集区"建设	南郊农场大兴区科委	北京市星火科技	二	董雁军、陆百成、王明通、李卓平、黄维荣、刘志茹、张桂起
123	1999	粮食和青饲高产稳产示范工程	南郊农场	北京市星火科技	三	孔繁龙、李卓平、李思林、贾文君、李锁林、钮立平
124	1999	奶牛场优质原料奶生产配套技术的研究与应用	南郊牛奶公司	北京市星火科技	三	乔绿、张文全、刘莹莹、王大明、刘德占、孔繁龙
125	2000	家禽优良品种及其配套集约化增产技术	总公司兽医总站、南郊农场、南口农场、金星鸭业中心、中荷畜牧培训中心、双桥农场合作	农业部全国农牧渔业丰收奖	二	—
126	2000	北京地区麦田主要阔叶杂草一次性防治技术研究与应用	南郊农场	北京市农技推广	三	李卓平、高一尧、贾文君、李思林、郭宏、段玉珍
127	2000	粮食和青饲高产高效示范工程	南郊农场	北京市星火奖	三	—
128	2001	麦田冬春阔叶杂草一次性防治技术推广	南郊农场	北京市金桥工程	一	李卓平、刘南皆、贾文君
129	2002	麦蚜防治新技术研究与推广	南郊农场	北京市农技推广	二	李卓平、李思林、高一尧、刘建波、许树坡、金晓华
130	2002	麦蚜防治新技术推广	南郊农场	北京市金桥工程	二	李卓平、朱兴华、高一尧
131	2003	苗木驯化繁育技术的应用与推广	南郊农场	北京市农技推广	三	朱兴华、井江华、周金君、陈静园、余良文、刘建波、郭宏、李卓平等
132	2003	南郊农场促进资源优势向经济优势转变的研究与实践	南郊农场房地产办公室	北京市优秀调研	优秀	罗保立、庞燕、杨德良等
133	2003	加快建设产权多元化步伐，重塑南郊企业新形象	南郊农场财务部	北京市优秀统计	三	葛淑凤

（续）

| 序号 | 年份 | 项目名称 | 完成单位 | 奖项类别 | | 主要完成人 |
				级别	等级	
134	2004	多功能精量牧草播种机研制与优良牧草的推广	农管中心	北京市农技推广	三	刘建波、井江华、周金君、白守平、马素林、侯顺利、陈静园、李卓平等
135	2006	节水小麦抗旱品种筛选与配套技术研究及应用	农管中心	北京市农技推广	三	井江华、刘建波、李卓平、周金君、朱兴华、张运林、刘艳林、马素林等
136	2008	奶牛青贮玉米一年两茬生产技术的研究与应用	农管中心	北京市农技推广	三	管建国、井江华、李卓平、马素林、朱兴华、周金君、刘建波、张运林等

南郊农场"七五"以来承担国家、部、市级重点科技项目

序号	年份	项目名称	项目级别	主持人与承担单位
1	1986	三大作物秸秆还田（机械化）技术推广及肥效研究	农业部 丰收计划	黄延德/南郊农场
2	1986	北京奶牛业持续稳定高产技术推广	农业部 丰收计划	郝再炎/南郊牛奶公司
3	1987	选育瘦肉型合成配套母系：北京花猪Ⅱ系	北京市 科技项目	郭实一/南郊畜禽公司
4	1987	红星白鸡种鸡的选育	北京市 科技项目	郝再炎/南郊畜禽公司
5	1988	玉米免耕覆盖生产机械化研究及生产过程机械化	农业部 重点科研计划	张文清/南郊农场
6	1988	高效复合饲料添加剂及配合饲料新产品开发研究	农业部 重点科研计划	张玉玲/南郊畜禽公司
7	1989	池塘养鱼大面积高产综合技术研究	农业部 丰收计划	张国良/南郊水产公司
8	1989	电子计算机的应用技术开发	农业部 重点科研计划	杨甫堂/南郊牛奶公司
9	1989	"科力康"禽类食品烤制技术的开发	北京市科委 星火计划	南郊畜禽公司
10	1989	影视机械化灯具的开发	北京市科委 星火计划	北京星光照相器材厂
11	1989	创建双精牌磷酸出口基地	北京市科委 星火计划	北京红星化工厂
12	1989	SD-Ⅰ型汽车多功能点火器	北京市科委 星火计划	北京红星四海联合汽车电器厂
13	1991	宝宝奶（婴儿配方鲜奶）产品开发	北京市科委 星火计划	吴凤玉/南郊乳品厂
14	1996	粮食和青饲高产稳产示范工程	北京市科委 星火计划	李卓平/南郊农场
15	1999	麦当劳专用马铃薯新品种选育及周年精加工技术的研究与生产应用	国家科委 星火计划	孔繁龙/南郊农场
16	1999	奶牛青贮玉米一年两茬生产技术的研究与应用	国家科委 星火计划	孔繁龙/南郊农场
17	2001	亦庄特种苗木繁育基地建设	北京市农委 农业科技项目	朱兴华/南郊农场

（续）

序号	年份	项目名称	项目级别	主持人与承担单位
18	2004	节水型小麦新品种试验示范	北京市科委 重点科技计划	朱兴华/南郊农场
19	2005	都市农业新品种科技园	北京市科委 特色农业	管建国/南郊农场
20	2008	观赏型水培蔬菜品种筛选与栽培技术研究 及示范	北京市科委 农业科技计划	邢书慧/农管中心

市、部级以上荣誉（称号）

序号	评奖时间	受奖单位	受奖称号	评奖单位
1	1953 年 2 月	和义农场	模范单位	北京市 1952 年度农业丰产劳模大会
2	1954 年 2 月	南苑畜牧队	模范单位	北京市 1953 年度农业劳模大会
3	1955 年 2 月	南郊农场五里店农业队第一生产组	农业生产模范单位	北京市 1954 年度农业劳模大会
4	1958 年 2 月	南郊农场	模范单位	北京市 1957 年度农业劳模大会
5		南郊农场一分场奶牛队		
6	1959 年 2 月	南郊农场	农业丰产红旗	北京市 1958 年度农业先进代表大会
7	1960 年	南郊农场	先进农场，并获"红旗奖"	农垦部
8	1963 年 4 月	长阳农场	1962 年度"北京市农业建设社会主义先进单位"	中共北京市委、市人委
9	1963 年 12 月	长阳农场	1963 年度全国国营农场先进单位，并被树立为样板农场。	农垦部
10	1965 年 12 月	南郊农场	样板农场	农垦部
11		长阳农场		
12	1970 年 12 月	红星人民公社西红门生产大队	全国林业先进单位	农林部
13	1975 年 12 月	南郊农场太和分场	全国群众体育活动先进单位	国家体委
14	1979 年 10 月	南郊农场	全国国营农场经营管理先进单位	农垦部
15	1980 年 3 月	南郊农场	1979 年度"全国农垦系统红旗单位"	农垦部
16	1982 年 12 月	南郊农场水产公司	淡水鱼总产单产最高奖	农垦部
17	1985 年 9 月	南郊农场职工中专学校	1985 年全国农垦系统教育先进集体	农牧渔业部
18	1986 年	卢沟桥农场	1986 年蔬菜先进单位	

（续）

序号	评奖时间	受奖单位	受奖称号	评奖单位
19	1986 年	卢沟桥农场	市级先进单位（开拓进取，再展宏图）	中共北京市委、市政府
20	1986 年 12 月	南郊农场所属北京市红星化工厂	北京市优秀出口企业	
21	1987 年	卢沟桥农场	1987 年蔬菜先进单位	北京市政府
22	1987 年 12 月	南郊牛奶公司农机站	全国设备先进单位	农业部
23			全国农机管理标准化先进单位	农业部农垦局
24		南郊农场第二建筑公司	先进单位	全国集体建筑业联合会
25	1988 年 3 月	南郊农场	北京市蔬菜工作先进单位	北京市政府
26		卢沟桥农场		
27	1988 年 11 月	北京市红星泡花碱厂	北京市优秀企业	北京市政府
28		南郊牛奶公司农机管理站	国营农场农机管理标准化先进单位	农业部
29	1988 年 12 月	南郊农场益康婴幼食品厂	大福牌富锌饼干获首届中国食品博览会名、特、优、新产品铜奖	首届中国食品博览会奖审定委员会
30	1989 年 6 月	南郊农场	全市小麦单产最高奖（小麦每公顷产量 5568 千克折亩产 743.4 斤）	北京市政府
31	1989 年 7 月	卢沟桥农场	平息反革命暴乱先进单位	中共丰台区委、丰台区人民政府
32	1989 年 10 月	南郊农场红星化工厂	北京市优秀企业	北京市政府
33	1989 年 10 月	红星泡花碱厂	千分考核奖	农业部
34	1989 年 10 月	卢沟桥农场	庆祝中华人民共和国成立四十周年活动中做出贡献	丰台区人民政府
35	1989 年	卢沟桥农场	农业部优质农产品证书、奖杯（梨）	农业部
36	1990 年 2 月	红星房管所党支部	1989 年度先进党支部	中共大兴县委员会
37	1990 年 12 月	红星区（南郊农场）	北京市计划生育工作先进集体	北京市计生委
38	1991 年	卢沟桥农场	1991 年度计划生育工作先进集体	北京市计划生育委员会
39	1991 年 2 月	卢沟桥农场	丰台区信访工作先进单位	中共丰台区委、丰台区人民政府
40	1991 年 2 月	卢沟桥农场	1990 年度计划生育工作先进集体	中共北京市委、市政府
41	1991 年 6 月	红星区房管所党支部	1990 年度先进基层党组织	中共大兴县委员会
42	1991 年 12 月	红星房管所	1991 年度文明单位	中共大兴县委员会大兴县人民政府
43	1991 年 12 月	红星区（南郊农场）	1991 年度北京市计划生育工作先进集体	北京市计生委
44	1992 年	卢沟桥农场	1992 年度计划生育工作先进集体	北京市计划生育委员会

（续）

序号	评奖时间	受奖单位	受奖称号	评奖单位
45	1992 年 1 月	南郊农场房管所	文明单位	首都精神文明建设领导小组
46	1992 年 6 月	南郊农场房管所党支部	1991 年度先进基层党组织	中共大兴县委员会
47	1992 年 12 月	南郊农场房管所	1992 年度文明单位	中共大兴县委大兴县人民政府
48	1993 年 1 月	南郊农场房管所	首都文明单位	首都精神文明建设领导小组
49	1993 年 2 月	北京市红星区房管所	1992 年度首都文明单位	首都精神文明建设领导小组
50	1993 年 3 月	南郊农场房管所	1992 年度绿化、美化先进单位	中共大兴县委大兴县绿化委员会
51	1993 年 12 月	大兴县红星房管所	文明单位	中共大兴县委人民政府
52	1994 年 2 月	南郊农场房管所	1993 年度首都文明单位	首都精神文明建设领导小组
53	1995 年 1 月	南郊农场房管所	1994 年度交通安全县级先进基层单位	大兴县安全委员会大兴县公安局
54	1995 年 4 月	南郊农场	1994 年度首都文明单位	首都精神文明建设委员会
55	1995 年 4 月	南郊农场金星地图印刷厂印刷车间	北京市模范集体	北京市总工会
56	1995 年 7 月	南郊农场房管所党支部	1990 年度先进基层党组织	中共北京市大兴县委员会
57	1995 年 12 月	南郊农场	北京市环境保护先进集体	
58	1995 年 12 月	红星区物业管理中心	文明单位	中共大兴县委大兴县人民政府
59	1996 年 8 月	南郊农场	1995 年度全国农垦系统扭亏增盈先进企业	农业部和财政部
60	1996 年 10 月	南郊农场	"八五"期间北京市环境保护先进单位	
61	1997 年 12 月	红星区物业管理中心	文明单位	中共大兴县委大兴县人民政府
62	1998 年 3 月	北京星光影视设备集团公司	北京市星火科技先导型示范企业	北京市科委
63		北京顺兴葡萄酒有限公司		
64	1998 年 8 月	南郊农场	秸秆禁烧先进单位	北京市政府
65	1999 年 2 月	南郊牛奶公司	首都全民义务植树红旗单位	首都绿化办
66	1999 年 4 月	红星泡花碱厂	北京市标准化工作先进单位	北京市技监局
67	2000 年 1 月	长阳农场	"迎 50 年大庆，做跨世纪先锋"爱国立功竞赛标兵班组	北京市总工会
68	2000 年 3 月	北京市长建南郊建筑工程公司	1999 年度"首都精神文明建设先进单位"	首都文明委
69	2000 年 6 月	南郊农场	2000 年北京市全民健身宣传周启动仪式天安门广场大型团体操（舞）表演优秀组织奖	北京市总工会宣教体育部、北京市体育局群体处、北京市职工体育协会
70	2000 年 9 月	北京市长建南郊建筑工程公司	北京市星火科技先导型示范企业	北京市科委

（续）

序号	评奖时间	受奖单位	受奖称号	评奖单位
71	2001 年 2 月	南郊农场	首都绿化美化花园式单位	首都绿化办
72	2001 年 5 月	南郊农场女工委员会	全国农林系统工会先进女职工集体	中国农林工会全国委员会
73	2001 年 6 月	农管中心	北京市绿化隔离地区建设先进单位	北京市绿化隔离地区建设总指挥部
74	2001 年 7 月	长阳农场	市二级档案管理合格证	北京市档案局
75	2002 年 1 月	北京百麦	2001 年"农产品出口创汇先进单位"	中共北京市委、市政府
76	2002 年 2 月	德茂物业	全国首批 65 家、北京 10 家重质量讲信誉物业管理企业	中国质量协会
77	2002 年 2 月	德茂物业	2001 年至 2002 年首都文明单位	首都精神文明建设委员会
78	2002 年 7 月	德茂物业	第一名	市小区办、北京电视台
79	2002 年 7 月	南郊农场德茂试验站	2001 年度北京市"首都文明单位"	首都文明委
80	2003 年 1 月	德茂物业所辖上林苑小区	十家金牌居住区之一	北京市政府
81	2003 年 1 月	德茂物业所辖上林苑小区	北京市优秀管理住宅小区	北京市国土资源和房屋管理局
82	2003 年 2 月	德茂物业	质量体系认证证书	北京九千标准体系认证中心
83	2003 年 2 月	卢沟桥农场	北京市 2002 年绿化隔离地区建设先进单位	北京市绿化隔离地区建设总指挥部
84	2003 年 3 月	南郊农场	北京市计划生育工作先进单位	北京市计生委
85	2004 年 2 月	南郊农场	2003 年度北京市计划生育工作先进集体	北京市计划生育委员会
86	2004 年 12 月	德茂物业	市级爱国卫生先进单位	北京市爱国卫生运动委员会
87	2005 年 2 月	农管中心	首都绿化美化先进单位	北京市人民政府首都绿化委员会
88	2005 年 4 月	农管中心	2004 年度北京市群众性经济技术创新工作先进企事业	北京市总工会
89	2005 年 4 月	南郊农场	2004 年度北京市计划生育工作先进集体	北京市计生委
90	2005 年 5 月	南郊农场工会委员会	全国模范职工之家	中华全国总工会
91	2005 年 10 月	南郊农场	北京市"创争"活动暨首都职工素质教育工程优秀组织单位	北京市"创争"活动领导小组办公室
92			北京市"创争"活动暨首都职工素质教育工程先进单位	
93	2006 年	泰宇物业	北京市 2006—2007 年度供热先进单位	北京市市政管理委员会、北京市人事局

（续）

序号	评奖时间	受奖单位	受奖称号	评奖单位
94	2006 年 1 月	德茂物业	北京市 2005—2006 年度供热先进单位	北京市市政管理委员会、北京市人事局
95	2006 年 9 月	德茂物业	2005—2006 年度供热先进单位	北京市市政管理委员会、北京市人事局
96	2006 年 9 月	德茂物业	2005—2006 年度供热先进单位	北京市市政管理委员会
97 98	2007 年	泰宇物业 兴南大厦	北京市优秀管理大厦	北京市建设委员会
99	2007 年 1 月	德茂物业	北京市 2006—2007 年度供热先进单位	北京市市政管理委员会、北京市人事局
100	2007 年 3 月	德茂物业	丰台区绿化美化先进单位	丰台区人民政府丰台区绿化委员会
101	2007 年 10 月	五环顺通物流中心	北京市第 22 届企业管理现代化创新成果二等奖	北京市企业管理现代化创新成果评审委员会
102	2007 年 12 月	南郊农场	首都职工素质教育工程先进单位	首都职工素质教育工程领导小组
103	2008 年	五环顺通物流中心	城市保障道路货运绿色车队 50 强	北京市道路运输协会
104	2008 年 1 月	德茂物业	北京市 2007—2008 年度供热先进单位	北京市市政管理委员会、北京市人事局
105	2008 年 4 月	德茂物业	2007 年北京市群众性经济技术创新工程优秀成果奖	北京市总工会
106	2008 年 12 月	长阳农工商公司	北京市 2018 年度消防工作先进单位	北京市防火安全委员会
107	2009 年 1 月	南郊农场	北京市 2008 年度北京市人口与计划生育工作先进集体	北京市人口与计划生育委员会
108	2009 年 1 月	泰宇物业	2008 年度中国物业服务行业区域诚信品牌企业	
109	2009 年 2 月	南郊农场	首都职工素质教育工程先进单位	
110	2009 年 3 月	农管中心	美国白蛾防控工作先进集体	
111	2009 年 6 月	泰宇物业	中国物业行业皇金管家·百佳社会责任品牌企业	中国房地产开发商协会、中国物业管理企业促进会、联合国人居环境发展促进会、前进大学房地产与建筑学院、商务时报品牌研究中心、亚洲物业管理协会
112	2009 年 6 月	泰宇物业	中国物业行业皇金管家·百佳优质服务品牌企业	中国房地产开发商协会、中国物业管理企业促进会、联合国人居环境发展促进会、前进大学房地产与建筑学院、商务时报品牌研究中心、亚洲物业管理协会

（续）

序号	评奖时间	受奖单位	受奖称号	评奖单位
113	2009 年 12 月	德茂物业	上林苑小区 2009 年度北京市物业管理示范（四星级）住宅小区称号	北京市住房和城乡建设委员会
114	2009 年 12 月	德茂物业	北京市物业管理示范住宅小区	北京市住房和城乡建设委员会
115	2009 年 12 月	德茂物业	区级爱国卫生先进集体	丰台区爱国卫生运动委员会
116	2010 年 1 月	德茂物业	2008 年—2009 年供热先进单位	北京市政市容管理委员会、北京市人力资源和社会保障局
117	2010 年 3 月	南郊农场	2009 年度北京市人口和计划生育工作先进集体	北京市人口计生委
118	2010 年 10 月	五环顺通物流中心	中国食品物流 50 强企业，分列第 5 名、第 17 名	2010 年度"中集杯"中国食品物流 50 强企业表彰大会
119	2011 年	南郊农场	《最强阵容》优秀组织团队	北京市总工会、北京市电视台
120	2011 年 1 月	德茂物业	2010 年度中国物业管理百强企业	
121	2011 年 6 月	南郊农场	全国农林水利系统劳动关系和谐企业	中国农林水利工会全国委员会
122	2011 年 9 月	长阳农场	第 26 届北京市企业管理现代化创新成果二等奖	北京市企业管理现代化创新成果评审委员会
123	2011 年 12 月	农管中心	全国农林水利系统模范职工小家	中国农林水利工会全国委员会
124	2012 年 2 月	长阳农场机关	首都绿化美化花园式单位	首都绿化办
125		北京市房山永兴果林实验厂	2011 年度首都绿化美化先进单位	
126	2012 年 4 月	南郊农场	2011 年度首都文明单位	首都精神文明建设委员会
127	2012 年 5 月	北京百麦	首都劳动奖状	北京市总工会
128	2013 年 1 月	德茂物业	2009—2012 年供热先进单位	北京市政市容管理委员会、北京市人力资源和社会保障局
129	2013 年 3 月	南郊农场	2012 年北京市安康杯竞赛活动优胜单位	北京市总工会、北京市安全生产监督管理局
130	2014 年 6 月	五环顺通物流中心	食品冷链物流追溯管理标准国家标准试点企业	中国物流与采购联合会冷链物流专业委员会
131	2014 年 12 月	五环顺通物流中心	2013—2014 中国冷链金链奖优秀区域配送服务商	中国物流与采购联合会冷链物流专业委员会
132	2015 年	南郊农场	首届北京市职工台球比赛团体赛第五名	
133	2015 年	卢沟桥农场	紫谷伊甸园被评为休闲农庄	北京市旅游发展委员会
134	2015 年	卢沟桥农场	紫谷伊甸园被评为北京市中小学生校外实践大课堂示范基地	北京市教育委员会

序号	评奖时间	受奖单位	受奖称号	评奖单位
135	2015 年 4 月	五环顺通物流中心	北京市模范集体	中共北京市委 北京市人民政府
136	2015 年	五环顺通物流中心	中物联冷链委常务理事单位	中国物流与采购联合会冷链物流专业委员会
137	2015 年	五环顺通物流中心	2016 年 3 月至 2017 年 3 月"餐饮冷链物流服务规范行业"标准试点企业	中国物流与采购联合会冷链物流专业委员会
138	2015 年	五环顺通物流中心	2015 年 6 月至 2018 年 6 月"食品冷链物流追溯管理要求"国家标准示范企业	中国物流与采购联合会冷链物流专业委员会
139	2015 年 3 月	南郊农场	2012—2014 年度"首都文明单位"	首都文明委
140	2015 年 4 月	五环顺通物流中心	2014 年度北京市安康杯竞赛优胜单位	北京市总工会，北京市安全生产监督管理局
141	2015 年 6 月	五环顺通物流中心	中国冷链物流百强企业	中国物流与采购联合会冷链物流专业委员会
142	2015 年 10 月	五环顺通物流中心	2015 年度中国冷链物流"金牌奖"金牌服务商	中国物流与采购联合会冷链物流专业委员会
143	2016 年 10 月	五环顺通物流中心	北京市第 31 届企业管理现代化创新成果二等奖	北京市企业管理现代化创新成果评选委员会
144	2016 年 10 月	五环顺通物流中心	中国电子商务协会农业食品分会的常务理事单位	中国电子商务协会农业食品分会
145	2016 年 11 月	五环顺通物流中心	中国冷链双年"金链奖"优秀区域配送服务商	中国物流与采购联合会冷链物流专业委员会
146	2016 年 11 月	五环顺通物流中心	优秀区域配送服务商	第十届中国冷链产业年会中国冷链双年"金链奖"
147	2016 年 12 月	五环顺通物流中心	"金鼎奖"2016 中国冷链物流金牌服务商	中国物流与采购联合会冷链物流专业委员会
148	2016 年 12 月	五环顺通物流中心	"金鼎奖"2016 中国冷链物流金牌服务商	中国食品工业协会食品物流专业委员会"金鼎奖"评审委员会
149	2017 年 3 月	农管中心	首都全民义务植树先进单位	北京市人民政府首都绿化委员会
150	2017 年 3 月	卢沟桥农场	首都绿化美化花园式单位	北京市人民政府首都绿化委员会
151	2017 年 6 月	五环顺通物流中心	中国冷链物流诚信 50 强企业	中国物流与采购联合会冷链物流专业委员会
152	2017 年 7 月	五环顺通物流中心	2016 年度中国冷链物流百强企业	中国物流与采购联合会冷链物流专业委员会
153	2017 年 9 月	五环顺通物流中心	2017 年至 2019 年 9 月《餐饮冷链物流服务规范》行业标准达标企业	中国物流与采购联合会冷链物流专业委员会
154	2017 年 9 月	三元德宏公司	北京市国资委系统第二届微电影大赛特别奖	北京市国资委

（续）

序号	评奖时间	受奖单位	受奖称号	评奖单位
155	2017 年 10 月	五环顺通物流中心工会	职工书屋	北京市总工会
156	2017 年 12 月	五环顺通物流中心	金鼎奖 2017 年中国冷链物流标杆示范企业	中国食品工业协会食品物流专业委员会
157	2018 年 1 月	长阳农工商公司	2017 年度积极参与无偿献血公益事业	北京市献血办公室
158	2018 年 1 月	卢沟桥农场	紫谷伊甸园评为北京市中小学生社会大课堂资源单位	北京市教育委员会
159	2018 年 3 月	卢沟桥农场	首都文明单位	首都精神文明建设委员会
160	2018 年 5 月	馨德润酒店	2018 中国（酒店行业）十大影响力品牌	中国品牌影响力评价成果发布会活动组委会
161	2018 年 5 月	馨德润酒店	2018 中国品牌影响力 100 强	中国品牌影响力评价成果发布会活动组委会
162	2018 年 5 月	北京润稼宴商贸有限公司	2018 中国（酒业）十大影响力品牌	中国品牌影响力评价成果发布会活动组委会
163	2018 年 5 月	枫叶春秋旅行社	2018 中国品牌影响力 100 强	中国品牌影响力评价成果发布会活动组委会
164	2018 年 11 月	五环顺通物流中心	全国物流行业歌手大赛活动银奖、优秀组织奖	中国物流与采购联合会
165	2018 年 11 月	五环顺通物流中心	高新技术企业	北京市科学技术委员会、北京市财政局、国家税务总局北京市税务局
166	2018 年 11 月	五环顺通物流中心	母婴关爱室	北京市总工会女职工委员会

单位全称与简称对照表

序号	全　称	简　称
1	中国共产党北京市委员会	中共北京市委或市委
2	北平市人民政府郊区工作委员会 北京市人民政府郊区工作委员会	市郊委
3	北京市人民政府国有资产监督管理委员会	市国资委
4	北京市城乡建设委员会	市城乡建委
5	北京市规划委员会（首都规划建设委员会办公室）	市规划委（首规委办）
6	中国物流与采购联合会冷链物流专业委员会	中物联冷链委
7	首都精神文明建设委员会	首都文明委
8	首都绿化委员会办公室	首都绿化办
9	北京经济技术开发区	亦庄开发区
10	北京市国营农场管理局	市农场局
11	北京三元集团有限责任公司	三元集团或集团公司
12	北京首都农业集团有限公司	首农集团或集团公司
13	农业部五里店农场、国营北京市五里店农场	五里店农场
14	国营北京市南郊农场、北京市南郊农场 北京市南郊农场有限公司	南郊农场或农场
15	红星人民公社	红星公社或公社
16	红星中朝友好人民公社	红星中朝友好公社
17	大兴县红星区	红星区
18	北京南郊红星农工商集团	红星农工商集团
19	北京市农工商总公司、北京市农工商联合总公司	总公司
20	国营北京市长阳农场、北京市长阳农场有限公司	长辛店农场或长阳农场
21	北京市长阳农工商公司	长阳农工商公司
22	国营北京市卢沟桥农场、北京市卢沟桥农场有限公司	卢沟桥农场
23	北京市南郊和义农场、北京市南郊和义农场有限公司	和义农场或和义农业队
24	北京南郊农业生产经营管理中心 北京南郊农业生产经营管理有限公司	农管中心或南郊农管
25	北京德茂物业管理有限公司	德茂物业
26	北京泰宇物业管理有限公司	泰宇物业
27	北京市五环高级润滑油公司 北京五环顺通供应链管理有限公司	五环润滑油公司或五环顺通物流中心、五环顺通
28	北京市广达源仓储中心、北京市广达源科技发展有限公司	广达源仓储中心或广达源

序号	全　称	简　称
29	北京博古恒艺国际古玩艺术品有限公司	博古恒艺公司
30	北京市大兴红星光源材料厂 北京市大兴红星光源材料有限公司	光源材料厂或光源材料
31	北京源馨德润饭店	馨德润饭店
32	北京馨德润酒店管理有限公司	馨德润酒店
33	北京三元德宏房地产开发有限公司	三元德宏公司
34	北京百麦食品有限公司	北京百麦
35	北京市燕庆能源供应公司	燕庆能源公司
36	北京市燕庆旺泰成品油销售有限公司	燕庆旺泰公司
37	北京市南郊乳品厂	南郊乳品厂
38	北京市华升食品厂	华升食品厂或华升
39	北京市红星化工厂	红星化工厂
40	北京市红星泡花碱厂	红星泡花碱厂或泡花碱厂
41	北京市红星砖厂	红星砖厂
42	北京市星光照相器材厂	星光照相器材厂
43	北京顺兴葡萄酒有限公司	顺兴葡萄酒厂
44	北京市南郊电工器材厂	电工器材厂
45	国营北京市南郊农场招待所	农场招待所或招待所
46	毛小青红星韶膳国际养生会馆	红星韶膳
47	北京大兴县新兴住宅合作社南郊牛奶公司分社	牛奶公司住宅合作社
48	北京懿麟房地产开发有限公司	懿麟房地产公司
49	卢沟桥农场紫谷伊甸园、首农·紫谷伊甸园	紫谷伊甸园
50	阳光兴红农业种植园	兴红种植园
51	北京枫叶春秋旅行社有限责任公司	枫叶春秋旅行社
52	北京市红星蔬菜食品冷冻有限责任公司	红星冷冻公司
53	北京南郊星红仓储中心	星红仓储中心
54	北京五环金洲物流有限责任公司	五环金洲
55	北京百嘉宜食品有限公司	北京百嘉宜
56	广州百麦食品有限公司	广州百麦
57	东莞百嘉宜食品有限公司	东莞百嘉宜
58	北京吉百利食品有限公司	北京吉百利
59	北京万年青乳品有限公司	北京万年青
60	北京星龙萃取工程有限公司	星龙萃取
61	北京辛普劳食品加工有限公司	北京辛普劳
62	北京爱森食品有限公司	北京爱森
63	北京太阳葡萄酒有限公司	太阳葡萄酒公司
64	南郊农场职工中等专业学校	职工中专
65	北京市国营农场管理局职工大学 北京市农工商联合总公司职工大学	局职大或职工大学或职大
66	北京市红星广厦建筑涂料有限责任公司	广厦涂料公司

（续）

序号	全　称	简　称
67	北京市红星物业管理中心	红星物业
68	红星房管所	房管所
69	北京古玩城 C 座	古玩城 C 座

南

北京南郊农场志
BEIJING NANJIAO NONGCHANGZHI

后记

郊

在中华人民共和国成立七十周年、南郊农场建场七十周年之际，《北京南郊农场志》历经两年多的编纂，终于和读者们见面了。2017年10月，《北京农垦大事记》（1949—2015年）编纂完成后，集团公司启动了《北京农垦志》的编写，农场也同时正式启动《北京南郊农场志》的编写工作。农场志的上限是1949年1月，下限为2018年12月，从农场的建制及沿革、生产经营、科教卫生、党建工会、人物、大事记、荣誉体系等多角度记述，采取志、述、记、图、表、录等多种载体，注重图文并茂，力求全面、翔实地反映南郊农场的发展历程。这是农场企业文化和宣传工作的一次再提升，是农场"两个文明建设"的一项重大成果，是献给农场建场七十周年的一份厚礼。

本志的顺利出版是集团党委、集团史志办、各基层单位、全体编纂人员和离退休老领导、老同志共同努力的成果。我们特聘了农场两本场史的主编杜文振先生担任总策划，从各单位精选编辑人员，抽调编务人员2名，到区档案馆、卫生局、教育局等查阅了大量档案资料。组织志书编写培训讲座，多次召开各种类型的座谈会、访谈会。有关老领导、老同志得知将向他们征集史料和意见时，欣然受邀，认真准备资料，南郊农场老文化人张友才、陈长兴、李卓平等更是倾情撰写部分志稿。同时，我们还特别吸收吴德正等部分老同志对上几本场史提出的修改意见，逐条进行核正，力争使本志更加严谨。集团公司史志办领导高度重视此项工作，范为常先生从专业培训、谋篇布局到审稿校稿，都及时做出指导和批注。此外，农场的各级领导、专业技术人员和编辑人员也对本志的编纂倾注了大量心血，共同确保了撰写进度和质量。

在本志出版之际，谨向所有关心、支持和参与修志工作的全体人员表示衷心的感谢和深深的敬意！

由于时间紧、内容多、范围广，参与编写工作的均为非专业志书编纂人员，水平所限，书中难免有疏漏和不足之处，敬请各位读者批评指正。

程　藏

2019 年 8 月 18 日